JIAOTONG YUNSHU YU HUANJING GUANLI
WENXIAN XUANBIAN

交通运输与环境管理

文献选编

丁焰　主编
袁盈　周扬胜　纪亮　副主编

化学工业出版社
·北京·

内容简介

《交通运输与环境管理文献选编》以交通运输环境管理的新视野，从交通运输结构方式、交通运输工具（车辆、船舶等）、交通运输设施（港口）、交通运输能源等角度，分成国家大政方针、部门贯彻落实文件、相关资料与报告、相关建议提案办理四个部分，选编了2008年以来交通运输行业的环境污染防治政策、规划、措施、统计资料、科学报告、标准目录，以及非道路移动机械环境污染防治相关的各类文献。欧盟白皮书《通往单一欧洲交通运输区的发展路线图——构建一个富有竞争力的、高效节能的交通运输系统》、交通运输行业"十三五"发展规划清单等也作为附录编入本书，本书可供读者编制交通运输领域绿色低碳发展战略和规划参考。

本书可供从事交通运输行业、汽车和工程机械制造行业、大气环境管理和污染防治等行业的工程技术人员、科研人员和管理人员参考使用，也可作为政府交通和环境等相关主管部门、科研院所的工具手册，还可供高等学校交通运输工程、车辆工程、环境工程等相关专业师生参阅。

图书在版编目（CIP）数据

交通运输与环境管理文献选编/丁焰主编. —北京：化学工业出版社，2020.9

ISBN 978-7-122-36942-0

Ⅰ.①交…　Ⅱ.①丁…　Ⅲ.①交通运输-环境管理-文献-汇编-中国　Ⅳ.①U

中国版本图书馆CIP数据核字（2020）第083849号

责任编辑：卢萌萌　刘兴春　　文字编辑：林　丹
责任校对：王　静　　装帧设计：王晓宇

出版发行：化学工业出版社（北京市东城区青年湖南街13号　邮政编码100011）
印　　装：北京七彩京通数码快印有限公司
787mm×1092mm　1/16　印张26　字数589千字　2021年2月北京第1版第1次印刷

购书咨询：010-64518888　　售后服务：010-64518899
网　　址：http://www.cip.com.cn
凡购买本书，如有缺损质量问题，本社销售中心负责调换。

定　　价：180.00元

前　言

交通运输工具等移动源是大气环境污染、交通设施场站空气污染的重要来源，交通能源燃料事关污染排放，交通设施场所是污染排放集中区域，交通环境污染相对严重，控制交通运输污染排放是生态环境保护的长期重点任务。交通运输是国民经济的基础，是经济社会发展的先行官。随着国民经济和社会的发展，交通运输总量和能耗都将进一步增长，交通运输生态环境保护工作将更加繁重。发展绿色交通运输是新时期生态环境保护、生态文明建设和交通强国建设的需要。大力推进绿色运输方式、绿色交通工具、绿色交通能源、绿色交通设施建设，不断削减以交通运输为主体的移动源污染物排放总量，加强交通运输综合减排体制机制建设，建立与环境质量改善相适应、移动源和固定源合理分担的污染减排体系，对于深入打好污染防治攻坚战，打赢蓝天保卫战，治理柴油货车污染攻坚战，早日实现生态环境质量根本好转，具有重要作用。

从 1979 年国家发布第一项机动车环保标准《机动车辆允许噪声》，到 2018 年 9 月国务院印发《交通运输结构调整三年行动计划》，我国机动车等移动源污染防治工作，走过了 40 年历程，与改革开放 40 年同步发展。总揽我国机动车等移动污染源防治 40 年历程，政策文件林林总总，全面了解和掌握并非易事。为了给广大读者提供一本资料性文献图书，系统研究和掌握我国交通运输领域的环境管理政策，推进交通运输污染减排，中国环境科学研究院机动车排污监控中心组织选编了本书。

鉴于法律、法规、标准均已公开出版，本书没有收录这方面的参考文献。本书辑录了 2008 年至 2019 年我国交通运输行业的环境管理政策文件、统计报告、论文以及有关部门在网络公开对人大建议和政协提案的答复等文献，在本书中分为四个部分进行辑录。第一部分，辑录或者节选了中共中央、国务院印发的交通运输领域生态环境保护的意见、纲要、规划、行动计划、工作方案等文件，这是我国指导交通运输领域生态环境保护工作的大政方针；第二部分，辑录或者节选了生态环境部（原环境保护部）、交通运输部等国务院有关部门印发的交通运输领域生态环境保护的管理办法、发展政策、意见、规划、行动计划、工作方案、公告和通知等文件，是国家主管部门的工作部署和安排，是对国家大政方针的贯彻和落实；第三部分，辑录或者节选了移动源环境管理年报、交通运输行业发展统计公报以及编者撰写的有关交通运输污染防治方面论文、调研报告，反映了一段时期内的科学数据和研究成果；第四部分，辑录或者节选了国务院有关部门在网络公开的与交通环境管理相关的对全国人大代表建议和全国政协委员提案的答复函，反映了社会各界对交通污染防治的思考、认识和对策建议，同时从一个侧面反映了交通运输环境管理思路的演变和进展过程。附录有国外参考资料，如：《欧盟白皮书——构建一个富有竞争力的、高效节能的交通运输系统》以及《伦敦交通 2025——增长中的世界城市交通愿景》（目录、执行摘要），这些文献对于促进我国绿色低碳交通运输发展具有一定借鉴作用。

在选编本书时，编者不是采用常见的部门文件汇编方式，而是把交通运输与环境管理文件作为一个整体体系进行了梳理和甄别。由于很多文献篇幅较长，考虑本书容量所限，编者择其符合主题的相关内容进行节选编入本书，这可能在一定程度上会影响文件的整体性，读者详解要阅读全文。本书编入文献资料共84件，其中，中共中央和国务院（办公厅）文件12件、国务院有关部门文件38件、工作统计报告2件、调研报告和论文5篇、人大代表建议和政协提案27件，分别安排在本书的四个部分。

本书对于从事大气环境管理、污染防治理论和技术研究的相关人员来说，可以作为指导日常工作的工具手册，对开展交通运输环境管理或研究工作具有十分重要的指导作用。本书可作为交通运输行业、汽车和工程机械制造行业、政府交通和环境等相关主管部门、科研院所、大专院校中从事生态环境保护理论和技术研究的相关人员的工具手册。

自20世纪80年代以来，编者一直长期从事机动车移动源的污染防治研究和管理工作，曾承担多项机动车船及其发动机排放污染控制的科研项目、排放标准制定，参与淘汰含铅汽油、大气污染防治立法、淘汰化油器小汽车等工作，提出了煤炭集港运输“公转铁”建议，是我国交通运输污染防治重大事件的亲历者、参与者和推动者。尽管编者对国家交通运输的环境管理体系发展有一定的认知和把握，但是，选编文献成书出版、为广大读者提供较高质量的服务，对编者却是新的挑战。文献选编的不妥之处，敬请读者提出建议和指正。

本书出版之际，在第七十五届联合国大会上，习近平主席发表了重要讲话，提出我国“二氧化碳排放力争于2030年前达到峰值，努力争取2060年前实现碳中和”，显示出我国积极参与全球气候治理和作为一个负责任大国的担当，对我国经济社会发展都具有深远的影响。展望未来，交通运输领域绿色低碳发展将面临新挑战、新机遇。

本书主编为丁焰，副主编为袁盈、周扬胜、纪亮。参加文献选编的还有李刚、黄志辉、倪红。

第一部分由丁焰和袁盈选编，第二部分由袁盈、纪亮和倪红选编，第三部分由纪亮、周扬胜和黄志辉选编，第四部分由周扬胜和袁盈选编，附录部分由李刚和周扬胜选编。

本书由国家重点研发计划资助出版，项目编号2016YFC0208004。

中国环境科学研究院机动车排污监控中心

2020年10月

目 录

第一部分 国家大政方针 …… 1

中共中央国务院关于全面加强生态环境保护坚决打好污染防治攻坚战的意见（节选） …… 2

中共中央国务院印发《交通强国建设纲要》 …… 5

国务院关于印发大气污染防治行动计划的通知 …… 11

国务院办公厅关于印发 2014—2015 年节能减排低碳发展行动方案的通知 …… 13

国务院关于印发水污染防治行动计划的通知 …… 17

国务院关于印发“十三五”控制温室气体排放工作方案的通知 …… 19

国务院关于印发“十三五”生态环境保护规划的通知 …… 22

国务院关于印发“十三五”节能减排综合工作方案的通知 …… 30

国务院关于印发“十三五”现代综合交通运输体系发展规划的通知 …… 35

国务院关于印发打赢蓝天保卫战三年行动计划的通知 …… 53

国务院办公厅关于印发推进运输结构调整三年行动计划（2018—2020 年）的通知 …… 59

国务院办公厅转发交通运输部等部门关于加快道路货运行业转型升级促进高质量发展意见的通知 …… 66

第二部分 部门贯彻落实文件 …… 69

综合管理 …… 70

交通运输部关于印发交通运输行业公路水路环境监测管理办法的通知 …… 71

交通运输部关于印发资源节约型环境友好型公路水路交通发展政策的通知 …… 75

环境保护部关于加强储油库、加油站和油罐车油气污染治理工作的通知 …… 84

交通运输部关于印发《加快推进绿色循环低碳交通运输发展指导意见》的通知 …… 87

国家发展改革委等七部门关于印发《加快成品油质量升级工作方案》的通知 …… 93

八部门联合发布《关于推进电能替代的指导意见》 …… 97

环境保护部等四部门和北京市等六省市人民政府关于印发《京津冀及周边

地区 2017 年大气污染防治工作方案》的通知 …………………………………… 101
交通运输部关于全面深入推进绿色交通发展的意见………………………………… 104
交通运输部关于全面加强生态环境保护坚决打好污染防治攻坚战的实施
意见………………………………………………………………………………… 111
民用航空局关于印发民航贯彻落实《打赢蓝天保卫战三年行动计划》工作方案
的通知……………………………………………………………………………… 119
交通运输部等九部门贯彻落实国务院办公厅《推进运输结构调整三年行动
计划（2018—2020 年）》的通知 …………………………………………… 123
生态环境部等十一部门关于印发《柴油货车污染治理攻坚战行动计划》的
通知………………………………………………………………………………… 126
国家发展改革委等五部门发布关于加快推进铁路专用线建设的指导意见……… 137
公路运输与机动车管理………………………………………………………………… 141
环境保护部关于加强机动车污染防治工作推进大气 $PM_{2.5}$ 治理进程的指导
意见………………………………………………………………………………… 142
机动车强制报废标准规定…………………………………………………………… 146
环境保护部关于开展机动车环保生产一致性检查工作的通知…………………… 149
环境保护部等五部门关于印发新生产机动车环保达标监管工作方案的
通知………………………………………………………………………………… 150
交通运输部等十部门关于促进汽车维修业转型升级提升服务质量的指导
意见（节选）……………………………………………………………………… 153
环境保护部等六部门关于印发 2014 年黄标车及老旧车淘汰工作实施方案的
通知………………………………………………………………………………… 157
环境保护部等五部门关于全面推进黄标车淘汰工作的通知……………………… 160
环境保护部、公安部、国家认监委关于进一步规范排放检验加强机动车环境
监督管理工作的通知……………………………………………………………… 162
环境保护部关于开展机动车和非道路移动机械环保信息公开工作的公告……… 166
国家发展改革委等八部门关于全国全面供应符合第五阶段国家强制性标准车用
油品的公告………………………………………………………………………… 169
环境保护部、商务部关于加强二手车环保达标监管工作的通知………………… 170
环境保护部公告——关于发布《机动车污染防治技术政策》的公告 …………… 171
海关总署公告 2019 年第 168 号关于进一步规范进口机动车环保项目检验
的公告……………………………………………………………………………… 176
水路运输与船舶管理………………………………………………………………… 177
交通运输部海事局关于加强河流和重点湖泊船舶污染防治工作的通知………… 178
交通运输部关于印发船舶与港口污染防治专项行动实施方案（2015—2020 年）
的通知……………………………………………………………………………… 180
交通运输部关于印发珠三角、长三角、环渤海（京津冀）水域船舶排放控制区
实施方案的通知…………………………………………………………………… 185

中华人民共和国交通运输部令——中华人民共和国防治船舶污染内河水域环境管理规定…… 188
交通运输部办公厅关于开展港口船舶污染物接收处置有关工作的通知…… 197
交通运输部关于修改《中华人民共和国船舶及其有关作业活动污染海洋环境防治管理规定》的决定…… 198
交通运输部等十三部门关于加强船用低硫燃油供应保障和联合监管的指导意见…… 209
交通运输部办公厅关于印发《长江经济带船舶污染防治专项行动方案（2018—2020年）》的通知…… 212
交通运输部关于进一步做好港口污染防治相关工作的通知…… 217
生态环境部公告——关于发布《非道路移动机械污染防治技术政策》的公告…… 219
交通运输部关于修改《中华人民共和国船舶污染海洋环境应急防备和应急处置管理规定》的决定…… 224
交通运输部关于印发船舶大气污染物排放控制区实施方案的通知…… 232

第三部分 相关资料与报告 …… 237

中国移动源环境管理年报（2019）（节选）…… 238
2018年交通运输行业发展统计公报…… 264
关于停止天津港等港口煤炭公路集港业务削减京西过境大货车排放污染的建议…… 274
天津港进港煤炭全部改为铁路运输…… 280
从改革的视野探讨京津冀大气污染联合防治新对策…… 282
构建交通运输污染减排新体制新机制的思考…… 287
米兰、巴黎交通与环境管理调查报告…… 294

第四部分 相关建议提案办理 …… 307

2015年 …… 308
环境保护部关于政协十二届全国委员会第三次会议第4802号（资源环境类243号）提案答复函的主要精神…… 309
2016年 …… 313
交通运输部关于政协十二届全国委员会第四次会议第460号（工交邮电类023号）提案答复函的主要精神…… 314
关于对切实加强我国船舶大气污染防治的提案的答复…… 317
关于对加强长江水运管理减少流域污染的提案的答复…… 319
2017年 …… 321
对十二届全国人大五次会议第3851号建议的答复（节选）…… 322
对十二届全国人大五次会议第3574号建议的答复…… 324

对十二届全国人大五次会议第 2443 号建议的答复 …………………………… 326
对十二届全国人大五次会议第 3961 号建议的答复 …………………………… 328
对十二届全国人大五次会议第 5441 号建议的答复 …………………………… 330
关于政协十二届全国委员会第五次会议第 2840 号提案答复的函 …………… 332
关于政协十二届全国委员会第五次会议第 2647 号提案答复的函 …………… 335
关于政协十二届全国委员会第五次会议第 0742 号提案答复的函 …………… 338
关于政协十二届全国委员会第五次会议第 3160 号提案答复的函 …………… 341
2018 年 ………………………………………………………………………… 342
对十三届全国人大一次会议第 6433 号建议的答复 …………………………… 343
对十三届全国人大一次会议第 5862 号建议的答复 …………………………… 345
对十三届全国人大一次会议第 4192 号建议的答复 …………………………… 347
对十三届全国人大一次会议第 5856 号建议的答复 …………………………… 348
对十三届全国人大一次会议第 4711 号建议的答复 …………………………… 350
对十三届全国人大一次会议第 5013 号建议的答复 …………………………… 352
关于政协十三届全国委员会第一次会议第 2114 号提案答复的函 …………… 355
关于政协十三届全国委员会第一次会议第 0259 号提案答复的函 …………… 358
关于政协十三届全国委员会第一次会议第 0748 号提案答复的函 …………… 361
关于政协十三届全国委员会第一次会议第 4360 号提案答复的函 …………… 364
关于政协十三届全国委员会第一次会议第 0770 号提案答复的函
（附：提案原文）…………………………………………………………… 367
关于政协十三届全国委员会第一次会议第 0530 号提案答复的函
（节选）……………………………………………………………………… 372
关于政协十三届全国委员会第一次会议第 0260 号提案答复的函
（节选）……………………………………………………………………… 373
关于大力推进公交都市建设，进一步完善绿色出行体系的提案……………… 375

附录 ……………………………………………………………………………… 379

附录 1　欧盟白皮书——构建一个富有竞争力的、
高效节能的交通运输系统 ……………………………………………… 379
附录 2　伦敦交通 2025——增长中的世界城市交通愿景（目录、执行摘要） … 400
附录 3　名词解释：“四个交通” ………………………………………………… 405
附录 4　交通运输行业“十三五”发展规划清单 ……………………………… 408

第一部分

国家大政方针

中共中央国务院
关于全面加强生态环境保护
坚决打好污染防治攻坚战的意见（节选）

中发［2018］17号

2018年6月16日

良好生态环境是实现中华民族永续发展的内在要求，是增进民生福祉的优先领域。为深入学习贯彻习近平新时代中国特色社会主义思想和党的十九大精神，决胜全面建成小康社会，全面加强生态环境保护，打好污染防治攻坚战，提升生态文明，建设美丽中国，现提出如下意见。

一、深刻认识生态环境保护面临的形势（略）

二、深入贯彻习近平生态文明思想（略）

三、全面加强党对生态环境保护的领导（略）

四、总体目标和基本原则

（一）总体目标。到2020年，生态环境质量总体改善，主要污染物排放总量大幅减少，环境风险得到有效管控，生态环境保护水平同全面建成小康社会目标相适应。

具体指标：全国细颗粒物（$PM_{2.5}$）未达标地级及以上城市浓度比2015年下降18%以上，地级及以上城市空气质量优良天数比率达到80%以上；全国地表水Ⅰ-Ⅲ类水体比例达到70%以上，劣Ⅴ类水体比例控制在5%以内；近岸海域水质优良（一、二类）比例达到70%左右；二氧化硫、氮氧化物排放量比2015年减少15%以上，化学需氧量、氨氮排放量减少10%以上；受污染耕地安全利用率达到90%左右，污染地块安全利用率达到90%以上；生态保护红线面积占比达到25%左右；森林覆盖率达到23.04%以上。

通过加快构建生态文明体系，确保到2035年节约资源和保护生态环境的空间格局、产业结构、生产方式、生活方式总体形成，生态环境质量实现根本好转，美丽中国目标基本实现。到本世纪中叶，生态文明全面提升，实现生态环境领域国家治理体系和治理能力现代化。

（二）基本原则

——坚持保护优先。落实生态保护红线、环境质量底线、资源利用上线硬约束，深化供给侧结构性改革，推动形成绿色发展方式和生活方式，坚定不移走生产发展、生活富裕、生态良好的文明发展道路。

——强化问题导向。以改善生态环境质量为核心，针对流域、区域、行业特点，聚焦问题、分类施策、精准发力，不断取得新成效，让人民群众有更多获得感。

——突出改革创新。深化生态环境保护体制机制改革，统筹兼顾、系统谋划，强化协调、整合力量，区域协作、条块结合，严格环境标准，完善经济政策，增强科技支撑和能力保障，提升生态环境治理的系统性、整体性、协同性。

——注重依法监管。完善生态环境保护法律法规体系，健全生态环境保护行政执法和刑事司法衔接机制，依法严惩重罚生态环境违法犯罪行为。

——推进全民共治。政府、企业、公众各尽其责、共同发力，政府积极发挥主导作用，企业主动承担环境治理主体责任，公众自觉践行绿色生活。

五、推动形成绿色发展方式和生活方式

坚持节约优先，加强源头管控，转变发展方式，培育壮大新兴产业，推动传统产业智能化、清洁化改造，加快发展节能环保产业，全面节约能源资源，协同推动经济高质量发展和生态环境高水平保护。

（一）促进经济绿色低碳循环发展。（略）

（二）推进能源资源全面节约。（略）

（三）引导公众绿色生活。加强生态文明宣传教育，倡导简约适度、绿色低碳的生活方式，反对奢侈浪费和不合理消费。开展创建绿色家庭、绿色学校、绿色社区、绿色商场、绿色餐馆等行动。推行绿色消费，出台快递业、共享经济等新业态的规范标准，推广环境标志产品、有机产品等绿色产品。提倡绿色居住，节约用水用电，合理控制夏季空调和冬季取暖室内温度。大力发展公共交通，鼓励自行车、步行等绿色出行。

六、坚决打赢蓝天保卫战

编制实施打赢蓝天保卫战三年作战计划，以京津冀及周边、长三角、汾渭平原等重点区域为主战场，调整优化产业结构、能源结构、运输结构、用地结构，强化区域联防联控和重污染天气应对，进一步明显降低 $PM_{2.5}$ 浓度，明显减少重污染天数，明显改善大气环境质量，明显增强人民的蓝天幸福感。

（一）加强工业企业大气污染综合治理。（略）

（二）大力推进散煤治理和煤炭消费减量替代。（略）

（三）打好柴油货车污染治理攻坚战。以开展柴油货车超标排放专项整治为抓手，统筹开展油、路、车治理和机动车船污染防治。严厉打击生产销售不达标车辆、排放检验机构检测弄虚作假等违法行为。加快淘汰老旧车，鼓励清洁能源车辆、船舶的推广使用。建设"天地车人"一体化的机动车排放监控系统，完善机动车遥感监测网络。推进钢铁、电力、电解铝、焦化等重点工业企业和工业园区货物由公路运输转向铁路运输。显著提高重点区域大宗货物铁路水路货运比例，提高沿海港口集装箱铁路集疏港比例。重点区域提前实施机动车国六排放标准，严格实施船舶和非道路移动机械大气排放标准。鼓励淘汰老旧船舶、工程机械和农业机械。落实珠三角、长三角、环渤海京津冀水域船舶排放控制区管理政策，全国主要港口和排放控制区内港口靠港船舶率先使用岸电。到 2020 年，长江干线、西江航运干线、京杭运河水上服务区和待闸锚地基本具备

船舶岸电供应能力。2019 年 1 月 1 日起，全国供应符合国六标准的车用汽油和车用柴油，力争重点区域提前供应。尽快实现车用柴油、普通柴油和部分船舶用油标准并轨。内河和江海直达船舶必须使用硫含量不大于 10 毫克/千克的柴油。严厉打击生产、销售和使用非标车（船）用燃料行为，彻底清除黑加油站点。

（四）强化国土绿化和扬尘管控。（略）

（五）有效应对重污染天气。（略）

七、着力打好碧水保卫战

深入实施水污染防治行动计划，扎实推进河长制湖长制，坚持污染减排和生态扩容两手发力，加快工业、农业、生活污染源和水生态系统整治，保障饮用水安全，消除城市黑臭水体，减少污染严重水体和不达标水体。

（一）打好水源地保护攻坚战。（略）

（二）打好城市黑臭水体治理攻坚战。（略）

（三）打好长江保护修复攻坚战。……强化船舶和港口污染防治，现有船舶到 2020 年全部完成达标改造，港口、船舶修造厂环卫设施、污水处理设施纳入城市设施建设规划。……

（四）打好渤海综合治理攻坚战。（略）

（五）打好农业农村污染治理攻坚战。（略）

八、扎实推进净土保卫战（略）

九、加快生态保护与修复（略）

十、改革完善生态环境治理体系（略）

中共中央国务院印发《交通强国建设纲要》

2019 年 9 月 19 日

新华社北京 9 月 19 日电　近日，中共中央、国务院印发了《交通强国建设纲要》，并发出通知，要求各地区各部门结合实际认真贯彻落实。

《交通强国建设纲要》全文如下。

建设交通强国是以习近平同志为核心的党中央立足国情、着眼全局、面向未来作出的重大战略决策，是建设现代化经济体系的先行领域，是全面建成社会主义现代化强国的重要支撑，是新时代做好交通工作的总抓手。为统筹推进交通强国建设，制定本纲要。

一、总体要求

（一）指导思想。以习近平新时代中国特色社会主义思想为指导，深入贯彻党的十九大精神，紧紧围绕统筹推进“五位一体”总体布局和协调推进“四个全面”战略布局，坚持稳中求进工作总基调，坚持新发展理念，坚持推动高质量发展，坚持以供给侧结构性改革为主线，坚持以人民为中心的发展思想，牢牢把握交通“先行官”定位，适度超前，进一步解放思想、开拓进取，推动交通发展由追求速度规模向更加注重质量效益转变，由各种交通方式相对独立发展向更加注重一体化融合发展转变，由依靠传统要素驱动向更加注重创新驱动转变，构建安全、便捷、高效、绿色、经济的现代化综合交通体系，打造一流设施、一流技术、一流管理、一流服务，建成人民满意、保障有力、世界前列的交通强国，为全面建成社会主义现代化强国、实现中华民族伟大复兴中国梦提供坚强支撑。

（二）发展目标。到 2020 年，完成决胜全面建成小康社会交通建设任务和“十三五”现代综合交通运输体系发展规划各项任务，为交通强国建设奠定坚实基础。

从 2021 年到本世纪中叶，分两个阶段推进交通强国建设。

到 2035 年，基本建成交通强国。现代化综合交通体系基本形成，人民满意度明显提高，支撑国家现代化建设能力显著增强；拥有发达的快速网、完善的干线网、广泛的基础网，城乡区域交通协调发展达到新高度；基本形成“全国 123 出行交通圈”（都市区 1 小时通勤、城市群 2 小时通达、全国主要城市 3 小时覆盖）和“全球 123 快货物流圈”（国内 1 天送达、周边国家 2 天送达、全球主要城市 3 天送达），旅客联程运输便捷顺畅，货物多式联运高效经济；智能、平安、绿色、共享交通发展水平明显提高，城市交通拥堵基本缓解，无障碍出行服务体系基本完善；交通科技创新体系基本建成，交通关键装备先进安全，人才队伍精良，市场环境优良；基本实现交通治理体系和治理能力现代化；交通国际竞争力和影响力显著提升。

到本世纪中叶，全面建成人民满意、保障有力、世界前列的交通强国。基础设施规模质量、技术装备、科技创新能力、智能化与绿色化水平位居世界前列，交通安全水平、治理能力、文明程度、国际竞争力及影响力达到国际先进水平，全面服务和保障社会主义现代化强国建设，人民享有美好交通服务。

二、基础设施布局完善、立体互联

（一）建设现代化高质量综合立体交通网络。以国家发展规划为依据，发挥国土空间规划的指导和约束作用，统筹铁路、公路、水运、民航、管道、邮政等基础设施规划建设，以多中心、网络化为主形态，完善多层次网络布局，优化存量资源配置，扩大优质增量供给，实现立体互联，增强系统弹性。强化西部地区补短板，推进东北地区提质改造，推动中部地区大通道大枢纽建设，加速东部地区优化升级，形成区域交通协调发展新格局。

（二）构建便捷顺畅的城市（群）交通网。建设城市群一体化交通网，推进干线铁路、城际铁路、市域（郊）铁路、城市轨道交通融合发展，完善城市群快速公路网络，加强公路与城市道路衔接。尊重城市发展规律，立足促进城市的整体性、系统性、生长性，统筹安排城市功能和用地布局，科学制定和实施城市综合交通体系规划。推进城市公共交通设施建设，强化城市轨道交通与其他交通方式衔接，完善快速路、主次干路、支路级配和结构合理的城市道路网，打通道路微循环，提高道路通达性，完善城市步行和非机动车交通系统，提升步行、自行车等出行品质，完善无障碍设施。科学规划建设城市停车设施，加强充电、加氢、加气和公交站点等设施建设。全面提升城市交通基础设施智能化水平。

（三）形成广覆盖的农村交通基础设施网。全面推进“四好农村路”建设，加快实施通村组硬化路建设，建立规范化可持续管护机制。促进交通建设与农村地区资源开发、产业发展有机融合，加强特色农产品优势区与旅游资源富集区交通建设。大力推进革命老区、民族地区、边疆地区、贫困地区、垦区林区交通发展，实现以交通便利带动脱贫减贫，深度贫困地区交通建设项目尽量向进村入户倾斜。推动资源丰富和人口相对密集贫困地区开发性铁路建设，在有条件的地区推进具备旅游、农业作业、应急救援等功能的通用机场建设，加强农村邮政等基础设施建设。

（四）构筑多层级、一体化的综合交通枢纽体系。依托京津冀、长三角、粤港澳大湾区等世界级城市群，打造具有全球竞争力的国际海港枢纽、航空枢纽和邮政快递核心枢纽，建设一批全国性、区域性交通枢纽，推进综合交通枢纽一体化规划建设，提高换乘换装水平，完善集疏运体系。大力发展枢纽经济。

三、交通装备先进适用、完备可控

（一）加强新型载运工具研发。实现 3 万吨级重载列车、时速 250 公里级高速轮轨货运列车等方面的重大突破。加强智能网联汽车（智能汽车、自动驾驶、车路协同）研发，形成自主可控完整的产业链。强化大中型邮轮、大型液化天然气船、极地航行船舶、智能船舶、新能源船舶等自主设计建造能力。完善民用飞机产品谱系，在大型民用飞机、重型直升机、通用航空器等方面取得显著进展。

（二）加强特种装备研发。推进隧道工程、整跨吊运安装设备等工程机械装备研发。研发水下机器人、深潜水装备、大型溢油回收船、大型深远海多功能救助船等新型装备。

（三）推进装备技术升级。推广新能源、清洁能源、智能化、数字化、轻量化、环保型交通装备及成套技术装备。广泛应用智能高铁、智能道路、智能航运、自动化码头、数字管网、智能仓储和分拣系统等新型装备设施，开发新一代智能交通管理系统。提升国产飞机和发动机技术水平，加强民用航空器、发动机研发制造和适航审定体系建设。推广应用交通装备的智能检测监测和运维技术。加速淘汰落后技术和高耗低效交通装备。

四、运输服务便捷舒适、经济高效

（一）推进出行服务快速化、便捷化。构筑以高铁、航空为主体的大容量、高效率区际快速客运服务，提升主要通道旅客运输能力。完善航空服务网络，逐步加密机场网建设，大力发展支线航空，推进干支有效衔接，提高航空服务能力和品质。提高城市群内轨道交通通勤化水平，推广城际道路客运公交化运行模式，打造旅客联程运输系统。加强城市交通拥堵综合治理，优先发展城市公共交通，鼓励引导绿色公交出行，合理引导个体机动化出行。推进城乡客运服务一体化，提升公共服务均等化水平，保障城乡居民行有所乘。

（二）打造绿色高效的现代物流系统。优化运输结构，加快推进港口集疏运铁路、物流园区及大型工矿企业铁路专用线等“公转铁”重点项目建设，推进大宗货物及中长距离货物运输向铁路和水运有序转移。推动铁水、公铁、公水、空陆等联运发展，推广跨方式快速换装转运标准化设施设备，形成统一的多式联运标准和规则。发挥公路货运“门到门”优势。完善航空物流网络，提升航空货运效率。推进电商物流、冷链物流、大件运输、危险品物流等专业化物流发展，促进城际干线运输和城市末端配送有机衔接，鼓励发展集约化配送模式。综合利用多种资源，完善农村配送网络，促进城乡双向流通。落实减税降费政策，优化物流组织模式，提高物流效率，降低物流成本。

（三）加速新业态新模式发展。深化交通运输与旅游融合发展，推动旅游专列、旅游风景道、旅游航道、自驾车房车营地、游艇旅游、低空飞行旅游等发展，完善客运枢纽、高速公路服务区等交通设施旅游服务功能。大力发展共享交通，打造基于移动智能终端技术的服务系统，实现出行即服务。发展“互联网＋”高效物流，创新智慧物流营运模式。培育充满活力的通用航空及市域（郊）铁路市场，完善政府购买服务政策，稳步扩大短途运输、公益服务、航空消费等市场规模。建立通达全球的寄递服务体系，推动邮政普遍服务升级换代。加快快递扩容增效和数字化转型，壮大供应链服务、冷链快递、即时直递等新业态新模式，推进智能收投终端和末端公共服务平台建设。积极发展无人机（车）物流递送、城市地下物流配送等。

五、科技创新富有活力、智慧引领

（一）强化前沿关键科技研发。瞄准新一代信息技术、人工智能、智能制造、新材料、新能源等世界科技前沿，加强对可能引发交通产业变革的前瞻性、颠覆性技术研究。强化汽车、民用飞行器、船舶等装备动力传动系统研发，突破高效率、大推力/大功率发动机装备设备关键技术。加强区域综合交通网络协调运营与服务技术、城市综合交通协同管控技术、基于船岸协同的内河航运安全管控与应急搜救技术等研发。合理统筹安排时速600公里级高速磁悬浮系统、时速400公里级高速轮轨（含可变轨距）客运列车系统、低真空管（隧）道高速列车等技术储备研发。

（二）大力发展智慧交通。推动大数据、互联网、人工智能、区块链、超级计算等新技术与交通行业深度融合。推进数据资源赋能交通发展，加速交通基础设施网、运输服务网、能源网与信息网络融合发展，构建泛在先进的交通信息基础设施。构建综合交通大数据中心体系，深化交通公共服务和电子政务发展。推进北斗卫星导航系统应用。

（三）完善科技创新机制。建立以企业为主体、产学研用深度融合的技术创新机制，鼓励交通行业各类创新主体建立创新联盟，建立关键核心技术攻关机制。建设一批具有国际影响力的实验室、试验基地、技术创新中心等创新平台，加大资源开放共享力度，优化科研资金投入机制。构建适应交通高质量发展的标准体系，加强重点领域标准有效供给。

六、安全保障完善可靠、反应快速

（一）提升本质安全水平。完善交通基础设施安全技术标准规范，持续加大基础设施安全防护投入，提升关键基础设施安全防护能力。构建现代化工程建设质量管理体系，推进精品建造和精细管理。强化交通基础设施养护，加强基础设施运行监测检测，提高养护专业化、信息化水平，增强设施耐久性和可靠性。强化载运工具质量治理，保障运输装备安全。

（二）完善交通安全生产体系。完善依法治理体系，健全交通安全生产法规制度和标准规范。完善安全责任体系，强化企业主体责任，明确部门监管责任。完善预防控制体系，有效防控系统性风险，建立交通装备、工程第三方认证制度。强化安全生产事故调查评估。完善网络安全保障体系，增强科技兴安能力，加强交通信息基础设施安全保护。完善支撑保障体系，加强安全设施建设。建立自然灾害交通防治体系，提高交通防灾抗灾能力。加强交通安全综合治理，切实提高交通安全水平。

（三）强化交通应急救援能力。建立健全综合交通应急管理体制机制、法规制度和预案体系，加强应急救援专业装备、设施、队伍建设，积极参与国际应急救援合作。强化应急救援社会协同能力，完善征用补偿机制。

七、绿色发展节约集约、低碳环保

（一）促进资源节约集约利用。加强土地、海域、无居民海岛、岸线、空域等资源节约集约利用，提升用地用海用岛效率。加强老旧设施更新利用，推广施工材料、废旧材料再生和综合利用，推进邮件快件包装绿色化、减量化，提高资源再利用和循环利用水平，推进交通资源循环利用产业发展。

（二）强化节能减排和污染防治。优化交通能源结构，推进新能源、清洁能源应用，促进公路货运节能减排，推动城市公共交通工具和城市物流配送车辆全部实现电动化、新能源化和清洁化。打好柴油货车污染治理攻坚战，统筹油、路、车治理，有效防治公路运输大气污染。严格执行国家和地方污染物控制标准及船舶排放区要求，推进船舶、港口污染防治。降低交通沿线噪声、振动，妥善处理好大型机场噪声影响。开展绿色出行行动，倡导绿色低碳出行理念。

（三）强化交通生态环境保护修复。严守生态保护红线，严格落实生态保护和水土保持措施，严格实施生态修复、地质环境治理恢复与土地复垦，将生态环保理念贯穿交通基础设施规划、建设、运营和养护全过程。推进生态选线选址，强化生态环保设计，避让耕地、林地、湿地等具有重要生态功能的国土空间。建设绿色交通廊道。

八、开放合作面向全球、互利共赢

（一）构建互联互通、面向全球的交通网络。以丝绸之路经济带六大国际经济合作走廊为主体，推进与周边国家铁路、公路、航道、油气管道等基础设施互联互通。提高海运、民航的全球连接度，建设世界一流的国际航运中心，推进 21 世纪海上丝绸之路建设。拓展国际航运物流，发展铁路国际班列，推进跨境道路运输便利化，大力发展航空物流枢纽，构建国际寄递物流供应链体系，打造陆海新通道。维护国际海运重要通道安全与畅通。

（二）加大对外开放力度。吸引外资进入交通领域，全面落实准入前国民待遇加负面清单管理制度。协同推进自由贸易试验区、中国特色自由贸易港建设。鼓励国内交通企业积极参与“一带一路”沿线交通基础设施建设和国际运输市场合作，打造世界一流交通企业。

（三）深化交通国际合作。提升国际合作深度与广度，形成国家、社会、企业多层次合作渠道。拓展国际合作平台，积极打造交通新平台，吸引重要交通国际组织来华落驻。积极推动全球交通治理体系建设与变革，促进交通运输政策、规则、制度、技术、标准“引进来”和“走出去”，积极参与交通国际组织事务框架下规则、标准制定修订。提升交通国际话语权和影响力。

九、人才队伍精良专业、创新奉献

（一）培育高水平交通科技人才。坚持高精尖缺导向，培养一批具有国际水平的战略科技人才、科技领军人才、青年科技人才和创新团队，培养交通一线创新人才，支持各领域各学科人才进入交通相关产业行业。推进交通高端智库建设，完善专家工作体系。

（二）打造素质优良的交通劳动者大军。弘扬劳模精神和工匠精神，造就一支素质优良的知识型、技能型、创新型劳动者大军。大力培养支撑中国制造、中国创造的交通技术技能人才队伍，构建适应交通发展需要的现代职业教育体系。

（三）建设高素质专业化交通干部队伍。落实建设高素质专业化干部队伍要求，打造一支忠诚干净担当的高素质干部队伍。注重专业能力培养，增强干部队伍适应现代综合交通运输发展要求的能力。加强优秀年轻干部队伍建设，加强国际交通组织人才培养。

十、完善治理体系，提升治理能力

（一）深化行业改革。坚持法治引领，完善综合交通法规体系，推动重点领域法律法规制定修订。不断深化铁路、公路、航道、空域管理体制改革，建立健全适应综合交通一体化发展的体制机制。推动国家铁路企业股份制改造、邮政企业混合所有制改革，支持民营企业健康发展。统筹制定交通发展战略、规划和政策，加快建设现代化综合交通体系。强化规划协同，实现“多规合一”“多规融合”。

（二）优化营商环境。健全市场治理规则，深入推进简政放权，破除区域壁垒，防止市场垄断，完善运输价格形成机制，构建统一开放、竞争有序的现代交通市场体系。全面实施市场准入负面清单制度，构建以信用为基础的新型监管机制。

（三）扩大社会参与。健全公共决策机制，实行依法决策、民主决策。鼓励交通行业组织积极参与行业治理，引导社会组织依法自治、规范自律，拓宽公众参与交通治理渠道。推动政府信息公开，建立健全公共监督机制。

（四）培育交通文明。推进优秀交通文化传承创新，加强重要交通遗迹遗存、现代交通重大工程的保护利用和精神挖掘，讲好中国交通故事。弘扬以“两路”精神、青藏铁路精神、民航英雄机组等为代表的交通精神，增强行业凝聚力和战斗力。全方位提升交通参与者文明素养，引导文明出行，营造文明交通环境，推动全社会交通文明程度大幅提升。

十一、保障措施

（一）加强党的领导。坚持党的全面领导，充分发挥党总揽全局、协调各方的作用。建立统筹协调的交通强国建设实施工作机制，强化部门协同、上下联动、军地互动，整体有序推进交通强国建设工作。

（二）加强资金保障。深化交通投融资改革，增强可持续发展能力，完善政府主导、分级负责、多元筹资、风险可控的资金保障和运行管理体制。建立健全中央和地方各级财政投入保障制度，鼓励采用多元化市场融资方式拓宽融资渠道，积极引导社会资本参与交通强国建设，强化风险防控机制建设。

（三）加强实施管理。各地区各部门要提高对交通强国建设重大意义的认识，科学制定配套政策和配置公共资源，促进自然资源、环保、财税、金融、投资、产业、贸易等政策与交通强国建设相关政策协同，部署若干重大工程、重大项目，合理规划交通强国建设进程。鼓励有条件的地方和企业在交通强国建设中先行先试。交通运输部要会同有关部门加强跟踪分析和督促指导，建立交通强国评价指标体系，重大事项及时向党中央、国务院报告。

国务院关于印发大气污染防治行动计划的通知

国发［2013］37号

各省、自治区、直辖市人民政府，国务院各部委、各直属机构：

现将《大气污染防治行动计划》印发给你们，请认真贯彻执行。

国务院

2013年9月10日

大气污染防治行动计划（节选）

大气环境保护事关人民群众根本利益，事关经济持续健康发展，事关全面建成小康社会，事关实现中华民族伟大复兴中国梦。当前，我国大气污染形势严峻，以可吸入颗粒物（PM_{10}）、细颗粒物（$PM_{2.5}$）为特征污染物的区域性大气环境问题日益突出，损害人民群众身体健康，影响社会和谐稳定。随着我国工业化、城镇化的深入推进，能源资源消耗持续增加，大气污染防治压力继续加大。为切实改善空气质量，制定本行动计划。

总体要求：以邓小平理论、“三个代表”重要思想、科学发展观为指导，以保障人民群众身体健康为出发点，大力推进生态文明建设，坚持政府调控与市场调节相结合、全面推进与重点突破相配合、区域协作与属地管理相协调、总量减排与质量改善相同步，形成政府统领、企业施治、市场驱动、公众参与的大气污染防治新机制，实施分区域、分阶段治理，推动产业结构优化、科技创新能力增强、经济增长质量提高，实现环境效益、经济效益与社会效益多赢，为建设美丽中国而奋斗。

奋斗目标：经过五年努力，全国空气质量总体改善，重污染天气较大幅度减少；京津冀、长三角、珠三角等区域空气质量明显好转。力争再用五年或更长时间，逐步消除重污染天气，全国空气质量明显改善。

具体指标：到2017年，全国地级及以上城市可吸入颗粒物浓度比2012年下降10%以上，优良天数逐年提高；京津冀、长三角、珠三角等区域细颗粒物浓度分别下降25%、20%、15%左右，其中北京市细颗粒物年均浓度控制在60微克/立方米左右。

一、加大综合治理力度，减少多污染物排放

（一）加强工业企业大气污染综合治理。（略）

（二）深化面源污染治理。（略）

（三）强化移动源污染防治。加强城市交通管理。优化城市功能和布局规划，推广智能交通管理，缓解城市交通拥堵。实施公交优先战略，提高公共交通出行比例，加强

步行、自行车交通系统建设。根据城市发展规划，合理控制机动车保有量，北京、上海、广州等特大城市要严格限制机动车保有量。通过鼓励绿色出行、增加使用成本等措施，降低机动车使用强度。

提升燃油品质。加快石油炼制企业升级改造，力争在2013年底前，全国供应符合国家第四阶段标准的车用汽油，在2014年底前，全国供应符合国家第四阶段标准的车用柴油，在2015年底前，京津冀、长三角、珠三角等区域内重点城市全面供应符合国家第五阶段标准的车用汽、柴油，在2017年底前，全国供应符合国家第五阶段标准的车用汽、柴油。加强油品质量监督检查，严厉打击非法生产、销售不合格油品行为。

加快淘汰黄标车和老旧车辆。采取划定禁行区域、经济补偿等方式，逐步淘汰黄标车和老旧车辆。到2015年，淘汰2005年底前注册营运的黄标车，基本淘汰京津冀、长三角、珠三角等区域内的500万辆黄标车。到2017年，基本淘汰全国范围的黄标车。

加强机动车环保管理。环保、工业和信息化、质检、工商等部门联合加强新生产车辆环保监管，严厉打击生产、销售环保不达标车辆的违法行为；加强在用机动车年度检验，对不达标车辆不得发放环保合格标志，不得上路行驶。加快柴油车车用尿素供应体系建设。研究缩短公交车、出租车强制报废年限。鼓励出租车每年更换高效尾气净化装置。开展工程机械等非道路移动机械和船舶的污染控制。

加快推进低速汽车升级换代。不断提高低速汽车（三轮汽车、低速货车）节能环保要求，减少污染排放，促进相关产业和产品技术升级换代。自2017年起，新生产的低速货车执行与轻型载货车同等的节能与排放标准。

大力推广新能源汽车。公交、环卫等行业和政府机关要率先使用新能源汽车，采取直接上牌、财政补贴等措施鼓励个人购买。北京、上海、广州等城市每年新增或更新的公交车中新能源和清洁燃料车的比例达到60%以上。

二、调整优化产业结构，推动产业转型升级（略）

三、加快企业技术改造，提高科技创新能力（略）

四、加快调整能源结构，增加清洁能源供应（略）

五、严格节能环保准入，优化产业空间布局（略）

六、发挥市场机制作用，完善环境经济政策（略）

七、健全法律法规体系，严格依法监督管理（略）

八、建立区域协作机制，统筹区域环境治理（略）

九、建立监测预警应急体系，妥善应对重污染天气（略）

十、明确政府企业和社会的责任，动员全民参与环境保护（略）

国务院办公厅
关于印发 2014—2015 年节能减排低碳发展行动方案的通知

国办发〔2014〕23号

各省、自治区、直辖市人民政府，国务院各部委、各直属机构：

《2014—2015 年节能减排低碳发展行动方案》已经国务院同意，现印发给你们，请结合本地区、本部门实际，认真贯彻落实。

国务院办公厅

2014 年 5 月 15 日

2014—2015 年节能减排低碳发展行动方案（节选）

加强节能减排，实现低碳发展，是生态文明建设的重要内容，是促进经济提质增效升级的必由之路。“十二五”规划纲要明确提出了单位国内生产总值（GDP）能耗和二氧化碳排放量降低、主要污染物排放总量减少的约束性目标，但 2011—2013 年部分指标完成情况落后于时间进度要求，形势十分严峻。为确保全面完成“十二五”节能减排降碳目标，制定本行动方案。

工作目标：2014—2015 年，单位 GDP 能耗、化学需氧量、二氧化硫、氨氮、氮氧化物排放量分别逐年下降 3.9%、2%、2%、2%、5%以上，单位 GDP 二氧化碳排放量两年分别下降 4%、3.5%以上。

一、大力推进产业结构调整

（一）积极化解产能严重过剩矛盾。（略）

（二）加快发展低能耗低排放产业。（略）

（三）调整优化能源消费结构。（略）

（四）强化能评环评约束作用。（略）

二、加快建设节能减排降碳工程

（五）推进实施重点工程。（略）

（六）加快更新改造燃煤锅炉。（略）

（七）加大机动车减排力度。2014 年底前，在全国供应国四标准车用柴油，淘汰黄标车和老旧车 600 万辆（具体任务附后）。到 2015 年底，京津冀、长三角、珠三角等区域内重点城市全面供应国五标准车用汽油和柴油；全国淘汰 2005 年前注册营运的黄标车，基本淘汰京津冀、长三角、珠三角等区域内的 500 万辆黄标车。加强机动车环保管理，强化新生产车辆环保监管。加快柴油车车用尿素供应体系建设。

（八）强化水污染防治。（略）

三、狠抓重点领域节能降碳

（九）加强工业节能降碳。（略）

（十）推进建筑节能降碳。（略）

（十一）强化交通运输节能降碳。加快推进综合交通运输体系建设，开展绿色循环低碳交通运输体系建设试点，深化“车船路港”千家企业低碳交通运输专项行动。实施高速公路不停车自动交费系统全国联网工程。加大新能源汽车推广应用力度。继续推行甩挂运输，开展城市绿色货运配送示范行动。积极发展现代物流业，加快物流公共信息平台建设。大力发展公共交通，推进“公交都市”创建活动。公路、水路运输和港口形成节能能力1400万吨标准煤以上，到2015年，营运货车单位运输周转量能耗比2013年降低4%以上。

（十二）抓好公共机构节能降碳。（略）

四、强化技术支撑

（十三）加强技术创新。（略）

（十四）加快先进技术推广应用。（略）

五、进一步加强政策扶持

（十五）完善价格政策。（略）

（十六）强化财税支持。各级人民政府要加大对节能减排的资金支持力度，整合各领域节能减排资金，加强统筹安排，提高使用效率，努力促进资金投入与节能减排工作成效相匹配。严格落实合同能源管理项目所得税减免政策。实施煤炭等资源税从价计征改革，清理取消有关收费基金。开展环境保护税立法工作，加快推进环境保护费改税。

（十七）推进绿色融资。（略）

六、积极推行市场化节能减排机制

（十八）实施能效领跑者制度。（略）

（十九）建立碳排放权、节能量和排污权交易制度。（略）

（二十）推行能效标识和节能低碳产品认证。（略）

（二十一）强化电力需求侧管理。（略）

七、加强监测预警和监督检查

（二十二）强化统计预警。加强能源消耗、温室气体排放和污染物排放计量与统计能力建设，进一步完善节能减排降碳的计量、统计、监测、核查体系，确保相关指标数据准确一致。加强分析预警，定期发布节能目标完成情况晴雨表和主要污染物排放数据公告。各地区要研究制定确保完成节能减排降碳目标的预警调控方案，根据形势适时启动。

（二十三）加强运行监测。加快推进重点用能单位能耗在线监测系统建设，2014年完成试点，2015年基本建成。进一步完善主要污染物排放在线监测系统，确保监测系统连续稳定运行，到2015年底，污染源自动监控数据有效传输率达到75%，企业自行监测结果公布率达到80%，污染源监督性监测结果公布率达到95%。

（二十四）完善法规标准。推进节约能源法、大气污染防治法、建设项目环境保护管理条例的修订工作，推动开展节能评估审查、应对气候变化立法等工作，加快制定排污许可证管理条例、机动车污染防治条例等法规，研究制定节能监察办法。实施百项能效标准推进工程，制（修）订一批重要节能标准、重点行业污染物排放标准，落实重点区域大气污染物排放特别限值要求。

（二十五）强化执法监察。加强节能监察能力建设，到2015年基本建成省、市、县三级节能监察体系。发挥能源监管派出机构的作用，加强能源消费监管。2014年下半年，各地区节能主管部门要针对万家重点用能企业开展专项监察。环保部门要持续开展专项执法，公布违法排污企业名单，发布重点企业污染物排放信息，对违法违规行为进行公开通报或挂牌督办。依法查处违法用能排污单位和相关责任人。实行节能减排执法责任制，对行政不作为、执法不严等行为，严肃追究有关主管部门和执法机构负责人的责任。

八、落实目标责任

（二十六）强化地方政府责任。各省（区、市）要严格控制本地区能源消费增长。严格实施单位GDP能耗和二氧化碳排放强度降低目标责任考核，减排重点考核污染物控制目标、责任书项目落实、监测监控体系建设运行等情况。地方各级人民政府对本行政区域内节能减排降碳工作负总责，主要领导是第一责任人。对未完成年度目标任务的地区，必要时请国务院领导同志约谈省级政府主要负责人，有关部门按规定进行问责，相关负责人在考核结果公布后的一年内不得评选优秀和提拔重用，考核结果向社会公布。对超额完成“十二五”目标任务的地区，按照国家有关规定，根据贡献大小给予适当奖励。

（二十七）落实重点地区责任。海南、甘肃、青海、宁夏、新疆等节能降碳目标完成进度滞后的地区，要抓紧制定具体方案，采取综合性措施，确保完成节能降碳目标任务。云南、贵州、广西、新疆等减排工作进展缓慢地区，要进一步挖掘潜力，确保完成减排目标。强化京津冀及周边、长三角、珠三角等重点区域污染减排，尽可能多削减氮氧化物，力争2014—2015年实现氮氧化物减排12%，高出全国平均水平2个百分点。年能源消费量2亿吨标准煤以上的重点用能地区和东中部排放量较大地区，在确保完成目标任务前提下要多作贡献。各省级人民政府要对年能源消费量300万吨标准煤以上的市县实行重点管理，出台措施推动多完成节能任务。18个节能减排财政政策综合示范城市要争取提前一年完成“十二五”节能目标，或到2015年超额完成目标的20%以上。低碳试点省（区）和城市要提前完成“十二五”降碳目标。

（二十八）明确相关部门工作责任。国务院各有关部门要按照职责分工，加强协调配合，多方齐抓共管，形成工作合力。发展改革委要履行好国家应对气候变化及节能减排工作领导小组办公室的职责，会同环境保护部等有关部门加强对地方和企业的监督指导，抓紧制定出台对进度滞后地区的帮扶督办方案，密切跟踪工作进展，督促行动方案各项措施落到实处。环境保护部等要全面加强监管，其他各相关部门也要抓紧行动，共同做好节能减排降碳工作。

（二十九）强化企业主体责任。企业要严格遵守节能环保法律法规及标准，加强内部管理，增加资金投入，及时公开节能环保信息，确保完成目标任务。中央企业要积极发挥表率作用，把节能减排任务完成情况作为企业绩效和负责人业绩考核的重要内容。国有企业要力争提前完成“十二五”节能目标。充分发挥行业协会在加强企业自律、树立行业标杆、制定技术规范、推广先进典型等方面的作用。

（三十）动员公众积极参与。采取形式多样的宣传教育活动，调动社会公众参与节能减排的积极性。鼓励对政府和企业落实节能减排降碳责任进行社会监督。

附件：

1. 2014—2015 年各地区燃煤锅炉淘汰任务。（略）
2. 2014—2015 年各地区主要大气污染物减排工程任务。（略）
3. 2014 年各地区黄标车及老旧车辆淘汰任务。（略）

国务院关于印发水污染防治行动计划的通知

国发〔2015〕17号

各省、自治区、直辖市人民政府，国务院各部委、各直属机构：

现将《水污染防治行动计划》印发给你们，请认真贯彻执行。

国务院

2015年4月2日

水污染防治行动计划

水环境保护事关人民群众切身利益，事关全面建成小康社会，事关实现中华民族伟大复兴中国梦。当前，我国一些地区水环境质量差、水生态受损重、环境隐患多等问题十分突出，影响和损害群众健康，不利于经济社会持续发展。为切实加大水污染防治力度，保障国家水安全，制定本行动计划。

总体要求：全面贯彻党的十八大和十八届二中、三中、四中全会精神，大力推进生态文明建设，以改善水环境质量为核心，按照“节水优先、空间均衡、系统治理、两手发力”原则，贯彻“安全、清洁、健康”方针，强化源头控制，水陆统筹、河海兼顾，对江河湖海实施分流域、分区域、分阶段科学治理，系统推进水污染防治、水生态保护和水资源管理。坚持政府市场协同，注重改革创新；坚持全面依法推进，实行最严格环保制度；坚持落实各方责任，严格考核问责；坚持全民参与，推动节水洁水人人有责，形成“政府统领、企业施治、市场驱动、公众参与”的水污染防治新机制，实现环境效益、经济效益与社会效益多赢，为建设“蓝天常在、青山常在、绿水常在”的美丽中国而奋斗。

工作目标：到2020年，全国水环境质量得到阶段性改善，污染严重水体较大幅度减少，饮用水安全保障水平持续提升，地下水超采得到严格控制，地下水污染加剧趋势得到初步遏制，近岸海域环境质量稳中趋好，京津冀、长三角、珠三角等区域水生态环境状况有所好转。到2030年，力争全国水环境质量总体改善，水生态系统功能初步恢复。到本世纪中叶，生态环境质量全面改善，生态系统实现良性循环。

主要指标：到2020年，长江、黄河、珠江、松花江、淮河、海河、辽河七大重点流域水质优良（达到或优于Ⅲ类）比例总体达到70%以上，地级及以上城市建成区黑臭水体均控制在10%以内，地级及以上城市集中式饮用水水源水质达到或优于Ⅲ类比例总体高于93%，全国地下水质量极差的比例控制在15%左右，近岸海域水质优良（一、二类）比例达到70%左右。京津冀区域丧失使用功能（劣于Ⅴ类）的水体断面比例下降15个百分点左右，长三角、珠三角区域力争消除丧失使用功能的水体。

到2030年，全国七大重点流域水质优良比例总体达到75%以上，城市建成区黑臭水体总体得到消除，城市集中式饮用水水源水质达到或优于Ⅲ类比例总体为95%左右。

一、全面控制污染物排放

（一）狠抓工业污染防治。（略）

（二）强化城镇生活污染治理。（略）

（三）推进农业农村污染防治。（略）

（四）加强船舶港口污染控制。积极治理船舶污染。依法强制报废超过使用年限的船舶。分类分级修订船舶及其设施、设备的相关环保标准。2018年起投入使用的沿海船舶、2021年起投入使用的内河船舶执行新的标准；其他船舶于2020年底前完成改造，经改造仍不能达到要求的，限期予以淘汰。航行于我国水域的国际航线船舶，要实施压载水交换或安装压载水灭活处理系统。规范拆船行为，禁止冲滩拆解。（交通运输部牵头，工业和信息化部、环境保护部、农业部、质检总局等参与）

增强港口码头污染防治能力。编制实施全国港口、码头、装卸站污染防治方案。加快垃圾接收、转运及处理处置设施建设，提高含油污水、化学品洗舱水等接收处置能力及污染事故应急能力。位于沿海和内河的港口、码头、装卸站及船舶修造厂，分别于2017年底前和2020年底前达到建设要求。港口、码头、装卸站的经营人应制定防治船舶及其有关活动污染水环境的应急计划。（交通运输部牵头，工业和信息化部、住房城乡建设部、农业部等参与）

二、推动经济结构转型升级（略）

三、着力节约保护水资源（略）

四、强化科技支撑（略）

五、充分发挥市场机制作用（略）

六、严格环境执法监管（略）

七、切实加强水环境管理（略）

八、全力保障水生态环境安全（略）

九、明确和落实各方责任（略）

十、强化公众参与和社会监督（略）

国务院关于印发“十三五”控制温室气体排放工作方案的通知

国发〔2016〕61号

各省、自治区、直辖市人民政府，国务院各部委、各直属机构：

现将《“十三五”控制温室气体排放工作方案》印发给你们，请认真贯彻执行。

国务院

2016年10月27日

“十三五”控制温室气体排放工作方案

为加快推进绿色低碳发展，确保完成“十三五”规划纲要确定的低碳发展目标任务，推动我国二氧化碳排放2030年左右达到峰值并争取尽早达峰，特制订本工作方案。

一、总体要求

（一）指导思想。全面贯彻党的十八大和十八届三中、四中、五中、六中全会精神，紧紧围绕统筹推进“五位一体”总体布局和协调推进“四个全面”战略布局，牢固树立创新、协调、绿色、开放、共享的发展理念，按照党中央、国务院决策部署，统筹国内国际两个大局，顺应绿色低碳发展国际潮流，把低碳发展作为我国经济社会发展的重大战略和生态文明建设的重要途径，采取积极措施，有效控制温室气体排放。加快科技创新和制度创新，健全激励和约束机制，发挥市场配置资源的决定性作用和更好发挥政府作用，加强碳排放和大气污染物排放协同控制，强化低碳引领，推动能源革命和产业革命，推动供给侧结构性改革和消费端转型，推动区域协调发展，深度参与全球气候治理，为促进我国经济社会可持续发展和维护全球生态安全作出新贡献。

（二）主要目标。到2020年，单位国内生产总值二氧化碳排放比2015年下降18%，碳排放总量得到有效控制。氢氟碳化物、甲烷、氧化亚氮、全氟化碳、六氟化硫等非二氧化碳温室气体控排力度进一步加大。碳汇能力显著增强。支持优化开发区域碳排放率先达到峰值，力争部分重化工业2020年左右实现率先达峰，能源体系、产业体系和消费领域低碳转型取得积极成效。全国碳排放权交易市场启动运行，应对气候变化法律法规和标准体系初步建立，统计核算、评价考核和责任追究制度得到健全，低碳试点示范不断深化，减污减碳协同作用进一步加强，公众低碳意识明显提升。

二、低碳引领能源革命

（一）加强能源碳排放指标控制。实施能源消费总量和强度双控，基本形成以低碳能源满足新增能源需求的能源发展格局。到2020年，能源消费总量控制在50亿吨标准煤以内，单位国内生产总值能源消费比2015年下降15%，非化石能源比重达到15%。大型发电集团单位供电二氧化碳排放控制在550克二氧化碳/千瓦时以内。

（二）大力推进能源节约。坚持节约优先的能源战略，合理引导能源需求，提升能源利用效率。严格实施节能评估审查，强化节能监察。推动工业、建筑、交通、公共机构等重点领域节能降耗。实施全民节能行动计划，组织开展重点节能工程。健全节能标准体系，加强能源计量监管和服务，实施能效领跑者引领行动。推行合同能源管理，推动节能服务产业健康发展。

（三）加快发展非化石能源。积极有序推进水电开发，安全高效发展核电，稳步发展风电，加快发展太阳能发电，积极发展地热能、生物质能和海洋能。到2020年，力争常规水电装机达到3.4亿千瓦，风电装机达到2亿千瓦，光伏装机达到1亿千瓦，核电装机达到5800万千瓦，在建容量达到3000万千瓦以上。加强智慧能源体系建设，推行节能低碳电力调度，提升非化石能源电力消纳能力。

（四）优化利用化石能源。控制煤炭消费总量，2020年控制在42亿吨左右。推动雾霾严重地区和城市在2017年后继续实现煤炭消费负增长。加强煤炭清洁高效利用，大幅削减散煤利用。加快推进居民采暖用煤替代工作，积极推进工业窑炉、采暖锅炉“煤改气”，大力推进天然气、电力替代交通燃油，积极发展天然气发电和分布式能源。在煤基行业和油气开采行业开展碳捕集、利用和封存的规模化产业示范，控制煤化工等行业碳排放。积极开发利用天然气、煤层气、页岩气，加强放空天然气和油田伴生气回收利用，到2020年天然气占能源消费总量比重提高到10%左右。

三、打造低碳产业体系（略）

四、推动城镇化低碳发展

（一）加强城乡低碳化建设和管理。（略）

（二）建设低碳交通运输体系。推进现代综合交通运输体系建设，加快发展铁路、水运等低碳运输方式，推动航空、航海、公路运输低碳发展，发展低碳物流，到2020年，营运货车、营运客车、营运船舶单位运输周转量二氧化碳排放比2015年分别下降8%、2.6%、7%，城市客运单位客运量二氧化碳排放比2015年下降12.5%。完善公交优先的城市交通运输体系，发展城市轨道交通、智能交通和慢行交通，鼓励绿色出行。鼓励使用节能、清洁能源和新能源运输工具，完善配套基础设施建设，到2020年，纯电动汽车和插电式混合动力汽车生产能力达到200万辆、累计产销量超过500万辆。严格实施乘用车燃料消耗量限值标准，提高重型商用车燃料消耗量限值标准，研究新车碳排放标准。深入实施低碳交通示范工程。

（三）加强废弃物资源化利用和低碳化处置。（略）

（四）倡导低碳生活方式。……倡导“135”绿色低碳出行方式（1公里以内步行，3公里以内骑自行车，5公里左右乘坐公共交通工具），鼓励购买小排量汽车、节能与新能源汽车。

五、加快区域低碳发展（略）

六、建设和运行全国碳排放权交易市场（略）

七、加强低碳科技创新（略）

八、强化基础能力支撑

（一）完善应对气候变化法律法规和标准体系。推动制订应对气候变化法，适时修订完善应对气候变化相关政策法规。研究制定重点行业、重点产品温室气体排放核算标准、建筑低碳运行标准、碳捕集利用与封存标准等，完善低碳产品标准、标识和认证制度。加强节能监察，强化能效标准实施，促进能效提升和碳减排。

（二）加强温室气体排放统计与核算。加强应对气候变化统计工作，完善应对气候变化统计指标体系和温室气体排放统计制度，强化能源、工业、农业、林业、废弃物处理等相关统计，加强统计基础工作和能力建设。加强热力、电力、煤炭等重点领域温室气体排放因子计算与监测方法研究，完善重点行业企业温室气体排放核算指南。定期编制国家和省级温室气体排放清单，实行重点企（事）业单位温室气体排放数据报告制度，建立温室气体排放数据信息系统。完善温室气体排放计量和监测体系，推动重点排放单位健全能源消费和温室气体排放台账记录。逐步建立完善省市两级行政区域能源碳排放年度核算方法和报告制度，提高数据质量。

（三）建立温室气体排放信息披露制度。定期公布我国低碳发展目标实现及政策行动进展情况，建立温室气体排放数据信息发布平台，研究建立国家应对气候变化公报制度。推动地方温室气体排放数据信息公开。推动建立企业温室气体排放信息披露制度，鼓励企业主动公开温室气体排放信息，国有企业、上市公司、纳入碳排放权交易市场的企业要率先公布温室气体排放信息和控排行动措施。

（四）完善低碳发展政策体系。（略）

（五）加强机构和人才队伍建设。（略）

九、广泛开展国际合作（略）

十、强化保障落实（略）

国务院关于印发“十三五”生态环境保护规划的通知

国发〔2016〕65号

各省、自治区、直辖市人民政府，国务院各部委、各直属机构：

现将《“十三五”生态环境保护规划》印发给你们，请认真贯彻实施。

国务院

2016年11月24日

（此件有删改）

“十三五”生态环境保护规划（节选）

目　录

第一章　全国生态环境保护形势
第一节　生态环境保护取得积极进展
第二节　生态环境是全面建成小康社会的突出短板
第三节　生态环境保护面临机遇与挑战
第二章　指导思想、基本原则与主要目标
第一节　指导思想
第二节　基本原则
第三节　主要目标
第三章　强化源头防控，夯实绿色发展基础
第一节　强化生态空间管控
第二节　推进供给侧结构性改革
第三节　强化绿色科技创新引领
第四节　推动区域绿色协调发展
第四章　深化质量管理，大力实施三大行动计划
第一节　分区施策改善大气环境质量
第二节　精准发力提升水环境质量
第三节　分类防治土壤环境污染
第五章　实施专项治理，全面推进达标排放与污染减排
第一节　实施工业污染源全面达标排放计划
第二节　深入推进重点污染物减排
第三节　加强基础设施建设

第四节　加快农业农村环境综合治理
第六章　实行全程管控，有效防范和降低环境风险
第一节　完善风险防控和应急响应体系
第二节　加大重金属污染防治力度
第三节　提高危险废物处置水平
第四节　夯实化学品风险防控基础
第五节　加强核与辐射安全管理
第七章　加大保护力度，强化生态修复
第一节　维护国家生态安全
第二节　管护重点生态区域
第三节　保护重要生态系统
第四节　提升生态系统功能
第五节　修复生态退化地区
第六节　扩大生态产品供给
第七节　保护生物多样性
第八章　加快制度创新，积极推进治理体系和治理能力现代化
第一节　健全法治体系
第二节　完善市场机制
第三节　落实地方责任
第四节　加强企业监管
第五节　实施全民行动
第六节　提升治理能力
第九章　实施一批国家生态环境保护重大工程
第十章　健全规划实施保障措施
第一节　明确任务分工
第二节　加大投入力度
第三节　加强国际合作
第四节　推进试点示范
第五节　严格评估考核

第一章　全国生态环境保护形势（略）

第二章　指导思想、基本原则与主要目标

第一节　指导思想

全面贯彻党的十八大和十八届三中、四中、五中、六中全会精神，以邓小平理论、“三个代表”重要思想、科学发展观为指导，深入贯彻习近平总书记系列重要讲话精神和治国理政新理念新思想新战略，统筹推进“五位一体”总体布局和协调推进“四个全面”战略布局，牢固树立和贯彻落实创新、协调、绿色、开放、共享的发展理念，按照

党中央、国务院决策部署，以提高环境质量为核心，实施最严格的环境保护制度，打好大气、水、土壤污染防治三大战役，加强生态保护与修复，严密防控生态环境风险，加快推进生态环境领域国家治理体系和治理能力现代化，不断提高生态环境管理系统化、科学化、法治化、精细化、信息化水平，为人民提供更多优质生态产品，为实现“两个一百年”奋斗目标和中华民族伟大复兴的中国梦作出贡献。

第二节　基本原则

坚持绿色发展、标本兼治。绿色富国、绿色惠民，处理好发展和保护的关系，协同推进新型工业化、城镇化、信息化、农业现代化与绿色化。坚持立足当前与着眼长远相结合，加强生态环境保护与稳增长、调结构、惠民生、防风险相结合，强化源头防控，推进供给侧结构性改革，优化空间布局，推动形成绿色生产和绿色生活方式，从源头预防生态破坏和环境污染，加大生态环境治理力度，促进人与自然和谐发展。

坚持质量核心、系统施治。以解决生态环境突出问题为导向，分区域、分流域、分阶段明确生态环境质量改善目标任务。统筹运用结构优化、污染治理、污染减排、达标排放、生态保护等多种手段，实施一批重大工程，开展多污染物协同防治，系统推进生态修复与环境治理，确保生态环境质量稳步提升，提高优质生态产品供给能力。

坚持空间管控、分类防治。生态优先，统筹生产、生活、生态空间管理，划定并严守生态保护红线，维护国家生态安全。建立系统完整、责权清晰、监管有效的管理格局，实施差异化管理，分区分类管控，分级分项施策，提升精细化管理水平。

坚持改革创新、强化法治。以改革创新推进生态环境保护，转变环境治理理念和方式，改革生态环境治理基础制度，建立覆盖所有固定污染源的企业排放许可制，实行省以下环保机构监测监察执法垂直管理制度，加快形成系统完整的生态文明制度体系。加强环境立法、环境司法、环境执法，从硬从严，重拳出击，促进全社会遵纪守法。依靠法律和制度加强生态环境保护，实现源头严防、过程严管、后果严惩。

坚持履职尽责、社会共治。建立严格的生态环境保护责任制度，合理划分中央和地方环境保护事权和支出责任，落实生态环境保护“党政同责”“一岗双责”。落实企业环境治理主体责任，动员全社会积极参与生态环境保护，激励与约束并举，政府与市场“两手发力”，形成政府、企业、公众共治的环境治理体系。

第三节　主要目标

到2020年，生态环境质量总体改善。生产和生活方式绿色、低碳水平上升，主要污染物排放总量大幅减少，环境风险得到有效控制，生物多样性下降势头得到基本控制，生态系统稳定性明显增强，生态安全屏障基本形成，生态环境领域国家治理体系和治理能力现代化取得重大进展，生态文明建设水平与全面建成小康社会目标相适应。

专栏1 “十三五”生态环境保护主要指标

指 标		2015年	2020年	〔累计〕[1]	属性
生态环境质量					
1.空气质量	地级及以上城市[2]空气质量优良天数比率(%)	76.7	>80	—	约束性
	细颗粒物未达标地级及以上城市浓度下降(%)	—	—	〔18〕	约束性
	地级及以上城市重度及以上污染天数比例下降(%)	—	—	〔25〕	预期性
2.水环境质量	地表水质量[3]达到或好于Ⅲ类水体比例(%)	66	>70	—	约束性
	地表水质量劣Ⅴ类水体比例(%)	9.7	<5	—	约束性
	重要江河湖泊水功能区水质达标率(%)	70.8	>80		预期性
	地下水质量极差比例(%)	15.7[4]	15左右	—	预期性
	近岸海域水质优良(一、二类)比例(%)	70.5	70左右	—	预期性
3.土壤环境质量	受污染耕地安全利用率(%)	70.6	90左右	—	约束性
	污染地块安全利用率(%)	—	90以上	—	约束性
4.生态状况	森林覆盖率(%)	21.66	23.04	〔1.38〕	约束性
	森林蓄积量(亿立方米)	151	165	〔14〕	约束性
	湿地保有量(亿亩)	—	≥8	—	预期性
	草原综合植被盖度(%)	54	56		预期性
	重点生态功能区所属县域生态环境状况指数	60.4	>60.4	—	预期性
污染物排放总量					
5.主要污染物排放总量减少(%)	化学需氧量	—	—	〔10〕	约束性
	氨氮	—	—	〔10〕	
	二氧化硫	—	—	〔15〕	
	氮氧化物	—	—	〔15〕	
6.区域性污染物排放总量减少(%)	重点地区重点行业挥发性有机物[5]	—	—	〔10〕	预期性
	重点地区总氮[6]	—	—	〔10〕	预期性
	重点地区总磷[7]	—	—	〔10〕	
生态保护修复					
7.国家重点保护野生动植物保护率(%)		—	>95	—	预期性
8.全国自然岸线保有率(%)		—	≥35	—	预期性

续表

指　标	2015 年	2020 年	〔累计〕[1]	属性
生态保护修复				
9. 新增沙化土地治理面积(万平方公里)	—	—	〔10〕	预期性
10. 新增水土流失治理面积(万平方公里)	—	—	〔27〕	预期性

注：1.〔〕内为五年累计数。
2. 空气质量评价覆盖全国 338 个城市（含地、州、盟所在地及部分省辖县级市，不含三沙和儋州）。
3. 水环境质量评价覆盖全国地表水国控断面，断面数量由“十二五”期间的 972 个增加到 1940 个。
4. 为 2013 年数据。
5. 在重点地区、重点行业推进挥发性有机物总量控制，全国排放总量下降 10%以上。
6. 对沿海 56 个城市及 29 个富营养化湖库实施总氮总量控制。
7. 总磷超标的控制单元以及上游相关地区实施总磷总量控制。

第三章　强化源头防控，夯实绿色发展基础

绿色发展是从源头破解我国资源环境约束瓶颈、提高发展质量的关键。要创新调控方式，强化源头管理，以生态空间管控引导构建绿色发展格局，以生态环境保护推进供给侧结构性改革，以绿色科技创新引领生态环境治理，促进重点区域绿色、协调发展，加快形成节约资源和保护环境的空间布局、产业结构和生产生活方式，从源头保护生态环境。

第一节　强化生态空间管控（略）

第二节　推进供给侧结构性改革

强化环境硬约束推动淘汰落后和过剩产能。(略)

严格环保能耗要求促进企业加快升级改造。实施能耗总量和强度“双控”行动，全面推进工业、建筑、交通运输、公共机构等重点领域节能。(以下略)

促进绿色制造和绿色产品生产供给。(略)

推动循环发展。(略)

推进节能环保产业发展。(略)

第三节　强化绿色科技创新引领

推进绿色化与创新驱动深度融合。(略)

加强生态环保科技创新体系建设。(略)

建设生态环保科技创新平台。(略)

实施重点生态环保科技专项。(略)

完善环境标准和技术政策体系。……加快机动车和非道路移动源污染物排放标准、燃油产品质量标准的制修订和实施。发布实施船舶发动机排气污染物排放限值及测量方法（中国第一、二阶段）、轻型汽车和重型汽车污染物排放限值及测量方法（中国第六阶段）、摩托车和轻便摩托车污染物排放限值及测量方法（中国第四阶段）、畜禽养殖污染物排放标准。修订在用机动车排放标准，力争实施非道路移动机械国Ⅳ排放标准。完善环境保护技术政策，建立生态保护红线监管技术规范。健全钢铁、水泥、化工等重点行业清洁生产评价指标体系。加快制定完善电力、冶金、有色金属等重点行业以及城乡

垃圾处理、机动车船和非道路移动机械污染防治、农业面源污染防治等重点领域技术政策。建立危险废物利用处置无害化管理标准和技术体系。

第四节 推动区域绿色协调发展（略）

第四章 深化质量管理，大力实施三大行动计划

以提高环境质量为核心，推进联防联控和流域共治，制定大气、水、土壤三大污染防治行动计划的施工图。根据区域、流域和类型差异分区施策，实施多污染物协同控制，提高治理措施的针对性和有效性。实行环境质量底线管理，努力实现分阶段达到环境质量标准、治理责任清单式落地，解决群众身边的突出环境问题。

第一节 分区施策改善大气环境质量

实施大气环境质量目标管理和限期达标规划。（略）

加强重污染天气应对。（略）

深化区域大气污染联防联控。全面深化京津冀及周边地区、长三角、珠三角等区域大气污染联防联控，建立常态化区域协作机制，区域内统一规划、统一标准、统一监测、统一防治。对重点行业、领域制定实施统一的环保标准、排污收费政策、能源消费政策，统一老旧车辆淘汰和在用车辆管理标准。……通过市场化方式促进老旧车辆、船舶加速淘汰以及防污设施设备改造，强化新生产机动车、非道路移动机械环保达标监管。开展清洁柴油机行动，加强高排放工程机械、重型柴油车、农业机械等管理，重点区域开展柴油车注册登记环保查验，对货运车、客运车、公交车等开展入户环保检查。提高公共车辆中新能源汽车占比，具备条件的城市在2017年底前基本实现公交新能源化。落实珠三角、长三角、环渤海京津冀水域船舶排放控制区管理政策，靠港船舶优先使用岸电，建设船舶大气污染物排放遥感监测和油品质量监测网点，开展船舶排放控制区内船舶排放监测和联合监管，构建机动车船和油品环保达标监管体系。加快非道路移动源油品升级。……

显著削减京津冀及周边地区颗粒物浓度。以北京市、保定市、廊坊市为重点，突出抓好冬季散煤治理、重点行业综合治理、机动车监管、重污染天气应对，强化高架源的治理和监管，改善区域空气质量。……加快区域内机动车排污监控平台建设，重点治理重型柴油车和高排放车辆。到2020年，区域细颗粒物污染形势显著好转，臭氧浓度基本稳定。

明显降低长三角区域细颗粒物浓度。（略）

大力推动珠三角区域率先实现大气环境质量基本达标。（略）

第二节 精准发力提升水环境质量（略）

第三节 分类防治土壤环境污染（略）

第五章 实施专项治理，全面推进达标排放与污染减排

以污染源达标排放为底线，以骨干性工程推进为抓手，改革完善总量控制制度，推动行业多污染物协同治污减排，加强城乡统筹治理，严格控制增量，大幅度削减污染物

存量，降低生态环境压力。

第一节　实施工业污染源全面达标排放计划（略）

第二节　深入推进重点污染物减排

改革完善总量控制制度。（略）

推动治污减排工程建设。（略）

控制重点地区重点行业挥发性有机物排放。全面加强石化、有机化工、表面涂装、包装印刷等重点行业挥发性有机物控制。细颗粒物和臭氧污染严重省份实施行业挥发性有机污染物总量控制，制定挥发性有机污染物总量控制目标和实施方案。强化挥发性有机物与氮氧化物的协同减排，建立固定源、移动源、面源排放清单，对芳香烃、烯烃、炔烃、醛类、酮类等挥发性有机物实施重点减排。开展石化行业“泄漏检测与修复”专项行动，对无组织排放开展治理。各地要明确时限，完成加油站、储油库、油罐车油气回收治理，油气回收率提高到90%以上，并加快推进原油成品油码头油气回收治理。……

总磷、总氮超标水域实施流域、区域性总量控制。（略）

专栏4　区域性、流域性总量控制地区（略）

第三节　加强基础设施建设

加快完善城镇污水处理系统。（略）

实现城镇垃圾处理全覆盖和处置设施稳定达标运行。（略）

推进海绵城市建设。（略）

增加清洁能源供给和使用。……加快城市新能源汽车充电设施建设，政府机关、大中型企事业单位带头配套建设，继续实施新能源汽车推广。

大力推进煤炭清洁化利用。（略）

第四节　加快农业农村环境综合治理（略）

第六章　实行全程管控，有效防范和降低环境风险（略）

第七章　加大保护力度，强化生态修复（略）

第八章　加快制度创新，积极推进治理体系和治理能力现代化

统筹推进生态环境治理体系建设，以环保督察巡视、编制自然资源资产负债表、领导干部自然资源资产离任审计、生态环境损害责任追究等落实地方环境保护责任，以环境司法、排污许可、损害赔偿等落实企业主体责任，加强信息公开，推进公益诉讼，强化绿色金融等市场激励机制，形成政府、企业、公众共治的治理体系。

第一节　健全法治体系（略）

第二节　完善市场机制（略）

第三节　落实地方责任（略）

第四节　加强企业监管（略）

第五节　实施全民行动

提高全社会生态环境保护意识。（略）

推动绿色消费。……鼓励绿色出行，改善步行、自行车出行条件，完善城市公共交通服务体系。到 2020 年，城区常住人口 300 万以上城市建成区公共交通占机动化出行比例达到 60％。

强化信息公开。（略）

加强社会监督。（略）

第六节　提升治理能力（略）

第九章　实施一批国家生态环境保护重大工程（略）

第十章　健全规划实施保障措施（略）

国务院关于印发“十三五”节能减排综合工作方案的通知

国发〔2016〕74号

各省、自治区、直辖市人民政府，国务院各部委、各直属机构：

现将《“十三五”节能减排综合工作方案》印发给你们，请结合本地区、本部门实际，认真贯彻执行。

一、“十二五”节能减排工作取得显著成效。各地区、各部门认真贯彻落实党中央、国务院决策部署，把节能减排作为优化经济结构、推动绿色循环低碳发展、加快生态文明建设的重要抓手和突破口，各项工作积极有序推进。“十二五”时期，全国单位国内生产总值能耗降低18.4%，化学需氧量、二氧化硫、氨氮、氮氧化物等主要污染物排放总量分别减少12.9%、18%、13%和18.6%，超额完成节能减排预定目标任务，为经济结构调整、环境改善、应对全球气候变化作出了重要贡献。

二、充分认识做好“十三五”节能减排工作的重要性和紧迫性。当前，我国经济发展进入新常态，产业结构优化明显加快，能源消费增速放缓，资源性、高耗能、高排放产业发展逐渐衰减。但必须清醒认识到，随着工业化、城镇化进程加快和消费结构持续升级，我国能源需求刚性增长，资源环境问题仍是制约我国经济社会发展的瓶颈之一，节能减排依然形势严峻、任务艰巨。各地区、各部门不能有丝毫放松和懈怠，要进一步把思想和行动统一到党中央、国务院决策部署上来，下更大决心，用更大气力，采取更有效的政策措施，切实将节能减排工作推向深入。

三、坚持政府主导、企业主体、市场驱动、社会参与的工作格局。要切实发挥政府主导作用，综合运用经济、法律、技术和必要的行政手段，着力健全激励约束机制，落实地方各级人民政府对本行政区域节能减排负总责、政府主要领导是第一责任人的工作要求。要进一步明确企业主体责任，严格执行节能环保法律法规和标准，细化和完善管理措施，落实节能减排目标任务。要充分发挥市场机制作用，加大市场化机制推广力度，真正把节能减排转化为企业和各类社会主体的内在要求。要努力增强全体公民的资源节约和环境保护意识，实施全民节能行动，形成全社会共同参与、共同促进节能减排的良好氛围。

四、加强对节能减排工作的组织领导。要严格落实目标责任，国务院每年组织开展省级人民政府节能减排目标责任评价考核，将考核结果作为领导班子和领导干部年度考核、目标责任考核、绩效考核、任职考察、换届考察的重要内容。发挥国家应对气候变化及节能减排工作领导小组的统筹协调作用，国家发展改革委负责承担领导小组的具体工作，切实加强节能减排工作的综合协调，组织推动节能降耗工作；环境保护部主要承担污染减排方面的工作；国务院国资委要切实加强对国有企业节能减排的监督考核工作；国家统计局负责加强能源统计和监测工作；其他各有关部门要切实履行职责，密切协调配合。各省级人民政府要立即部署本地区“十三五”节能减排工作，进一步明确相关部门责任、分工和进度要求。

各地区、各部门和中央企业要按照本通知的要求，结合实际抓紧制定具体实施方案，明确目标责任，狠抓贯彻落实，强化考核问责，确保实现“十三五”节能减排目标。

国务院

2016 年 12 月 20 日

“十三五”节能减排综合工作方案

一、总体要求和目标

（一）总体要求。全面贯彻党的十八大和十八届三中、四中、五中、六中全会精神，深入贯彻习近平总书记系列重要讲话精神，认真落实党中央、国务院决策部署，紧紧围绕“五位一体”总体布局和“四个全面”战略布局，牢固树立创新、协调、绿色、开放、共享的发展理念，落实节约资源和保护环境基本国策，以提高能源利用效率和改善生态环境质量为目标，以推进供给侧结构性改革和实施创新驱动发展战略为动力，坚持政府主导、企业主体、市场驱动、社会参与，加快建设资源节约型、环境友好型社会，确保完成“十三五”节能减排约束性目标，保障人民群众健康和经济社会可持续发展，促进经济转型升级，实现经济发展与环境改善双赢，为建设生态文明提供有力支撑。

（二）主要目标。到 2020 年，全国万元国内生产总值能耗比 2015 年下降 15%，能源消费总量控制在 50 亿吨标准煤以内。全国化学需氧量、氨氮、二氧化硫、氮氧化物排放总量分别控制在 2001 万吨、207 万吨、1580 万吨、1574 万吨以内，比 2015 年分别下降 10%、10%、15%和 15%。全国挥发性有机物排放总量比 2015 年下降 10%以上。

二、优化产业和能源结构（略）

三、加强重点领域节能

（六）加强工业节能。（略）

（七）强化建筑节能。（略）

（八）促进交通运输节能。加快推进综合交通运输体系建设，发挥不同运输方式的比较优势和组合效率，推广甩挂运输等先进组织模式，提高多式联运比重。大力发展公共交通，推进“公交都市”创建活动，到 2020 年大城市公共交通分担率达到 30%。促进交通用能清洁化，大力推广节能环保汽车、新能源汽车、天然气（CNG/LNG）清洁能源汽车、液化天然气动力船舶等，并支持相关配套设施建设。提高交通运输工具能效水平，到 2020 年新增乘用车平均燃料消耗量降至 5.0 升/百公里。推进飞机辅助动力装置（APU）替代、机场地面车辆“油改电”、新能源应用等绿色民航项目实施。推动铁路编组站制冷/供暖系统的节能和燃煤替代改造。推动交通运输智能化，建立公众出行和物流平台信息服务系统，引导培育“共享型”交通运输模式。（牵头单位：交通运输部、国家发展改革委、国家能源局，参加单位：科技部、工业和信息化部、环境保护部、国管局、中国民航局、中直管理局、中国铁路总公司等）

（九）推动商贸流通领域节能。（略）

（十）推进农业农村节能。（略）

（十一）加强公共机构节能。……公共机构率先淘汰老旧车，率先采购使用节能和新能源汽车，中央国家机关、新能源汽车推广应用城市的政府部门及公共机构购买新能源汽车占当年配备更新车辆总量的比例提高到50%以上，新建和既有停车场要配备电动汽车充电设施或预留充电设施安装条件。……（牵头单位：国管局、国家发展改革委，参加单位：工业和信息化部、环境保护部、住房城乡建设部、交通运输部、国家能源局、中直管理局等）

（十二）强化重点用能单位节能管理。（略）

（十三）强化重点用能设备节能管理。（略）

四、强化主要污染物减排

（十四）控制重点区域流域排放。（略）

（十五）推进工业污染物减排。（略）

（十六）促进移动源污染物减排。实施清洁柴油机行动，全面推进移动源排放控制。提高新机动车船和非道路移动机械环保标准，发布实施机动车国Ⅵ排放标准。加速淘汰黄标车、老旧机动车、船舶以及高排放工程机械、农业机械。逐步淘汰高油耗、高排放民航特种车辆与设备。2016年淘汰黄标车及老旧车380万辆，2017年基本淘汰全国范围内黄标车。加快船舶和港口污染物减排，在珠三角、长三角、环渤海京津冀水域设立船舶排放控制区，主要港口90%的港作船舶、公务船舶靠港使用岸电，50%的集装箱、客滚和邮轮专业化码头具备向船舶供应岸电的能力；主要港口大型煤炭、矿石码头堆场全面建设防风抑尘设施或实现煤炭、矿石封闭储存。加快油品质量升级，2017年1月1日起全国全面供应国Ⅴ标准的车用汽油、柴油；2018年1月1日起全国全面供应与国Ⅴ标准柴油相同硫含量的普通柴油；抓紧发布实施第六阶段汽、柴油国家（国Ⅵ）标准，2020年实现车用柴油、普通柴油和部分船舶用油并轨，柴油车、非道路移动机械、内河和江海直达船舶均统一使用相同标准的柴油。车用汽、柴油应加入符合要求的清净剂。修订《储油库大气污染物排放标准》《加油站大气污染物排放标准》，推进储油储气库、加油加气站、原油成品油码头、原油成品油运输船舶和油罐车、气罐车等油气回收治理工作。加强机动车、非道路移动机械环保达标和油品质量监督执法，严厉打击违法行为。（牵头单位：环境保护部、公安部、交通运输部、农业部、质检总局、国家能源局，参加单位：国家发展改革委、财政部、工商总局等）

（十七）强化生活源污染综合整治。（略）

（十八）重视农业污染排放治理。（略）

五、大力发展循环经济（略）

六、实施节能减排工程（略）

七、强化节能减排技术支撑和服务体系建设（略）

八、完善节能减排支持政策（略）

九、建立和完善节能减排市场化机制（略）

十、落实节能减排目标责任（略）

十一、强化节能减排监督检查（略）

十二、动员全社会参与节能减排（略）

附件：

1.“十三五”各地区能耗总量和强度“双控”目标。（略）

2.“十三五”主要行业和部门节能指标。

3.“十三五”各地区化学需氧量排放总量控制计划。（略）

4.“十三五”各地区氨氮排放总量控制计划。（略）

5.“十三五”各地区二氧化硫排放总量控制计划。（略）

6.“十三五”各地区氮氧化物排放总量控制计划。

7.“十三五”重点地区挥发性有机物排放总量控制计划。（略）

附件2：

“十三五”主要行业和部门节能指标

指标	单位	2015年实际值	2020年	
			目标值	变化幅度/变化率
工业：（略）				
交通运输：				
铁路单位运输工作量综合能耗	吨标准煤/百万换算吨公里	4.71	4.47	[－5%]
营运车辆单位运输周转量能耗下降率				[－6.5%]
营运船舶单位运输周转量能耗下降率				[－6%]
民航业单位运输周转量能耗	千克标准煤/吨公里	0.433	＜0.415	＞[－4%]
新生产乘用车平均油耗	升/百公里	6.9	5	－1.9
公共机构：（略）				

注：[] 内为变化率。

附件 6：

“十三五”各地区氮氧化物排放总量控制计划

地区	2015 年排放量（万吨）	2020 年减排比例（%）	2020 年重点工程减排量（万吨）
北京	13.8	25	0.7
天津	24.7	25	3.5
河北	135.1	28	19.9
山西	93.1	20	16.3
内蒙古	113.9	11	12.5
辽宁	82.8	20	14.9
吉林	50.2	18	9.0
黑龙江	64.5	11	7.1
上海	30.1	20	5.2
江苏	106.8	20	18.7
浙江	60.7	17	10.3
安徽	72.1	16	9.0
福建	37.9	—	4.6
江西	49.3	12	5.9
山东	142.4	27	31.0
河南	126.2	28	15.8
湖北	51.5	20	5.9
湖南	49.7	15	6.3
广东	99.7	3	3.0
广西	37.3	13	3.3
海南	9.0	—	1.2
重庆	32.1	18	2.8
四川	53.4	16	3.7
贵州	41.9	7	2.9
云南	44.9	1	0.4
西藏	5.3	—	—
陕西	62.7	15	9.4
甘肃	38.7	8	3.1
青海	11.8	6	0.7
宁夏	36.8	12	4.4
新疆	63.7	3	1.9
新疆生产建设兵团	9.9	13	1.3

注：2020 年减排比例根据各地区空气质量改善任务确定，重点工程减排量根据“十三五”规划纲要、《大气污染防治行动计划》及相关规划提出的环境治理保护重点工程确定。

国务院关于印发“十三五”现代综合交通运输体系发展规划的通知

国发〔2017〕11号

各省、自治区、直辖市人民政府，国务院各部委、各直属机构：

现将《“十三五”现代综合交通运输体系发展规划》印发给你们，请认真贯彻执行。

国务院

2017年2月3日

“十三五”现代综合交通运输体系发展规划（节选）

交通运输是国民经济中基础性、先导性、战略性产业，是重要的服务性行业。构建现代综合交通运输体系，是适应把握引领经济发展新常态，推进供给侧结构性改革，推动国家重大战略实施，支撑全面建成小康社会的客观要求。根据《中华人民共和国国民经济和社会发展第十三个五年规划纲要》，并与“一带一路”建设、京津冀协同发展、长江经济带发展等规划相衔接，制定本规划。

一、总体要求

（一）发展环境。

“十二五”时期，我国各种交通运输方式快速发展，综合交通运输体系不断完善，较好完成规划目标任务，总体适应经济社会发展要求。交通运输基础设施累计完成投资13.4万亿元，是“十一五”时期的1.6倍，高速铁路营业里程、高速公路通车里程、城市轨道交通运营里程、沿海港口万吨级及以上泊位数量均位居世界第一，天然气管网加快发展，交通运输基础设施网络初步形成。铁路、民航客运量年均增长率超过10%，铁路客运动车组列车运量比重达到46%，全球集装箱吞吐量排名前十位的港口我国占7席，快递业务量年均增长50%以上，城际、城市和农村交通服务能力不断增强，现代化综合交通枢纽场站一体化衔接水平不断提升。高速铁路装备制造科技创新取得重大突破，电动汽车、特种船舶、国产大型客机、中低速磁悬浮轨道交通等领域技术研发和应用取得进展，技术装备水平大幅提高，交通重大工程施工技术世界领先，走出去步伐不断加快。高速公路电子不停车收费系统（ETC）实现全国联网，新能源运输装备加快推广，交通运输安全应急保障能力进一步提高。铁路管理体制改革顺利实施，大部门管理体制初步建立，交通行政审批改革不断深化，运价改革、投融资改革扎实推进。

专栏1 “十二五”末交通基础设施完成情况				
指标	单位	2010年	2015年	2015年规划目标
铁路营业里程	万公里	9.1	12.1	12
其中：高速铁路	万公里	0.51	1.9	—
铁路复线率	%	41	53	50
铁路电气化率	%	47	61	60
公路通车里程	万公里	400.8	458	450
其中：国家高速公路	万公里	5.8	8.0	8.3
普通国道二级及以上比重	%	60	69.4	70
乡镇通沥青(水泥)路率	%	96.6	98.6	98
建制村通沥青(水泥)路率	%	81.7	94.5	90
内河高等级航道里程	万公里	1.02	1.36	1.3
油气管网里程	万公里	7.9	11.2	15
城市轨道交通运营里程	公里	1400	3300	3000
沿海港口万吨级及以上泊位数	个	1774	2207	2214
民用运输机场数	个	175	207	230
注：国家高速公路里程统计口径为原“7918”国家高速公路网。				

“十三五”时期，交通运输发展面临的国内外环境错综复杂。从国际看，全球经济在深度调整中曲折复苏，新的增长动力尚未形成，新一轮科技革命和产业变革正在兴起，区域合作格局深度调整，能源格局深刻变化。从国内看，“十三五”时期是全面建成小康社会决胜阶段，经济发展进入新常态，生产力布局、产业结构、消费及流通格局将加速变化调整。与“十三五”经济社会发展要求相比，综合交通运输发展水平仍然存在一定差距，主要是：网络布局不完善，跨区域通道、国际通道连通不足，中西部地区、贫困地区和城市群交通发展短板明显；综合交通枢纽建设相对滞后，城市内外交通衔接不畅，信息开放共享水平不高，一体化运输服务水平亟待提升，交通运输安全形势依然严峻；适应现代综合交通运输体系发展的体制机制尚不健全，铁路市场化、空域管理、油气管网运营体制、交通投融资等方面改革仍需深化。

综合判断，“十三五”时期，我国交通运输发展正处于支撑全面建成小康社会的攻坚期、优化网络布局的关键期、提质增效升级的转型期，将进入现代化建设新阶段。站在新的发展起点上，交通运输要准确把握经济发展新常态下的新形势、新要求，切实转变发展思路、方式和路径，优化结构、转换动能、补齐短板、提质增效，更好满足多元、舒适、便捷等客运需求和经济、可靠、高效等货运需求；要突出对“一带一路”建设、京津冀协同发展、长江经济带发展三大战略和新型城镇化、脱贫攻坚的支撑保障，着力消除瓶颈制约，提升运输服务的协同性和均等化水平；要更加注重提高交通安全和应急保障能力，提升绿色、低碳、集约发展水平；要适应国际发展新环境，提高国际通道保障能力和互联互通水平，有效支撑全方位对外开放。

（二）指导思想。

全面贯彻党的十八大和十八届二中、三中、四中、五中、六中全会精神，深入贯彻习近平总书记系列重要讲话精神和治国理政新理念新思想新战略，认真落实党中央、国务院决策部署，统筹推进“五位一体”总体布局和协调推进“四个全面”战略布局，牢固树立和贯彻落实新发展理念，以提高发展质量和效益为中心，深化供给侧结构性改革，坚持交通运输服务人民，着力完善基础设施网络、加强运输服务一体衔接、提高运营管理智能水平、推行绿色安全发展模式，加快完善现代综合交通运输体系，更好地发挥交通运输的支撑引领作用，为全面建成小康社会奠定坚实基础。

（三）基本原则。

衔接协调、便捷高效。充分发挥各种运输方式的比较优势和组合效率，提升网络效应和规模效益。加强区域城乡交通运输一体化发展，增强交通公共服务能力，积极引导新生产消费流通方式和新业态新模式发展，扩大交通多样化有效供给，全面提升服务质量效率，实现人畅其行、货畅其流。

适度超前、开放融合。有序推进交通基础设施建设，完善功能布局，强化薄弱环节，确保运输能力适度超前，更好发挥交通先行官作用。坚持建设、运营、维护并重，推进交通与产业融合。积极推进与周边国家互联互通，构建国际大通道，为更高水平、更深层次的开放型经济发展提供支撑。

创新驱动、安全绿色。全面推广应用现代信息技术，以智能化带动交通运输现代化。深化体制机制改革，完善市场监管体系，提高综合治理能力。牢固树立安全第一理念，全面提高交通运输的安全性和可靠性。将生态保护红线意识贯穿到交通发展各环节，建立绿色发展长效机制，建设美丽交通走廊。

（四）主要目标。

到2020年，基本建成安全、便捷、高效、绿色的现代综合交通运输体系，部分地区和领域率先基本实现交通运输现代化。

网络覆盖加密拓展。高速铁路覆盖80%以上的城区常住人口100万以上的城市，铁路、高速公路、民航运输机场基本覆盖城区常住人口20万以上的城市，内河高等级航道网基本建成，沿海港口万吨级及以上泊位数稳步增加，具备条件的建制村通硬化路，城市轨道交通运营里程比2015年增长近一倍，油气主干管网快速发展，综合交通网总里程达到540万公里左右。

综合衔接一体高效。各种运输方式衔接更加紧密，重要城市群核心城市间、核心城市与周边节点城市间实现1—2小时通达。打造一批现代化、立体式综合客运枢纽，旅客换乘更加便捷。交通物流枢纽集疏运系统更加完善，货物换装转运效率显著提高，交邮协同发展水平进一步提升。

运输服务提质升级。全国铁路客运动车服务比重进一步提升，民航航班正常率逐步提高，公路交通保障能力显著增强，公路货运车型标准化水平大幅提高、货车空驶率大幅下降，集装箱铁水联运比重明显提升，全社会运输效率明显提高。公共服务水平显著提升，实现村村直接通邮、具备条件的建制村通客车，城市公共交通出行比例不断提高。

智能技术广泛应用。交通基础设施、运载装备、经营业户和从业人员等基本要素信息全面实现数字化，各种交通方式信息交换取得突破。全国交通枢纽站点无线接入网络广泛覆盖。铁路信息化水平大幅提升，货运业务实现网上办理，客运网上售票比例明显提高。基本实现重点城市群内交通一卡通互通，车辆安装使用ETC比例大幅提升。交通运输行业北斗卫星导航系统前装率和使用率显著提高。

绿色安全水平提升。城市公共交通、出租车和城市配送领域新能源汽车快速发展。资源节约集约利用和节能减排成效显著，交通运输主要污染物排放强度持续下降。交通运输安全监管和应急保障能力显著提高，重特大事故得到有效遏制，安全水平明显提升。

专栏2 “十三五”综合交通运输发展主要指标

指标名称		2015年	2020年	属性
基础设施	铁路营业里程(万公里)	12.1	15	预期性
	高速铁路营业里程(万公里)	1.9	3.0	预期性
	铁路复线率(%)	53	60	预期性
	铁路电气化率(%)	61	70	预期性
	公路通车里程(万公里)	458	500	预期性
	高速公路建成里程(万公里)	12.4	15	预期性
	内河高等级航道里程(万公里)	1.36	1.71	预期性
	沿海港口万吨级及以上泊位数(个)	2207	2527	预期性
	民用运输机场数(个)	207	260	预期性
	通用机场数(个)	300	500	预期性
	建制村通硬化路率(%)	94.5	99	约束性
	城市轨道交通运营里程(公里)	3300	6000	预期性
	油气管网里程(万公里)	11.2	16.5	预期性
运输服务	动车组列车承担铁路客运量比重(%)	46	60	预期性
	民航航班正常率(%)	67	80	预期性
	建制村通客车率(%)	94	99	约束性
	公路货运车型标准化率(%)	50	80	预期性
	集装箱铁水联运量年均增长率(%)	10		预期性
	城区常住人口100万以上城市建成区公交站点500米覆盖率(%)	90	100	约束性
智能交通	交通基本要素信息数字化率(%)	90	100	预期性
	铁路客运网上售票率(%)	60	70	预期性
	公路客车ETC使用率(%)	30	50	预期性
绿色安全	交通运输CO_2排放强度下降率(%)	7*		预期性
	道路运输较大以上等级行车事故死亡人数下降率(%)	20*		约束性

注：1. 硬化路一般指沥青（水泥）路，对于西部部分建设条件特别困难、高海拔高寒和交通需求小的地区，可扩展到石质、砼预制块、砖铺、砂石等路面的公路。
2. 通用机场统计含起降点。
3. 排放强度指按单位运输周转量计算的CO_2（二氧化碳）排放。
4. *：与“十二五”末相比。

二、完善基础设施网络化布局

（一）建设多向连通的综合运输通道。

构建横贯东西、纵贯南北、内畅外通的“十纵十横”综合运输大通道，加快实施重点通道连通工程和延伸工程，强化中西部和东北地区通道建设。贯通上海至瑞丽等运输通道，向东向西延伸西北北部等运输通道，将沿江运输通道由成都西延至日喀则。推进北京至昆明、北京至港澳台、烟台至重庆、二连浩特至湛江、额济纳至广州等纵向新通道建设，沟通华北、西北至西南、华南等地区；推进福州至银川、厦门至喀什、汕头至昆明、绥芬河至满洲里等横向新通道建设，沟通西北、西南至华东地区，强化进出疆、出入藏通道建设。做好国内综合运输通道对外衔接。规划建设环绕我国陆域的沿边通道。

专栏 3　综合运输通道布局（略）

（二）构建高品质的快速交通网。

以高速铁路、高速公路、民用航空等为主体，构建服务品质高、运行速度快的综合交通骨干网络。

推进高速铁路建设。加快高速铁路网建设，贯通京哈—京港澳、陆桥、沪昆、广昆等高速铁路通道，建设京港（台）、呼南、京昆、包（银）海、青银、兰（西）广、京兰、厦渝等高速铁路通道，拓展区域连接线，扩大高速铁路覆盖范围。

完善高速公路网络。加快推进由 7 条首都放射线、11 条北南纵线、18 条东西横线，以及地区环线、并行线、联络线等组成的国家高速公路网建设，尽快打通国家高速公路主线待贯通路段，推进建设年代较早、交通繁忙的国家高速公路扩容改造和分流路线建设。有序发展地方高速公路。加强高速公路与口岸的衔接。

完善运输机场功能布局。打造国际枢纽机场，建设京津冀、长三角、珠三角世界级机场群，加快建设哈尔滨、深圳、昆明、成都、重庆、西安、乌鲁木齐等国际航空枢纽，增强区域枢纽机场功能，实施部分繁忙干线机场新建、迁建和扩能改造工程。科学安排支线机场新建和改扩建，增加中西部地区机场数量，扩大航空运输服务覆盖面。推进以货运功能为主的机场建设。优化完善航线网络，推进国内国际、客运货运、干线支线、运输通用协调发展。加快空管基础设施建设，优化空域资源配置，推进军民航空管融合发展，提高空管服务保障水平。

专栏 4　快速交通网重点工程（略）

（三）强化高效率的普通干线网。

以普速铁路、普通国道、港口、航道、油气管道等为主体，构建运行效率高、服务能力强的综合交通普通干线网络。

完善普速铁路网。加快中西部干线铁路建设，完善东部干线铁路网络，加快推进东北地区铁路提速改造，增强区际铁路运输能力，扩大路网覆盖面。实施既有铁路复线和电气化改造，提升路网质量。拓展对外通道，推进边境铁路建设，加强铁路与口岸的连通，加快实现与境外通道的有效衔接。

推进普通国道提质改造。加快普通国道提质改造，基本消除无铺装路面，全面提升保障能力和服务水平，重点加强西部地区、集中连片特困地区、老少边穷地区低等级普通国道升级改造和未贯通路段建设。推进口岸公路建设。加强普通国道日常养护，科学实施养护工程，强化大中修养护管理。推进普通国道服务区建设，提高服务水平。

完善水路运输网络。优化港口布局，推动资源整合，促进结构调整。强化航运中心功能，稳步推进集装箱码头项目，合理把握煤炭、矿石、原油码头建设节奏，有序推进液化天然气、商品汽车等码头建设。提升沿海和内河水运设施专业化水平，加快内河高等级航道建设，统筹航道整治与河道治理，增强长江干线航运能力，推进西江航运干线和京杭运河高等级航道扩能升级改造。

强化油气管网互联互通。巩固和完善西北、东北、西南和海上四大油气进口通道。新建和改扩建一批原油管道，对接西北、东北、西南原油进口管道和海上原油码头。结合油源供应、炼化基地布局，完善成品油管网，逐步提高成品油管输比例。大力推动天然气主干管网、区域管网和互联互通管网建设，加快石油、成品油储备项目和天然气调峰设施建设。

专栏5　普通干线网重点工程（略）

（四）拓展广覆盖的基础服务网。

以普通省道、农村公路、支线铁路、支线航道等为主体，通用航空为补充，构建覆盖空间大、通达程度深、惠及面广的综合交通基础服务网络。

合理引导普通省道发展。积极推进普通省道提级、城镇过境段改造和城市群城际路段等扩容工程，加强与城市干道衔接，提高拥挤路段通行能力。强化普通省道与口岸、支线机场以及重要资源地、农牧林区和兵团团场等有效衔接。

全面加快农村公路建设。除少数不具备条件的乡镇、建制村外，全面完成通硬化路任务，有序推进较大人口规模的撤并建制村和自然村通硬化路建设，加强县乡村公路改造，进一步完善农村公路网络。加强农村公路养护，完善安全防护设施，保障农村地区基本出行条件。积极支持国有林场林区道路建设，将国有林场林区道路按属性纳入各级政府相关公路网规划。

积极推进支线铁路建设。推进地方开发性铁路、支线铁路和沿边铁路建设。强化与矿区、产业园区、物流园区、口岸等有效衔接，增强对干线铁路网的支撑作用。

加强内河支线航道建设。推进澜沧江等国际国境河流航道建设。加强长江、西江、京杭运河、淮河重要支流航道建设。推进金沙江、黄河中上游等中西部地区库湖区航运设施建设。

加快推进通用机场建设。以偏远地区、地面交通不便地区、自然灾害多发地区、农产品主产区、主要林区和旅游景区等为重点，推进200个以上通用机场建设，鼓励有条件的运输机场兼顾通用航空服务。

完善港口集疏运网络。加强沿海、长江干线主要港口集疏运铁路、公路建设。

专栏 6　基础服务网重点工程（略）

三、强化战略支撑作用

（一）打造“一带一路”互联互通开放通道。

着力打造丝绸之路经济带国际运输走廊。以新疆为核心区，以乌鲁木齐、喀什为支点，发挥陕西、甘肃、宁夏、青海的区位优势，连接陆桥和西北北部运输通道，逐步构建经中亚、西亚分别至欧洲、北非的西北国际运输走廊。发挥广西、云南开发开放优势，建设云南面向南亚东南亚辐射中心，构建广西面向东盟国际大通道，以昆明、南宁为支点，连接上海至瑞丽、临河至磨憨、济南至昆明等运输通道，推进西藏与尼泊尔等国交通合作，逐步构建衔接东南亚、南亚的西南国际运输走廊。发挥内蒙古联通蒙俄的区位优势，加强黑龙江、吉林、辽宁与俄远东地区陆海联运合作，连接绥芬河至满洲里、珲春至二连浩特、黑河至港澳、沿海等运输通道，构建至俄罗斯远东、蒙古、朝鲜半岛的东北国际运输走廊。积极推进与周边国家和地区铁路、公路、水运、管道连通项目建设，发挥民航网络灵活性优势，率先实现与周边国家和地区互联互通。

加快推进 21 世纪海上丝绸之路国际通道建设。以福建为核心区，利用沿海地区开放程度高、经济实力强、辐射带动作用大的优势，提升沿海港口服务能力，加强港口与综合运输大通道衔接，拓展航空国际支撑功能，完善海外战略支点布局，构建连通内陆、辐射全球的 21 世纪海上丝绸之路国际运输通道。

加强“一带一路”通道与港澳台地区的交通衔接。强化内地与港澳台的交通联系，开展全方位的交通合作，提升互联互通水平。支持港澳积极参与和助力“一带一路”建设，并为台湾地区参与“一带一路”建设作出妥善安排。

（二）构建区域协调发展交通新格局。

强化区域发展总体战略交通支撑。按照区域发展总体战略要求，西部地区着力补足交通短板，强化内外联通通道建设，改善落后偏远地区通行条件；东北地区提高进出关通道运输能力，提升综合交通网质量；中部地区提高贯通南北、连接东西的通道能力，提升综合交通枢纽功能；东部地区着力优化运输结构，率先建成现代综合交通运输体系。

构建京津冀协同发展的一体化网络。建设以首都为核心的世界级城市群交通体系，形成以“四纵四横一环”运输通道为主骨架、多节点、网格状的区域交通新格局。重点加强城际铁路建设，强化干线铁路与城际铁路、城市轨道交通的高效衔接，加快构建内外疏密有别、高效便捷的轨道交通网络，打造“轨道上的京津冀”。加快推进国家高速公路待贯通路段建设，提升普通国省干线技术等级，强化省际衔接路段建设。加快推进天津北方国际航运核心区建设，加强港口规划与建设的协调，构建现代化的津冀港口群。加快构建以枢纽机场为龙头、分工合作、优势互补、协调发展的世界级航空机场群。完善区域油气储运基础设施。

建设长江经济带高质量综合立体交通走廊。坚持生态优先、绿色发展，提升长江黄金水道功能。统筹推进干线航道系统化治理和支线航道建设，研究建设三峡枢纽水运新通道。优化长江岸线利用与港口布局，积极推进专业化、规模化、现代化港区建设，强化集疏运配套，促进区域港口一体化发展。发展现代航运服务，建设武汉、重庆长江中上游航运中心及南京区域性航运物流中心和舟山江海联运服务中心，实施长江船型标准化。加快铁路建设步伐，建设沿江高速铁路。统筹推进高速公路建设，加快高等级公路建设。完善航空枢纽布局与功能，拓展航空运输网络。建设沿江油气主干管道，推动管网互联互通。

（三）发挥交通扶贫脱贫攻坚基础支撑作用。

强化贫困地区骨干通道建设。以革命老区、民族地区、边疆地区、集中连片特殊困难地区为重点，加强贫困地区对外运输通道建设。加强贫困地区市（地、州、盟）之间、县（市、区、旗）与市（地、州、盟）之间高等级公路建设，实施具有对外连接功能的重要干线公路提质升级工程。加快资源丰富和人口相对密集贫困地区开发性铁路建设。在具备水资源开发条件的农村地区，统筹内河航电枢纽建设和航运发展。

夯实贫困地区交通基础。实施交通扶贫脱贫“双百”工程，加快推动既有县乡公路提级改造，增强县乡城镇中心的辐射带动能力。加快通乡连村公路建设，鼓励有需求的相邻县、相邻乡镇、相邻建制村之间建设公路。改善特色小镇、农村旅游景点景区、产业园区和特色农业基地等交通运输条件。

（四）发展引领新型城镇化的城际城市交通。

推进城际交通发展。加快建设京津冀、长三角、珠三角三大城市群城际铁路网，推进山东半岛、海峡西岸、中原、长江中游、成渝、关中平原、北部湾、哈长、辽中南、山西中部、呼包鄂榆、黔中、滇中、兰州—西宁、宁夏沿黄、天山北坡等城市群城际铁路建设，形成以轨道交通、高速公路为骨干，普通公路为基础，水路为补充，民航有效衔接的多层次、便捷化城际交通网络。

加强城市交通建设。完善优化超大、特大城市轨道交通网络，推进城区常住人口300万以上的城市轨道交通成网。加快建设大城市市域（郊）铁路，有效衔接大中小城市、新城新区和城镇。优化城市内外交通，完善城市交通路网结构，提高路网密度，形成城市快速路、主次干路和支路相互配合的道路网络，打通微循环。推进城市慢行交通设施和公共停车场建设。

四、加快运输服务一体化进程

（一）优化综合交通枢纽布局。

完善综合交通枢纽空间布局。结合全国城镇体系布局，着力打造北京、上海、广州等国际性综合交通枢纽，加快建设全国性综合交通枢纽，积极建设区域性综合交通枢纽，优化完善综合交通枢纽布局，完善集疏运条件，提升枢纽一体化服务功能。

专栏 7　综合交通枢纽布局（略）

提升综合客运枢纽站场一体化服务水平。按照零距离换乘要求，在全国重点打造150个开放式、立体化综合客运枢纽。科学规划设计城市综合客运枢纽，推进多种运输方式统一设计、同步建设、协同管理，推动中转换乘信息互联共享和交通导向标识连续、一致、明晰，积极引导立体换乘、同台换乘。

促进货运枢纽站场集约化发展。按照无缝衔接要求，优化货运枢纽布局，推进多式联运型和干支衔接型货运枢纽（物流园区）建设，加快推进一批铁路物流基地、港口物流枢纽、航空转运中心、快递物流园区等规划建设和设施改造，提升口岸枢纽货运服务功能，鼓励发展内陆港。

促进枢纽站场之间有效衔接。强化城市内外交通衔接，推进城市主要站场枢纽之间直接连接，有序推进重要港区、物流园区等直通铁路，实施重要客运枢纽的轨道交通引入工程，基本实现利用城市轨道交通等骨干公交方式连接大中型高铁车站以及年吞吐量超过 1000 万人次的机场。

（二）提升客运服务安全便捷水平。

推进旅客联程运输发展。促进不同运输方式运力、班次和信息对接，鼓励开展空铁、公铁等联程运输服务。推广普及电子客票、联网售票，健全身份查验制度，加快完善旅客联程、往返、异地等出行票务服务系统，完善铁路客运线上服务功能。推行跨运输方式异地候机候车、行李联程托运等配套服务。鼓励第三方服务平台发展“一票制”客运服务。

完善区际城际客运服务。优化航班运行链条，着力提升航班正常率，提高航空服务能力和品质。拓展铁路服务网络，扩大高铁服务范围，提升动车服务品质，改善普通旅客列车服务水平。发展大站快车、站站停等多样化城际铁路服务，提升中心城区与郊区之间的通勤化客运水平。按照定线、定时、定点要求，推进城际客运班车公交化运行。探索创新长途客运班线运输服务模式。

发展多层次城市客运服务。大力发展公共交通，推进公交都市建设，进一步提高公交出行分担率。强化城际铁路、城市轨道交通、地面公交等运输服务有机衔接，支持发展个性化、定制化运输服务，因地制宜建设多样化城市客运服务体系。

推进城乡客运服务一体化。推动城市公共交通线路向城市周边延伸，推进有条件的地区实施农村客运班线公交化改造。鼓励发展镇村公交，推广农村客运片区经营模式，实现具备条件的建制村全部通客车，提高运营安全水平。

（三）促进货运服务集约高效发展。

推进货物多式联运发展。以提高货物运输集装化和运载单元标准化为重点，积极发展大宗货物和特种货物多式联运。完善铁路货运线上服务功能，推动公路甩挂运输联网。制定完善统一的多式联运规则和多式联运经营人管理制度，探索实施“一单制”联运服务模式，引导企业加强信息互联和联盟合作。

统筹城乡配送协调发展。加快建设城市货运配送体系，在城市周边布局建设公共货运场站，完善城市主要商业区、社区等末端配送节点设施，推动城市中心铁路货场转型升级为城市配送中心，优化车辆便利化通行管控措施。加快完善县、乡、村三级物流服务网络，统筹交通、邮政、商务、供销等农村物流资源，推广“多站合一”的物流节点建设，积极推广农村“货运班线”等服务模式。

促进邮政快递业健康发展。以邮区中心局为核心、邮政网点为支撑、村邮站为延伸，加快完善邮政普遍服务网络。推动重要枢纽的邮政和快递功能区建设，实施快递“上车、上船、上飞机”工程，鼓励利用铁路快捷运力运送快件。推进快递“向下、向西、向外”工程，推动快递网络下沉至乡村，扩大服务网络覆盖范围，基本实现乡乡设网点、村村通快递。

推进专业物流发展。加强大件运输管理，健全跨区域、跨部门联合审批机制，推进网上审批、综合协调和互联互认。加快发展冷链运输，完善全程温控相关技术标准和服务规范。加强危险货物全程监管，健全覆盖多种运输方式的法律体系和标准规范，创新跨区域联网联控技术手段和协调机制。

（四）增强国际化运输服务能力。

完善国际运输服务网络。完善跨境运输走廊，增加便利货物和人员运输协定过境站点和运输线路。有效整合中欧班列资源，统一品牌，构建“点对点”整列直达、枢纽节点零散中转的高效运输组织体系。加强港航国际联动，鼓励企业建设海外物流中心，推进国际陆海联运、国际甩挂运输等发展。拓展国际航空运输市场，建立海外运营基地和企业，提升境外落地服务水平。完善国际邮件处理中心布局，支持建设一批国际快件转运中心和海外仓，推进快递业跨境发展。

提高国际运输便利化水平。进一步完善双多边运输国际合作机制，加快形成“一站式”口岸通关模式。推动国际运输管理与服务信息系统建设，促进陆路口岸信息资源交互共享。依托区域性国际网络平台，加强与“一带一路”沿线国家和地区在技术标准、数据交换、信息安全等方面的交流合作。积极参与国际和区域运输规则制修订，全面提升话语权与影响力。

鼓励交通运输走出去。推动企业全方位开展对外合作，通过投资、租赁、技术合作等方式参与海外交通基础设施的规划、设计、建设和运营。积极开展轨道交通一揽子合作，提升高铁、城市轨道交通等重大装备综合竞争力，加快自主品牌汽车走向国际，推动各类型国产航空装备出口，开拓港口机械、液化天然气船等船舶和海洋工程装备国际市场。

（五）发展先进适用的技术装备。

推进先进技术装备自主化。提升高铁、大功率电力机车、重载货车、中低速磁悬浮轨道交通等装备技术水平，着力研制和应用中国标准动车组谱系产品，研发市域（郊）铁路列车，创新发展下一代高速列车，加快城市轨道交通装备关键技术产业化。积极发展公路专用运输车辆、大型厢式货车和城市配送车辆，鼓励发展大中型高档客车，大力发展安全、实用、经济型乡村客车。发展多式联运成套技术装备，提高集装箱、特种运输等货运装备使用比重。继续发展大型专业化运输船舶。实施适航攻关工程，积极发展国产大飞机和通用航空器。

促进技术装备标准化发展。加快推进铁路多式联运专用装备和机具技术标准体系建设。积极推动载货汽车标准化，加强车辆公告、生产、检测、注册登记、营运使用等环节的标准衔接。加快推进内河运输船舶标准化，大力发展江海直达船舶。推广应用集装化和单元化装载技术。建立共享服务平台标准化网络接口和单证自动转换标准格式。

专栏 8　提升综合运输服务行动计划（略）

五、提升交通发展智能化水平

（一）促进交通产业智能化变革。

实施“互联网＋”便捷交通、高效物流行动计划。将信息化智能化发展贯穿于交通建设、运行、服务、监管等全链条各环节，推动云计算、大数据、物联网、移动互联网、智能控制等技术与交通运输深度融合，实现基础设施和载运工具数字化、网络化，运营运行智能化。利用信息平台集聚要素，驱动生产组织和管理方式转变，全面提升运输效率和服务品质。

培育壮大智能交通产业。以创新驱动发展为导向，针对发展短板，着眼市场需求，大力推动智能交通等新兴前沿领域创新和产业化。鼓励交通运输科技创新和新技术应用，加快建立技术、市场和资本共同推动的智能交通产业发展模式。

（二）推动智能化运输服务升级。

推行信息服务“畅行中国”。推进交通空间移动互联网化，建设形成旅客出行与公务商务、购物消费、休闲娱乐相互渗透的“交通移动空间”。支持互联网企业与交通运输企业、行业协会等整合完善各类交通信息平台，提供综合出行信息服务。完善危险路段与事故区域的实时状态感知和信息告警推送服务。推进交通一卡通跨区（市）域、跨运输方式互通。

发展“一站式”“一单制”运输组织。推动运营管理系统信息化改造，推进智能协同调度。研究铁路客票系统开放接入条件，与其他运输方式形成面向全国的“一站式”票务系统，加快移动支付在交通运输领域应用。推动使用货运电子运单，建立包含基本信息的电子标签，形成唯一赋码与电子身份，推动全流程互认和可追溯，加快发展多式联运“一单制”。

（三）优化交通运行和管理控制。

建立高效运转的管理控制系统。建设综合交通运输运行协调与应急调度指挥中心，推进部门间、运输方式间的交通管理联网联控在线协同和应急联动。全面提升铁路全路网列车调度指挥和运输管理智能化水平。开展新一代国家交通控制网、智慧公路建设试点，推动路网管理、车路协同和出行信息服务的智能化。建设智慧港航和智慧海事，提高港口管理水平和服务效率，提升内河高等级航道运行状态在线监测能力。发展新一代空管系统，加强航空公司运行控制体系建设。推广应用城市轨道交通自主化全自动运行系统、基于无线通信的列车控制系统等，促进不同线路和设备之间相互联通。优化城市交通需求管理，提升城市交通智能化管理水平。

提升装备和载运工具智能化自动化水平。拓展铁路计算机联锁、编组站系统自动化应用，推进全自动集装箱码头系统建设，有序发展无人机自动物流配送。示范推广车路协同技术，推广应用智能车载设备，推进全自动驾驶车辆研发，研究使用汽车电子标识。建设智能路侧设施，提供网络接入、行驶引导和安全告警等服务。

（四）健全智能决策支持与监管。

完善交通决策支持系统。增强交通规划、投资、建设、价格等领域信息化综合支撑能力，建设综合交通运输统计信息资源共享平台。充分利用政府和企业的数据信息资源，挖掘分析人口迁徙、公众出行、枢纽客货流、车辆船舶行驶等特征和规律，加强对交通发展的决策支撑。

提高交通行政管理信息化水平。推动在线行政许可“一站式”服务，推进交通运输许可证件（书）数字化，促进跨区域、跨部门行政许可信息和服务监督信息互通共享。

加强全国治超联网管理信息系统建设，加快推动交通运输行政执法电子化，推进非现场执法系统试点建设，实现异地交换共享和联防联控。加强交通运输信用信息、安全生产等信息系统与国家相关平台的对接。

（五）加强交通发展智能化建设。

打造泛在的交通运输物联网。推动运行监测设备与交通基础设施同步建设。强化全面覆盖交通网络基础设施风险状况、运行状态、移动装置走行情况、运行组织调度信息的数据采集系统，形成动态感知、全面覆盖、泛在互联的交通运输运行监控体系。

构建新一代交通信息基础网络。加快车联网、船联网等建设。在民航、高铁等载运工具及重要交通线路、客运枢纽站点提供高速无线接入互联网公共服务。建设铁路下一代移动通信系统，布局基于下一代互联网和专用短程通信的道路无线通信网。研究规划分配智能交通专用频谱。

推进云计算与大数据应用。增强国家交通运输物流公共信息平台服务功能。强化交通运输信息采集、挖掘和应用，促进交通各领域数据资源综合开发利用和跨部门共享共用。推动交通旅游服务等大数据应用示范。鼓励开展交通大数据产业化应用，推进交通运输电子政务云平台建设。

保障交通网络信息安全。构建行业网络安全信任体系，基本实现重要信息系统和关键基础设施的安全可控，提升抗毁性和容灾恢复能力。加强大数据环境下防攻击、防泄露、防窃取的网络安全监测预警和应急处置能力建设。加强交通运输数据保护，防止侵犯个人隐私和滥用用户信息等行为。

专栏9　交通运输智能化发展重点工程（略）

六、促进交通运输绿色发展

（一）推动节能低碳发展。

优化交通运输结构，鼓励发展铁路、水运和城市公共交通等运输方式，优化发展航空、公路等运输方式。科学划设公交专用道，完善城市步行和自行车等慢行服务系统，积极探索合乘、拼车等共享交通发展。鼓励淘汰老旧高能耗车船，提高运输工具和港站等节能环保技术水平。加快新能源汽车充电设施建设，推进新能源运输工具规模化应用。制定发布交通运输行业重点节能低碳技术和产品推广目录，健全监督考核机制。

（二）强化生态保护和污染防治。

将生态环保理念贯穿交通基础设施规划、建设、运营和养护全过程。积极倡导生态选线、环保设计，利用生态工程技术减少交通对自然保护区、风景名胜区、珍稀濒危野生动植物天然集中分布区等生态敏感区域的影响。严格落实生态保护和水土保持措施，鼓励开展生态修复。严格大城市机动车尾气排放限值标准，实施汽车检测与维护制度，探索建立重点区域交通运输温室气体与大气污染物排放协同联控机制。落实重点水域船舶排放控制区管理政策，加强近海以及长江、西江等水域船舶溢油风险防范和污染排放控制。有效防治公路、铁路沿线噪声、振动，减缓大型机场噪声影响。

（三）推进资源集约节约利用。

统筹规划布局线路和枢纽设施，集约利用土地、线位、桥位、岸线等资源，采取有效措施减少耕地和基本农田占用，提高资源利用效率。在工程建设中，鼓励标准化设计及工厂预制，综合利用废旧路面、疏浚土、钢轨、轮胎和沥青等材料以及无害化处理后的工业废料、建筑垃圾，循环利用交通生产生活污水，鼓励企业加入区域资源再生综合交易系统。

专栏 10　交通运输绿色化发展重点工程

（一）交通节能减排工程。

支持高速公路服务区充电桩、加气站，以及长江干线、西江干线、京杭运河沿岸加气站等配套设施规划与建设。推进原油、成品油码头油气回收治理，推进靠港船舶使用岸电。在京津冀、长三角、珠三角三大区域，开展船舶污染物排放治理，到2020年硫氧化物、氮氧化物、颗粒物年排放总量在2015年基础上分别下降65%、20%、30%。

（二）交通装备绿色化工程。

加快推进天然气等清洁运输装备、装卸设施以及纯电动、混合动力汽车应用，鼓励铁路推广使用交—直—交电力机车，逐步淘汰柴油发电车。加速淘汰一批长江等内河老旧客运、危险品运输船舶。

（三）交通资源节约工程。

提高土地和岸线利用效率，提升单位长度码头岸线设计通过能力。积极推广公路服务区和港口水资源综合循环利用。建设一批资源循环利用试点工程。

（四）交通生态环保工程。

建设一批港口、装卸站、船舶修造厂和船舶含油污水、生活污水、化学品洗舱水和垃圾等污染物的接收设施，并与城市公共转运处置设施衔接。在枢纽、高速公路服务区建设一批污水治理和循环利用设施。

七、加强安全应急保障体系建设（略）

专栏 11　交通运输安全应急保障重点工程（略）

八、拓展交通运输新领域新业态

（一）积极引导交通运输新消费。（略）

（二）培育壮大交通运输新动能。（略）

（三）打造交通物流融合新模式。

……推进公路港等枢纽新业态发展，积极发展无车承运人等互联网平台型企业，整合公路货运资源，鼓励企业开发“卡车航班”等运输服务产品。

（四）推进交通空间综合开发利用。

依据城市总体规划和交通专项规划，鼓励交通基础设施与地上、地下、周边空间综合利用，融合交通与商业、商务、会展、休闲等功能。打造依托综合交通枢纽的城市综合体和产业综合区，推动高铁、地铁等轨道交通站场、停车设施与周边空间的联动开发。重点推进地下空间分层开发，拓展地下纵深空间，统筹城市轨道交通、地下道路等交通设施与城市地下综合管廊的规划布局，研究大城市地下快速路建设。

专栏 12　交通运输新领域建设重点工程

（一）通用航空工程。（略）

（二）国家公路港网络建设工程。（略）

（三）邮轮游艇服务工程。（略）

（四）汽车营地建设工程。（略）

（五）城市交通空间开发利用工程。（略）

（六）步道自行车路网建设工程。

规划建设城市步行和自行车交通体系，逐步打造国家步道系统和自行车路网，重点建设一批山地户外营地、徒步骑行服务站。

九、全面深化交通运输改革（略）

十、强化政策支持保障

（一）加强规划组织实施。

各有关部门要按照职能分工，完善相关配套政策措施，做好交通军民融合工作，为本规划实施创造有利条件；做好本规划与国土空间开发、重大产业布局、生态环境建设、信息通信发展等规划的衔接，以及铁路、公路、水运、民航、油气管网、邮政等专项规划对本规划的衔接落实；加强部际合作和沟通配合，协调推进重大项目、重大工程，加强国防交通规划建设；加强规划实施事中事后监管和动态监测分析，适时开展中期评估、环境影响跟踪评估和建设项目后评估，根据规划落实情况及时动态调整。地方各级人民政府要紧密结合发展实际，细化落实本规划确定的主要目标和重点任务，各地综合交通运输体系规划要做好对本规划的衔接落实。

（二）加大政策支持力度。

健全公益性交通设施与运输服务政策支持体系，加强土地、投资、补贴等组合政策支撑保障。切实保障交通建设用地，在用地计划、供地方式等方面给予一定政策倾斜。加大中央投资对铁路、水运等绿色集约运输方式的支持力度。充分发挥各方积极性，用好用足铁路土地综合开发、铁路发展基金等既有支持政策，尽快形成铁路公益性运输财政补贴的制度性安排，积极改善铁路企业债务结构。统筹各类交通建设资金，重点支持交通扶贫脱贫攻坚。充分落实地方政府主体责任，采用中央与地方共建等方式推动综合交通枢纽一体化建设。

（三）完善法规标准体系。

研究修订铁路法、公路法、港口法、民用航空法、收费公路管理条例、道路运输条例等，推动制定快递条例，研究制定铁路运输条例等法规。加快制定完善先进适用的高速铁路、城际铁路、市域（郊）铁路、城市轨道交通、联程联运、综合性交通枢纽、交通信息化智能化等技术标准，强化各类标准衔接，加强标准、计量、质量监督，构建综合交通运输标准体系和统计体系。完善城市轨道交通装备标准规范体系，开展城市轨道交通装备认证。依托境外交通投资项目，带动装备、技术和服务等标准走出去。

（四）强化交通科技创新。

发挥重点科研平台、产学研联合创新平台作用，加大基础性、战略性、前沿性技术攻关力度，力争在特殊重大工程建设、交通通道能力和工程品质提升、安全风险防控与应急技术装备、综合运输智能管控和协同运行、交通大气污染防控等重大关键技术上取得突破。发挥企业的创新主体作用，鼓励企业以满足市场需求为导向开展技术、服务、组织和模式等各类创新，提高科技含量和技术水平，不断向产业链和价值链高端延伸。

（五）培育多元人才队伍。

加快综合交通运输人才队伍建设，培养急需的高层次、高技能人才，加强重点领域科技领军人才和优秀青年人才培养。加强人才使用与激励机制建设，提升行业教育培训的基础条件和软硬件环境。做好国外智力引进和国际组织人才培养推送工作，促进人才国际交流与合作。

附件：

1.重点任务分工方案。

2.综合运输大通道和综合交通枢纽示意图。（略）

3.“十三五”铁路规划建设示意图。（略）

4.“十三五”国家高速公路规划建设示意图。（略）

5.“十三五”民用运输机场规划建设示意图。（略）

6.“十三五”内河高等级航道规划建设示意图。（略）

7.“十三五”原油、成品油、天然气管道规划建设示意图。（略）

附件1：

重点任务分工方案

序号	任务	责任单位
1	建设多向连通的综合运输通道	国家发展改革委、交通运输部牵头，国家铁路局、中国民航局、中国铁路总公司等按职责分工负责
2	构建高品质的快速交通网。推进高速铁路建设，完善高速公路网络，完善运输机场功能布局	国家发展改革委、交通运输部、国家铁路局、中国民航局、中国铁路总公司等按职责分工负责
3	强化高效率的普通干线网。完善普速铁路网，推进普通国道提质改造，完善水路运输网络，强化油气管网互联互通	交通运输部、国家发展改革委牵头，国家能源局、国家铁路局、中国民航局、中国铁路总公司等按职责分工负责
4	拓展广覆盖的基础服务网。合理引导普通省道发展，全面加快农村公路建设，积极推进支线铁路建设，加强内河支线航道建设，加快推进通用机场建设，完善港口集疏运网络	交通运输部、国家发展改革委牵头，国家铁路局、中国民航局、中国铁路总公司等按职责分工负责
5	打造“一带一路”互联互通开放通道。着力打造丝绸之路经济带国际运输走廊，加快推进21世纪海上丝绸之路国际通道建设，加强“一带一路”通道与港澳台地区的交通衔接	国家发展改革委牵头，交通运输部、外交部、商务部、国家铁路局、中国民航局、中国铁路总公司等按职责分工负责

续表

序号	任务	责任单位
6	构建京津冀协同发展的一体化网络。打造“轨道上的京津冀”，完善综合交通网络	国家发展改革委牵头，交通运输部、住房城乡建设部、国家铁路局、中国民航局、中国铁路总公司等按职责分工负责
7	建设长江经济带高质量综合立体交通走廊。打造长江黄金水道，构建立体交通走廊	国家发展改革委牵头，交通运输部、水利部、环境保护部、国家铁路局、中国民航局、中国铁路总公司等按职责分工负责
8	发挥交通扶贫脱贫攻坚基础支撑作用。强化贫困地区骨干通道建设，夯实贫困地区交通基础	交通运输部、国家发展改革委牵头，国务院扶贫办、国家铁路局、中国民航局、中国铁路总公司等按职责分工负责
9	发展引领新型城镇化的城际城市交通。推进城际交通发展，加强城市交通建设	国家发展改革委、交通运输部、住房城乡建设部牵头，国家铁路局、中国民航局、中国铁路总公司等按职责分工负责
10	优化综合交通枢纽布局。完善综合交通枢纽空间布局，提升综合客运枢纽站场一体化服务水平，促进货运枢纽站场集约化发展，促进枢纽站场之间有效衔接	交通运输部、国家发展改革委牵头，住房城乡建设部、国家铁路局、中国民航局、国家邮政局、中国铁路总公司等按职责分工负责
11	提升客运服务安全便捷水平。推进旅客联程运输发展，完善区际城际客运服务，发展多层次城市客运服务，推进城乡客运服务一体化	交通运输部牵头，国家发展改革委、国家铁路局、中国民航局、中国铁路总公司等按职责分工负责
12	促进货运服务集约高效发展。推进货物多式联运发展，统筹城乡配送协调发展，促进邮政快递业健康发展，推进专业物流发展	交通运输部牵头，国家发展改革委、商务部、质检总局、国家铁路局、中国民航局、国家邮政局、中国铁路总公司等按职责分工负责
13	增强国际化运输服务能力。完善国际运输服务网络，提高国际运输便利化水平，鼓励交通运输走出去	交通运输部牵头，国家发展改革委、商务部、海关总署、质检总局、国家铁路局、中国民航局、国家邮政局、中国铁路总公司等按职责分工负责
14	发展先进适用的技术装备。推进先进技术装备自主化，促进技术装备标准化发展	国家发展改革委、交通运输部、工业和信息化部牵头，科技部、公安部、质检总局、国家铁路局、中国民航局、国家邮政局、中国铁路总公司等按职责分工负责
15	促进交通产业智能化变革。实施“互联网+”行动计划，培育壮大智能交通产业	国家发展改革委、交通运输部牵头，工业和信息化部、科技部、国家铁路局、中国民航局、中国铁路总公司等按职责分工负责
16	推动智能化运输服务升级。推行信息服务“畅行中国”，发展“一站式”“一单制”运输组织	交通运输部、国家发展改革委牵头，工业和信息化部、国家铁路局、中国民航局、中国铁路总公司等按职责分工负责
17	优化交通运行和管理控制。建立高效运转的管理控制系统，提升装备和载运工具智能化自动化水平	交通运输部牵头，国家发展改革委、工业和信息化部、公安部、国家铁路局、中国民航局、中国铁路总公司等按职责分工负责
18	健全智能决策支持与监管。完善交通决策支持系统，提高交通行政管理信息化水平	交通运输部牵头，工业和信息化部、国家铁路局、中国民航局、中国铁路总公司等按职责分工负责

续表

序号	任务	责任单位
19	加强交通发展智能化建设。打造泛在的交通运输物联网，构建新一代交通信息基础网络，推进云计算与大数据应用，保障交通网络信息安全	国家发展改革委、交通运输部牵头，工业和信息化部、国家国防科工局、国家铁路局、中国民航局、中国铁路总公司等按职责分工负责
20	推动节能低碳发展。优化运输结构，推广应用节能低碳技术和产品	交通运输部、住房城乡建设部牵头，国家发展改革委、环境保护部、国家能源局、国家铁路局、中国民航局、中国铁路总公司等按职责分工负责
21	强化生态保护和污染防治。加强全过程全周期生态保护，强化大气、水、噪声污染防治	交通运输部牵头，国家发展改革委、环境保护部、国家铁路局、中国民航局、中国铁路总公司等按职责分工负责
22	推进资源集约节约利用。提高交通资源利用效率，加强资源综合循环利用	交通运输部牵头，工业和信息化部、环境保护部、国家铁路局、中国民航局、中国铁路总公司等按职责分工负责
23	加强交通运输安全生产管理	交通运输部牵头，公安部、安全监管总局、国家铁路局、中国民航局、中国铁路总公司等按职责分工负责
24	加快交通安全监管体系建设	交通运输部牵头，公安部、安全监管总局、国家铁路局、中国民航局、国家邮政局、中国铁路总公司等按职责分工负责
25	推进交通运输应急体系建设	交通运输部牵头，公安部、安全监管总局、国家铁路局、中国民航局、中国铁路总公司等按职责分工负责
26	积极引导交通运输新消费	国家发展改革委、交通运输部牵头，工业和信息化部、住房城乡建设部、国家旅游局、中国民航局、国家邮政局、中国铁路总公司等按职责分工负责
27	培育壮大交通运输新动能	国家发展改革委、交通运输部牵头，商务部、海关总署、国家旅游局、体育总局、中国铁路总公司等按职责分工负责
28	打造交通物流融合新模式	国家发展改革委、交通运输部牵头，商务部、工业和信息化部、海关总署、中国铁路总公司等按职责分工负责
29	推进交通空间综合开发利用	国家发展改革委、交通运输部、住房城乡建设部牵头，国土资源部等按职责分工负责
30	深化交通管理体制改革	国家发展改革委、交通运输部牵头，工商总局、国家铁路局、中国民航局、中国铁路总公司等按职责分工负责
31	推进交通市场化改革	国家发展改革委、交通运输部牵头，工商总局、国家铁路局、中国民航局、中国铁路总公司等按职责分工负责

续表

序号	任务	责任单位
32	加快交通投融资改革	国家发展改革委、财政部、交通运输部牵头，国土资源部、人民银行、银监会、证监会、保监会、国家铁路局、中国民航局、中国铁路总公司等按职责分工负责
33	完善法规体系	交通运输部牵头，国务院法制办、国家铁路局、中国民航局、国家邮政局、国家交通战备办公室、中国铁路总公司等按职责分工负责
34	强化标准支撑	质检总局、交通运输部牵头，工业和信息化部、科技部、住房城乡建设部、国家铁路局、中国民航局、国家邮政局、中国铁路总公司等按职责分工负责

国务院关于印发打赢蓝天保卫战三年行动计划的通知

国发〔2018〕22号

各省、自治区、直辖市人民政府，国务院各部委、各直属机构：

现将《打赢蓝天保卫战三年行动计划》印发给你们，请认真贯彻执行。

国务院

2018年6月27日

打赢蓝天保卫战三年行动计划（节选）

打赢蓝天保卫战，是党的十九大作出的重大决策部署，事关满足人民日益增长的美好生活需要，事关全面建成小康社会，事关经济高质量发展和美丽中国建设。为加快改善环境空气质量，打赢蓝天保卫战，制定本行动计划。

一、总体要求

（一）指导思想。以习近平新时代中国特色社会主义思想为指导，全面贯彻党的十九大和十九届二中、三中全会精神，认真落实党中央、国务院决策部署和全国生态环境保护大会要求，坚持新发展理念，坚持全民共治、源头防治、标本兼治，以京津冀及周边地区、长三角地区、汾渭平原等区域（以下称重点区域）为重点，持续开展大气污染防治行动，综合运用经济、法律、技术和必要的行政手段，大力调整优化产业结构、能源结构、运输结构和用地结构，强化区域联防联控，狠抓秋冬季污染治理，统筹兼顾、系统谋划、精准施策，坚决打赢蓝天保卫战，实现环境效益、经济效益和社会效益多赢。

（二）目标指标。经过3年努力，大幅减少主要大气污染物排放总量，协同减少温室气体排放，进一步明显降低细颗粒物（$PM_{2.5}$）浓度，明显减少重污染天数，明显改善环境空气质量，明显增强人民的蓝天幸福感。

到2020年，二氧化硫、氮氧化物排放总量分别比2015年下降15%以上；$PM_{2.5}$未达标地级及以上城市浓度比2015年下降18%以上，地级及以上城市空气质量优良天数比率达到80%，重度及以上污染天数比率比2015年下降25%以上；提前完成“十三五”目标任务的省份，要保持和巩固改善成果；尚未完成的，要确保全面实现“十三五”约束性目标；北京市环境空气质量改善目标应在“十三五”目标基础上进一步提高。

（三）重点区域范围。京津冀及周边地区，包含北京市，天津市，河北省石家庄、唐山、邯郸、邢台、保定、沧州、廊坊、衡水市以及雄安新区，山西省太原、阳泉、长治、晋城市，山东省济南、淄博、济宁、德州、聊城、滨州、菏泽市，河南省郑州、开封、安阳、鹤壁、新乡、焦作、濮阳市等；长三角地区，包含上海市、江苏省、浙江省、安徽省；汾渭平原，包含山西省晋中、运城、临汾、吕梁市，河南省洛阳、三门峡市，陕西省西安、铜川、宝鸡、咸阳、渭南市以及杨凌示范区等。

二、调整优化产业结构，推进产业绿色发展

（四）优化产业布局。（略）

（五）严控“两高”行业产能。（略）

（六）强化“散乱污”企业综合整治。（略）

（七）深化工业污染治理。（略）

（八）大力培育绿色环保产业。（略）

三、加快调整能源结构，构建清洁低碳高效能源体系

（九）有效推进北方地区清洁取暖。（略）

（十）重点区域继续实施煤炭消费总量控制。（略）

（十一）开展燃煤锅炉综合整治。（略）

（十二）提高能源利用效率。（略）

（十三）加快发展清洁能源和新能源。到2020年，非化石能源占能源消费总量比重达到15%。有序发展水电，安全高效发展核电，优化风能、太阳能开发布局，因地制宜发展生物质能、地热能等。在具备资源条件的地方，鼓励发展县域生物质热电联产、生物质成型燃料锅炉及生物天然气。加大可再生能源消纳力度，基本解决弃水、弃风、弃光问题。（能源局、发展改革委、财政部负责）

四、积极调整运输结构，发展绿色交通体系

（十四）优化调整货物运输结构。大幅提升铁路货运比例。到2020年，全国铁路货运量比2017年增长30%，京津冀及周边地区增长40%、长三角地区增长10%、汾渭平原增长25%。大力推进海铁联运，全国重点港口集装箱铁水联运量年均增长10%以上。制定实施运输结构调整行动计划。（发展改革委、交通运输部、铁路局、中国铁路总公司牵头，财政部、生态环境部参与）

推动铁路货运重点项目建设。加大货运铁路建设投入，加快完成蒙华、唐曹、水曹等货运铁路建设。大力提升张唐、瓦日等铁路线煤炭运输量。在环渤海地区、山东省、长三角地区，2018年底前，沿海主要港口和唐山港、黄骅港的煤炭集港改由铁路或水路运输；2020年采暖季前，沿海主要港口和唐山港、黄骅港的矿石、焦炭等大宗货物原则上主要改由铁路或水路运输。钢铁、电解铝、电力、焦化等重点企业要加快铁路专用线建设，充分利用已有铁路专用线能力，大幅提高铁路运输比例，2020年重点区域达到50%以上。（发展改革委、交通运输部、铁路局、中国铁路总公司牵头，财政部、生态环境部参与）

大力发展多式联运。依托铁路物流基地、公路港、沿海和内河港口等，推进多式联

运型和干支衔接型货运枢纽（物流园区）建设，加快推广集装箱多式联运。建设城市绿色物流体系，支持利用城市现有铁路货场物流货场转型升级为城市配送中心。鼓励发展江海联运、江海直达、滚装运输、甩挂运输等运输组织方式。降低货物运输空载率。（发展改革委、交通运输部牵头，财政部、生态环境部、铁路局、中国铁路总公司参与）

（十五）加快车船结构升级。推广使用新能源汽车。2020年新能源汽车产销量达到200万辆左右。加快推进城市建成区新增和更新的公交、环卫、邮政、出租、通勤、轻型物流配送车辆使用新能源或清洁能源汽车，重点区域使用比例达到80%；重点区域港口、机场、铁路货场等新增或更换作业车辆主要使用新能源或清洁能源汽车。2020年底前，重点区域的直辖市、省会城市、计划单列市建成区公交车全部更换为新能源汽车。在物流园、产业园、工业园、大型商业购物中心、农贸批发市场等物流集散地建设集中式充电桩和快速充电桩。为承担物流配送的新能源车辆在城市通行提供便利。（工业和信息化部、交通运输部牵头，财政部、住房城乡建设部、生态环境部、能源局、铁路局、民航局、中国铁路总公司等参与）

大力淘汰老旧车辆。重点区域采取经济补偿、限制使用、严格超标排放监管等方式，大力推进国三及以下排放标准营运柴油货车提前淘汰更新，加快淘汰采用稀薄燃烧技术和“油改气”的老旧燃气车辆。各地制定营运柴油货车和燃气车辆提前淘汰更新目标及实施计划。2020年底前，京津冀及周边地区、汾渭平原淘汰国三及以下排放标准营运中型和重型柴油货车100万辆以上。2019年7月1日起，重点区域、珠三角地区、成渝地区提前实施国六排放标准。推广使用达到国六排放标准的燃气车辆。（交通运输部、生态环境部牵头，工业和信息化部、公安部、财政部、商务部等参与）

推进船舶更新升级。2018年7月1日起，全面实施新生产船舶发动机第一阶段排放标准。推广使用电、天然气等新能源或清洁能源船舶。长三角地区等重点区域内河应采取禁限行等措施，限制高排放船舶使用，鼓励淘汰使用20年以上的内河航运船舶。（交通运输部牵头，生态环境部、工业和信息化部参与）

（十六）加快油品质量升级。2019年1月1日起，全国全面供应符合国六标准的车用汽柴油，停止销售低于国六标准的汽柴油，实现车用柴油、普通柴油、部分船舶用油“三油并轨”，取消普通柴油标准，重点区域、珠三角地区、成渝地区等提前实施。研究销售前在车用汽柴油中加入符合环保要求的燃油清净增效剂。（能源局、财政部牵头，市场监管总局、商务部、生态环境部等参与）

（十七）强化移动源污染防治。严厉打击新生产销售机动车环保不达标等违法行为。严格新车环保装置检验，在新车销售、检验、登记等场所开展环保装置抽查，保证新车环保装置生产一致性。取消地方环保达标公告和目录审批。构建全国机动车超标排放信息数据库，追溯超标排放机动车生产和进口企业、注册登记地、排放检验机构、维修单位、运输企业等，实现全链条监管。推进老旧柴油车深度治理，具备条件的安装污染控制装置、配备实时排放监控终端，并与生态环境等有关部门联网，协同控制颗粒物和氮氧化物排放，稳定达标的可免于上线排放检验。有条件的城市定期更换出租车三元催化装置。（生态环境部、交通运输部牵头，公安部、工业和信息化部、市场监管总局等参与）

加强非道路移动机械和船舶污染防治。开展非道路移动机械摸底调查，划定非道路移动机械低排放控制区，严格管控高排放非道路移动机械，重点区域2019年底前完成。推进排放不达标工程机械、港作机械清洁化改造和淘汰，重点区域港口、机场新增和更换的作业机械主要采用清洁能源或新能源。2019年底前，调整扩大船舶排放控制区范围，覆盖沿海重点港口。推动内河船舶改造，加强颗粒物排放控制，开展减少氮氧化物排放试点工作。（生态环境部、交通运输部、农业农村部负责）

推动靠港船舶和飞机使用岸电。加快港口码头和机场岸电设施建设，提高港口码头和机场岸电设施使用率。2020年底前，沿海主要港口50%以上专业化泊位（危险货物泊位除外）具备向船舶供应岸电的能力。新建码头同步规划、设计、建设岸电设施。重点区域沿海港口新增、更换拖船优先使用清洁能源。推广地面电源替代飞机辅助动力装置，重点区域民航机场在飞机停靠期间主要使用岸电。（交通运输部、民航局牵头，发展改革委、财政部、生态环境部、能源局等参与）

五、优化调整用地结构，推进面源污染治理（略）

六、实施重大专项行动，大幅降低污染物排放

（二十二）开展重点区域秋冬季攻坚行动。制定并实施京津冀及周边地区、长三角地区、汾渭平原秋冬季大气污染综合治理攻坚行动方案，以减少重污染天气为着力点，狠抓秋冬季大气污染防治，聚焦重点领域，将攻坚目标、任务措施分解落实到城市。各市要制定具体实施方案，督促企业制定落实措施。京津冀及周边地区要以北京为重中之重，雄安新区环境空气质量要力争达到北京市南部地区同等水平。统筹调配全国环境执法力量，实行异地交叉执法、驻地督办，确保各项措施落实到位。（生态环境部牵头，发展改革委、工业和信息化部、财政部、住房城乡建设部、交通运输部、能源局等参与）

（二十三）打好柴油货车污染治理攻坚战。制定柴油货车污染治理攻坚战行动方案，统筹油、路、车治理，实施清洁柴油车（机）、清洁运输和清洁油品行动，确保柴油货车污染排放总量明显下降。加强柴油货车生产销售、注册使用、检验维修等环节的监督管理，建立天地车人一体化的全方位监控体系，实施在用汽车排放检测与强制维护制度。各地开展多部门联合执法专项行动。（生态环境部、交通运输部、财政部、市场监管总局牵头，工业和信息化部、公安部、商务部、能源局等参与）

（二十四）开展工业炉窑治理专项行动。（略）

（二十五）实施VOCs专项整治方案。（略）

七、强化区域联防联控，有效应对重污染天气

（二十六）建立完善区域大气污染防治协作机制。将京津冀及周边地区大气污染防治协作小组调整为京津冀及周边地区大气污染防治领导小组；建立汾渭平原大气污染防治协作机制，纳入京津冀及周边地区大气污染防治领导小组统筹领导；继续发挥长三角区域大气污染防治协作小组作用。相关协作机制负责研究审议区域大气污染防治实施方

案、年度计划、目标、重大措施，以及区域重点产业发展规划、重大项目建设等事关大气污染防治工作的重要事项，部署区域重污染天气联合应对工作。(生态环境部负责)

(二十七) 加强重污染天气应急联动。强化区域环境空气质量预测预报中心能力建设，2019年底前实现7—10天预报能力，省级预报中心实现以城市为单位的7天预报能力。开展环境空气质量中长期趋势预测工作。完善预警分级标准体系，区分不同区域不同季节应急响应标准，同一区域内要统一应急预警标准。当预测到区域将出现大范围重污染天气时，统一发布预警信息，各相关城市按级别启动应急响应措施，实施区域应急联动。(生态环境部牵头，气象局等参与)

(二十八) 夯实应急减排措施。制定完善重污染天气应急预案。提高应急预案中污染物减排比例，黄色、橙色、红色级别减排比例原则上分别不低于10%、20%、30%。细化应急减排措施，落实到企业各工艺环节，实施“一厂一策”清单化管理。在黄色及以上重污染天气预警期间，对钢铁、建材、焦化、有色、化工、矿山等涉及大宗物料运输的重点用车企业，实施应急运输响应。(生态环境部牵头，交通运输部、工业和信息化部参与)

重点区域实施秋冬季重点行业错峰生产。加大秋冬季工业企业生产调控力度，各地针对钢铁、建材、焦化、铸造、有色、化工等高排放行业，制定错峰生产方案，实施差别化管理。要将错峰生产方案细化到企业生产线、工序和设备，载入排污许可证。企业未按期完成治理改造任务的，一并纳入当地错峰生产方案，实施停产。属于《产业结构调整指导目录》限制类的，要提高错峰限产比例或实施停产。(工业和信息化部、生态环境部负责)

八、健全法律法规体系，完善环境经济政策

(二十九) 完善法律法规标准体系。研究将VOCs纳入环境保护税征收范围。制定排污许可管理条例、京津冀及周边地区大气污染防治条例。……研究制定内河大型船舶用燃料油标准和更加严格的汽柴油质量标准，降低烯烃、芳烃和多环芳烃含量。制定更严格的机动车、非道路移动机械和船舶大气污染物排放标准。制定机动车排放检测与强制维修管理办法，修订《报废汽车回收管理办法》。(生态环境部、财政部、工业和信息化部、交通运输部、商务部、市场监管总局牵头，司法部、税务总局等参与)

(三十) 拓宽投融资渠道。(略)

(三十一) 加大经济政策支持力度。建立中央大气污染防治专项资金安排与地方环境空气质量改善绩效联动机制，调动地方政府治理大气污染积极性。……大力支持港口和机场岸基供电，降低岸电运营商用电成本。支持车船和作业机械使用清洁能源。……(发展改革委、财政部牵头，能源局、生态环境部、交通运输部、农业农村部、铁路局、中国铁路总公司等参与)

……对符合条件的新能源汽车免征车辆购置税，继续落实并完善对节能、新能源车船减免车船税的政策。(财政部、税务总局牵头，交通运输部、生态环境部、工业和信息化部、交通运输部等参与)

九、加强基础能力建设，严格环境执法督察

（三十二）完善环境监测监控网络。……

加强移动源排放监管能力建设。建设完善遥感监测网络、定期排放检验机构国家—省—市三级联网，构建重型柴油车车载诊断系统远程监控系统，强化现场路检路查和停放地监督抽测。2018 年底前，重点区域建成三级联网的遥感监测系统平台，其他区域 2019 年底前建成。推进工程机械安装实时定位和排放监控装置，建设排放监控平台，重点区域 2020 年底前基本完成。研究成立国家机动车污染防治中心，建设区域性国家机动车排放检测实验室。（生态环境部牵头，公安部、交通运输部、科技部等参与）

……

（三十三）强化科技基础支撑。汇聚跨部门科研资源，组织优秀科研团队，开展重点区域及成渝地区等其他区域大气重污染成因、重污染积累与天气过程双向反馈机制、重点行业与污染物排放管控技术、居民健康防护等科技攻坚。大气污染成因与控制技术研究、大气重污染成因与治理攻关等重点项目，要紧密围绕打赢蓝天保卫战需求，以目标和问题为导向，边研究、边产出、边应用。加强区域性臭氧形成机理与控制路径研究，深化 VOCs 全过程控制及监管技术研发。开展钢铁等行业超低排放改造、污染排放源头控制、货物运输多式联运、内燃机及锅炉清洁燃烧等技术研究。常态化开展重点区域和城市源排放清单编制、源解析等工作，形成污染动态溯源的基础能力。开展氨排放与控制技术研究。（科技部、生态环境部牵头，卫生健康委、气象局、市场监管总局等参与）

（三十四）加大环境执法力度。……

严厉打击生产销售排放不合格机动车和违反信息公开要求的行为，撤销相关企业车辆产品公告、油耗公告和强制性产品认证。开展在用车超标排放联合执法，建立完善环境部门检测、公安交管部门处罚、交通运输部门监督维修的联合监管机制。严厉打击机动车排放检验机构尾气检测弄虚作假、屏蔽和修改车辆环保监控参数等违法行为。加强对油品制售企业的质量监督管理，严厉打击生产、销售、使用不合格油品和车用尿素行为，禁止以化工原料名义出售调和油组分，禁止以化工原料勾兑调和油，严禁运输企业储存使用非标油，坚决取缔黑加油站点。（生态环境部、公安部、交通运输部、工业和信息化部牵头，商务部、市场监管总局等参与）

（三十五）深入开展环境保护督察。（略）

十、明确落实各方责任，动员全社会广泛参与（略）

国务院办公厅关于印发推进运输结构调整三年行动计划（2018—2020年）的通知

国办发〔2018〕91号

各省、自治区、直辖市人民政府，国务院各部委、各直属机构：

《推进运输结构调整三年行动计划（2018—2020年）》已经国务院同意，现印发给你们，请结合实际，认真组织实施。

国务院办公厅

2018年9月17日

推进运输结构调整三年行动计划

（2018—2020年）

为贯彻落实党中央、国务院关于推进运输结构调整的决策部署，打赢蓝天保卫战、打好污染防治攻坚战，提高综合运输效率、降低物流成本，制定本行动计划。

一、总体要求

（一）指导思想。

以习近平新时代中国特色社会主义思想为指导，全面贯彻党的十九大和十九届二中、三中全会精神，牢固树立和贯彻落实新发展理念，按照高质量发展要求，标本兼治、综合施策，政策引导、市场驱动，重点突破、系统推进，以深化交通运输供给侧结构性改革为主线，以京津冀及周边地区、长三角地区、汾渭平原等区域（以下称重点区域）为主战场，以推进大宗货物运输“公转铁、公转水”为主攻方向，不断完善综合运输网络，切实提高运输组织水平，减少公路运输量，增加铁路运输量，加快建设现代综合交通运输体系，有力支撑打赢蓝天保卫战、打好污染防治攻坚战，更好服务建设交通强国和决胜全面建成小康社会。

（二）工作目标。

到2020年，全国货物运输结构明显优化，铁路、水路承担的大宗货物运输量显著提高，港口铁路集疏运量和集装箱多式联运量大幅增长，重点区域运输结构调整取得突破性进展，将京津冀及周边地区打造成为全国运输结构调整示范区。与2017年相比，全国铁路货运量增加11亿吨、增长30%，其中京津冀及周边地区增长40%、长三角地区增长10%、汾渭平原增长25%；全国水路货运量增加5亿吨、增长7.5%；沿海港口大宗货物公路运输量减少4.4亿吨。全国多式联运货运量年均增长20%，重点港口集装箱铁水联运量年均增长10%以上。

（三）重点区域范围。

京津冀及周边地区包括北京、天津、河北、河南、山东、山西、辽宁、内蒙古8省（区、市），长三角地区包括上海、江苏、浙江、安徽4省（市），汾渭平原包括山西、河南、陕西3省。

二、铁路运能提升行动

（四）提升主要物流通道干线铁路运输能力。加快实施《“十三五”现代综合交通运输体系发展规划》《铁路“十三五”发展规划》和《中长期铁路网规划》，加快重点干线铁路项目建设进度，加快蒙华、京原、黄大等连接西部与华中、华北地区干线铁路建设和改造，提升瓦日、邯黄等既有铁路综合利用效率，实施铁路干线主要编组站设备设施改造扩能，缓解部分区段货运能力紧张，提升路网运输能力。（中国铁路总公司牵头，发展改革委、交通运输部、财政部、铁路局参与，地方各级人民政府负责落实。以下均需地方各级人民政府落实，不再列出）

（五）加快大型工矿企业和物流园区铁路专用线建设。支持煤炭、钢铁、电解铝、电力、焦化、汽车制造等大型工矿企业以及大型物流园区新建或改扩建铁路专用线。简化铁路专用线接轨审核程序，压缩接轨协议办理时间，完善铁路专用线共建共用机制，创新投融资模式，吸引社会资本投入。合理确定新建及改扩建铁路专用线建设等级和技术标准，鼓励新建货运干线铁路同步规划、设计、建设、开通配套铁路专用线。到2020年，全国大宗货物年货运量150万吨以上的大型工矿企业和新建物流园区，铁路专用线接入比例达到80%以上；重点区域具有铁路专用线的大型工矿企业和新建物流园区，大宗货物铁路运输比例达到80%以上。（交通运输部、发展改革委、自然资源部、生态环境部、铁路局、中国铁路总公司按职责分工负责）

（六）优化铁路运输组织模式。优先保障煤炭、焦炭、矿石、粮食等大宗货物运力供给。优化列车运行图，丰富列车编组形式，加强铁路系统内跨局组织协调，开发当日达、次日达等多种运输产品，实现车船班期稳定衔接。在运输总量达到一定规模的通道，开发铁路货运班列、点到点货运列车、大宗货物直达列车等多频次多样化班列产品，构建快捷货运班列网络。研究推进铁路双层集装箱、驮背运输产品开发，提升通道配套设施设备能力。充分发挥高铁运能，在有条件的通道实现客货分线运输。（中国铁路总公司牵头，交通运输部、发展改革委参与）

（七）提升铁路货运服务水平。深化铁路运输价格市场化改革，建立健全灵活的运价调整机制，发挥市场配置资源的决定性作用。完善短距离大宗货物运价浮动机制。规范铁路专用线代维收费行为，推动降低专用线共用收费水平。减少和取消铁路两端短驳环节，规范短驳服务收费行为，降低短驳成本。推动铁路运输企业与煤炭、矿石、钢铁等大客户签订运量运能互保协议，实现互惠共赢。推动铁路运输企业与港口、物流园区、大型工矿企业、物流企业等开展合作，构建门到门接取送达网络，提供全程物流服务。（中国铁路总公司牵头，发展改革委、市场监管总局、交通运输部、铁路局参与）

三、水运系统升级行动

（八）完善内河水运网络。统筹优化沿海和内河集装箱、煤炭、矿石、原油、液化天然气、商品汽车等专业运输系统布局，提升水运设施专业化水平。坚持生态优先、绿色发展理念，以流域生态系统性保护为前提，增强长江干线航运能力，推进西江干线和京杭运河山东段、江苏段、浙江段航道扩能改造，加快推进长三角高等级航道整治工程。加强长江、西江、京杭运河、淮河重要支流航道建设。加快推进三峡水运新通道等重大水运基础设施工程前期论证工作。（交通运输部牵头，发展改革委、生态环境部、水利部参与）

（九）推进集疏港铁路建设。加快实施《“十三五”港口集疏运系统建设方案》《“十三五”长江经济带港口多式联运建设实施方案》《推动长江干线港口铁水联运设施联通的行动计划》，着力推进集疏港铁路建设。加强港区集疏港铁路与干线铁路和码头堆场的衔接，优化铁路港前站布局，鼓励集疏港铁路向堆场、码头前沿延伸，加快港区铁路装卸场站及配套设施建设，打通铁路进港最后一公里。2020 年全国沿海重要港区铁路进港率大幅提高，长江干线主要港口全面接入集疏港铁路。（交通运输部、发展改革委、自然资源部、财政部、生态环境部、铁路局、中国铁路总公司按职责分工负责）

（十）推动大宗货物集疏港运输向铁路和水路转移。进一步规范港口经营服务性收费，对实行政府定价的，严格执行规定的收费标准；对实行市场调节价的，督促落实价格法律法规和相关规定，不得违规加收任何价外费用。进一步加强煤炭集港运输管理，2018 年底前，环渤海地区、山东省、长三角地区沿海主要港口和唐山港、黄骅港的煤炭集港改由铁路或水路运输；2020 年采暖季前，沿海主要港口和唐山港、黄骅港的矿石、焦炭等大宗货物原则上主要改由铁路或水路运输。（交通运输部、中国铁路总公司、发展改革委牵头，生态环境部、市场监管总局、铁路局参与）

（十一）大力发展江海直达和江海联运。积极推动宁波舟山港、上海港、深圳港、广州港、连云港港以及长江干线港口等江海直达和江海联运配套码头、锚地等设施技术改造。统筹江海直达和江海联运发展，积极推进干散货、集装箱江海直达运输，实现集装箱直达运输班轮化发展。制定完善以江船出海为主的江海直达船舶规范，重点推进江海直达散货船和集装箱船等船型研发及应用。（交通运输部牵头，工业和信息化部参与）

四、公路货运治理行动

（十二）强化公路货运车辆超限超载治理。健全货运车辆非法改装联合监管工作机制，杜绝非法改装货运车辆出厂上路。加大货物装载源头监管力度，重点加强矿山、水泥厂、港口、物流园区等重点源头单位货车出场（站）装载情况检查，禁止超限超载车辆出场（站）上路行驶。严格落实治理车辆超限超载联合执法常态化制度化工作要求，统一公路货运车辆超限超载认定标准，加大对大宗货物运输车辆超限超载的执法力度。进一步优化完善公路治超网络，推广高速公路收费站入口称重检测，优化国省干线公路超限检测站点布局，完善农村公路限宽限高保护设施。加强科技治超，利用信息化手段加强车辆超限超载检测，实现跨区域、跨部门治超信息资源交换共享，落实“一超四罚”。继续加强信用治超，严格落实公路治超“黑名单”制度，对严重违法超限超载运输当事人实施联合惩戒。到 2020 年底，全国高速公路全面实施收费站入口称重检测，各省（区、市）高速公路货运车辆平均违法超限超载率不超过 0.5%，普通公路货运车辆超限超载得到有效遏制。（交通运输部牵头，工业和信息化部、公安部、市场监管总局参与）

（十三）大力推进货运车型标准化。巩固车辆运输车治理工作成果，稳步开展危险货物运输罐车、超长平板半挂车、超长集装箱半挂车治理工作。做好既有营运车辆情况排查，建立不合规车辆数据库，制定车辆退出计划，按照标准引导、疏堵结合、更新替代、循序渐进的原则强化执法监管，引导督促行业、企业加快更新淘汰不合规车辆，促进标准化车型更新替代。开展中置轴汽车列车示范运行，加快轻量化挂车推广应用。（交通运输部牵头，工业和信息化部、公安部、市场监管总局参与）

（十四）推动道路货运行业集约高效发展。促进“互联网＋货运物流”新业态、新模式发展，深入推进无车承运人试点工作，健全完善无车承运人法规制度，推动货运物流平台健康有序发展。到 2020 年，重点培育 50 家左右创新能力强、运营管理规范、资源综合利用效率高的无车承运人品牌企业。支持引导货运大车队、挂车共享租赁、甩挂运输、企业联盟、品牌连锁等集约高效的运输组织模式发展，发挥规模化、网络化运营优势，降低运输成本，有效整合分散经营的中小货运企业和个体运输业户。支持大型道路货运企业以资产为纽带，通过兼并、重组、收购、控股、加盟连锁等方式，拓展服务网络，延伸服务链条，实现资源高效配置，加快向现代物流企业转型升级。（交通运输部负责）

五、多式联运提速行动

（十五）加快联运枢纽建设和装备升级。推进具有多式联运功能的物流园区建设，加快铁路物流基地、铁路集装箱办理站、港口物流枢纽、航空转运中心、快递物流园区等规划建设和升级改造，加强不同运输方式间的有效衔接。进一步拓展高铁站场货运服务功能，完善货运配套设施。有序推进货运机场建设，拓展完善机场货运服务功能。大力推广集装化运输，支持企业加快多式联运运载单元、快速转运设备、专用载运机具等升级改造，完善内陆集装箱配套技术标准，推广应用 45 英尺集装箱和 35 吨敞顶集装箱，促进集装化、厢式化、标准化装备应用。（交通运输部、发展改革委、铁路局、民航局、邮政局、中国铁路总公司按职责分工负责）

（十六）加快发展集装箱铁水联运。鼓励铁路、港口、航运等企业加强合作，促进海运集装箱通过铁路集疏港。在环渤海、长三角、珠三角、北部湾和海峡西岸经济区等重点沿海区域和长江干线，打造“长途重点货类精品班列＋短途城际小运转班列”铁水联运产品体系。鼓励铁路运输企业增加铁路集装箱和集装箱平车保有量，提高集装箱共享共用和流转交换能力，利用物联网等技术手段提升集装箱箱管和综合信息服务水平。（交通运输部、中国铁路总公司牵头，发展改革委、铁路局参与）

（十七）深入实施多式联运示范工程。加大对多式联运示范工程项目建设的支持力度，加强示范工程运行监测，推动运输组织模式创新。深入推进天津至华北、西北地区等六条集装箱铁水联运示范线路建设。鼓励骨干龙头企业在运输装备研发、多式联运单证统一、数据信息交换共享等方面先行先试，充分发挥引领示范作用。支持各地开展集装箱运输、商品车滚装运输、全程冷链运输、电商快递班列等多式联运试点示范创建。(交通运输部、发展改革委牵头，铁路局、民航局、邮政局、中国铁路总公司参与)

六、城市绿色配送行动

(十八) 推进城市绿色货运配送示范工程。引导特大城市群和区域中心城市规划建设绿色货运配送网络，完善干支衔接型物流园区（货运枢纽）和城市配送网络节点及配送车辆停靠装卸配套设施建设。鼓励邮政快递企业、城市配送企业创新统一配送、集中配送、共同配送、夜间配送等集约化运输组织模式。到 2020 年，在全国建成 100 个左右的城市绿色货运配送示范项目。加大对示范项目物流园区（货运枢纽）建设、新能源车辆推广应用、绿色物流智慧服务平台建设等支持力度。(交通运输部牵头，公安部、商务部、财政部参与)

(十九) 加大新能源城市配送车辆推广应用力度。加快新能源和清洁能源车辆推广应用，到 2020 年，城市建成区新增和更新轻型物流配送车辆中，新能源车辆和达到国六排放标准清洁能源车辆的比例超过 50%，重点区域达到 80%。各地将公共充电桩建设纳入城市基础设施规划建设范围，加大用地、资金等支持力度，在物流园区、工业园区、大型商业购物中心、农贸批发市场等货流密集区域，集中规划建设专用充电站和快速充电桩。结合城市配送需求，制定新能源城市配送车辆便利通行政策，改善车辆通行条件。在有条件的地区建立新能源城市配送车辆运营补贴机制，降低使用成本。在重点物流园区、铁路物流中心、机场、港口等推广使用电动化、清洁化作业车辆。(交通运输部、工业和信息化部牵头，公安部、财政部、自然资源部、生态环境部、铁路局、民航局参与)

(二十) 推进城市生产生活物资公铁联运。充分发挥铁路既有站场资源优势，完善干支衔接的基础设施网络，创新运营组织模式，打造“轨道＋仓储配送”的铁路城市物流配送新模式，提高城市生产生活物资运输中公铁联运的比例。在北京等大型城市组织开展城市生产生活物资公铁接驳配送试点，加快城市周边地区铁路外围集结转运中心和市内铁路站场设施改造，构建“外集内配、绿色联运”的公铁联运城市配送新体系，及时总结经验并推广应用。(中国铁路总公司、交通运输部按职责分工负责)

七、信息资源整合行动

(二十一) 加强多式联运公共信息交换共享。加快建设多式联运公共信息平台，实现部门之间、运输方式之间信息交换共享。加强交通运输、海关、市场监管等部门间信息开放共享，为企业提供资质资格、认证认可、检验检疫、通关查验、违法违章、信用评价、政策动态等一站式综合信息服务。加快完善铁水联运信息交换接口标准体系，推进业务单证电子化，促进铁路、港口信息共享，实现铁路现车、装卸车、货物在途、到达预确报以及港口装卸、货物堆存、船舶进出港、船期舱位预定等铁水联运信息互联共享。到 2019 年底，沿海及长江干线主要港口实现铁水联运信息交换共享。到 2020 年底，基本建成全国多式联运公共信息平台。（交通运输部、发展改革委、中国铁路总公司牵头，海关总署、市场监管总局、铁路局、民航局、邮政局参与）

（二十二）提升物流信息服务水平。升级国家交通运输物流公共信息平台，促进铁路、港口、航运和第三方物流等龙头企业加强合作，强化货物在途状态查询、运输价格查询、车货动态匹配、集装箱定位跟踪等综合信息服务，提高物流服务智能化、透明化水平。（交通运输部、发展改革委牵头，铁路局、民航局、邮政局、中国铁路总公司参与）

（二十三）加强运输结构调整信息报送和监测分析。研究建立运输结构调整指标体系，探索相关分析方法。建立货物运输“公转铁、公转水”运行动态、多式联运发展状态、新能源车辆推广应用等信息运行监测和报送机制。（交通运输部牵头，工业和信息化部、生态环境部、铁路局、中国铁路总公司参与）

八、加大政策保障力度

（二十四）积极落实财政等支持政策。利用车购税资金、中央基建投资等现有资金，统筹推进公铁联运、海铁联运等多式联运发展，提升港口集疏运能力，加强物流园区、工矿企业等铁路专用线建设，为煤炭、矿石等大宗货物运输方式调整创造有利环境。鼓励社会资本设立多式联运产业基金，拓宽投融资渠道，加快运输结构调整和多式联运发展。鼓励各地对运输结构调整工作成效显著的工矿企业，在分解错峰生产任务时适当减少限产比例。贯彻落实《国务院关于印发打赢蓝天保卫战三年行动计划的通知》（国发〔2018〕22号）有关要求，对大力淘汰老旧车辆、推广应用新能源汽车的有关企业和人员依照有关政策及时给予经济补偿。（财政部、发展改革委、交通运输部、生态环境部牵头，铁路局、中国铁路总公司参与）

（二十五）完善用地用海支持政策。加大铁路专用线用地支持力度，将本行动计划支持的铁路专用线项目（不含物流园区），纳入占用永久基本农田的重大建设项目用地预审受理范围，按照相关规定办理用地手续。各省（区、市）要在国土空间规划指导下组织编制港口集疏运铁路、物流园区和工矿企业铁路专用线建设方案，保障用地指标。对急需开工的铁路专用线控制性工程，属于国家重点建设项目的，按照相关规定向自然资源部申请办理先行用地。加大对“公转水”码头及配建工程的用海支持力度，对纳入港口总体规划和运输结构调整计划的铁水联运、水水中转码头及配建的防波堤、航道、锚地等项目，列入国家重大战略的，在符合海域管理法律法规及围填海管理政策的情况下，重点保障用海需求。（自然资源部、交通运输部牵头，发展改革委、铁路局、中国铁路总公司参与）

九、加大督导考核力度

（二十六）加强组织领导。地方各级政府要切实加强组织领导，按照“一市一策、一港一策、一企一策”要求，组织编制本地区运输结构调整工作实施方案，细化分解目标任务，制定责任清单，健全责任体系，科学安排工作进度，出台配套政策，确保按时保质完成各项任务。交通运输部、发展改革委要加强统筹协调和组织调度，完善运输结

构调整工作协调机制，及时研究解决运输结构调整中的重大问题。（交通运输部、发展改革委牵头，各有关部门参与）

（二十七）强化督导考评。加强对地方政府和有关部门运输结构调整工作推进落实情况的督查考核，结果向社会公布。地方各级政府要建立健全动态评估机制，加强对铁路、港口、工矿等企业的督导考核，确保责任落实到位。（交通运输部、发展改革委牵头，各有关部门参与）

十、营造良好发展环境

（二十八）保障行业健康稳定发展。加强部门协同联动，强化货运市场和重点企业监测，及时掌握行业动态，加大政策支持力度，完善从业人员社会保障、职业培训等服务，积极培育拓展新兴市场，推动货运行业创新稳定发展和转型升级。（交通运输部牵头，各有关部门参与）

（二十九）做好政策宣传和舆论引导。加大对运输结构调整工作的宣传报道力度，加强正面引导，及时回应社会关切，为运输结构调整工作营造良好舆论氛围。（交通运输部、发展改革委牵头，各有关部门参与）

国务院办公厅转发交通运输部等部门关于加快道路货运行业转型升级促进高质量发展意见的通知

国办发〔2019〕16号

各省、自治区、直辖市人民政府，国务院各部委、各直属机构：

交通运输部、发展改革委、教育部、工业和信息化部、公安部、财政部、人力资源社会保障部、生态环境部、住房城乡建设部、应急部、税务总局、市场监管总局、全国总工会《关于加快道路货运行业转型升级促进高质量发展的意见》已经国务院同意，现转发给你们，请认真贯彻执行。

国务院办公厅

2019年4月21日

关于加快道路货运行业转型升级促进高质量发展的意见（节选）

交通运输部　发展改革委　教育部　工业和信息化部

公安部　财政部　人力资源社会保障部　生态环境部

住房城乡建设部　应急部　税务总局

市场监管总局　全国总工会

为深入贯彻落实党中央、国务院决策部署，加快道路货运行业转型升级，切实改善市场环境，促进行业健康稳定发展，现提出以下意见：

一、总体要求

以习近平新时代中国特色社会主义思想为指导，全面贯彻党的十九大和十九届二中、三中全会精神，牢固树立和贯彻落实新发展理念，以供给侧结构性改革为主线，坚持远近结合、标本兼治、改革引领、创新驱动、综合治理，加快建设安全稳定、经济高效、绿色低碳的道路货运服务体系，促进道路货运行业高质量发展。

二、深化货运领域“放管服”改革

（一）持续推进货运领域简政放权。进一步推动普通货车跨省异地安全技术检验、尾气排放检验和综合性能检测有关要求严格落实。2019年实现普通货运车辆年度审验网上办理。（交通运输部、公安部、市场监管总局、生态环境部负责）……

（二）改革危险货物道路运输管理制度。加快制定危险货物道路运输安全管理办法，研究改革完善危险货物道路运输押运员管理制度。加快修订常压液体危险货物运输罐车罐体相关国家标准，明确罐体介质兼容要求。（交通运输部、公安部、工业和信息化部、生态环境部、应急部、市场监管总局负责）

（三）便利货运车辆通行。进一步完善城市交通运输部门配送运力需求管理与公安交通管理部门车辆通行管控的联动机制，优化车辆通行管控，对符合标准的新能源城市配送车辆给予通行便利，除特殊区域外，对纯电动轻型货车原则上不得限行。（各省级人民政府、交通运输部、公安部负责）鼓励货运车辆电子道路运输证和ETC卡“两卡合一”，加快推广货车不停车收费。（交通运输部负责）

三、推动新旧动能接续转换

（四）加快运输组织模式创新。深入推进多式联运示范工程、城乡交通运输一体化示范工程、城市绿色货运配送示范工程，推广应用先进运输组织模式。指导行业协会、企业联盟研究推广挂车互换标准协议，创新普通货车租赁、挂车共享、长途接驳甩挂、集装单元化等新模式。（交通运输部、发展改革委负责）

（五）推进规模化、集约化发展。（略）

（六）鼓励规范“互联网＋”新业态发展。（略）

四、加快车辆装备升级改造

（七）积极稳妥淘汰老旧柴油货车。开展常压液体危险货物运输罐车专项治理。鼓励各地制定营运柴油货车和燃气车辆提前淘汰更新目标及实施计划，对提前淘汰中重型柴油货车、高耗低效非标准汽车列车及罐车等老旧柴油货车的，给予适当补助。研究对重点区域提前淘汰老旧柴油货车给予支持。（交通运输部、公安部、生态环境部、工业和信息化部、财政部、应急部、市场监管总局、各省级人民政府负责）

（八）推广应用先进货运车型。全面推广高速公路差异化收费，鼓励发展符合国家标准的中置轴汽车列车、厢式半挂车。积极推进货运车型标准化，加快推动城市建成区轻型物流配送车辆使用新能源或清洁能源汽车，鼓励物流园区、产业园、配送中心等地集中规划建设专用充电设施。（交通运输部、公安部、工业和信息化部、住房城乡建设部负责）

（九）加强货车超限超载治理。严格执行全国统一的超限超载认定标准和超限检测站联合执法工作流程，杜绝重复罚款、只罚款不卸载等行为，明确并公布各区域超限检测站点的联合执法模式，严格落实“一超四罚”。在普通公路超限检测站全面安装电子抓拍系统。建立健全依法打击冲关闯卡违法行为长效机制和应急管控措施，加快推进车辆信息、执法信息共享。将规范治超执法纳入地方政府年度考核目标，加强执法监督考核，拓宽投诉举报渠道。（交通运输部、公安部、工业和信息化部、各省级人民政府负责）

五、改善货运市场从业环境（略）

六、提升货运市场治理能力（略）

第二部分

部门贯彻落实文件

综合管理

交通运输部
关于印发交通运输行业公路水路环境监测管理办法的通知

交环发［2008］112号

各省、自治区、直辖市、新疆生产建设兵团交通运输部厅（局、委），沿海及内河主要港口管理局，各直属海事局：

为加强和规范交通运输行业公路水路环境监测工作，进一步提高交通运输行业环境保护管理水平，我部制定了《交通运输行业公路水路环境监测管理办法》，现印发给你们，从即日起施行。《交通部环境监测工作条例》（交环字〔1982〕2592号）同时废止。

中华人民共和国交通运输部

2008年4月9日

交通运输行业公路水路环境监测管理办法

第一章　总则

第一条　为加强交通运输行业环境监测管理工作，根据《中华人民共和国环境保护法》《全国环境监测管理条例》《交通行业环境保护管理规定》等有关法律、法规规定，制定本办法。

第二条　本办法适用于全国港口、航道、公路、场站以及船舶的环境监测工作。

第三条　交通运输部是全国交通运输行业环境监测的主管部门。交通运输部设置的交通环境保护主管机构具体负责全国交通环境监测的管理工作。

各省、自治区、直辖市交通主管部门、航务管理部门、海事管理部门、沿海及内河主要港口行政管理部门、航道建设和管理部门负责所辖区域的环境监测管理工作。

第四条　各类交通建设项目在工程环境影响评价、施工、竣工环境保护验收以及运营过程中必须按照有关法规规定进行环境监测。交通运输行业环境监测网是国家环境监测网的重要组成部分，交通运输行业依据国家环境保护法律、法规和职责分工的规定，开展交通运输行业专业环境监测。通过交通运输行业环境监测工作，掌握环境质量和污染源排放状况及变化趋势，为编制交通发展规划、制定交通环境保护法规和标准、开展交通环境保护科学研究并为适时采取可行的污染防治措施提供科学依据，达到防治污染，保护和改善环境，提高交通设施的建设和管理水平，促进交通与环境协调发展的目的。

第五条　交通运输行业公路水路环境监测的范围包括：

（一）公路、港口、场站、航道建设项目环境监测；污染源管理和交通环境保护设施运行状况调查；

（二）公路、港口、场站、航道等辖区内排放废水、废气、噪声、固体废弃物等污染源监测和陆域、水域生态环境监测；

（三）公路、港口、场站、航道污染事故监测调查；

（四）船舶污染源监测及船舶污染事故应急监测；

（五）交通运输行业公路水路其他环境监测工作；

（六）综合评估，编报环境质量报告和污染源状况报告。

第六条　交通运输行业环境监测应符合国家和交通运输部颁布的规范和标准。

第二章　管理机构职责

第七条　交通运输部设置的交通环境保护主管机构在环境监测管理中的主要职责：

（一）负责贯彻执行国家颁布的环境监测法律法规；

（二）制定全国交通环境监测发展规划、管理办法及政策措施，监督交通环境监测工作；

（三）制定交通环境监测规范，管理交通环境监测站的资质；

（四）组织编制交通环境质量报告。

第八条　各省、自治区、直辖市交通主管部门、航务管理部门、海事管理部门、沿海及内河主要港口行政管理部门、航道建设和管理部门在环境监测管理中的主要职责：

（一）负责贯彻执行国家和交通运输部颁布的环境监测法律法规、政策；

（二）制定所辖区域的交通环境监测规划，负责所辖区域的交通环境监测管理工作；

（三）汇总所辖区域的交通环境监测资料，并按规定上报交通运输部设置的环境保护主管机构。

第九条　各地交通主管部门和交通企事业单位应明确相应的机构和人员，具体负责本地区、本在单位的交通环境监测管理工作。

第三章　监测机构设置及职责

第十条　各地交通主管部门和交通企事业单位可根据实际需要设置环境监测站，交通环境监测任务由交通运输行业设置的环境监测机构承担，也可委托社会上有相应资质的环境监测机构完成。

第十一条　交通运输行业公路水路环境监测机构分三级设置，并组成交通环境监测网。交通环境保护主管机构授权的机构承担行业环境监测一级站的职责；各省、自治区、直辖市交通主管部门、航务管理部门、海事管理部门、沿海及内河主要港口行政管理部门、航道建设和管理部门根据各自情况决定是否设置行业环境监测中心站；交通企事业单位设置环境监测站或化验室。

第十二条　行业环境监测一级站的主要职责：

（一）组织编写公路水路环境监测规划和计划；

（二）参加全国环境监测网和专业监测网，组织指导行业环境监测网的业务工作；

（三）汇总储存公路水路环境监测资料，进行数据处理，编报交通运输部公路水路环境质量报告，掌握公路水路环境质量状况和发展趋势，提出改进环境质量的建议；

（四）参加或承担制定、修订国家和部门环境质量标准、污染物排放标准、环境监测分析方法；

（五）组织开展综合性的环境调查，协助交通运输部设置的交通环境保护主管机构对环境影响评价和重大污染事件的查证；

（六）承担公路水路环境监测的仲裁与标样的制备和环境监测质量控制与保证，组织对行业各环境监测站进行监测全过程质量考核工作；

（七）组织和承担交通运输行业环境监测的技术研究、培训和交流；

（八）组织开展交通运输行业公路水路各级监测机构技术考核和监测人员上岗培训工作。

第十三条　行业环境监测中心站的主要职责：

（一）承担所辖区域内的环境调查、学术交流、技术业务人员培训和考核，对下级环境监测站进行业务技术指导；

（二）参加交通运输行业和本地区环境监测网络、专业网络活动，承担所辖区域内环境监测质量控制保证工作；

（三）承担所辖区域内的交通环境监测和污染源监测任务，汇总整理报送监测资料；

（四）参加编制区域交通运输行业及地方制定和修订的环境标准、监测技术规范、环境质量报告和污染源状况报告；

（五）协调组织所辖区域内交通污染源调查，分析排放污染物种类、数量和污染危害，建立污染源档案，协助污染事故查证；

（六）开展交通环境监测技术研究和咨询服务，承担环境监测科研任务。

第十四条　交通企事业单位设置的环境监测站或化验室的主要职责：

（一）承担本单位的环境监测任务，为本单位清洁化生产和环境管理服务；

（二）负责本单位的污染源调查，查清排放污染物的种类、数量和污染危害，建立污染源档案，协助污染事故查证；定期报送监测资料；

（三）参加交通运输行业及本地区的环境监测网络和专业网络活动，组织本单位监测人员进行技术培训和业务考核；

（四）开展交通环境调查和环境监测技术研究，承担交通环境监测科研任务和技术改造；

（五）开展环境监测技术咨询服务。

第十五条　从事交通运输行业环境监测工作的各级监测机构，应当具备交通运输部规定的、与所从事的环境监测工作相适应的能力和条件。监测人员应通过行业一级环境监测站组织的上岗技术培训，持证上岗开展工作。

交通运输部规定的环境监测机构能力和条件另行制定。

第十六条　从事交通运输行业环境监测的机构，必须建立完善的环境监测质量管理体系，监测工作应符合环境保护主管部门和交通运输部颁布的环境监测标准和技术规范，并对监测信息的准确性和真实性负责。

第十七条　交通运输行业各级环境监测机构应提出所辖区域的环境监测规划和计

划，报同级交通主管部门备案。

第十八条　交通运输行业环境监测网的成员单位可参加当地环境保护行政主管部门组织的环境监测网和其他专业监测网。环境监测网各成员单位之间是业务协作关系，其行政隶属关系不变，业务上接受上一级环境监测机构指导。

第十九条　交通运输部设置的交通环境保护主管机构定期召开交通运输行业环境监测工作会议，共同研究交通环境监测工作的规划和发展事宜，表彰环境监测工作先进单位和个人。

第四章　监测数据和监测报告

第二十条　各省、自治区、直辖市交通主管部门、航务管理部门、海事管理部门、沿海及内河主要港口行政管理部门、航道建设和管理部门应当建立所辖区域的交通环境监测数据库，定期按规定的内容及格式，向交通运输部设置的交通环境保护主管机构报送环境监测报表或报告，并同时抄送行业环境监测一级站。交通企事业单位设置的环境监测站应定期向相应的行业环境监测中心站报送环境监测报表或报告。

第二十一条　环境监测数据和监测报告实行年报制度，上报时间为次年二月底前，重大污染事故的监测数据应随时上报。

第二十二条　环境监测报告的主要内容包括：监测工作规划与年度计划、监测数据和资料、污染源监测、污染状况及趋势、污染事故及影响、年度工作总结以及主管部门和上一级环境监测机构规定的工作内容。

第二十三条　行业环境监测一级站根据上报的环境监测数据和监测报告，编写交通运输行业公路水路环境质量年报和监测工作年度计划。年报的主要内容应包括：当年环境监测工作概况、环境质量和污染物排放状况、主要结论及综合工作建议等。

全国交通运输行业环境监测年报和年度计划由交通运输部审查并发布。

第五章　奖励与处罚

第二十四条　对完成环境监测工作业绩突出、对环境管理服务成效显著或为环境监测事业的发展有重大贡献的单位和个人，由上级行业主管部门给予奖励。

第二十五条　对无故不上报监测数据和资料，不按规定开展监测工作，在监测工作中弄虚作假，未经行业主管部门同意擅自对外提供监测数据的，按有关规定处理。对提供虚假的环境监测数据与资料，导致不良后果的，应依法承担相应的法律责任。

第六章　附则

第二十六条　交通运输部设置的交通环境保护主管机构可根据本办法制定环境监测实施细则。

第二十七条　本办法由交通运输部负责解释。

交通运输部关于印发资源节约型环境友好型公路水路交通发展政策的通知

交科教发 ［2009］ 80号

各省、自治区、直辖市、新疆生产建设兵团、计划单列市交通厅（局、委），有关港口管理局、中央管理的交通企业，大型港口集团，有关科研院所、高等院校，部属各单位：

为深入贯彻落实科学发展观，指导公路水路交通行业调整产业结构、转变发展方式，走资源节约、环境友好的发展道路，不断提高“三个服务”的能力和水平，推进现代交通运输业发展，部研究制定了《资源节约型环境友好型公路水路交通发展政策》，现印发给你们，请认真学习并组织好贯彻和实施工作。

交通运输部

二〇〇九年二月二十六日

资源节约型环境友好型公路水路交通发展政策

前　言

节约资源、保护环境是我国的基本国策。党的十七大明确指出，“必须把建设资源节约型、环境友好型社会放在工业化、现代化发展战略的突出位置”，对资源节约和环境保护提出了更高的要求。

交通运输是建设资源节约型、环境友好型社会的重要领域，节约资源、保护环境是发展现代交通运输业的重要内容。推进现代交通运输业的发展，关键是转变发展方式，走资源节约、环境友好的发展道路。为此，交通运输部组织制定《资源节约型、环境友好型公路水路交通发展政策》，明确到2020年资源节约型、环境友好型公路水路交通发展的指导思想、基本方针及主要政策，以指导公路水路交通转变发展方式，加快推进现代交通运输业发展，不断提高“三个服务”的能力和水平，为经济社会又好又快发展提供更加有力的交通运输保障。

一、资源节约型、环境友好型公路水路交通发展的使命

1. 当前我国正处于改革发展的关键时期，工业化、信息化、城镇化、市场化、国际化深入发展，国民经济较快增长，人民生活水平逐步改善，综合国力显著增强，但资源短缺和环境恶化的压力不断加大，可持续发展面临严峻挑战，必须加快调整经济结构，

转变发展方式，建设资源节约型和环境友好型社会，促进经济社会全面协调可持续发展。

2.公路水路交通是国民经济和社会发展的基础性、先导性产业和服务性行业。改革开放以来，我国公路水路交通取得了历史性巨大成就。到2008年底，全国公路总里程达368.4万公里（含村道168.9万公里），高速公路达6.03万公里；全国港口生产用码头泊位3.65万个，其中万吨级及以上泊位1480个；内河通航里程12.3万公里，其中四级及以上航道里程为1.6万公里；全社会公路水路完成旅客周转量12711亿人公里、货物周转量78217亿吨公里；沿海港口完成货物吞吐量44亿吨，完成集装箱吞吐量1.28亿标准箱。公路水路交通的快速发展，有力地支撑了我国经济社会的发展。

3.交通运输业是建设资源节约型、环境友好型社会的重要领域。公路水路交通发展过程中，在节约资源、保护环境方面取得了显著成效。“十五”以来，全国公路单位运输周转量用地面积降低了30%左右，港口单位长度生产用泊位完成的货物吞吐量提高了1倍左右，营运车船能源利用效率持续改善，船舶重大污染防控体系初步建立，节约资源、保护环境在行业战略规划、政策法规、标准规范、科技创新中得到更加充分的体现。新时期新阶段，经济社会发展对交通运输提出了新的更高要求，节约资源、保护环境是转变公路水路交通发展方式的重要内容，任务十分艰巨。

4.为满足经济社会发展需要，必须大力推进现代交通运输业的发展。到2020年，全国公路总里程将达到300万公里以上（不含村道），其中高速公路10万公里左右；沿海港口货物吞吐能力达到65亿吨以上，其中集装箱吞吐能力达到2.4亿标准箱；内河航道里程达到13万公里，其中四级及以上等级航道1.9万公里。交通建设与发展必须正确把握规模与结构、速度与质量的关系，将资源节约、环境友好作为加快发展现代交通运输业的切入点，构建一个更安全、更通畅、更便捷、更经济、更可靠、更和谐的现代交通运输系统，使经济社会运行更加高效，交通与环境更加友好，运输服务更加优质，这是交通运输行业的共同愿景，也是资源节约型、环境友好型公路水路交通发展的使命。

二、资源节约型、环境友好型公路水路交通发展方式

5.资源节约型、环境友好型公路水路交通发展方式就是按照科学发展观的要求，充分考虑资源环境承载力，优化产业结构、提高发展质量、集约节约利用资源、发展绿色交通、推动安全发展，实现交通运输与经济社会协调、与自然环境和谐发展。

6.资源节约型、环境友好型公路水路交通发展的指导思想是，以科学发展观为统领，深入贯彻落实节约资源和保护环境的基本国策，树立以人为本、好中求快、协调发展、可持续发展的理念，以转变发展方式为主题，以集约节约利用资源、保护生态环境为主线，大力发展现代交通运输业，努力做好“三个服务”[(1)]，实现交通运输科学发展。

7.资源节约型、环境友好型公路水路交通发展的基本方针是：

——坚持发展速度和结构质量效益相统一。把发展作为第一要务，在节约资源、保护环境的前提下，保持合理的发展规模和速度，优化交通运输结构，更加注重质量和效

益，不断提高供给能力和服务水平。

——坚持将节约资源与保护环境贯穿于公路水路交通发展的全过程。在规划、设计、施工、运营、养护、管理和服务等各个环节，集约节约利用资源，促进资源循环利用，大力推进节能减排，有效保护和改善生态环境。

——坚持政府引导和市场调节相结合。强化政府规划、政策的指导，发挥市场机制的有效作用，综合运用经济、法律和必要的行政手段，规范和引导公路水路交通资源利用和环境保护。

——坚持发挥科技创新的引领作用。加强资源节约、环境保护技术的创新，加快科技成果的推广和转化，提高从业人员节约资源、保护环境的意识和能力，充分发挥科技和人才的支撑保障作用。

8.资源节约型、环境友好型公路水路交通发展的政策目标是，指导公路水路交通加快转变发展方式，明确优化交通运输结构和提高质量效率的方向和重点，鼓励和倡导集约发展、绿色发展和安全发展，强化科技创新，完善公共服务，规范和引导行业集约节约利用资源、保护改善生态环境，提高资源利用效率和环境保护水平。

9.按照国家建设资源节约型、环境友好型社会的总体要求，结合交通运输发展的特点，到2020年资源节约型、环境友好型公路水路交通发展的主要指标（与2005年相比）是：

——公路单位运输周转量用地面积下降25%左右，港口单位长度生产用泊位完成的货物吞吐量提高50%左右，土地和岸线资源集约利用取得显著成效。

——营运客车、营运货车单位运输周转量能耗分别下降5%和16%左右，海洋和内河营运船舶单位运输周转量能耗均下降20%左右，港口生产单位吞吐量综合能耗下降10%左右，能源利用效率显著提高。

——营运车辆主要污染物排放总量减少30%、单位运输周转量主要污染物排放量减少50%，港口粉尘综合防治率达到70%，港口污水综合处理率达到100%，内河水域、重点海域的船舶污水接收处理率和船舶垃圾接收处理率均达到100%，主要污染物排放量显著下降。

三、资源节约型、环境友好型公路水路交通发展的主要政策

（一）加快产业结构调整。

10.调整公路交通基础设施结构。加强公路网络化建设，优化网络功能结构与布局，继续推进国家高速公路网建设，加大国省干线公路升级改造和养护管理力度，加快农村公路建设，强化连接线、断头路等薄弱环节建设，充分发挥公路网络效益。优化公路运输枢纽布局，加快国家公路运输枢纽体系建设，提高枢纽站场的服务覆盖面。加快县级汽车客运站和农村客运设施建设。加快建设主要港口的疏港公路通道，完善港口特别是集装箱干线港的集疏运体系。

11.调整水路交通基础设施结构。充分发挥水路运输运能大、占地少、能耗低、污染小的比较优势，大力发展水路运输。促进沿海港口资源整合，统筹区域港口群协调发展，拓展港口服务功能，进一步完善专业化码头设施。大力发展公用码头，加强老港区

功能调整和技术改造。进一步提高港口航道等级和通航能力，以适应船舶大型化趋势。大力发展内河水运，建设以高等级航道为主体的干支直达、通江达海的内河航道体系，加快发展长江黄金水道，加快航电结合、梯级开发进程，建设布局合理、功能完善的内河港口体系。

12.调整道路运输业结构。鼓励道路运输企业发挥自身优势，发展快件运输、冷藏运输等有特色、专业化的运输服务，拓展在供应链中的服务功能，积极发展第三方物流。强化快速客运，完善干线客运，加快农村客运，积极发展旅游客运、包车客运等客运服务形式，满足多层次、多样化的旅客运输需要。继续实施对客车实载率低于70%的线路不投放新运力的道路客运市场调控政策。鼓励按照市场规律整合资源，形成竞争力强、质量信誉好的道路运输骨干企业。推动营运车辆向大型化、专业化、清洁化方向发展，鼓励使用集装箱车、厢式货车、专用运输车和多轴大吨位货车、拖挂车等。继续推进营运客车等级评定制度和货运汽车推荐车型制度，推广应用先进成熟的节油型车辆，实施《道路运输车辆消耗量监测监督管理办法》，加大高耗油老旧运输车辆淘汰力度。

13.调整水路运输业结构。大力发展现代海运服务业，提高海运服务贸易能力，拓展国际物流业务，增强国际竞争力。拓展水上客运服务功能，发展水上旅游客运及相关服务业。进一步引导港航企业规模化发展、集约化经营。鼓励船舶专业化和大型化，加快干散货、原油、液化天然气、集装箱等专业化大型船队的发展，明显提高海运船队技术水平。大力推进内河船型标准化，积极发展商品汽车、散装水泥、化学品和内河集装箱支线运输等特种运输船舶。加速淘汰能耗高、防污染性能差的落后、老旧船舶。

14.促进综合运输体系建设。按照“宜水则水、宜陆则陆”的原则，优化交通运输资源配置，加强运输通道和综合交通枢纽建设，大力发展多式联运，加快形成便捷、通畅、高效、安全的综合运输体系。在规划、政策、法规和标准等方面，积极促进公路、水路、铁路、民航、邮政和城市交通等的有机衔接。加快建设中心城市综合交通枢纽以及服务于重点枢纽港口、重点物流基地（中心）、综合客运枢纽的集疏运配套设施，促进货运的无缝衔接和客运的零换乘。

（二）提高交通发展质量。

15.提升基础设施质量和效率。推行全寿命周期成本的设计理念，提高工程结构的耐久性、安全性和防灾减灾能力。建立工程质量信息统计分析制度和大型基础设施风险评估机制，加强工程建设管理，落实工程质量责任制，保证合理工期，强化质量监督。鼓励养护管理机制创新，大力推行预防性养护，加强基础设施的病害诊断与处理，保障基础设施的有效使用。加强对基础设施建设中主要产品和材料的质量监督，鼓励使用节能环保的新技术、新材料、新产品和新设备。大力推进基础设施的智能化进程，积极开展高速公路跨区域联网收费、不停车收费，加快数字航道、智能化航运建设，提高基础设施使用效率、运营效能和现代化水平。

16.提升运输服务质量和效率。建立统一开放、公平竞争、规范有序的运输市场，提高运输效率和服务水平。进一步发挥港口、站场在物流中的结点作用，强化交通运输在供应链中的服务功能。促进农村物流配送体系建设，完善物流服务网络。规范货运代理等中介服务行为，鼓励货运代理网络化发展。完善费收等政策，积极推进甩挂运输发展。大力发展公共客运服务体系，重点改善客运服务质量，以多样化、高品质的运输服务引导出行者选择使用公共交通方式。加强城市公共交通与农村公路客运的有效衔接，加快推进城乡客运交通一体化，加大对农村公路客运的政策支持，加强农村客运网络化建设。完善公路服务区维修网点布局，推进机动车维修救援网络建设，为道路运输优质服务提供保障。

（三）集约节约利用资源。

17.集约节约利用土地资源。严格落实耕地保护政策，按照统筹规划、合理布局、集约高效的要求，促进各种运输方式基础设施的衔接，统筹综合运输通道线位资源和运输枢纽资源的合理使用、综合利用，科学安排建设时序和时机，加强综合交通网络建设。加强与土地利用总体规划和年度用地计划的衔接，确保《全国土地利用总体规划》提出的2006—2020年新增公路用地145万公顷（其中农村公路用地30万公顷）、新增港口码头用地3万公顷目标的实现。严格项目用地审查，合理确定建设规模、技术标准，公路建设项目设计、施工和建设用地审批必须严格执行用地标准，把节约土地特别是耕地作为方案选择的重要指标。大力推广节地技术，优化工程建设方案，高效利用线位资源，鼓励利用旧路改扩建，因地制宜地采取降低路基高度、提高桥隧比例等措施，控制公路基础设施工程用地和取弃土用地，提高土地资源综合利用效率。尽量利用荒山、荒地、废弃地，减少占用耕地、林地和经济作物用地，重视对施工临时用地和取弃土场的恢复，鼓励工程建设中采取改地、造地、复垦等措施，节约利用土地资源。

18.节约使用集约利用港口岸线资源。坚持统筹规划、远近结合、深水深用、合理开发、有效保护，保障港口岸线资源合理、有序开放利用。完善港口岸线使用的法规制度，规范行政许可和开放利用行为。鼓励通过提高等级、改进工艺、更新设备、扩大陆域、完善配套等方式，加强老港区技术改造工作，提高老港区生产能力、技术水平，发展集约化、专业化、现代化港区，提高老港区岸线资源利用效率。

19.节约和有效利用能源。进一步完善交通运输节能法规制度，加强行业节能监督管理。完善并严格执行交通运输固定资产投资项目节能评估与审查制度，制定节能评估导则和审查指南，将节能要求作为项目立项、初步设计、施工及验收审批中的刚性指标。制定并实施营运车船的燃料消耗量限值标准，建立和完善营运车船燃料消耗准入和退出机制，限制高耗能车船进入运输市场。加强对营运车船燃料消耗的监测与管理，淘汰高耗能的设施和装备，加快高油耗营运车辆退出道路营运市场进度，力争到2013年底前使在用营运车辆全部符合营运车辆燃料消耗量限值标准。建立港口主要耗能设备的行业准入制度，对重点耗能装置建立并实施严格的监控制度。强化对交通运输重点用能单位的监督管理，做好能耗考核分析，改进用能管理和技术。健全行业能源利用监测体系，完善行业能源消耗统计报告和分析制度。

20.发展交通运输循环经济。遵循“减量化、再利用、资源化”原则，积极探索交通运输循环经济实现方式，完善标准规范，倡导标准化设计、工厂化预制，提高再利用水平。加强港口、公路服务区等生产、生活污水综合处理能力，加大中水回用力度。大力开展路面材料、废旧材料、疏浚土等资源的再生、循环和综合利用，实现对资源的少用、用好、循环用。

（四）大力发展绿色交通。

21.加强建设工程的生态环境保护。树立“最大限度地保护生态、最小程度地破坏生态、最大限度地恢复生态，不破坏是最好的保护”等理念。严格执行建设项目环境影响评价制度和“三同时”制度，公路选线、港口选址尽可能避绕环境脆弱或敏感地区，减少对自然环境的不利影响。公路建设合理掌握平纵面指标，尽量拟合原地形，合理控制边坡高度，减少深挖高填，采取有效的水土保持措施，减少取弃土场、施工营地、施工便道等对生态环境的影响。港航工程建设要避免或减少对水生动植物生存环境的改变、破坏及对海岸的非正常侵蚀，严格疏浚土的处置，加强对废弃渣土、物料等建筑垃圾的收集、运输、消纳和处理。建设项目工程费用预算中应保证生态恢复所必需的费用，并确保其有效使用。大力推进基础设施建设的生态恢复，实现工程防护、景观塑造和环境保护的统一。

22.大力减少车船污染排放。严格执行车船排放标准，控制和减少营运车辆、船舶的污染排放。强化对营运车船定期检查维修和监督检查，禁止超标排放。制定并实施船舶污染治理技术政策和治理规划，船舶强制要求安装污水处理设施和垃圾回收设施。对适用船舶的排污设备实施铅封管理，实现禁排；对非铅封船舶实行监督管理，实现限排。对船舶垃圾实施强制排岸接收处理，特别是在内河、湖泊、水库配备油污水收集船、建设垃圾回收站等配套设施，严禁船舶直接向江河湖海倾倒排放生活垃圾。

23.提高船舶溢油防控能力。严格执行油船建造检验规范，加快淘汰不符合要求的老旧油船，降低船舶溢油事故污染风险。建立跨部门的船舶与重点水域溢油监测与应急反应体系，制定和落实溢油应急计划和预案，提高溢油事故快速反应和处置能力。加快建立船舶油污损害民事责任强制保险和油污损害赔偿基金制度，为溢油污染处置提供资金保障。鼓励社会力量积极参与防范和溢油污染事故处置。

24.提高港口防污染处置能力。港口、码头所在地港口行政管理部门应按照规定配置足够的船舶废弃物接收设施，建设船舶油类、化学品、垃圾、生活污水回收、转运设施，配置船舶压舱水、洗舱水和生活污水接收处理设施，未纳入城市垃圾处理系统的港口应设置垃圾处理站。将港口和船舶污水、垃圾处理设施建设纳入城市污水、垃圾处理设施建设规划。港口要积极采用密封输送、抑尘、防尘等污染防治措施，有效降低有毒有害气体和粉尘的污染。

（五）实现交通安全发展。

25.提高水上交通安全和人命救助水平。加强海事监管、专业救助装备和队伍建设，以我国沿海和长江干线水域为重点，基本建立全方位覆盖、全天候运行、具备快速反应能力的现代化水上交通安全监管和救助体系。加大水上交通安全综合治理力度，形成权责明确、保障有力的综合监管机制。强化航运企业安全管理体系审核管理，加强船员、船舶和船公司的准入管理，严格执行船舶技术和船龄标准，继续实施船舶强制报废制度。加强以“四客一危”(2)、“四区一线”(3) 及乡镇船舶和游艇等为重点的安全管理。重点加强港口滚装码头、危险品码头的安全管理，完善滚装码头载货汽车危险品等检测手段，加强港口危险货物运输企业和人员的准入和安全监督管理，鼓励港口企业建立健全安全健康环保管理体系。加强港口和船舶保安体系建设。

26.提高道路运输安全水平。认真落实好“三关一监督”[(4)]的管理职责，推动道路运输企业提高自身安全管理水平，鼓励采用现代科技手段，加强道路运输安全管理。严格危险货物运输从业人员资格管理，危险货物运输车辆应规范标志标识、安装定位装置和行驶记录仪，推行安全卡制度。严格执行《道路车辆外廓尺寸、轴荷及质量限值》和《营运车辆综合性能要求和检验方法》等强制性国家标准，加强营运车辆技术状况管理。强化车辆超限超载治理，在运输市场准入、货物装载等环节上严格把关。加强汽车客运站安全管理和农村客运安全管理。

27.提高交通运输设施安全水平。严格按照国家及行业有关法律法规和标准规范的要求，加强交通基础设施建设安全监督管理，安全设施必须与主体工程同时设计、同时施工、同时投产使用。继续推进公路安保工程建设，大力加强危桥改造，强化隧道建设与运营安全管理，特别是特大型桥隧工程的安全运营监控，加强桥梁的防撞设施建设。深入开展建设工程安全评价、通航环境安全评估等工作，将识别、查找危险源或安全隐患制度化，发现问题及时采取有效的预防、整改措施，避免、减少事故发生。

28.提高交通运输应急保障能力。完善公路水路交通突发事件应急体系，加快交通运输应急队伍和应急平台建设，提高应对突发事件的能力。港口、航运、道路运输以及施工等企业，应建立突发事件应急预案体系。在全行业形成种类齐全、覆盖全面，具有较强针对性、操作性、实用性的应急预案体系。重点加强各层面、各部门应急预案的有效衔接。有针对性地开展预案演练，促进相关单位协调配合和落实责任。

（六）强化交通科技创新。

29.加强交通科技创新能力建设。政府积极引导，推进以市场为导向、以企业为主体、产学研相结合的行业科技创新体系建设。加强重点实验室建设，鼓励大型企业建立技术研发中心，引导建立专业特色明显的行业研发中心。加强交通科技信息资源共享平台建设，促进交通科技信息资源集成共享，提供数字化、智能化交通科技信息服务。加强科技人才队伍建设，加大对高水平研发人才、高技能人才和高层次管理人才的引进和培养，培育数量充足、结构合理、素质优良、勇于创新的科技人才队伍，形成比较完整的科研梯队。提高交通从业人员素质，推进职业资格制度与从业准入制度建设。开展资源节约、环境保护等方面的科普活动。

30.大力推进行业重大关键技术研发。针对全局性、方向性、综合性的关键技术问题，大力推进交通科技自主创新，鼓励原始创新，强化集成创新和引进消化吸收再创新。在基础设施建设中实现重大工程的技术突破，在运输服务领域加大现代信息技术、管理技术等的集成应用，更加重视决策支持、智能交通、现代物流、交通安全、资源节约、环境保护、防灾减灾等方面的技术研发，强化基础性研究，攻克关键性技术，突破牵动性技术，普及应用型技术，促进高新技术在交通运输领域的应用。

31.加强先进适用技术研发应用。大力研发应用资源节约与循环利用技术，鼓励因地制宜、就地取材，选用适宜地方特点的工程材料和结构形式，加强运输车辆、船舶节能减排技术的研发和应用，鼓励使用清洁能源。大力研发应用生态环境保护技术，积极研发应用溢油监视、鉴别、处理、生态评价技术和船舶防污染技术。积极研发应用防灾减灾、风险源辨识监控预警等交通安全新技术。

32. 加快现代信息技术研发应用。大力推进行业信息化建设，鼓励交通运输企业利用现代信息技术提升企业核心竞争力。综合开发利用行业信息资源，建立资源共享的政府公共信息服务平台和管理信息平台，完善公众出行信息服务系统，建立物流信息服务网络，为公众出行和货物运输提供及时、准确、高效的交通信息。推广高速公路不停车收费（ETC）系统，研发应用营运车辆的卫星监控和实时跟踪系统，建立全国道路运输车辆、营运驾驶员和经营业户数据库，加快交通电子口岸共享信息平台建设，研究推进内河航运综合信息服务建设，加强行业信用信息系统建设。

33. 强化科技成果推广和转化。积极采用新技术、新材料、新工艺、新装备，鼓励使用创新成果，建立和完善科技成果推广应用的有效机制，促进科技成果的产业化发展。大力实施科技成果推广示范工程，加快资源节约、环境保护、节能减排等技术的示范和推广，通过培训使从业人员掌握节约资源、保护环境的新技术、新方法。鼓励把先进、适用的科技成果及时纳入标准规范，或通过发布技术指南的方式予以应用。政府采购应优先购买我国自主创新的产品或服务。

34. 加强行业标准规范制修订。进一步完善交通技术标准规范体系，强化安全标准和运输服务标准，加强资源利用、环境保护、节能减排等标准建设。建立开放、及时的标准制修订机制，积极引进、消化和吸收国外先进标准，加快标准规范的更新。优先采用具有自主知识产权的标准，及时淘汰落后标准，支持企业、社会组织参与制订标准规范。鼓励结合地区特点制定地方标准。

（七）提升公共服务能力。

35. 发挥规划和政策的指导作用。完善和健全交通运输发展战略规划政策体系，更加关注资源节约、环境保护、安全保障的要求，强化节能减排、环境保护等专项规划与相关政策，加强相关规划的衔接和协调。建立健全重大决策的专家咨询、社会公示、听证和信息公开等制度，提高决策的透明度和公众参与度，实现决策的科学化、民主化。

36. 发挥政府资金的引导作用。积极调整交通运输投资结构，加大对资源节约、环境保护、安全保障、科技创新等公益性领域的资金投入，为集约节约利用资源、保护生态环境、加强节能减排、发展循环经济以及开展相关示范工程等提供资金支持。积极推进交通预算项目绩效考评工作，不断改进项目管理和预算资金管理，提升资金的使用效率和效益。

37. 提高行政管理水平。加快建设和完善与资源节约、环境保护法律制度和标准体系。加强行政执法部门建设，把交通安全、节能减排和环境保护作为行业监管的重点，加大监督和综合执法力度。建立行业节能减排长效机制和产品认证制度。建立健全安全生产、节能减排、环境保护等的目标责任制，把资源节约、环境保护等要求纳入各级交通运输主管部门的绩效考核体系。推行政务公开，发展电子政务，强化公众信息服务，全面提升管理效能。

38. 倡导资源节约、环境友好的交通消费方式。树立绿色交通消费理念，建立资源节约、环境保护的激励机制，开展资源节约型和环境友好型行业建设，大力推动节能减排工作。加强对社会公众的引导，提倡资源节约、环境友好的出行方式，鼓励选择公共交通出行和使用节能环保型交通运输工具，加大宣传教育力度，使资源节约、环境保护成为全行业和社会公众的自觉行动。

【术语解释】

（1）“三个服务”：是指交通运输发展要服务于国民经济和社会发展全局、服务于社会主义新农村建设、服务于人民群众安全便捷出行。

（2）“四客一危”：“四客一危”船舶是指：客船、客滚船、客渡船、高速客船和危险品船舶。

（3）“四区一线”：“四区一线”水域范围是指渤海湾水域、舟山群岛海域、琼州海峡水域和西南山区的内河水域以及长江干线水域。

（4）“三关一监督”：是指把好运输企业市场准入关、车辆技术状况关、驾驶人员从业素质关，加强客运站场的监督。

环境保护部
关于加强储油库、加油站和油罐车
油气污染治理工作的通知

环办 [2012] 140号

各省、自治区、直辖市环境保护厅（局）、新疆生产建设兵团环境保护局，解放军环境保护局，各副省级城市环境保护局，中国石油天然气集团公司、中国石油化工集团公司、中国海洋石油总公司：

为贯彻落实国务院批复的《重点区域大气污染防治“十二五”规划》，推进油气污染防治工作，强化储油库、加油站和油罐车污染排放的监督管理，现就有关事项通知如下：

一、充分认识加强油气污染防治工作的重要意义

目前，全国已建成储油库1500多座，加油站9万多个，油罐车约2万辆，每年在储存、运输和销售过程中排放油气污染物超过60万吨。油气污染物主要由碳氢等挥发性有机物组成，许多成分具有致癌作用，并且在空气中会转化生成臭氧（O_3）和细颗粒物（$PM_{2.5}$），是造成光化学烟雾、灰霾等大气污染问题的重要原因。同时，油气污染物属于易燃易爆气体，遇火极易发生爆炸或火灾事故。通过油气污染治理，可以将油气进行回收和集中处理，进一步转变为汽油，有利于节约资源和保护环境。北京奥运会、上海世博会、广州亚运会期间环境空气质量保障工作的成功经验表明，开展油气污染治理工作具有良好的环境效益、社会效益和经济效益。各级环保部门要切实提高认识，采取有效措施，督促相关企业履行治污责任，加强环保监管和部门协作，深入推进油气污染治理工作。

二、工作依据和目标任务

（一）工作依据。根据《中华人民共和国大气污染防治法》和《储油库大气污染物排放标准》（GB 20950—2007）、《加油站大气污染物排放标准》（GB 20952—2007）、《汽油运输大气污染物排放标准》（GB 20951—2007）等三项强制性排放标准的规定，储油库、加油站和油罐车应控制油气污染排放，确保稳定达到排放标准要求。

（二）目标任务。按照国务院批复的《重点区域大气污染防治“十二五”规划》要求，列入大气污染防治“重点控制区”的地区（具体名单见附件1），应于2013年年底前完成储油库、加油站和油罐车油气污染治理工作；全国其他地区应于2015年1月1日前完成油气污染治理工作。大气污染严重的地区可根据本地实际，提前完成油气污染治理任务。

三、全面推进油气污染治理工作

（一）强化油气污染治理主体责任。储油库、加油站和油罐车的业主单位作为油气污染治理的责任主体，应切实履行环保法规和标准要求，制定油气回收改造计划，实施污染治理工作。涉及安全、消防、计量管理方面的，应满足国家现行有关法律法规的规定。

（二）开展排放情况摸底调查。各地环保部门要对辖区内油气污染排放情况进行彻底调查，摸清有关储油库、加油站和油罐车的数量、规模、位置、污染治理情况等基础信息。各省（区、市）环保部门应按附件 2 样式建立环保管理台账。

（三）加大污染治理督办力度。各省（区、市）环保部门应组织制定本地区油气污染治理工作方案，积极督促业主单位实施污染治理。对未按要求落实油气污染治理工作的，要采取挂牌督办、限期治理等措施，并将相关情况抄送同级商务、交通运输等主管部门。

（四）规范环保达标验收工作。完成油气污染治理的业主单位，应当向当地环保部门提出环保达标验收申请。地方环保部门要依据《储油库、加油站大气污染治理项目验收技术规范》（HJ/T 431—2008）和相关技术要求，及时组织环保达标排放验收。

（五）推进在线监测系统建设。大气臭氧浓度超过环境空气质量标准的城市，应对年销售汽油量大于 5000 吨的加油站安装油气排放在线监测系统；其他城市应对年销售汽油量大于 8000 吨的加油站安装油气排放在线监测系统。各省（区、市）环保部门应研究确定并公布需要加装在线监测系统的加油站及储油库名单。

四、进一步完善油气污染治理政策措施

（一）严格环境准入管理。对新建、改建、扩建储油库和加油站未按要求落实油气污染治理的，环保部门不予通过其建设项目环境影响评价审批和环保“三同时”竣工验收。对于已建成储油库、加油站未配套油气污染治理设施的，环保部门要分期分批下达限期治理通知书。

（二）加强环保日常监管。对已完成油气污染治理的储油库、加油车和油罐车，各级环保部门要加大油气污染治理设施的运行监管力度，采取定期检查和现场抽查方式，积极督促业主单位做好日常维护，并严肃查处各类违法违规排放行为。鼓励有条件的地区探索有机烃类气体排污许可管理等工作。

（三）加强信息公开工作。各级环保部门要充分发挥报刊、广播、电视、网站等媒体作用，定期公布油气污染治理工作进展，公开环境保护政策措施相关要求，发布违法排放油气污染物企业名单，把储油库、加油站和油罐车油气污染治理工作置于社会各界和广大群众的有效监督之下。

（四）建立工作调度制度。各级环保部门应及时调度油气污染治理工作进度，指派专人负责该项工作。我部将结合《重点区域大气污染防治“十二五”规划》实施评估考核工作，对各地油气污染治理工作进展情况进行定期检查并适时通报。

各省（区、市）环保部门应于 2013 年 1 月 30 日前将本地区油气污染治理工作方案

（大纲见附件 3）及联络人员名单报送我部备案。

附件：

1.《重点区域大气污染防治“十二五”规划》中重点控制区划定名单（略）

2. 油气污染治理工作管理台账（略）

3. 油气污染治理工作方案大纲（略）

环境保护部办公厅

2012 年 11 月 19 日

交通运输部关于印发《加快推进绿色循环低碳交通运输发展指导意见》的通知

交政法发［2013］323号

各省、自治区、直辖市、新疆生产建设兵团交通运输厅（局、委），天津市、上海市交通运输和港口管理局，天津市市政公路管理局，部属各单位，部内各单位，部管各社团，有关交通运输企业：

为贯彻落实党的十八大关于加强生态文明建设和“五位一体”总体布局的要求，以科学发展为主题、以转变发展方式为主线，大力推进低碳交通运输体系建设，努力建设资源节约型、环境友好型交通运输行业，促进交通运输绿色发展、循环发展、低碳发展，经部务会议讨论通过，现将《加快推进绿色循环低碳交通运输发展指导意见》印发给你们，请各地区、各部门结合实际制定具体实施方案，贯彻落实。

交通运输部

2013年5月22日

加快推进绿色循环低碳交通运输发展指导意见

交通运输是国民经济和社会发展的基础性、先导性和服务性行业，也是国家节能减排和应对气候变化的重点领域之一。为全面落实党的十八大提出全面建成小康社会的宏伟目标和“五位一体”的总体布局，加快推进绿色循环低碳交通运输发展，特提出以下指导意见：

一、总体要求

1.指导思想。

深入贯彻落实党的十八大精神，按照建设“五位一体”总体布局的要求，以科学发展观为指导，以节约资源、提高能效、控制排放、保护环境为目标，以加快推进绿色循环低碳交通基础设施建设、节能环保运输装备应用、集约高效运输组织体系建设、科技创新与信息化建设、行业监管能力提升为主要任务，以试点示范和专项行动为主要推进方式，将生态文明建设融入交通运输发展的各方面和全过程，加快建成资源节约型、环境友好型交通运输行业，实现交通运输绿色发展、循环发展、低碳发展。

2.基本原则。

——政府主导，合力推动。积极争取各级政府支持，主动加强与相关政府部门的协调，发挥政策叠加优势，突出政府主导作用。同时，充分发挥市场调节作用、企业主体作用和行业协会作用，引导社会公众广泛参与，形成政府、企业和公众共同参与的协同推进机制。

——优化结构，创新管理。在继续加强绿色循环低碳技术研发和推广应用的基础上，更加注重优化交通基础设施结构、运输装备结构、运输组织结构和能源消费结构，更加注重提升行业监管能力和企业组织管理水平，充分挖掘结构性和管理性绿色循环低碳发展潜力。

——法规约束，强化责任。积极推进绿色循环低碳交通运输法律法规和标准体系建设，着力改善法制环境，建立健全目标责任制和考核评价制度，加强监督检查，加大奖惩力度，增强绿色循环低碳发展的目标责任与制度约束。

——试点示范，典型引路。建立部省共同推进绿色循环低碳交通运输发展新机制，推进区域性和主题性试点，深化绿色循环低碳交通运输专项行动，树立行业典型，以点带面，推动全行业绿色循环低碳发展。

3. 发展目标。

到 2020 年，在保障实现国务院确定的单位 GDP 碳排放目标的前提下，全行业绿色循环低碳发展意识明显增强，节能减排体制机制更加完善，科技创新驱动能力明显提高，监管水平明显提升，行业能源和资源利用效率明显提高，控制温室气体排放取得明显成效，适应气候变化能力明显增强，生态保护得到全面落实，环境污染得到有效控制，基本建成绿色循环低碳交通运输体系。

——基本完善交通运输行业绿色循环低碳发展的法规政策和标准。

——基本建成行业能源消耗监测考核体系。

——基本达到战略规划中确定的各种运输方式能源单耗和碳排放强度指标。

——基本实现各种运输方式的生态环境保护和污染治理的主要指标。

二、主要任务

（一）强化交通基础设施建设的绿色循环低碳要求。

4. 实现交通基础设施畅通成网、无缝衔接。

继续按照综合交通运输体系发展战略规划要求，补齐发展短板，发挥比较优势，实现相互衔接、畅通成网，推进各种运输方式协调发展，凸显整体优势和集约效能。加强综合交通枢纽及其集疏运配套设施建设，实现客运“零距离换乘”和货运“无缝衔接”。推动以公共交通为导向的城市发展模式，加快城市轨道交通、公交专用道、快速公交系统（BRT）等大容量公共交通基础设施建设，加强自行车专用道和行人步道等城市慢行系统建设，增强绿色出行吸引力。

5. 加强能源节约利用。

树立全寿命周期成本理念，将节约能源资源要求贯彻到交通基础设施规划、设计、施工、运营、养护和管理全过程。在项目立项、初步设计、施工及验收各阶段，认真贯彻国家关于固定资产投资项目的节能要求。在交通基础设施建设和养护中，大力推广应用节能型建筑养护装备、材料及施工工艺工法。积极扩大绿色照明技术、用能设备能效提升技术及新能源、可再生能源在交通基础设施运营中的应用。

6. 加强土地和岸线资源集约利用。

严格建设项目用地审查，合理确定建设规模。优化设计，因地制宜采取有效措施，减少耕地占用，避让基本农田保护区。加强综合交通枢纽用地的综合立体开发。按照“统筹规划、合理布局、集约高效”的要求，节约集约利用交通通道线位资源，提高港口岸线资源利用效率。

7. 加强资源循环利用。

遵循“减量化、再利用、资源化”原则，积极探索资源回收和废弃物综合利用的有效途径。大力推广应用节水节材建设和运营工艺，实现资源的减量化。大力开展废旧材料的再生和综合利用，提高资源再利用水平。加强钢材、水泥、木材、砂石料等主要建材的循环利用，积极推进粉煤灰、煤矸石、建筑垃圾、生产生活污水等在交通基础设施建设运营中的无害化处理和综合利用。

8. 加强生态环境保护。

严格执行交通建设规划和建设项目环境影响评价、环境保护“三同时”和建设项目水土保持方案编制制度。提倡生态环保设计，严格落实环境保护、水土保持措施，加强植被保护和恢复、表土收集和利用、取弃土场和便道等临时用地生态恢复。推进绿化美化工程建设。加强施工期间环境保护工作，确保施工期间污染物排放达标。加强交通基础设施建设、养护和运营过程中的污染物处理和噪声防治。

（二）加快节能环保交通运输装备应用。

9. 优化交通运输装备结构。

提高交通运输装备、机械设备能效和碳排放标准，严格实施运输装备、机械设备能源消耗量准入制度。积极推广应用高能效、低排放的交通运输装备、机械设备，加快淘汰高能耗、高排放的老旧交通运输装备、机械设备，提高交通运输装备生产效率和整体能效水平。推动建立交通运输装备能效标识制度，鼓励购置能效等级高的交通运输装备。

10. 加快推广节能与清洁能源装备。

推进以天然气等清洁能源为燃料的运输装备和机械设备的应用，加强加气、供电等配套设施建设。积极探索生物质能在交通运输装备中的应用。推广应用混合动力交通运输装备，推进合同能源管理在用能装备和系统中的应用，采用租赁代购模式推进电池动力的交通运输装备应用。推进模拟驾驶和施工、装卸机械设备模拟操作装置应用，积极推广应用绿色维修设备及工艺。

11. 加强交通运输装备排放控制。

严格落实交通运输装备废气净化、噪声消减、污水处理、垃圾回收等装置的安装要求，有效控制排放和污染。严格执行交通运输装备排放标准和检测维护制度，加快淘汰超标排放交通运输装备。鼓励选用高品质燃料。加强交通运输污染防治和应急处置装备的统筹配置与管理使用。

（三）加快集约高效交通运输组织体系建设。

12. 优化运输结构。

按照“宜水则水、宜陆则陆、宜空则空”的原则，提高铁路、水路在综合运输中的承运比重，降低运输能耗强度。积极促进铁路、公路、水路、民航和城市交通等不同交通方式之间的高效组织和顺畅衔接，加快形成便捷、安全、经济、高效的综合运输体系。大力推进多式联运，积极发展集装箱运输。优先发展公共交通，大幅提高公共交通出行分担比例。

13. 优化客运组织。

推进客运企业之间运输组织平台建设，引导客运企业实施规模化、集约化经营，加强运输线路、班次、舱位等资源共享，推进接驳运输、滚动发班等先进客运组织方式。推广联程售票、网络订票、电话预订等方便快捷的售票方式及信息服务，提高客运实载率。

14. 加快发展绿色货运和现代物流。

充分发挥各种运输方式的比较优势，大力发展滚装运输、驮背运输等多式联运。加快发展专业化运输和第三方物流，积极引导货物运输向网络化、规模化、集约化和高效化发展，优化货运组织，提高货运实载率。加强城市物流配送体系建设，建立零担货物调配、大宗货物集散等中心，提高城市物流配送效率。依托综合交通运输体系，完善邮政和快递服务网络，提高资源整合利用效率。

15. 优化城市交通组织。

优化城市公共交通线路和站点设置，科学组织调度，逐步提高站点覆盖率、车辆准点率和乘客换乘效率，改善公共交通通达性和便捷性，提升公交服务质量和满意度，增强公交吸引力。

16. 引导公众绿色出行。

积极倡导公众采用公共交通、自行车和步行等绿色出行方式。合理布局公共自行车配置站点，方便公众使用，减少公众机动化出行。加强静态交通管理，推动实施差别化停车收费。综合运用法律、经济、行政等交通需求管理措施，加大城市交通拥堵治理力度。

（四）加快交通运输科技创新与信息化发展。

17. 加强绿色循环低碳交通运输科研基础能力建设。

加强交通运输绿色循环低碳实验室、技术研发中心、技术服务中心等技术创新和服务体系建设。强化绿色循环低碳交通人才队伍建设，打造一支数量充足、结构合理、素质优良的绿色循环低碳交通运输专业人才队伍。

18. 加强绿色循环低碳交通运输技术研发。

加快推进基于物联网的智能交通关键技术研发及应用、交通运输污染事故应急反应与污染控制的关键技术研究及示范等重大科技专项攻关，实现重大技术突破。大力推进交通运输能源资源节约、生态环境保护、新能源利用等领域关键技术、先进适用技术与产品研发。

19. 加强绿色循环低碳交通运输技术和产品推广。

加紧研究制定绿色循环低碳交通运输技术政策。及时发布绿色循环低碳交通运输技术、产品、工艺科技成果推广目录，积极推进科技成果市场化、产业化。大力推进绿色循环低碳交通运输技术、产品、工艺的标准、计量检测、认证体系建设。

20. 推进交通运输信息化和智能化建设。

推动建立各种运输方式之间的信息采集、交换和共享机制，探索建立综合运输公共信息平台。积极推进客货运输票务、单证等的联程联网系统建设，推进条码、射频、全球定位系统、行包和邮件自动分拣系统等先进技术的研发及应用。逐步建立智能交通运输网络的联网联控和自动化检测系统，提高运行效率。

（五）加快绿色循环低碳交通运输管理能力建设。

21. 完善绿色循环低碳交通运输战略规划。

研究完善绿色循环低碳交通运输发展战略。研究出台行业和企业节能减排和应对气候变化规划编制指南，建立分层级、分类别、分方式的规划体系。建立健全规划审批、报备、评估和修订制度。

22. 完善绿色循环低碳交通运输法规标准。

积极研究制定《交通运输节约能源条例》等法规及配套规定。在交通基础设施设计、施工、监理等技术规范中贯彻绿色循环低碳的要求，研究制定交通运输规划环境影响评价规范。建立健全交通运输行业重点用能装备和机械设备燃料消耗和排放限值标准及市场准入与退出机制。

23. 完善绿色循环低碳交通运输统计监测考核体系。

完善交通运输能耗统计监测报表制度，稳步推进能耗在线监测机制及数据库平台建设，加强交通环境统计平台和监测网络建设。研究开展交通运输重点用能单位的能源管理体系建设和能源审计工作，逐步建立交通运输行业能源管理师职业制度。研究建立交通运输绿色循环低碳发展指标体系、考核办法和激励约束机制。

24. 推进绿色循环低碳交通运输市场机制运用。

积极推广合同能源管理，加强培养节能环保第三方服务机构，加快培育节能环保技术服务市场。鼓励交通运输企业参与自愿减排、自愿循环。研究建立交通运输装备和产品能效及碳排放认证制度。积极推进交通运输企业参与实施清洁发展机制（CDM）项目。

25. 积极探索参与碳排放交易机制。

引导交通运输企业参与国内碳排放交易，研究编制交通运输碳排放清单和核算细则。抓紧研究应对国际碳排放交易的对策，提出交通运输排放统计、估测、报告与核查的方法学和体系。加快研究交通基础设施生态建设的碳汇能力和潜力，探索将其纳入碳排放交易的方法和模式。

三、保障措施

26. 加强组织领导。

积极推动各级政府层面设立绿色循环低碳交通运输发展领导小组，各部门、各单位应当明确相应的绿色循环低碳管理机构和专职人员。认真贯彻落实《公共机构节能条例》，做好公共机构节能。交通运输重点用能企业应有相关的责任部门和人员，负责本企业能源利用的日常管理工作。

27. 加大政策激励。

推动完善加快绿色循环低碳交通运输发展的财税、金融、土地、贸易、保险、投资、价格、科技创新等激励政策，加强政策引领。积极推动争取地方财政设立交通运输节能减排专项资金，逐步扩大专项资金规模。研究实施在工程预算或概算中，加大对生态保护、生态恢复、污染防治与节能减排的投入。加大科技资金对能源资源节约、生态保护、污染防治等领域的支持力度。

28.开展试点示范。

开展部省协同推进绿色循环低碳交通运输发展行动。深入推进重点用能企业绿色循环低碳交通运输专项行动。扎实开展绿色循环低碳交通运输科技专项行动，积极打造一批绿色循环低碳交通科技示范工程。积极开展区域性和主题性试点、生态建设和修复试点、环境监测网络试点等工作，推动全行业加快绿色循环低碳发展步伐。

29.强化考核评价。

研究制定并严格落实绿色循环低碳交通运输发展考核评价办法，对工作成效突出的地区和单位给予表彰和奖励，对工作推进缓慢的地区和单位及时进行督导。研究出台将监督检查、考核评价结果与补助资金、评优评先挂钩的办法。

30.培育绿色文化。

加大宣传教育与培训力度，将绿色循环低碳发展纳入重大主题宣传内容，结合“节能宣传周”“低碳日”等活动，开展形式多样的绿色循环低碳交通运输宣传，提升绿色循环低碳交通运输理念，培育绿色循环低碳交通运输文化，使绿色循环低碳发展成为全行业和社会公众的自觉行动。

31.深化交流合作。

积极参与应对气候变化国际谈判，维护国家整体利益和行业发展利益。结合国际谈判进展和欧盟等各国的相关政策，研究提出我国参与国际交通运输温室气体谈判和国际多边合作的对策建议。加强与国际组织、国外政府机构、企业、研究咨询机构等的交流合作，广泛利用国际资源，积极吸收借鉴国际先进经验。搭建行业绿色循环低碳发展交流平台，促进先进技术推广和经验交流。

国家发展改革委等七部门
关于印发《加快成品油质量升级工作方案》的通知

发改能源〔2015〕974号

各省、自治区、直辖市发展改革委、能源局、财政厅、环境保护厅、商务主管部门、工商局（市场监管部门）、质监局，国家能源局各派驻机构，有关能源企业：

《加快成品油质量升级工作方案》业经第90次国务院常务会议审议通过，现印发你们，请认真贯彻执行，并将有关事项通知如下：

一、加快推进成品油质量升级是一项重要的国家专项行动，既有利于改善环境、治理雾霾、促进绿色发展、增添民生福祉，也有利于扩大投资和消费、促进产业结构调整与升级。各有关部门、地方及企业应高度重视此项工作，尽快制定专项实施计划，做好与本方案的衔接。

二、各相关部门要支持炼油企业加快办理升级改造项目审批事项，简化审批流程，提高审批效率，同时强化对项目建设和成品油市场的监管。

三、炼油企业应主动承担社会责任，加快升级改造项目实施，并可按规定申请财政贴息资金补助（具体事宜另行通知）。

四、装备制造企业应努力保障并优先满足升级改造项目的装备需求。通过各方共同努力，确保加快成品油质量升级目标按期完成。

特此通知。

附件：加快成品油质量升级工作方案

国家发展改革委
财政部
环境保护部
商务部
工商总局
质检总局
国家能源局
2015年5月5日

加快成品油质量升级工作方案

大气污染防治成品油质量升级行动计划启动以来，相关政策得以全面贯彻，各项工作有序推进。根据国务院领导最新指示精神，为调动炼油企业积极性，加快升级改造步伐，实现稳增长、调结构、促减排、惠民生，特制订本方案。

一、指导思想与目标

（一）指导思想

贯彻加快实施《大气污染防治行动计划》有关要求，以汽、柴油质量升级为着力点，按照“政府引导、市场推动、保障供应、强化监管”的思路，鼓励企业加大投资力度，加快清洁油品生产与供应，力争提前全面完成质量升级任务，履行炼油行业大气污染防治行动目标责任。

（二）主要目标

——扩大车用汽、柴油国Ⅴ标准执行范围。从原定京津冀、长三角、珠三角区域重点城市扩大到整个东部地区 11 个省市（北京、天津、河北、辽宁、上海、江苏、浙江、福建、山东、广东和海南）。2015 年 10 月 31 日前，东部地区保供企业具备生产国Ⅴ标准车用汽油（含乙醇汽油调和组分油）、车用柴油的能力。2016 年 1 月 1 日起，东部地区全面供应符合国Ⅴ标准的车用汽油（含 E10 乙醇汽油）、车用柴油（含 B5 生物柴油）。

——提前国Ⅴ标准车用汽、柴油供应时间。将全国供应国Ⅴ标准车用汽、柴油的时间由原定 2018 年 1 月 1 日提前 1 年。2016 年 10 月 31 日前，保供企业具备生产国Ⅴ标准车用汽油（含乙醇汽油调和组分油）、车用柴油的能力。2017 年 1 月 1 日起，全国全面供应符合国Ⅴ标准的车用汽油（含 E10 乙醇汽油）、车用柴油（含 B5 生物柴油），同时停止国内销售低于国Ⅴ标准车用汽、柴油。

——增加普通柴油升级内容。2016 年 1 月 1 日起，开始在东部地区重点城市供应与国Ⅳ标准车用柴油相同硫含量的普通柴油（以下简称国Ⅳ标准普通柴油）；2017 年 7 月 1 日，全国全面供应国Ⅳ标准普通柴油，同时停止国内销售低于国Ⅳ标准的普通柴油。2018 年 1 月 1 日起，全国供应与国Ⅴ标准车用柴油相同硫含量的普通柴油（以下简称国Ⅴ标准普通柴油），停止国内销售低于国Ⅴ标准普通柴油。保供企业相应同步完成普通柴油产品的质量升级。

二、重点任务

（一）推动炼油企业加快升级

优先推进汽柴油质量升级。汽油升级重点方向是催化汽油深度脱硫和增产高辛烷值组分。重点加快深度加氢脱硫、吸附脱硫、催化重整、芳烃抽提、甲基叔丁基醚脱硫等装置建设，以及烷基化、异构化、轻汽油醚化等装置。柴油升级重点方向是深度加氢脱硫和改质。重点加快柴油加氢精制、柴油加氢改质、加氢裂化、渣（蜡）油加氢等装置建设。

结合质量升级，进一步完善硫黄回收、烟气脱硫脱硝、制氢等措施，淘汰部分落后装置；积极采用节能技术及装备，提高能量利用效率；优化全厂加工流程，实现轻烃等资源高效利用。重点围绕劣质油加工、重油深加工、油品高质化和生产清洁化，大力推进劣质原油高效预处理、劣质渣油高效加氢、高选择性汽油加氢、汽油及柴油高效超深度脱硫、催化柴油加氢转化、新型烷基化、低成本制氢、烟气脱硫脱硝除尘等关键技术的自主研发和再创新。

（二）保障国Ⅴ油品市场供应

通过加快改造项目实施，到 2015 年底，主要保供企业具备国Ⅴ车用汽油 5270 万吨、国Ⅴ车用柴油 6170 万吨供应能力，加上区域内其它企业及周边地区富余供应能力，充分保障东部地区 2016 年车用汽油 6400 万吨，车用柴油 5310 万吨的需求。

2016 年底主要保供企业具备国Ⅴ标准车用汽油 11090 万吨、车用柴油 15590 万吨供应能力。与 2017 年国内车用汽油 12900 万吨、车用柴油 12110 万吨的需求量相比，汽柴油总量可以满足需要，其中汽油略有缺口，柴油相对过剩。通过其它企业富余产能的调剂，充分保障全国国Ⅴ汽柴油市场需求。

2018 年全国需供应国Ⅴ标准普通柴油约 5200 万吨。在完成国Ⅴ车用汽、柴油升级基础上，加快主要炼油企业普通柴油升级改造，积极发挥其他企业的补充作用，确保国内车用和普通柴油市场供应。

（三）促进炼油产业结构优化

科学建设先进产能。重点依托条件好的大型炼油企业，积极采用先进技术实施升级改造，大幅增加加氢能力占原油一次加工能力的比例和轻油收率，显著降低新鲜水耗、能耗和二氧化硫排放强度等指标。同时，分区域明确落后产能淘汰任务，加大关停并转小型炼油企业或低效落后装置的力度。

以升级改造为契机，按照产业园区化、炼化一体化、规模大型化的要求，进一步提高产业集中度。鼓励以资产、资源、品牌和市场为纽带，通过整合、参股、并购等多种形式，推动炼油企业兼并重组，打造若干具有国际竞争力的大型企业集团。

（四）加快提升油品标准水平

参考国际先进标准并结合我国实际，加快油品标准制修订步伐，完善标准体系。2015 年 6 月底前发布新的普通柴油强制性国家标准。尽快发布第五阶段车用乙醇汽油标准（E10）、车用乙醇汽油调合组分油及生物柴油调合燃料（B5）标准。

抓紧启动第六阶段汽、柴油国家（国Ⅵ）标准制订工作，力争 2016 年底颁布并于 2019 年实施。同时，尽快修订出台船用燃料油强制性国家标准，力争 2015 年底前发布。

三、主要措施

（一）加强组织领导

国家发展改革委、国家能源局、财政部、环境保护部、商务部、质检总局、工商总局、国家标准委等有关部门共同组织实施本专项方案，加强部际协调，各司其职、各负其责密切配合。

各地方省级主管部门及重点炼油企业要明确责任单位和负责人，结合加快升级改造目标新要求，将任务落到实处，重点做好国Ⅴ标准汽、柴油的生产与供应。

（二）建立工作机制

建立国家能源局、地方能源主管部门及重点炼油企业的工作协调机制，每年组织申报、审核升级改造支持项目。财政部根据审核结果，下达贴息补助资金。同时，对本方案内成品油质量升级改造项目实行动态跟踪管理，定期上报油品质量升级目标完成及有关措施落实情况，及时反映最新进展、基本经验、存在问题、改进措施与政策建议等。

（三）强化主体责任

获得国家资金支持的炼油企业，应主动承担企业社会责任，向国家能源主管部门出具承诺书，保证按期完成升级改造任务，保质保量供应清洁油品。未按要求完成升级改造任务或工作推动不力的企业，限期整改。逾期仍不能实现升级目标的，依法依规，严格问责，并采取核减、收回或者停止拨付资金等措施。有关装备制造企业应切实保障并优先满足升级改造项目的装备需求。

（四）提高审核效率

根据转变职能、简政放权的总体要求，结合升级改造目标和任务，加快审核。对纳入本方案的升级改造项目，相关部门应在环评、土地、节能、稳评、安评等配套条件方面开辟绿色通道，简化审批流程，提高审批效率，限时办结，为推进企业如期完成升级改造创造良好政策环境。

（五）加强监督检查

制定专项监管工作方案，明确落实监管责任主体和任务，对加快油品升级改造工作进行全过程监管。包括改造进度，资金使用，淘汰落后产能任务完成情况，以及汽柴油生产标准的执行情况（出厂油品数量和质量）等。必要时对本方案和有关政策开展中期评估和后评价工作，根据评估评价情况及时对相关方案和政策作出调整与修正。

（六）加大政策扶持

为调动炼油企业升级改造积极性，充分发挥财政资金的杠杆撬动作用，中央财政将对炼油企业成品油质量升级改造贷款给予贴息支持。同时，中央财政将支持国家能源局会同有关部门对全国油品质量升级情况进行监管与核查。

（七）规范市场秩序

进一步强化成品油市场监管体系建设，规范成品油市场秩序。加强部际协调，大力开展联合监管与执法。加大加油站油品质量监督检查力度，严厉打击非法销售不合格油品行为。建立完整的成品油标准体系、检测体系、质量监督检查体系，确保炼油企业生产符合国家标准要求的高品质成品油，严厉打击非法生产不合格油品行为。

八部门联合发布《关于推进电能替代的指导意见》

关于推进电能替代的指导意见
发改能源［2016］1054号

各省（自治区、直辖市）、新疆生产建设兵团发展改革委、能源局、财政厅、环保厅、住房城乡建设厅、经信委（工信委、工信厅）、交通运输厅（局、委），国家能源局各派出机构、民航各地区管理局，国家电网公司、南方电网公司：

为贯彻落实中央财经领导小组第六次会议、《国务院关于印发大气污染防治行动计划的通知》（国发〔2013〕37号）、《能源发展战略行动计划（2014—2020年）》（国办发〔2014〕31号）相关部署，现就推进电能替代提出以下意见：

一、充分认识推进电能替代的重要意义

电能替代是在终端能源消费环节，使用电能替代散烧煤、燃油的能源消费方式，如电采暖、地能热泵、工业电锅炉（窑炉）、农业电排灌、电动汽车、靠港船舶使用岸电、机场桥载设备、电蓄能调峰等。当前，我国电煤比重与电气化水平偏低，大量的散烧煤与燃油消费是造成严重雾霾的主要因素之一。电能具有清洁、安全、便捷等优势，实施电能替代对于推动能源消费革命、落实国家能源战略、促进能源清洁化发展意义重大，是提高电煤比重、控制煤炭消费总量、减少大气污染的重要举措。稳步推进电能替代，有利于构建层次更高、范围更广的新型电力消费市场，扩大电力消费，提升我国电气化水平，提高人民群众生活质量。同时，带动相关设备制造行业发展，拓展新的经济增长点。

二、总体要求

（一）指导思想

贯彻中央财经领导小组第六次会议精神，促进能源消费革命，落实能源发展战略行动计划及大气污染防治行动计划，以提高电能占终端能源消费比重、提高电煤占煤炭消费比重、提高可再生能源占电力消费比重、降低大气污染物排放为目标，根据不同电能替代方式的技术经济特点，因地制宜，分步实施，逐步扩大电能替代范围，形成清洁、安全、智能的新型能源消费方式。

（二）基本原则

坚持改革创新。结合电力体制改革，完善电力市场化交易机制，还原电力商品属性。创新电能替代技术路线，加快电能替代关键设备研发，促进技术装备能效水平显著提升，应用范围进一步扩大。

坚持规划引领。统筹能源资源开发利用、大气污染防治和经济社会可持续发展，合理规划电能替代，引导电能替代健康发展。科学制定电力发展规划，主要通过可再生能源和现有火电满足电能替代新增电量需求。

坚持市场运作。鼓励社会资本投入，探索多方共赢的市场化项目运作模式。引导社会力量积极参与电能替代技术、业态和运营等创新，发挥市场在资源配置中的决定性作用。

坚持有序推进。结合各地区生态环境达标要求、能源消费结构和用能需求特性等，因地制宜、稳步有序地推进经济性好、节能减排效益佳的电能替代示范试点项目，带动推广实施电能替代。

（三）总体目标

完善电能替代配套政策体系，建立规范有序的运营监管机制，形成节能环保、便捷高效、技术可行、广泛应用的新型电力消费市场。2016—2020年，实现能源终端消费环节电能替代散烧煤、燃油消费总量约1.3亿吨标煤，带动电煤占煤炭消费比重提高约1.9%，带动电能占终端能源消费比重提高约1.5%，促进电能占终端能源消费比重达到约27%。

三、重点任务

电能替代方式多样，涉及居民采暖、工业与农业生产、交通运输、电力供应与消费等众多领域，以分布式应用为主。应综合考虑地区潜力空间、节能环保效益、财政支持能力、电力体制改革和电力市场交易等因素，根据替代方式的技术经济特点，因地制宜，分类推进。

（一）居民采暖领域

在存在采暖刚性需求的北方地区和有采暖需求的长江沿线地区，重点对燃气（热力）管网覆盖范围以外的学校、商场、办公楼等热负荷不连续的公共建筑，大力推广碳晶、石墨烯发热器件、发热电缆、电热膜等分散电采暖替代燃煤采暖。

在燃气（热力）管网无法达到的老旧城区、城乡结合部或生态要求较高区域的居民住宅，推广蓄热式电锅炉、热泵、分散电采暖。

在农村地区，以京津冀及周边地区为重点，逐步推进散煤清洁化替代工作，大力推广以电代煤。

在新能源富集地区，利用低谷富余电力，实施蓄能供暖。

（二）生产制造领域

在生产工艺需要热水（蒸汽）的各类行业，逐步推进蓄热式与直热式工业电锅炉应用。重点在上海、江苏、浙江、福建等地区的服装纺织、木材加工、水产养殖与加工等行业，试点蓄热式工业电锅炉替代集中供热管网覆盖范围以外的燃煤锅炉。

在金属加工、铸造、陶瓷、岩棉、微晶玻璃等行业，在有条件地区推广电窑炉。

在采矿、食品加工等企业生产过程中的物料运输环节，推广电驱动皮带传输。

在浙江、福建、安徽、湖南、海南等地区，推广电制茶、电烤烟、电烤槟榔等。

在黑龙江、吉林、山东、河南等农业大省，结合高标准农田建设和推广农业节水灌溉等工作，加快推进机井通电。

（三）交通运输领域

支持电动汽车充换电基础设施建设，推动电动汽车普及应用。

在沿海、沿江、沿河港口码头，推广靠港船舶使用岸电和电驱动货物装卸。

支持空港陆电等新兴项目推广，应用桥载设备，推动机场运行车辆和装备“油改电”工程。

（四）电力供应与消费领域

在可再生能源装机比重较大的电网，推广应用储能装置，提高系统调峰调频能力，更多消纳可再生能源。在城市大型商场、办公楼、酒店、机场航站楼等建筑推广应用热泵、电蓄冷空调、蓄热电锅炉等，促进电力负荷移峰填谷，提高社会用能效率。

四、保障措施

（一）加强规划指导

统筹制定规划。各地方政府应将电能替代纳入当地能源和大气污染防治工作，根据地区用电用热需求，结合热电联产、区域高效环保锅炉房、工业余热利用等多种能源供应方式，在城市总体规划、能源发展规划中充分考虑电能替代发展，保障电能替代配套电网线路走廊和站址用地规划。

加强组织领导。省级能源主管部门、经济运行主管部门、节能主管部门应加强本地区电能替代潜力分析，明确电能替代实施方向和路径，制定电能替代工作方案。明确职责分工，强化部门协作，形成有目标、有计划、有组织的工作机制。做好分区域、分年度任务分解，确保各项政策、措施和重点项目落到实处。

（二）发挥示范项目引领作用

鼓励试点示范。充分考虑地区差异，鼓励进行差别化的试点探索，实施一批"经济效益好、推广效果佳"的试点示范项目。鼓励创新引领，借力大众创新、万众创业，整合技术资金资源优势，探索一批业态融合、理念先进、具有市场潜力的项目。在电能替代项目集中地区，创建一批示范区（乡、镇、村）或示范园区。加强项目建设管理，及时跟踪、评估，确保达到示范效果。

加大宣传力度。借助多种传媒方式，大力普及电能替代常识，宣传电能替代清洁便利优点和节能减排成效，为电能替代项目实施创造良好的社会舆论环境。及时开展示范成果展示，推广复制成功经验。

（三）制定完善配套支持措施

严格节能环保措施。严格环保和能效达标准入，加大对企业燃煤锅炉、窑炉、港口船舶燃油等排放物的监督检查力度。鼓励各地方政府在国家标准的基础上，出台更加严格的分散燃煤、燃油设施的限制性、禁止性环保标准。采取有效措施，确保电能替代的散烧煤、燃油切实压减。

推进电力市场建设。加快推进电力体制改革和电力市场建设，有序放开输配以外的竞争性环节电价，逐步形成反映时间和位置的市场价格信号。支持电能替代用户参与电力市场竞争，与风电等各类发电企业开展电力直接交易，增加用户选择权，降低用电成本。创新辅助服务机制，电、热生产企业和用户投资建设蓄热式电锅炉，提供调峰服务的，应获得合理补偿收益。

优化电能替代价格机制。结合输配电价改革，将因电能替代引起的合理配电网建设改造投资纳入相应配电网企业有效资产，将合理运营成本计入输配电准许成本，并科学核定分用户类别分电压等级电能替代输配电价。完善峰谷分时电价政策，通过适当扩大峰谷电价价差、合理设定低谷时段等方式，充分发挥价格信号引导电力消费、促进移峰填谷的作用。鼓励地方研究取消城市公用事业附加费，减轻电力用户负担。

有效利用财政补贴。各地方政府根据自身实际情况，有效利用大气污染防治专项资金等资金渠道，通过奖励、补贴等方式，对符合条件的电能替代项目、电能替代技术研发予以支持。

积极探索融资渠道。鼓励电能替代项目单位结合自身情况，积极申请企业债、低息贷款，采用 PPP 模式，解决项目融资问题。

（四）加强配套电网建设改造

按照《国家发展改革委关于加快配电网建设改造的指导意见》（发改能源〔2015〕1899 号）要求，配电网企业应加强电能替代配套电网建设，推进电网升级改造，加强电网安全运行管理，提高供电保障能力。对于新增电能替代项目，相应配电网企业要安排专项资金用于红线外供配电设施的投资建设。同时，建立提前介入、主动服务、高效运转的“绿色通道”，按照客户需求做好布点布线、电网接入等服务工作。各地方政府应对电能替代配套电网建设改造给予支持，简化审批程序，支持相应配电网企业做好项目征地、拆迁和电力设施保护等工作。

（五）加强科技研发与产业培育

加快关键技术和设备研发。鼓励自主创新和引进吸收相结合，加大电加热元件、储热材料、绝热节能材料等关键技术和设备的科研投入，促进设备升级换代，进一步提高产品能效，形成产业化能力。鼓励构建“产、学、研、用”相结合的体制机制，结合《中国制造 2025》推进实施，鼓励行业内优势企业跨领域组建创新中心，加快与智能电网技术、新一代大数据信息技术的深度融合，发展高端电力设备与增值服务，提升电能替代设备的智能化生产和应用水平。

完善技术标准和准入制度。制定和修订电能替代建设和运行标准。加强知识产权运用和保护，促进成果转化。制定和完善电能替代产品准入制度，提高产品质量和可靠性，加强质量监管，增强企业质量意识和履约能力，健全售后保障。

创新商业模式，优化产业结构。探索建立商业化赢利模式，鼓励以合同能源管理、设备租赁、以租代建等方式开展电能替代。引导社会资本投向安全、高效、智能化的电能替代产品和服务。结合市场需求，鼓励企业提供多样化的综合能源解决方案，促进服务型制造发展。

国家发展改革委
国家能源局
财政部
环境保护部
住房城乡建设部
工业和信息化部
交通运输部
中国民用航空局
2016 年 5 月 16 日

环境保护部等四部门和北京市等六省市人民政府关于印发《京津冀及周边地区2017年大气污染防治工作方案》的通知

（环大气［2017］29号）

京津冀及周边地区大气污染防治协作小组各成员单位，中国石油天然气集团公司、中国石油化工集团公司、中国海洋石油总公司、国家电网公司、中国华能集团公司、中国大唐集团公司、中国华电集团公司、中国国电集团公司、国家电力投资集团公司、神华集团有限责任公司：

为深入实施《大气污染防治行动计划》，切实加大京津冀及周边地区大气污染治理力度，确保完成《大气污染防治行动计划》确定的2017年各项目标任务，环境保护部会同京津冀及周边地区大气污染防治协作小组及有关单位制定《京津冀及周边地区2017年大气污染防治工作方案》（以下简称《工作方案》）。现印发执行，并就有关事项通知如下：

一、制定方案细化措施。北京、天津、河北、山西、山东、河南省（市）按照《工作方案》要求，组织制定本地2017年达到空气质量目标细化方案，切实落实党委政府环保“党政同责”“一岗双责”，将任务分解到乡镇、街道、社区，明确责任人和完成时限。中石油、中石化、中海油、国家电网公司要与各省（市）人民政府对接，统筹以气代煤、以电代煤工程的规划和实施工作，制定工作方案，加大气源、电源保障力度。中石油、中石化、中海油、华能、大唐、华电、国电、国电投、神华集团要梳理《工作方案》规定的治理任务和所涉及的企业名单，制定具体措施，明确完成时限。

二、加强指导落实责任。各相关部门严格按照职责分工，指导有关地方政府落实《工作方案》任务要求，加大扶持力度，完善政策措施，充分调动地方和企业积极性，同时强化监督与管理。企业是污染治理的实施主体，应主动承担社会责任，按照各地细化方案要求制定实施措施，着力降低污染排放。

三、加强调度强化考核。环境保护部建立月调度、季考核机制，每月调度各地区、各部门工作进展情况，量化各项任务进度和完成比例，会同发展改革委、财政部、国家能源局定期上报国务院。

四、请各省（市）明确一名联系人和联系方式，于2017年2月28日前报环境保护部备案，并从2017年3月起，每月8日前（遇节假日顺延）报送上月工作进展情况。

环境保护部
发展改革委
财政部能源局
北京市人民政府
天津市人民政府
河北省人民政府
山西省人民政府
山东省人民政府
河南省人民政府
2017 年 2 月 17 日

京津冀及周边地区 2017 年大气污染防治工作方案（节选）

为确保完成《大气污染防治行动计划》确定的 2017 年各项目标任务，切实改善京津冀及周边地区环境空气质量，进一步加大京津冀大气污染传输通道治理力度，制定 2017 年工作方案。

一、实施范围

京津冀大气污染传输通道包括北京市，天津市，河北省石家庄、唐山、廊坊、保定、沧州、衡水、邢台、邯郸市，山西省太原、阳泉、长治、晋城市，山东省济南、淄博、济宁、德州、聊城、滨州、菏泽市，河南省郑州、开封、安阳、鹤壁、新乡、焦作、濮阳市（以下简称“2＋26”城市）。

二、主要任务

以改善区域环境空气质量为核心，以减少重污染天气为重点，多措并举强化冬季大气污染防治，全面降低区域污染排放负荷。

（一）产业结构调整要取得实质性进展。（略）

（二）全面推进冬季清洁取暖。（略）

（三）加强工业大气污染综合治理。（略）

（四）实施工业企业采暖季错峰生产。（略）

（五）严格控制机动车排放。

12. 天津港不再接收公路运输煤炭。大幅提升区域内铁路货运比例，加快推进港铁联运煤炭。充分利用张唐等铁路运力，大幅降低柴油车辆长途运输煤炭造成的大气污染。7 月底前，天津港不再接收柴油货车运输的集港煤炭。9 月底前，天津、河北及环渤海所有集疏港煤炭主要由铁路运输，禁止环渤海港口接收柴油货车运输的集疏港煤炭。

13. 全面加强机动车排污监控能力。12 月底前，“2＋26”城市均要安装 10 台（套）左右固定垂直式遥感监测设备、2 台（套）移动式遥感监测设备，覆盖高排放车辆通行的主要道口，重点筛查柴油货车和高排放汽油车。北京市进京主要道口安装遥感监测设备。加快推进京津冀地区电子标识试点，加快遥感监测设备国家、省、市三级联网，12月底前完成。及时汇总分析排放情况，向社会公开超标严重的车型信息。建设国家、省、市三级机动车环境执法监管专业队伍，提高现场执法能力水平。环境保护部建立机动车污染控制实验室，提高管理政策制定的技术支撑能力。

14.协同加强柴油车管控。实施重型柴油车在北京市六环路（含）管控措施，引导外埠过境重型柴油车绕行北京。强化对营运车辆的环保监管，积极推进柴油车辆加装颗粒物捕集器（DPF）和具备实时诊断功能的车载远程通讯终端，并作为对在用营运柴油车排放检验的重要内容。环境保护部建立机动车环保违法信息平台，与公安交管、交通运输、发展改革、保监等部门共享。9月底前，将机动车环保违法信息纳入企业征信系统，支持保险公司提高超标排放车辆保险费率，实现超标排放车辆异地处罚。查处一批篡改车载诊断系统（OBD）限扭要求、不添加车用尿素的典型违法案件，严厉处罚各类违法行为并向社会曝光。

15.加强油品质量和车用尿素监督管理。“2＋26”城市率先完成城市车用柴油和普通柴油并轨，9月底前，全部供应符合国六标准的车用汽、柴油，禁止销售普通柴油。各地借鉴河南做法开展专项行动，严厉打击生产、销售假劣油品行为，取缔黑加油站点，追究违法者责任。6月底前，区域内高速公路、国道和省道沿线的加油站点均须销售符合产品质量要求的车用尿素。6月底前，销售汽油的加油站全部安装油气回收设施，年销售汽油量大于5000吨及其他具备条件的加油站，要加快安装油气回收在线监测设备。北京市新增出租车应全部更换为电动车，其他城市积极推进出租车更换为电动车或新能源车。各地督促在用燃油和燃气出租车定期更换三元催化器。

（六）提高城市管理水平。（略）

（七）强化重污染天气应对。（略）

三、保障措施

（一）分解落实任务。（略）

（二）完善经济政策。（略）

（三）加大气源、电源保障力度。（略）

（四）建立舆论引导工作协调机制。（略）

（五）严格考核问责。（略）

交通运输部关于全面深入推进绿色交通发展的意见

交政研发〔2017〕186号

各省、自治区、直辖市、新疆生产建设兵团交通运输厅（局、委），部属各单位，部内各司局：

建设生态文明是中华民族永续发展的千年大计。党的十八大以来，交通运输行业深入贯彻落实以习近平同志为核心的党中央关于生态文明建设的新理念新思想新战略，全力推动交通运输的科学发展，在绿色交通方面取得了积极成效。但总体上看，交通运输发展方式相对粗放、运输结构不尽合理、绿色交通治理体系不尽完善、治理能力有待提高等问题依然存在，难以有效满足新时代人民日益增长的优美生态环境需要。为全面贯彻党的十九大精神，切实落实新发展理念，深入推进绿色交通发展，服务交通强国建设，现提出以下意见。

一、总体要求

（一）指导思想。

以习近平新时代中国特色社会主义思想为指导，紧紧围绕统筹推进“五位一体”总体布局和协调推进“四个全面”战略布局，坚持人与自然和谐共生的基本方略，牢固树立社会主义生态文明观，践行“绿水青山就是金山银山”的理念，以交通强国战略为统领，以深化供给侧结构性改革为主线，着力实施交通运输结构优化、组织创新、绿色出行、资源集约、装备升级、污染防治、生态保护等七大工程，加快构建绿色发展制度标准、科技创新和监督管理等三大体系，实现绿色交通由被动适应向先行引领、由试点带动向全面推进、由政府推动向全民共治的转变，推动形成绿色发展方式和生活方式，为建设美丽中国、增进民生福祉、满足人民对美好生活的向往提供坚实支撑和有力保障。

（二）基本原则。

生态优先，绿色发展。坚持尊重自然、顺应自然、保护自然，把绿色发展摆在更加突出的位置，落实最严格的生态环境保护制度，全方位、全地域、全过程推进交通运输生态文明建设，全面提升交通基础设施、运输装备和运输组织的绿色水平。

深化改革，创新驱动。坚持体制机制创新、管理创新、技术创新和方式创新，着眼于建设现代化经济体系的战略目标，着力深化交通运输供给侧结构性改革，加快推进综合交通管理体制等重点领域改革，转变交通发展方式，优化交通运输结构，推广绿色出行方式，推动形成交通运输绿色发展长效机制。

重点突破，系统推进。坚持抓重点、补短板、强弱项，针对绿色交通发展制约性强、群众反映突出的问题，在重点领域和关键环节集中发力，打好污染防治攻坚战，以点带面，示范引领，不断拓展绿色交通发展的广度和深度，形成交通运输发展与生态文明建设相互促进的良好局面。

多方参与，协同治理。坚持政府为主导、企业为主体、社会组织和公众共同参与，通过法律、经济、技术和必要的行政手段，着力构建约束和激励并举的绿色交通制度体系，努力建设政府企业公众共治的绿色交通行动体系。积极参与全球环境治理，加强交通运输应对气候变化等领域的国际合作与交流。

（三）发展目标。

到 2020 年，初步建成布局科学、生态友好、清洁低碳、集约高效的绿色交通运输体系，绿色交通重点领域建设取得显著进展。

——客货运输结构持续优化。铁路和水运在大宗货物长距离运输中承担的比重进一步提高，铁路客运出行比例逐步提升。

——先进运输组织方式进一步推广。力争实现 2020 年多式联运货运量比 2015 年增长 1.5 倍，重点港口集装箱铁水联运量年均增长 10%。

——绿色出行比例显著提升。大中城市中心城区绿色出行比例达到 70%以上，建成一批公交都市示范城市。

——资源利用效率明显提高。港口岸线资源、土地资源和通道资源的利用效率明显提高，交通运输废旧材料循环利用率和利用水平稳步提升。

——清洁高效运输装备有效应用。交通运输行业新能源和清洁能源车辆数量达到 60 万辆，内河船舶船型标准化率达到 70%，公路货运车型标准化率达到 80%。内河运输船舶能源消耗中液化天然气（LNG）比例在 2015 年基础上增长 200%。铁路单位运输工作量综合能耗比 2015 年降低 5%，营运货车、营运船舶和民航业单位运输周转量能耗比 2015 年分别降低 6.8%、6%和 7%，港口生产单位吞吐量综合能耗比 2015 年降低 2%。

——污染排放得到有效控制。船舶水污染物全部接收或按规定处置，环渤海（京津冀）、长三角、珠三角水域船舶硫氧化物、氮氧化物和颗粒物排放与 2015 年相比分别下降 65%、20%和 30%。交通运输二氧化碳排放强度比 2015 年下降 7%。全国主要港口和船舶排放控制区内港口 50%以上已建的集装箱、客滚、邮轮、3 千吨级以上客运和 5 万吨级以上干散货专业化泊位具备向船舶供应岸电的能力。

——生态保护取得积极成效。交通基础设施建设全面符合生态功能保障基线要求。建成一批绿色交通基础设施示范工程，实施一批交通基础设施生态修复项目。

到 2035 年，形成与资源环境承载力相匹配、与生产生活生态相协调的交通运输发展新格局，绿色交通发展总体适应交通强国建设要求，有效支撑国家生态环境根本好转、美丽中国目标基本实现。

二、全面推进实施绿色交通发展重大工程

（一）运输结构优化工程。

统筹交通基础设施布局。在国土主体功能区和生态功能保障基线要求下，进一步优化铁路、公路、水运、民航、邮政等规划布局，扩大铁路网覆盖面，加快完善公路网，大力推进内河高等级航道建设，统筹布局综合交通枢纽，完善港口、机场等重要枢纽集

疏运体系，提升综合交通运输网络的组合效率。

优化旅客运输结构。推进铁路、公路、水运、民航等客运系统有机衔接和差异化发展，提升公共客运的舒适性和可靠性，吸引中短距离城际出行更多转向公共客运。加快构建以高速铁路和城际铁路为主体的大容量快速客运系统，形成与铁路、民航、水运相衔接的道路客运集疏网络，稳步提高铁路客运比重，逐步减少800公里以上道路客运班线。

改善货物运输结构。按照“宜水则水、宜陆则陆、宜空则空”的原则，研究制定相关政策，调整优化货运结构，促进不同运输方式各展其长、良性竞争、整体更优。提升铁路全程物流服务水平，理顺运价形成机制，提高疏港比例，发挥铁路在大宗物资中远距离运输中的骨干作用。大力发展内河航运，充分发挥水运占地少、能耗低、运能大等比较优势。逐步减少重载柴油货车在大宗散货长距离运输中的比重。

（二）运输组织创新工程。

推广高效运输组织方式。大力发展多式联运、江海直达、滚装运输、甩挂运输、驼背运输等先进运输组织方式。依托铁路物流基地、公路港、沿海和内河港口等，推进多式联运型和干支衔接型货运枢纽（物流园区）建设。统筹农村地区交通、邮政、商务、供销等资源，推广“多站合一”农村物流节点建设，推广农村“货运班线”服务方式。积极推动快递“上车上船上飞机”，鼓励发展铁路快运产品。积极推进铁水联运示范工程，将集装箱铁水联运示范项目逐步扩大到内河主要港口。

提高物流信息化水平。鼓励“互联网＋”高效物流等业态创新，深入推进道路货运无车承运人试点，促进供需匹配，降低货车空驶率。推进国家交通运输物流公共信息平台建设，推动跨领域、跨运输方式、跨区域、跨国界的物流信息互联互通。

发展高效城市配送模式。加快推进城市绿色货运配送，优化城市货运和快递配送体系，在城市周边布局建设公共货运场站或快件分拨中心，完善城市主要商业区、校园、社区等末端配送节点设施，引导企业发展统一配送、集中配送、共同配送等集约化组织方式。鼓励发展智能快件箱等智能投递设施，积极协调公安等部门保障快递电动车辆依法依规通行。

（三）绿色出行促进工程。

全面开展绿色出行行动。积极鼓励公众使用绿色出行方式，进一步提升公交、地铁等绿色低碳出行方式比重。加强自行车专用道和行人步道等城市慢行系统建设，改善自行车、步行出行条件。引导规范私人小客车合乘、互联网租赁自行车等健康发展。鼓励汽车租赁业网络化、规模化发展，依托机场、火车站等客运枢纽发展“落地租车”服务，促进分时租赁创新发展。

深入实施公交优先战略。在大中城市全面推进“公交都市”建设，完善公共交通管理体制机制，加快推动城市轨道交通、公交专用道、快速公交系统等公共交通基础设施建设，强化智能化手段在城市公共交通管理中的应用。推进城际、城市、城乡、农村客运四级网络有序对接，鼓励城市公交线路向郊区延伸，扩大公共交通覆盖面。

加强绿色出行宣传和科普教育。启动全国绿色交通宣教行动，深入宣贯相关理念、目标和任务。开展绿色出行宣传月活动及“无车日”活动，制作发布绿色出行公益广告，让绿色交通发展人人有责，让绿色出行成为风尚。

（四）交通运输资源集约利用工程。

集约利用通道岸线资源。推动铁路、公路和市政道路统筹集约利用线位、桥位等交通通道资源，改扩建和升级改造工程充分利用既有走廊。加强港口岸线使用监管，严格控制开发利用强度，促进优化整合利用。深入推进区域港口协同发展，促进区域航道、锚地和引航等资源共享共用。

提高交通基础设施用地效率。推进交通基础设施科学选线选址，避让基本农田，禁止耕地超占，减少土地分割。积极推进取土、弃土与造地、复垦综合施措，因地制宜采用低路基、以桥代路、以隧代路等措施，严格控制互通立交规模，提高土地节约集约利用水平。

促进资源综合循环利用。积极推动废旧路面、沥青等材料再生利用，推广钢结构的循环利用，扩大煤矸石、矿渣、废旧轮胎等工业废料和疏浚土、建筑垃圾等综合利用。推进钢结构桥梁建设，提升基础设施品质和耐久性，降低全生命周期成本。推进快递包装绿色化、减量化、可循环，鼓励降低客运领域一次性制品使用强度。继续推动高速公路服务区、客运枢纽等开展水资源循环利用。

推广应用节能环保先进技术。制定发布交通运输行业重点节能环保技术和产品推广目录。继续对港口、机场、货运枢纽（物流园区）装卸机械和运输装备实施“油改电、油改气”工程，开展机场新能源综合利用示范。积极推广温拌沥青等技术应用，在桥梁、隧道等交通基础设施中全面推广节能灯具、智能通风控制等新技术与新设备。提高铁路机车牵引能效水平，推广车船节能技术改造，全面规范实施飞机辅助动力装置（APU）替代。

（五）高效清洁运输装备升级工程。

推进运输装备专业化标准化。加快推进内河船型标准化，严格执行船舶强制报废制度，加快淘汰高污染、高耗能船舶、老旧运输船舶、单壳油轮和单壳化学品船。调整完善内河运输船舶标准船型指标，加快推广三峡船型、江海直达船型和节能环保船型。继续深化车辆运输车治理，全面推进货运车辆标准化、厢式化、轻量化。加快推进敞顶集装箱、厢式半挂车等标准化运载单元的推广应用。

推广应用新能源和清洁能源车船。在港口和机场服务、城市公交、出租汽车、城市物流配送、汽车租赁、邮政快递等领域优先使用新能源汽车，加大天然气等清洁燃料车船推广应用。联合环保、工信、质检、公安等部门，严格落实国家、行业有关能耗等标准限值要求，鼓励支持节能环保车辆优先使用，推动运输装备升级进档。联合公安等部门研究制定鼓励新能源汽车使用的差异化政策措施。支持高速公路服务区、交通枢纽充电加气设施的规划与建设，在京津冀、长三角、珠三角、成渝等区域公路网率先完善充电加气配套设施体系。支持内河高等级航道加气设施的规划与建设，支持在长江干线、京杭运河和西江干线等开展液化天然气加注码头建设。

（六）交通运输污染防治工程。

强化船舶和港口污染防治。继续实施船舶排放控制区政策，适时研究建立排放要求更严、控制污染物种类更全、空间范围更大的排放控制区政策。大力推广靠港船舶使用岸电，推动码头、船舶、水上服务区待闸锚地等新改建岸电设施。全面推进港口油气回收系统建设，推动船舶改造加装尾气污染治理装备。全面推进大型煤炭、矿石码头堆场防风抑尘设施建设。全面推进港口船舶污染物接收设施建设，重点提升化学品洗舱水接收能力，并确保与城市公共转运、处理设施衔接。继续推进实施碧海行动计划。推动长江经济带内河船舶开展环保设施升级改造，推动建设长江经济带绿色航运发展先行示范区。

强化营运货车污染排放的源头管控。加快更新老旧和高能耗、高排放营运车辆，推广应用高效、节能、环保的车辆装备。强化运输过程的抑尘设施应用。制定实施汽车检测与维护（I/M）制度，确保在用车达到能耗和排放标准。采用多种技术手段，推进对营运车辆燃料消耗检测的监督管理。研究建立京津冀、长三角区域道路货运绿色发展综合示范区。倡导推广生态驾驶、节能操作、绿色驾培。积极推广绿色汽车维修技术，加强对废油、废水和废气的治理，提升汽车维修行业环保水平。

（七）交通基础设施生态保护工程。

推进绿色基础设施创建。把生态保护理念贯穿到交通基础设施规划、设计、建设、运营和养护全过程，强力开展绿色铁路、绿色公路、绿色航道、绿色港口、绿色机场等创建活动。在铁路、公路沿线开展路域环境综合整治。积极推行生态环保设计，倡导生态选线选址，严守生态保护红线。完善生态保护工程措施，合理选用降低生态影响的工程结构、建筑材料和施工工艺，尽量少填少挖，追求取弃平衡。落实生态补偿机制，降低交通建设造成的生态影响。

实施交通廊道绿化行动。落实国土绿化行动，大力推广公路边坡植被防护，在铁路、公路、航道沿江沿线大力开展绿化美化行动，提升生态功能和景观品质，支撑生态廊道构建。联合旅游等部门健全交通服务设施旅游服务功能，打造国家旅游风景道，促进交通旅游融合发展。

开展交通基础设施生态修复。针对早期建设不能满足生态保护要求的交通基础设施，推进生态修复工程建设。重点针对高寒高海拔、水源涵养生态功能区、水土流失重点治理区等重点生态功能区，结合国省道改扩建项目推进取弃土场生态恢复、动物通道建设和湿地连通修复。针对涉及自然保护区、世界自然文化遗产、风景名胜区的国省道改扩建项目，推进路域沿线生态改善和景观升级。在环渤海、长三角、珠三角等港航产业应用滩涂湿地恢复、生境营造、增殖放流等生态修复技术。在长江经济带内河高等级航道、西江干线航道等实施生态护岸、人工鱼巢等航道生态恢复措施。

三、加快构建绿色交通发展制度保障体系

（一）绿色交通制度标准体系。

加快构建绿色交通规划政策体系。研究制定绿色交通中长期发展战略，建立分层级、分类别、分方式的绿色交通规划体系。研究制定京津冀、长江经济带等重点区域绿色交通发展规划。将生态文明建设目标纳入综合交通运输规划，推动构建科学适度有序的国土空间布局体系和绿色循环低碳发展的产业体系。修订交通运输节能环保领域相关管理办法。

完善绿色交通标准体系。逐步构建基础设施、运输装备、运输组织等方面的绿色交通标准体系，配套制定绿色交通相关建设和评价标准，完善交通运输行业重点用能设备能效标准和能耗统计标准。积极参与绿色交通国际标准制定，提升国际影响力。

（二）绿色交通科技创新体系。

强化绿色交通科技研发。强化科研单位、高校、企业等创新主体协同，开展以绿色交通新技术、新产品、新装备为重点的科技联合攻关，在新能源和清洁能源应用、特长隧道节能、车船尾气防治、自动驾驶、无人船、自动化码头、低噪声船舶、数字航道、公路发电等领域尽快取得一批突破性科研成果。

推动绿色交通科技成果转化与应用。完善绿色交通科技创新成果的评价与转化机制，加快先进成熟适用绿色技术的示范、推广与应用。加快推进移动互联、云计算、大数据等先进信息技术应用，大力推动“互联网＋”交通运输发展，提升交通运输运行效率。借鉴国际绿色交通发展经验，加强国际间科技和成果交流合作。

（三）绿色交通监督管理体系。

提升行业节能环保管理水平。健全绿色交通管理体制机制，推动各级交通运输主管部门加强绿色交通管理力量配备。严格执行国家环保“三同时”制度，深入开展交通运输规划环境影响评价工作。加强与发展改革、环保等部门及地方政府协同合作，按照大气、水污染防治协作机制分工，配合完成大气、水污染治理攻坚任务。

强化船舶污染物排放监测监管。以船舶排放控制区为重点，开展船舶大气污染物排放和水污染物排放监测监管。推动建立港口和船舶污染物排放、船舶燃油质量等方面的部门间联合监管机制。强化船舶大气污染监测和执法能力建设，严格落实内河和江海直达船舶使用合规普通柴油、船舶排放控制区低硫燃油使用的相关要求。

四、切实抓好组织落实

（一）加强组织领导。

统筹推进绿色交通建设发展，强化本意见与交通运输服务决胜全面建成小康社会三年行动计划和交通强国战略纲要的衔接，在行动计划和战略纲要中充分体现各项任务要求。各级交通运输主管部门要抓紧研究制定本地区、本领域绿色交通发展的实施方案，明确责任分工和任务措施，各司其职、各负其责，确保工作落实到位。

（二）加大政策支持。

积极争取各级财政性资金对绿色交通发展的支持力度，促进交通运输行业应用绿色信贷、绿色债券等创新金融工具，拓宽绿色交通发展融资渠道，鼓励支持交通运输节能环保产业发展。加强政策协调衔接，强化试点示范、典型经验的总结推广。

（三）鼓励多方参与。

充分发挥企业和社会公众积极性，积极探索新举措、新模式，形成全社会广泛参与的工作机制。引导企业广泛应用节能环保技术和装备，更好承担社会责任，培育创建一批绿色交通示范企业。组织开展绿色交通专题教育培训，推广绿色交通先进技术和经验，提升行业从业人员的节能环保意识和能力。

（四）强化监督考核。

加大对绿色交通建设的督查考核力度，积极探索将绿色交通发展绩效纳入部门和单位工作考核体系，研究建立奖惩机制。落实《党政领导干部生态环境损害责任追究办法（试行）》要求，坚决制止和惩处破坏生态环境行为。

交通运输部

2017 年 11 月 27 日

交通运输部关于全面加强生态环境保护坚决打好污染防治攻坚战的实施意见

交规划发〔2018〕81号

各省、自治区、直辖市、新疆生产建设兵团交通运输厅（局、委），部属各单位，部内各司局：

为深入贯彻习近平总书记重要讲话精神和《中共中央国务院关于全面加强生态环境保护坚决打好污染防治攻坚战的意见》（中发〔2018〕17号），进一步推进交通运输生态文明建设，加强生态环境保护，打好污染防治攻坚战，制定本实施意见。

一、深入贯彻落实习近平生态文明思想

习近平生态文明思想是习近平新时代中国特色社会主义思想的重要组成部分，是新时代交通运输生态文明建设的根本遵循。交通运输生态文明建设要以习近平生态文明思想为指导，紧密围绕统筹推进“五位一体”总体布局和协调推进“四个全面”战略布局，牢固树立和贯彻落实新发展理念，坚持人与自然和谐共生、坚持绿水青山就是金山银山、坚持良好生态环境是最普惠的民生福祉、坚持山水林田湖草是生命共同体、坚持用最严格制度最严密法治保护生态环境、坚持共谋全球生态文明建设，推动交通运输转型升级，提质增效，加快形成节约资源和保护环境的空间格局、产业结构、生产方式、生活方式，推进交通运输生态文明建设取得新成效，更好地服务交通强国和美丽中国建设。

到2020年，交通运输污染防治攻坚战任务圆满完成，绿色交通制度基本健全，资源集约节约利用进一步加强，运输结构进一步优化，绿色出行比例进一步提升，污染防治和生态保护取得明显成效，交通运输生态环境保护水平与全面建成小康社会的发展要求相适应。

通过继续努力，到2035年，基本实现交通运输发展与自然和谐共生，交通运输生态文明治理体系更加科学完备，交通运输生态环境高水平保护与基本实现社会主义现代化的发展要求相适应。

二、建设绿色交通基础设施

坚持保护优先、自然恢复为主，优化交通基础设施布局，因地制宜推进强化生态环保举措，加快形成节约资源和保护环境的空间格局和生产方式。

（一）统筹交通基础设施空间布局。

研究编制综合交通运输发展规划，要结合空间规划“三区三线”划定，统筹铁路、公路、水运、民航、邮政等各领域融合发展，推动铁路、公路、水路、空中等通道资源集约利用。探索开展国家公路线位控制规划，提高国家公路线位资源利用效率。研究修订《港口岸线使用审批管理办法》，严格港口岸线使用审批管理与监督，提高岸线使用

效率。推进区域港口一体化发展，促进港口集约化经营。（责任单位：综合规划司、水运局、公路局，国家局有关司局）

（二）全面推进绿色交通基础设施建设。

将绿色发展理念贯穿于交通基础设施工可、设计、建设、运营和养护全过程，通过土地节约、材料节约及再生循环利用、生态环境保护等举措，积极推进绿色铁路、绿色机场、绿色公路、绿色航道、绿色港口建设。建设项目严格执行国家环境保护“三同时”制度。（责任单位：综合规划司、公路局、水运局，国家局有关司局）

（三）推动贫困地区交通绿色发展。

充分发挥贫困地区的生态环境优势，坚持保护环境优先，以生态为基础，推动贫困地区交通旅游融合发展，因地制宜打造集绿色文明、生态景观、文化旅游等为一体的景观长廊和经济走廊，服务生态农业、生态旅游等发展。（责任单位：综合规划司、公路局、水运局，国家局有关司局）

三、推广清洁高效的交通装备

优化交通装备结构，推广应用新能源和清洁能源，完善加气供电配套设施，提高交通运输装备生产效率和整体能效水平。

（四）推进新能源和清洁能源应用。

推动 LNG 动力船舶、电动船舶建造和改造，重点区域沿海港口新增、更换拖轮优先使用清洁能源。支持长江干线、京杭运河和西江干线等高等级航道加气、充（换）电设施的规划与建设。推广应用新能源和清洁能源汽车，加大新能源和清洁能源车辆在城市公交、出租汽车、城市配送、邮政快递、机场、铁路货场、重点区域港口等领域应用。配合有关部门开展高速公路服务区、机场场内充电设施建设。到 2020 年底前，城市公交、出租车及城市配送等领域新能源车保有量达到 60 万辆，重点区域的直辖市、省会城市、计划单列市建成区公交车全部更换为新能源汽车。（责任单位：运输服务司、水运局、综合规划司、海事局，国家局有关司局）

（五）推广港口岸电建设与应用。

根据《港口岸电布局方案》，重点推动珠三角、长三角、环渤海（京津冀）排放控制区、沿海及内河主要港口岸电设施建设，全国主要港口和排放控制区内港口靠港船舶率先使用岸电。加大船舶受电设施建设和改造力度，完善港口岸电设施建设、检测以及船舶受电设施建造、检验相关标准规范，积极争取岸电电价扶持政策，推动船舶靠港后使用岸电，逐步提高岸电设施使用率。到 2020 年底前，长江干线、西江航运干线和京杭运河水上服务区和待闸锚地基本具备船舶岸电供应能力，沿海主要港口 50%以上专业化泊位（危险货物泊位除外）具备向船舶供应岸电的能力，新建码头同步规划、设计、建设岸电设施。（责任单位：水运局、海事局、综合规划司）

四、推进交通运输创新发展

充分发挥创新在绿色交通发展中的引领作用，依托管理创新、技术创新和模式创新，推动形成交通运输绿色发展的新业态、新模式。

（六）深化交通科技创新。

开展基础设施、载运工具、运输组织等方面的科技攻关，协同推进先进轨道、大气和水污染防治、水资源高效开发利用等重点专项及高科技船舶科研项目的实施，为交通运输行业推进生态环保重点工作提供科技支撑。编制交通运输行业重点节能低碳技术目录，加快成果转化与应用。（责任单位：科技司、综合规划司、公路局、水运局、运输服务司、海事局，国家局有关司局）

（七）推进交通智能化发展。

充分利用物联网、云计算、大数据等新一代信息技术，推动交通与相关产业融合发展，培育物流新动能。加快设施网、运输网、传感网、通信网、能源网的融合，推动陆上、水上、天上、网上四位一体的基础设施数字化融合发展，促进互联互通和多级联动共享。深化国家交通运输物流公共信息平台建设，加强多部门物流相关信息交换共享。推动智能航运发展。推动智慧港口、智慧物流园区、智慧客运枢纽等建设，实现港站枢纽多种运输方式顺畅衔接和协调运行。（责任单位：综合规划司、公路局、水运局、运输服务司、科技司、海事局，国家局有关司局）

（八）推动货运经营整合升级。

持续推进无车承运人试点工作，完善相关法规制度及标准规范，制定出台相关配套措施，加快培育创新能力强、运营管理规范、资源综合利用率高的无车承运人品牌企业，利用移动互联网手段，实现对中小物流企业和个体运输业户的集约整合和资源高效配置。支持引导货运大车队、甩挂运输挂车共享租赁、多式联运、共同配送等集约高效的运输组织模式发展，促进运力资源的有效整合，发挥规模化、网络化运营优势，降低运输成本。支持大型龙头骨干物流企业以资产为纽带，通过兼并、重组、收购、控股、加盟连锁等方式，有效整合中小物流企业，构建跨区域的物流运输服务网络。进一步延伸运输服务链条，提供涵盖仓储管理、运输配送、流通加工、物流金融的供应链一体化服务，强化核心竞争力，培育物流企业品牌。（责任单位：运输服务司）

（九）推进快递业绿色包装。

推进快递包装的绿色化、减量化、可循环，推动共享快递盒、回收纸盒的发展，推进可循环中转袋、可生物降解快递袋和封装胶带的应用。推行简约包装、减少二次包装，加大快递包装物回收利用力度。鼓励企业采用新型分拣设施、技术装备，采用节水、节电、节材等技术工艺和产品装备，支持绿色配送。到2020年，可降解的绿色快递包装材料应用比例达到50%以上。（责任单位：国家邮政局有关司局）

五、打好调整运输结构攻坚战

坚持以供给侧结构性改革为主线，调整运输结构，优化运输组织，发挥各种运输方式的比较优势，提高综合交通运输体系的组合效率。

（十）调整运输结构专项行动。

研究制定运输结构调整行动计划，减少公路货运量，增加铁路货运量。发挥铁路、水运在大宗物资中长距离运输中的骨干作用，加大货运铁路建设投入，加快完成蒙华、唐曹、水曹等货运铁路建设。显著提高重点区域大宗货物铁路水路货运比例，提高沿海港口集装箱铁路集疏港比例。环渤海、山东、长三角地区，2018 年底前，沿海主要港口、唐山港、黄骅港的煤炭集港改由铁路或水路运输；2020 年采暖季前，沿海主要港口、唐山港、黄骅港的矿石、焦炭等大宗货物原则上主要改由铁路或水路运输。到 2020 年，全国铁路货运量比 2017 年增长 30%，京津冀及周边地区增长 40%、长三角地区增长 10%、汾渭平原增长 25%。（责任单位：运输服务司、综合规划司、水运局，国家铁路局有关司局）

加快构建以高速铁路和城际铁路为主体的大容量快速客运体系，形成与铁路、民航、水运相衔接的道路客运集疏网络，逐步减少 800 公里以上道路客运班线。（责任单位：综合规划司、运输服务司，国家铁路局有关司局）

（十一）推进运输方式创新。

加快推进多式联运、江海直达运输、甩挂运输、滚装运输、水水中转等先进运输组织方式，提高运输及物流效率。依托铁路物流基地、公路港、沿海和内河港口等，推进多式联运型和干支衔接型货运枢纽（物流园区）建设，加快推进集装箱多式联运。建设城市绿色物流体系，支持利用城市现有铁路、物流货场转型升级为城市配送中心。积极推进以港口为枢纽的铁水联运，打通海铁联运“最后一公里”，提高海铁联运比例。推动扩大集装箱、干散货江海直达船队规模。持续推进内河船型标准化工作，研究完善过闸运输船舶标准化船型主尺度，制定出台国家强制性标准，发布基于内河船舶的特定航线江海直达船舶标准规范。到 2020 年，重点港口集装箱铁水联运量年均增长 10%以上，多式联运货运量比 2015 年增长 1.5 倍。（责任单位：运输服务司、水运局、综合规划司、海事局，国家铁路局有关司局）

六、打好柴油货车等污染防治攻坚战

强化源头管理，重点加强柴油货车、船舶、港口和交通路域等污染防治，推广应用节能环保的车船，推进交通运输节能减排和绿色循环低碳发展。

（十二）开展柴油货车污染治理专项行动。

会同有关部门淘汰更新一批高排放老旧柴油货车，研究大宗商品汽车运输中重污染天气错峰运输方案。推进汽车绿色维修发展，建立在用汽车检测与维护制度（I/M 制度），强化汽车尾气排放维修治理。严格实施道路运输车辆燃料消耗量限值准入制度，大力推进国三及以下营运柴油货车提前淘汰更新，加快淘汰采用稀薄燃烧技术和“油改气”的老旧燃气车辆。2020 年底前，京津冀及周边地区、汾渭平原淘汰国三及以下营运中重型柴油货车 100 万辆以上。（责任单位：运输服务司、综合规划司）

（十三）开展船舶污染防治专项行动。

全面推进珠三角、长三角、环渤海（京津冀）水域船舶排放控制区建设，研究制定拓宽船舶排放控制区实施方案。推广船舶污染物接收、转运和处置联单制度。加快淘汰高耗能、高排放的老旧运输船舶。长三角等重点区域内河应采取禁限行等措施，限制高排放船舶使用，鼓励淘汰 20 年以上的内河航运船舶。2018 年 7 月 1 日起，全面实施新生产船舶发动机第一阶段排放标准。2019 年底前，调整扩大船舶排放控制区范围，覆盖沿海重点港口，逐步拓展到长江干线主要港区。2020 年底前，长江内河现有船舶完成改造，改造后仍达不到新的环保标准要求的，限期予以淘汰。（责任单位：海事局、水运局、综合规划司）

（十四）开展港口设施污染防治专项行动。

各省级交通运输主管部门要协调推动港口所在地人民政府，落实水污染防治法，加强统筹规划建设船舶污染物接收转运处置设施，推动港口船舶含油污水、化学品洗舱水、生活污水和垃圾等污染物接收设施建设。到 2020 年，具备接收能力并做好与城市公共转运、处置设施的有效衔接。（责任单位：水运局、综合规划司）

推进排放不达标港作机械清洁化改造和淘汰，重点区域港口新增和更换的作业机械主要采用清洁能源或新能源。加快推动长江干线水上洗舱站设施建设。推进原油成品油码头油气回收治理。（责任单位：水运局、综合规划司）

（十五）推进交通路域环境污染治理。

加强铁路沿线保护区环境污染治理。会同有关部门和地方政府、铁路企业建立铁路线路保护区环境污染治理长效机制，针对在铁路线路安全保护区内烧荒放牧排污、生产易燃易爆放射性物品、违规采矿采石、拆盗铁路标志等违法现象，加强巡查，重点督办，加大执法处罚力度，有效遏制危害铁路安全、污染铁路环境的行为，进一步净化铁路沿线环境。（责任单位：国家铁路局有关司局）

加强公路路域环境污染防治。推进高速公路服务区卫生环境整治，加强公路路域环境治理，严禁利用公路边沟排放污物或其他污染公路等行为。（责任单位：公路局）

推进机场污染治理。推进机场设施“油改电”建设和改造，全面规范实施飞机辅助动力装置（APU）替代，重点区域民航机场在飞机停靠期间主要使用岸电。重点区域机场新增和更换的作业机械主要采用清洁能源或新能源。（责任单位：中国民用航空局有关司局）

七、强化安全监管和应急能力建设

牢固树立底线思维和红线意识，加强安全监管和安全应急能力建设，加大隐患排查和风险管控力度，坚决遏制重特大事故发生，防范杜绝生态环境风险。

（十六）强化安全监管。

加强危险货物道路、水上运输环节监管执法，严把危险货物运输审批关，加强危险货物运输动态跟踪，实现危险货物运输基础数据明细过程信息共享，监管执法规范，重大风险基本可控。做好安全监管专项行动，开展港口危险货物安全监管履职情况专项督察。2018 年底前，建立环渤海重点船舶风险源专项检查制度。2019 年底前，组织完成渤海海上溢油污染近岸海域风险评估。（责任单位：运输服务司、海事局、水运局、搜救中心）

（十七）强化应急能力建设。

加大应急清污装备配备力度，加快推进专业应急清污队伍建设，全面提升我国水上污染应急处置能力和水平。继续在我国沿海实施“碧海行动”。加强国家船舶溢油应急设备库建设和运行管理，加强危险化学品泄漏事故应急能力建设。2020年底前，建立渤海海上溢油污染海洋环境联合应急响应机制，提升国家船舶溢油应急设备库应急物资统计、监测、调用综合信息管理能力。（责任单位：救捞局、海事局）

八、积极参与绿色交通国际合作

积极推动绿色交通国际合作，履行全球环境公约，参与全球环境治理，提高交通运输绿色发展的国际影响力。

（十八）推动绿色交通国际合作。

积极利用多双边机制和平台，加强国际合作，引进国际先进绿色发展理念、经验和技术，支持我国交通运输绿色发展，提高我国交通运输生态环境保护的治理能力和水平，并不断推动我国具有比较优势的标准、技术“走出去”，提高我国国际影响力和话语权。（责任单位：综合规划司、公路局、水运局、科技司、国际合作司、搜救中心、海事局，国家局有关司局）

（十九）积极参与交通运输全球环境治理。

积极参与民航业、海运业温室气体减排全球治理事务，参加联合国气候变化框架公约、国际民航组织、国际海事组织等框架下国际谈判与合作，推动建立公平合理、合作共赢的民航、海运气候治理体系。（责任单位：国际合作司、海事局、综合规划司，中国民用航空局有关司局）

九、开展绿色交通全民行动

坚持多方参与、协同治理，着力构建政府为主导、企业为主体、社会组织和公众广泛参与的绿色交通全民行动体系，推动形成简约适度、绿色低碳的消费模式和生活方式。

（二十）开展绿色出行。

研究制定绿色出行行动计划。实施公交优先发展战略，继续推进公交都市建设，鼓励城市人民政府加快推动城市轨道交通、公交专用道、快速公交等设施建设，优化运力配置和换乘环境。指导城市规划，配合推进自行车专用道和行人步道等慢行系统建设，逐步提高慢行道占城市道路的比例，推动公交、自行车、步行等绿色出行，倡导绿色出行理念。（责任单位：运输服务司、综合规划司）

（二十一）改善农村出行条件。

实现具备条件的乡镇、建制村通硬化路，改善农村出行条件。有序推进通村组道路建设，充分利用本地资源，因地制宜选择路面材料。（责任单位：综合规划司、公路局）

（二十二）加强绿色交通宣传与引导。

深入持久地开展生态文明宣传教育，引导全行业树立生态文明意识，提升全行业生态文明理念，形成全社会共同关心、支持和参与交通运输生态环境保护的合力。开展全行业绿色行动，增强节约意识、环保意识、生态意识，培育生态道德和行为准则，动员全行业以实际行动减少能源资源消耗和污染防治。（责任单位：综合规划司、政策研究

室，国家局有关司局）

（二十三）推行绿色机关文化。

各级交通运输主管部门要走在全社会前列、作出表率，带头使用节能环保产品，推行绿色办公，创建节约型机关。（责任单位：综合规划司、办公厅、机关服务中心，国家局有关司局）

十、健全生态文明治理体系

深化体制机制改革，推进制度创新，完善法规标准，强化评价引导，构建导向明确、制度完善、运行有效、保障有力的生态文明治理体系。

（二十四）深化综合交通运输体制机制改革。

不断建立健全综合交通运输发展协调体制机制，完善与自然资源、住建等部门之间多规衔接的规划编制机制，加强铁路、公路、水路、民航、邮政发展的统筹规划，促进各种运输方式融合发展。（责任单位：政策研究室、综合规划司、人事教育司，国家局有关司局）

（二十五）加强法规标准建设。

推动修订铁路法、民用航空法、公路法、道路运输条例等法律法规，通过健全法治，促进行业生态文明建设的稳定与发展。开展交通运输生态文明制度创新研究。开展交通运输绿色发展相关标准研究及制修订，在铁路、公路、水路、民航、邮政等标准制修订中增加绿色发展的内容。（责任单位：法制司、综合规划司、公路局、水运局、科技司，国家局有关司局）

（二十六）强化经济政策支持。

积极争取财政资金支持，探索应用价格、税收等优惠机制引导绿色交通建设可持续发展，引导和鼓励社会资本进入绿色交通领域，积极争取绿色信贷、绿色债券、绿色保险等支持，拓宽绿色交通融资渠道。（责任单位：财务审计司、综合规划司，国家局有关司局）

（二十七）强化评价引导。

依据国家绿色发展指标体系，研究交通运输绿色发展评价指标，对各省交通运输绿色发展情况进行评价，引导行业推进绿色交通发展。（责任单位：综合规划司，国家局有关司局）

十一、全面加强党的领导

各级交通运输主管部门要守土有责、守土尽责、分工负责、共同发力，要把学习贯彻习近平生态文明思想作为重大政治任务，增强“四个意识”，坚决维护习近平总书记权威和核心地位，坚决维护以习近平同志为核心的党中央权威和集中统一领导，按照新时代党的建设总要求，全面加强党对绿色交通发展的领导，严格落实生态环境保护责任清单任务，明确时间表、路线图和责任人。

各相关司局主要领导对本单位有关任务负总责，要做到重要工作亲自部署、重大问题亲自过问、重要环节亲自协调、重点工作亲自督办，要按照“一岗双责”的要求，制定具体的行动计划，更好地推动交通运输生态文明建设。

国家铁路局、中国民用航空局、国家邮政局要根据行业实际制定具体实施方案。

交通运输部

2018年6月26日

民用航空局关于印发民航贯彻落实《打赢蓝天保卫战三年行动计划》工作方案的通知

民航发〔2018〕95号

民航各地区管理局，各运输（通用）航空公司、各服务保障公司、各机场公司，直属各单位，中国航空运输协会，中国民用机场协会：

现将《民航贯彻落实〈打赢蓝天保卫战三年行动计划〉工作方案》印发给你们，请认真贯彻执行。

中国民用航空局

2018年9月14日

民航贯彻落实《打赢蓝天保卫战三年行动计划》工作方案

坚决打好污染防治攻坚战，是党的十九大作出的重大决策部署，加快改善环境空气质量、打赢蓝天保卫战是其中一项重要任务。国务院日前印发《关于打赢蓝天保卫战三年行动计划》（国发〔2018〕22号）（下称《三年行动计划》），明确了打赢蓝天保卫战的指导思想、目标任务和具体措施，并将京津冀及其周边、长三角、汾渭平原等地区确定为重点区域。其中，明确民航相关的重点任务是加快推进机场场内“油改电”建设和大力推广飞机岸基供电（即飞机辅助动力装置替代，下称APU替代）专项工作。为切实履行民航业生态环保职责，在推动民航强国建设中，系统有序推进民航绿色发展，落实《三年行动计划》相关规定，结合以往工作经验和行业发展实际，制定本工作方案。

一、总体要求

（一）指导思想

以习近平新时代中国特色社会主义思想为指导，全面贯彻落实十九大和十九届二中、三中全会精神，认真落实党中央、国务院决策部署和全国生态环境保护大会要求，坚持新发展理念，牢固树立“四个意识”，以改革创新为动力，坚持实事求是，坚守安全底线，强化规划引领，以机场场内车辆“油改电”和APU替代项目为抓手，不断推动行业结构性节能减排工作走向深入，坚决完成《三年行动计划》任务要求。

（二）基本原则

——坚持底线思维，务求实效。坚守安全这一航空运输生命线，紧扣打赢蓝天保卫战任务要求，加大生态环保工作力度，汇聚资源，加大投入，协同推动民航高质量发展和生态环境高水平保护。

——坚持责任担当，狠抓落实。发挥企业主体作用，强化时间节点意识，坚持问题导向、挂图作战，着力推动管理、融资、运行等模式创新；强化政府督察与服务作用，真抓严管，加快完善相关技术与运行标准体系。

——坚持远近结合，统筹协调。兼顾眼前与长远，着重处理好打赢蓝天保卫战和生态文明建设持久战的关系，充分发挥市场与政府两只手的作用，强化民航各单位间协同联动、民航运输业与相关装备制造业融合发展，努力形成共建共享共赢的良好局面。

（三）目标指标

经过3年努力，机场场内运行电动化水平显著提升，协同减少机场场内噪音和排放，明显改善机场场内空气质量和工作环境。

（四）实施区域范围

“油改电”项目实施范围是：《三年行动计划》确定的京津冀及其周边、长三角和汾渭平原等重点区域内机场（下称重点区域机场，名单附后），以及非重点区域2017年旅客吞吐量500万人次以上机场（下称其他区域机场，名单附后；2018—2020年旅客吞吐量超过500万人次的新增机场参照执行）。APU替代项目实施范围是：2017年旅客吞吐量500万人次以上机场（2018—2020年旅客吞吐量超过500万人次以上的新增机场参照执行）。

本工作方案暂不适用未来三年有迁建计划机场以及不在上述实施范围内机场。下文所称“机场”若不做特殊限定，均指本方案适用机场。

二、加快机场场内车队结构升级

在满足民航机场设备技术标准和相关管理规定的前提下，选择适当的技术路径和产品，确保机场场内特种车辆平稳更替和不停航施工安全。

（一）推广使用新能源设备和车辆。自2018年10月1日起，除消防、救护、除冰雪、加油设备/车辆及无新能源产品设备/车辆外，重点区域机场新增或更新场内用设备/车辆应100%使用新能源（鼓励选用技术进步产品），在用国三及以下排放标准汽柴油设备/车辆实现100%尾气达标改造，不再引进汽柴油设备/车辆；其他区域机场新增或更新场内设备/车辆中，新能源设备/车辆占比不低于50%，新增或更新场内汽柴油设备/车辆必须达到国四及以上标准，在用国三及以下排放标准汽柴油设备/车辆实现100%尾气达标改造。

（二）完善场内充电设施服务体系建设。各机场要开展供电系统升级改造及充电设施建设工作，努力建成数量适度超前、布局合理、智能高效的充电设施服务体系，充分满足场内车辆安全、高效运行。驻场单位在机场场内自有用地建设充电设施应坚持安全集约高效原则，并商机场后实施，避免重复建设、浪费资源。

（三）创新商业运营模式。在确保机场安全运行的基础上，各机场及其驻场单位应创新项目投融资、建设和运营模式，鼓励探索引入合同能源管理、专业运营服务商、设施设备共享平台等方式促进项目高效集约式发展；机场及其驻场单位要积极争取国家及地方相关政策支持。

三、推动靠桥飞机使用APU替代设施

推广400赫兹静变电源设备（电源机组）和地面空调设备（空调机组）替代飞机

APU，飞机在机场廊桥停靠期间主要使用APU替代设施。

（一）提高APU替代设施使用率。2020年底前，机场在用廊桥全部配备APU替代设施（空调、电源及计量监控系统），鼓励2017年旅客吞吐量1000万人次以上机场根据实际运行情况开展远机位APU替代项目改造（2018—2020年旅客吞吐量超过1000万人次的新增机场参照执行）。2019年1月1日起，按照"应用尽用"原则，飞机在机场廊桥停靠期间禁止使用APU。2018年起，设计旅客吞吐量500万人次以上的新建或改扩建机场应同步规划、设计、建设APU替代设施；设计旅客吞吐量1000万人次以上的新建和改扩建机场还应同步规划、设计、建设远机位APU替代设施。

（二）完善运行管理程序。机场应通过航行情报、机场使用手册等途径发布和更新本机场的APU替代设施所在机位、设备型号、适用机型等相关信息。机场应和航空公司加强协调与合作，定期组织技能培训、考核及复训，协商确定APU替代设施使用操作流程。机场（特别是重点区域机场）应认真统计各航空公司APU替代设施使用情况，整理后每季度向所在地民航地区管理局报备。

四、建立健全协同联动机制

以打赢蓝天保卫战为契机，不断提升行业结构性节能环保工作系统性、协同性、整体性，加快建立健全相关工作机制。

（一）建立联合工作机制。机场会同驻场单位建立联合工作组，商定工作机制，明确各自权责，共同研究编制"打赢蓝天保卫战项目推进三年工作计划"（下称联合工作计划），制定可量化、可核查的总体目标与年度目标，并共同落实计划。各机场联合工作计划应于2018年11月底前由机场报送所在地民航地区管理局，民航地区管理局审核通过后，机场及其驻场单位自行组织实施。

（二）协商确定用电收费标准。机场可向场内电动车辆及APU替代设备用户收取电费和充电服务费，其中电费执行国家规定的电价政策，充电服务费用于弥补相关设施运营成本。具体收费标准由机场与有关驻场单位参照国家或地方相关规定协商确定，确保电动车辆使用成本显著低于燃油汽车使用成本、APU替代设施使用成本显著低于APU使用成本。各机场确定充电收费标准后需向所在地民航地区管理局报备。

（三）积极推进新技术应用。机场应会同驻场单位、科研单位开展新能源车辆及APU替代设施运行与能耗监控系统建设，积极稳妥开展智能化充电设施、储能设施、微电网设施等建设，不断提高现代信息技术在运营管理创新中的应用水平，加快移动互联网、物联网、大数据、人工智能等新技术应用。到2020年底，重点区域机场应实现场内车辆及APU替代设施运行情况可视化、智能化监测。

（四）加强与设备生产制造方协作。鼓励行业协会组织、机场及其驻场单位加强与设施设备生产制造方沟通协作，积极开展信息共享机制建设，强化需求导向，确保供给数量与质量满足民航安全、高效运行，努力实现民航运输业与相关装备制造业融合发展。

五、狠抓工作落实

民航业要充分认识落实《三年行动计划》相关要求的重要性和紧迫性，采取有力措施，坚决完成本方案各项任务。

（一）加大督察力度。民航局将会同民航各地区管理局建立“民航打赢蓝天保卫战专项工作组”。其中，民航局主要负责制定总体工作方案、开展总体评估、组织制定标准和规章等工作；民航各地区管理局具体负责各机场联合工作计划审核、工作指导与督察、节油数据统计分析等工作。2019 年起，民航各地区管理局需对辖区机场相关项目开展情况每季度进行一次督察，督察结果报民航局；对工作不力、责任不实的单位，由民航地区管理局公开约谈相关单位主要领导。

（二）强化组织领导。各有关机场、航空公司、服务保障单位要高度重视此项工作，各单位主要领导要亲自抓、分管领导具体抓，明确具体负责部门；要制定本单位工作目标和配套政策措施，出台可量化、可操作的绩效考核办法，确保高质量完成相关工作。

（三）加强宣传引导。通过多种形式大力宣传民航落实《三年行动计划》有关工作进展和成效，主动宣介优秀典型；及时总结成功经验，促进各单位互学互鉴、共同提高。积极宣贯相关法律法规、政策文件，引导强化全行业绿色发展责任意识和行动自觉。

附件：

1. 重点区域机场名单（略）

2. 其他区域机场名单（略）

交通运输部等九部门贯彻落实国务院办公厅《推进运输结构调整三年行动计划（2018—2020年）》的通知

交运发［2018］142号

各省、自治区、直辖市、新疆生产建设兵团交通运输厅（局、委）、发展改革委、工业和信息化主管部门，公安厅（局）、财政厅（局）、自然资源厅（局）、生态环境厅（局），各地区铁路监管局，中国铁路总公司所属各单位：

为深入贯彻落实《国务院办公厅关于印发推进运输结构调整三年行动计划（2018—2020年）的通知》（国办发〔2018〕91号，以下简称《行动计划》），细化任务目标，强化组织实施，确保运输结构调整取得实效，现就有关工作通知如下：

一、细化分解铁路增量运输任务

为贯彻落实《行动计划》提出的“全国铁路货运量增加11亿吨”“京津冀及周边地区增长40%、长三角地区增长10%、汾渭平原增长25%”等目标要求，综合考虑各地铁路运输现状和综合运输发展实际，按照“条块结合”的原则，现将国家铁路、国家能源投资集团铁路，以及其他铁路（含地方铁路和合资铁路）分年度铁路货运增量目标细化分解到各省（区、市），《2018—2020年全国及重点区域铁路货运增量任务分解表》（以下简称《任务分解表》）见附件1，各省份要按此执行。

二、着力打造运输结构调整示范区

为贯彻落实《行动计划》关于“将京津冀及周边地区打造成为全国运输结构调整示范区”的部署要求，将在北京、天津、河北、河南、山东、山西、辽宁、内蒙古等8省（区、市），组织实施铁路专用线建设工程、铁路货运服务提升工程、港口大宗货物“公转铁”工程、工矿企业大宗货物“公转铁”工程、集装箱铁水联运拓展工程、多式联运信息互联互通工程、货运车辆超限超载治理工程、城市配送新能源车辆推广工程、城市生产生活物资公铁联运试点工程等“九大工程”，并加快推进港口集疏运铁路以及物流园区、大型工矿企业铁路专用线项目建设。《京津冀及周边地区运输结构调整示范区建设实施方案（2018—2020年）》（以下简称《示范区实施方案》）见附件2，京津冀及周边地区8省（区、市）要按此执行，加快推进落实。

三、认真抓好组织实施

各省级交通运输、发展改革、工业和信息化、公安、财政、自然资源、生态环境主管部门，各地区铁路监管局，中国铁路总公司所属有关单位，要按照《行动计划》和《任务分解表》的部署安排和具体要求，紧密结合当地产业结构、能源结构和用地结构特点，京津冀及周边地区8省（区、市）还要一并考虑《示范区实施方案》的要求，加快组织制定本地区运输结构调整工作实施方案，实行“一市一策、一港一策、一企一策”，将本地区任务目标细化分解到各地市和重点企业，相应制定完善责任清单和配套政策措施。各地运输结构调整工作实施方案应征得当地人民政府同意后，于2018年11月30日前报交通运输部备案。

各级各有关部门要加强协同配合，加大对运输结构调整工作的政策支持力度。积极推进完善用地用海支持政策，对涉及的铁路专用线建设用地问题，要按照《自然资源部关于做好占用永久基本农田重大建设项目用地预审的通知》（自然资规〔2018〕3号）的规定，积极予以支持；对“公转水”码头、纳入港口总体规划和运输结构调整的铁水联运、水水中转码头及配建的防波堤、航道、锚地等项目，加大用海支持力度。

四、切实强化督导考评

各省级交通运输、发展改革、工业和信息化、公安、财政、自然资源、生态环境主管部门，各地区铁路监管局，中国铁路总公司所属有关单位，要建立健全运输结构调整工作动态督导考评机制，加强对辖区内各地市和铁路、港口、工矿等重点企业的督导考评，确保各项任务举措落实到位。要加强对运输结构调整工作的监测分析，按照《行动计划》《任务分解表》《示范区实施方案》明确的工作内容和任务目标，按季度总结形成运输结构调整工作情况报告，一并填写《运输结构调整工作监测分析表》（见附件3），京津冀及周边地区8省（区、市）还要针对附件2的附表所列港口集疏运铁路，物流园区、大型工矿企业铁路专用线建设项目表，逐项填写《京津冀及周边地区铁路专用线建设项目进展情况表》（见附件4）。以上材料应于每季度结束后15个工作日内报交通运输部、国家发展改革委。其中，2019年1月15日报送2018年全年情况和数据。交通运输部将会同国务院有关部门，不定期组织开展运输结构调整工作专项督导考评，并将督导考评结果向社会公布，重大情况报告国务院。

请各省级交通运输主管部门组织当地发展改革、工业和信息化、公安、财政、自然资源、生态环境主管部门，各地区铁路监管局，中国铁路总公司所属有关单位，各自确定一名具体联络人员，并将人员名单和联系方式于2018年11月10日前报交通运输部。联系方式：交通运输部运输服务司，010-65293269（电话兼传真）。

附件：

1.2018—2020年全国及重点区域铁路货运增量任务分解表（略）

2.京津冀及周边地区运输结构调整示范区建设实施方案（2018—2020年）（略）

3.运输结构调整工作监测分析表（略）

4.京津冀及周边地区铁路专用线建设项目进展情况表（略）

交通运输部
国家发展改革委
工业和信息化部
公安部
财政部
自然资源部
生态环境部
国家铁路局
中国铁路总公司
2018年10月26日

生态环境部等十一部门
关于印发《柴油货车污染治理攻坚战行动计划》的通知

环大气〔2018〕179号

各省、自治区、直辖市人民政府，新疆生产建设兵团，教育部、科技部、司法部、住房城乡建设部、农业农村部、应急部、海关总署、税务总局、民航局、邮政局：

经国务院同意，现将《柴油货车污染治理攻坚战行动计划》印发给你们，请认真贯彻落实。

生态环境部
发展改革委
工业和信息化部
公安部
财政部
交通运输部
商务部
市场监管总局
能源局
铁路局
中国铁路总公司
2018年12月30日

柴油货车污染治理攻坚战行动计划

为深入贯彻中共中央、国务院《关于全面加强生态环境保护坚决打好污染防治攻坚战的意见》和国务院印发的《打赢蓝天保卫战三年行动计划》的要求，加强柴油货车超标排放治理，加快降低机动车船污染物排放量，坚决打赢蓝天保卫战，制定本行动计划。

一、总体要求

（一）指导思想。以习近平新时代中国特色社会主义思想为指导，全面贯彻党的十九大和十九届二中、三中全会精神，认真落实党中央、国务院决策部署和全国生态环境保护大会要求，坚持统筹“油、路、车”治理，以京津冀及周边地区、长三角地区、汾渭平原相关省（市）以及内蒙古自治区中西部等区域为重点（以下简称重点区域），以货物运输结构调整为导向，以柴油和车用尿素质量达标保障为支撑，以柴油车（机）达标排放为主线，建立健全严格的机动车全防全控环境监管制度，大力实施清洁柴油车、清洁柴油机、清洁运输、清洁油品行动，全链条治理柴油车（机）超标排放，明显降低污染物排放总量，促进区域空气质量明显改善。

（二）基本原则。

坚持源头防范、综合治理。加快调整运输结构，增加铁路和水路货运量，减少公路大宗货物中长距离货运量。推广使用新能源和清洁能源汽车，壮大绿色运输车队。优化运输组织，提高运输效率，降低柴油货车空驶率。推进机动车生产制造、排放检验、维修治理和运输企业集约化发展。

坚持突出重点、联防联控。以重点区域及物流主通道作为重点监管区域，以营运柴油货车和车用油品、尿素作为重点监管对象，强化上下联动、区域协同，统一执法尺度和力度，增强监管合力。加强相关部门之间统筹协调和联合执法，建立完善信息共享机制，提高联合共治水平。

坚持全防全控、严惩重罚。从机动车设计、生产、销售、注册登记、使用、转移、检验、维修和报废等各个环节，加强全方位管控。加大监管执法力度，严厉打击生产销售不达标车辆、检验维修弄虚作假、屏蔽车载诊断系统（OBD）、生产销售使用假劣油品和车用尿素等违法行为。

坚持远近结合、标本兼治。加快完善政策、法规和标准体系，构建严格的环境监管制度，大幅提高违法成本。健全环境信用联合奖惩制度，实现“一处失信、处处受限”。完善环境经济政策，提高企业减排积极性。建立超标排放举报机制，鼓励公众监督，促进群防群控。

（三）目标指标。到2020年，柴油货车排放达标率明显提高，柴油和车用尿素质量明显改善，柴油货车氮氧化物和颗粒物排放总量明显下降，重点区域城市空气二氧化氮浓度逐步降低，机动车排放监管能力和水平大幅提升，全国铁路货运量明显增加，绿色低碳、清洁高效的交通运输体系初步形成。

——全国在用柴油车监督抽测排放合格率达到90%，重点区域达到95%以上，排气管口冒黑烟现象基本消除。

——全国柴油和车用尿素抽检合格率达到95%，重点区域达到98%以上，违法生产销售假劣油品现象基本消除。

——全国铁路货运量比2017年增长30%，初步实现中长距离大宗货物主要通过铁路或水路进行运输。

（四）重点区域范围。京津冀及周边地区、长三角地区、汾渭平原相关省（市）以及内蒙古自治区中西部等区域，包括：北京市、天津市、河北省、山西省、山东省、河南省、上海市、江苏省、浙江省、安徽省、陕西省，以及内蒙古自治区呼和浩特市、包头市、乌兰察布市、鄂尔多斯市、巴彦淖尔市、乌海市。

二、清洁柴油车行动

（五）加强新生产车辆环保达标监管。严格实施国家机动车油耗和排放标准。严格实施重型柴油车燃料消耗量限值标准，不满足标准限值要求的新车型禁止进入道路运输市场。2019 年 7 月 1 日起，重点区域、珠三角地区、成渝地区提前实施机动车国六排放标准。推广使用达到国六排放标准的燃气车辆。（生态环境部、交通运输部牵头，工业和信息化部、公安部等参与，地方各级人民政府负责落实。以下均需地方各级人民政府落实，不再列出）

强化机动车环保信息公开。机动车生产、进口企业依法依规公开排放检验、污染控制技术和汽车尾气排放相关的维修技术信息。各地生态环境部门在机动车生产、销售和注册登记等环节加强监督检查，指导监督排放检验机构严格开展柴油车注册登记前的排放检验，通过国家机动车环境监管平台逐车核实环保信息公开情况，进行污染控制装置查验、上线排放检测，确保车辆配置真实性、唯一性和一致性，2019 年基本实现全覆盖。（生态环境部、交通运输部牵头，公安部、市场监管总局等参与）

严厉打击生产、进口、销售不达标车辆违法行为。在生产、进口、销售环节加强对新生产机动车环保达标监管，抽查核验新生产销售车辆的 OBD、污染控制装置、环保信息随车清单等，抽测部分车型的道路实际排放情况。各省（区、市）对在本行政区域内生产（进口）的主要车（机）型系族的年度抽检率达到 80%，覆盖全部生产（进口）企业，重点区域抽检率进一步提高；对在本行政区域销售的主要车（机）型系族的年度抽检率达到 60%，重点区域达到 80%。严厉打击污染控制装置造假、屏蔽 OBD 功能、尾气排放不达标、不依法公开环保信息等行为，按规定撤销相关企业车辆产品公告、油耗公告和强制性产品认证，督促生产（进口）企业及时实施环境保护召回。各地生产销售柴油车型系族的抽检合格率达到 95%以上。（生态环境部、工业和信息化部、海关总署、市场监管总局牵头，交通运输部等参与）

（六）加大在用车监督执法力度。建立完善监管执法模式。推行生态环境部门检测取证、公安交管部门实施处罚、交通运输部门监督维修的联合监管执法模式。各地生态环境部门应将本地超标排放车辆信息，以信函或公告（在政府网站发布）等方式，及时告知车辆所有人及所属企业，督促限期到与交通运输和生态环境部门联网的具有相应资质能力的维修单位进行维修治理，经维修合格后再到排放检验机构进行复检，公安交管、交通运输部门应当协助联系车辆所有人和所属企业；对于登记地在外省（区、市）的超标排放车辆信息，各地应及时上传到国家机动车环境监管平台，由登记地生态环境部门负责通知和督促。未在规定期限内维修并复检合格的车辆，生态环境、交通运输部门将其列入监管黑名单并将车型、车牌、企业等信息向社会公开，同时依法予以处理或处罚。对于列入监管黑名单或一个综合性能检验周期内三次以上监督抽测超标的营运车辆，生态环境和交通运输部门将其所属单位列为重点监管对象。对于一年内超标排放车辆占其总车辆数 10%以上的运输企业，交通运输和生态环境部门将其列入黑名单或重点监管对象。（生态环境部、公安部、交通运输部牵头）

加大路检路查力度。各地建立完善生态环境、公安交管、交通运输等部门联合执法常态化路检路查工作机制，严厉打击超标排放等违法行为，基本消除柴油车排气口冒黑烟现象。各地大力开展排放监督抽测，重点检查柴油货车污染控制装置、OBD、尾气排放达标情况，具备条件的要抽查柴油和车用尿素质量及使用情况。各设区城市在重点路段对柴油车开展常态化的路检路查，重点区域城市在秋冬季加大检查力度。（生态环

境部、公安部、交通运输部牵头）

强化入户监督抽测。督促指导柴油车超过20辆的重点企业，建立完善车辆维护、燃料和车用尿素添加使用台账，并鼓励通过网络系统及时向当地设区市生态环境部门传送。对于物流园、工业园、货物集散地、公交场站等车辆停放集中的重点场所，以及物流货运、工矿企业、长途客运、环卫、邮政、旅游、维修等重点单位，按“双随机”模式开展定期和不定期监督抽测。对于日常监督抽测或定期排放检验初检超标、在异地进行定期排放检验的柴油车辆，应作为重点抽查对象。（生态环境部牵头，交通运输部等参与）

加强重污染天气期间柴油货车管控。重污染天气预警期间，各地应加大部门联合综合执法检查力度，对于超标排放等违法行为，依法严格处罚。重点区域的钢铁、建材、焦化、有色、化工、矿山等涉及大宗物料运输的重点企业以及沿海沿江港口、城市物流配送企业，应制定错峰运输方案，原则上不允许柴油货车在重污染天气预警响应期间进出厂区（保证安全生产运行、运输民生保障物资或特殊需求产品，以及为外贸货物、进出境旅客提供港口集疏运服务的国五及以上排放标准的车辆除外）。各地生态环境部门可根据重污染天气应急需要，督促指导重点企业建设管控运输车辆的门禁和视频监控系统，监控数据至少保存一年以上。（生态环境部、公安部、交通运输部牵头，工业和信息化部等参与）

加大对高排放车辆监督抽测频次。在机动车集中停放地和维修地开展入户检查，并通过路检路查和遥感监测，加强对高排放车辆的监督抽测。每年秋冬季期间监督抽测柴油车数量，重点区域城市自2019年起不低于当地柴油车保有量的80%，其他区域城市不低于50%。（生态环境部、公安部、交通运输部牵头）

（七）强化在用车排放检验和维修治理。加强排放检验机构监督管理。推行除大型客车、校车和危险货物运输车以外的其他汽车跨省异地排放检验。2019年年底前，排放检验机构应向社会公开检验过程，在企业网站或办事业务大厅显示屏通过高清视频实时公开柴油车排放检验全过程及检验结果，重点区域提前完成。采取现场随机抽检、排放检测比对、远程监控排查等方式，每年实现对排放检验机构的监管全覆盖。对于为省外登记的车辆开展排放检验比较集中、排放检验合格率异常的排放检验机构，应作为重点对象加强监管。将柴油车氮氧化物排放纳入在用汽车污染物排放标准，严格执行、加强监管。严厉打击排放检验机构伪造检验结果、出具虚假报告等违法行为，依法依规撤销资质认定（计量认证）证书，予以严格处罚并公开曝光。（生态环境部、市场监管总局牵头）

强化维修单位监督管理。交通运输、生态环境部门督促指导维修企业建立完善机动车维修治理档案制度，加强监督管理，严厉打击篡改破坏OBD系统、采用临时更换污染控制装置等弄虚作假方式通过排放检验的行为，依法依规对维修单位和机动车所有人予以严格处罚。（交通运输部、生态环境部牵头，市场监管总局等参与）

建立完善机动车排放检测与强制维护制度（I/M制度）。各地生态环境、交通运输等部门建立排放检测和维修治理信息共享机制。排放检验机构（I站）应出具排放检验结果书面报告，不合格车辆应到具有资质的维修单位（M站）进行维修治理。经M站维修治理合格并上传信息后，再到同一家I站予以复检，经检验合格方可出具合格报告。I站和M站数据应实时上传至当地生态环境和交通运输部门，实现数据共享和闭环管理。研究制定汽车排放及维修有关零部件标准，鼓励开展自愿认证。2019年年底前，各地全面建立实施I/M制度，重点区域提前完成。监督抽测发现的超标排放车辆也应按要求及时维修。（交通运输部、生态环境部牵头，市场监管总局等参与）

（八）加快老旧车辆淘汰和深度治理。推进老旧车辆淘汰报废。各地制定老旧柴油货车和燃气车淘汰更新目标及实施计划，采取经济补偿、限制使用、加强监管执法等措施，促进加快淘汰国三及以下排放标准的柴油货车、采用稀薄燃烧技术或“油改气”的老旧燃气车辆。对达到强制报废标准的车辆，依法实施强制报废。对于提前淘汰并购买新能源货车的，享受中央财政现行购置补贴政策。鼓励地方研究建立与柴油货车淘汰更新相挂钩的新能源车辆运营补贴机制，制定实施便利通行政策。2020年年底前，京津冀及周边地区、汾渭平原加快淘汰国三及以下排放标准营运柴油货车100万辆以上。（交通运输部、生态环境部、财政部、商务部牵头，公安部等参与）

推动高排放车辆深度治理。按照政府引导、企业负责、全程监控模式，推进高排放老旧柴油车深度治理。对于具备深度治理条件的柴油车，鼓励加装或更换符合要求的污染控制装置，协同控制颗粒物和氮氧化物排放。深度治理车辆应安装远程排放监控设备和精准定位系统，并与生态环境部门联网，实时监控油箱和尿素箱液位变化，以及氮氧化物、颗粒物排放情况。安装远程排放监控设备并与生态环境部门联网且稳定达标排放的柴油车，可在定期排放检验时免于上线检测。（生态环境部、交通运输部牵头）

（九）推进监控体系建设和应用。加快建设完善“天地车人”一体化的机动车排放监控系统。利用机动车道路遥感监测、排放检验机构联网、重型柴油车远程排放监控，以及路检路查和入户监督抽测，对柴油车开展全天候、全方位的排放监控。2018年年底前，全部机动车排放检验机构实现国家、省、市三级联网，确保排放检验数据实时、稳定传输。加快推进机动车遥感监测能力建设，各地根据工作需要在柴油车通行主要路段建设遥感监测点位，并进行国家、省、市三级联网，重点区域2018年年底前初步建成，其他区域2020年完成。推进重型柴油车远程在线监控系统建设，2018年重点区域开展试点，2019年年底前重点区域50%以上具备条件的重型柴油车安装远程在线监控并与生态环境部门联网，其他地区城市积极推进。2020年1月1日起，重点区域将未安装远程在线监控系统的营运车辆列入重点监管对象。（生态环境部牵头，交通运输部等参与）

加强排放大数据分析应用。利用“天地车人”一体化排放监控系统以及机动车监管执法工作形成的数据，构建全国互联互通、共建共享的机动车环境监管平台。各地通过信息平台每日报送定期排放检验数据和监督抽测发现的超标排放车辆信息，实现登记地与使用地对超标排放车辆的联合监管。通过大数据追溯超标排放车辆生产或进口企业、污染控制装置生产企业、登记地、排放检验机构、维修单位、加油站点、供油企业、运输企业等，实现全链条环境监管。加强对排放检验机构检测数据的监督抽查，对比分析过程数据、视频图像和检测报告，重点核查定期排放检验初检或日常监督抽测发现的超标车、外省（区、市）登记的车辆、运营5年以上的老旧柴油车等。各地对上述重点车辆排放检验数据的年度核查率要达到80%以上，重点区域再进一步提高比例。（生态环境部牵头，公安部、交通运输部、商务部、工业和信息化部、市场监管总局、海关总署等参与）

（十）推动相关行业集约化发展。促进落后产能淘汰。鼓励运用市场化手段，推进柴油货车生产企业兼并重组，促进淘汰落后产品和僵尸企业。对不能维持正常生产经营的企业进行为期两年的特别公示管理。2020年年底前，进一步提高柴油货车制造产业集中度。（工业和信息化部牵头）

推进排放检验机构和维修单位规模化发展。鼓励支持排放检验机构通过市场运作手段，开展并购重组、连锁经营，实现规模化、集团化发展。着力培育一批检验服务质量好、社会诚信度高的排放检验机构成长为地方或行业品牌。鼓励专业水平高的排放检验机构在产业集中区域、交通枢纽、沿海沿江港口、偏远地区以及消费集中区域设立分支机构，提供便捷服务。对于设立分支机构或者多场所检验检测机构的，资质认定部门简化办理手续。鼓励支持技术水平高、市场信誉好的维修企业连锁经营，严厉打击清理无照、不按规定备案经营的维修站点。（市场监管总局、生态环境部、交通运输部牵头）

三、清洁柴油机行动

（十一）严格新生产发动机和非道路移动机械、船舶管理。2020年年底前，全国实施非道路移动机械第四阶段排放标准。进口二手非道路移动机械和发动机应达到国家现行的新生产非道路移动机械排放标准要求。各地要加强对新生产销售发动机和非道路移动机械的监督检查，重点查验污染控制装置、环保信息标签等，并抽测部分机械机型排放情况。各省（区、市）对在本行政区域内生产（进口）的发动机和非道路移动机械主要系族的年度抽检率达到60%，覆盖全部生产（进口）企业，重点区域达到80%；对在本行政区域销售但非本行政区域内生产的非道路移动机械主要系族的年度抽检率达到50%，重点区域达到60%。严惩生产销售不符合排放标准要求发动机的行为，将相关企业及其产品列入黑名单。严格实施非道路移动机械环保信息公开制度，严厉处罚生产、进口、销售不达标产品行为，依法实施环境保护召回。各地生产销售发动机和非道路移动机械机型系族的抽检合格率达到95%以上。严格实施船舶发动机第一阶段国家排放标准，提前实施第二阶段排放标准。严禁新建不达标船舶进入运输市场。（生态环境部、交通运输部、海关总署、市场监管总局牵头）

（十二）加强排放控制区划定和管控。各地依法划定并公布禁止使用高排放非道路移动机械的区域，重点区域城市2019年年底前完成，其他地区城市2020年6月底前完成。各地秋冬季期间加强对进入禁止使用高排放非道路移动机械区域内作业的工程机械的监督检查，重点区域每月抽查率达到50%以上，禁止超标排放工程机械使用，消除冒黑烟现象。加强环渤海、长三角、珠三角水域船舶排放控制区管理，重点区域的内河水域应采取禁限行等措施限制高排放船舶使用。2019年年底前，调整扩大船舶排放控制区范围，覆盖沿海重点港口和部分内河区域，提高船用燃料油硫含量控制要求。研究探索在船舶排放控制区同步管控船舶硫氧化物、氮氧化物和颗粒物排放。（生态环境部、交通运输部牵头，科技部等参与）

（十三）加快治理和淘汰更新。对于具备条件的老旧工程机械，加快污染物排放治理改造。按规定通过农机购置补贴推动老旧农业机械淘汰报废。采取限制使用等措施，促进老旧燃油工程机械淘汰。推进铁路内燃机车排放控制技术进步和新型内燃机车应用，加快淘汰更新老旧机车，具备条件的加快治理改造，协同控制颗粒物和氮氧化物排放。加快推动重点区域通行的铁路内燃机车基本消除冒黑烟现象。铁路煤炭运输应采取抑尘措施，有效控制扬尘污染。加快新能源非道路移动机械的推广使用，在重点区域城市划定的禁止使用高排放非道路移动机械区域内，鼓励优先使用新能源或清洁能源非道路移动机械。重点区域港口、机场、铁路货场、物流园新增和更换的岸吊、场吊、吊车等作业机械，主要采用新能源或清洁能源机械。推动内河船舶治理改造，加强颗粒物排放控制，开展减少氮氧化物排放试点工作。推进内河船型标准化，鼓励淘汰使用20年以上的内河航运船舶，依法强制报废超过使用年限的航运船舶。加强老旧渔船管理，加快推进渔船更新改造。推广使用纯电动和天然气船舶。（农业农村部、交通运输部、铁路局、民航局、铁路总公司牵头，生态环境部、财政部、商务部、能源局等参与）

（十四）强化综合监督管理。2019年年底前，各地完成非道路移动机械摸底调查和编码登记。探索建立工程机械使用中监督抽测、超标后处罚撤场的管理制度。推进工程机械安装精准定位系统和实时排放监控装置，2020年年底前，新生产、销售的工程机械应按标准规定进行安装。进入重点区域城市划定的禁止使用高排放非道路移动机械区域内作业的工程机械，鼓励安装精准定位系统和实时排放监控装置，并与生态环境部门联网。施工单位应依法使用排放合格的机械设备，使用超标排放设备问题突出的纳入失信企业名单。强化船舶排放控制区内船用燃料油使用监管，提高抽检率，打击船舶使用不合规燃油行为。（生态环境部牵头，工业和信息化部、农业农村部、住房城乡建设部、交通运输部等参与）

（十五）推动港口岸电建设和使用。加快港口岸电设备设施建设和船舶受电设施设备改造，提高岸电设施使用效率，相关改造项目纳入环评审批绿色通道。全国主要港口和船舶排放控制区内的港口，靠港船舶优先使用岸电。2020年年底前，沿海和内河主要港口、船舶排放控制区内港口的50%以上集装箱、客滚、邮轮、3千吨级以上客运和5万吨级以上干散货专业化泊位具备向船舶供应岸电的能力。新建码头同步规划、设计、建设岸电设施。2019年7月1日起，重点区域沿海港口新增、更换拖船优先使用新能源或清洁能源。2020年年底前，长江干线、西江航运干线、京杭运河水上服务区和待闸锚地基本具备船舶岸电供应能力。研究制定三峡坝区船舶待闸期间限制使用辅机、鼓励使用岸电的措施。（交通运输部牵头，发展改革委、能源局等参与）

四、清洁运输行动

（十六）提升铁路货运量。推进中长距离大宗货物、集装箱运输从公路转向铁路。在环渤海地区、山东省、长三角地区，2018年年底前，沿海主要港口和唐山港、黄骅港的煤炭集港改由铁路或水路运输；2020年采暖季前，沿海主要港口和唐山港、黄骅港的矿石、焦炭等大宗货物原则上主要改由铁路或水路运输。加大货运铁路建设投入，加快完成蒙华、水曹等货运铁路建设，大力提升张唐、瓦日等铁路线煤炭运输量。加大铁路与港口连接线、工矿企业铁路专用线建设投入，加强钢铁、电解铝、电力、焦化等重点行业企业铁路专用线建设，2019年实现已配套建成铁路专用线的企业主要由铁路运输大宗物料，未配套建设铁路专用线的要尽快完成规划，到2020年重点区域重点行业企业铁路运输比例达到50%以上。（交通运输部、发展改革委、生态环境部、铁路局、铁路总公司牵头，财政部等参与）

（十七）推动发展绿色货运。加快有关交通运输规划和建设项目的环评审查进度，在确保生态环境系统有效保护的前提下，科学有序提升铁路和水路运力。符合运输结构调整方向的铁水联运、水水中转码头、货运铁路及铁路专用线等建设项目，要纳入环评审批绿色通道，优化流程、加快审批。重点区域内新、改、扩建涉及大宗物料运输的建设项目，应尽量采用铁路、水路或管道等运输方式，其他地区应优先采用。依托铁路物流基地、公路港、沿海和内河港口等，推进多式联运型和干支衔接型货运枢纽（物流园区）建设，加快推进集装箱多式联运。鼓励发展江海联运、江海直达、滚装运输、驮背运输、甩挂运输等运输组织方式。重点区域加快推进液化天然气（LNG）罐式集装箱多式联运及堆场建设。推行货运车型标准化，推广集装箱货运方式。推进干线铁路、城际铁路、市域铁路和城市轨道“四网融合”，试点开展高铁快运、地铁货运等。推进城市绿色货运配送示范工程，支持利用城市现有铁路、物流货场转型升级为城市配送中心。鼓励支持运输企业资源整合重组，规模化、集约化高质量发展。（交通运输部、发展改革委、生态环境部、铁路总公司牵头，财政部、商务部、工业和信息化部、铁路局、民航局、能源局等参与）

（十八）优化运输车队结构。推广使用新能源和清洁能源汽车。加快推进城市建成区新增和更新的公交、环卫、邮政、出租、通勤、轻型物流配送车辆采用新能源或清洁能源汽车，重点区域使用比例达到80%。积极推广应用新能源物流配送车。重点区域集疏港、天然气气源供应充足地区应加快充电站及加气站建设，优先采用新能源汽车和达到国六排放标准的天然气等清洁能源汽车。重点区域港口、机场、铁路货场等新增或更换作业车辆主要采用新能源或清洁能源汽车。在物流园、产业园、工业园、大型商业购物中心、农贸批发市场等物流集散地建设集中式充电桩和快速充电桩。鼓励各地组织开展燃料电池货车示范运营，建设一批加氢示范站。优化承担物流配送的城市新能源车辆的便利通行政策。（交通运输部、生态环境部牵头，工业和信息化部、公安部、财政部、住房城乡建设部、铁路局、民航局、邮政局、铁路总公司等参与）

五、清洁油品行动

（十九）加快提升油气质量标准。自2019年1月1日起，全面供应符合国六标准的车用汽柴油，停止销售普通柴油和低于国六标准的车用汽柴油，取消普通柴油标准，实现车用柴油、普通柴油、部分船舶用油“三油并轨”。加快制定实施内河大型船舶用燃料油标准，制修订天然气质量标准，大幅降低硫含量等环境指标限值。根据大气污染防治需要，研究制定更加严格的汽柴油质量标准，降低烯烃、芳烃和多环芳烃含量。（能源局、交通运输部、市场监管总局牵头，商务部、生态环境部等参与）

（二十）健全燃油及清净增效剂和车用尿素管理制度。开展燃油生产加工企业专项整治，依法取缔违法违规企业，对生产不合格油品的企业依法严格处罚，从源头保障油品质量。推进车用尿素和燃油清净增效剂信息公开。研究汽柴油销售前添加符合环保要求的燃油清净增效剂。推进建立车用油品、车用尿素、船用燃料油全生命周期环境监管档案，打通生产、销售、储存、使用环节。禁止以化工原料名义出售调和油组分，禁止以化工原料勾兑调和油，严禁运输企业和工矿企业储存、使用非标油。（市场监管总局、能源局、生态环境部等按职责分工负责）

（二十一）推进油气回收治理。2019 年，重点区域加油站、储油库、油罐车基本完成油气回收治理工作，其他区域城市建成区在 2020 年前基本完成。重点区域年销售汽油量大于 5000 吨的加油站，加快推进安装油气回收自动监控设备并与生态环境部门联网。重点区域开展储油库油气回收自动监控试点。开展原油和成品油码头、船舶油气回收治理，新建的原油、汽油、石脑油等装船作业码头全部安装油气回收设施。2020 年 1 月 1 日以后建造的 150 总吨以上的国内航行油船应具备码头油气回收条件。（生态环境部、交通运输部牵头，商务部、应急部、市场监管总局等参与）

（二十二）强化生产、销售、储存和使用环节监管。严厉打击生产、销售、储存和使用不合格油品、天然气和车用尿素行为，依法追究相关方面责任并向社会公开。各地在生产、销售和储存环节开展常态化监督检查，加大对炼油厂、储油库、加油（气）站和企业自备油库的抽查频次。各地组织开展清除无证无照经营的黑加油站点、流动加油罐车专项整治行动，严厉打击生产销售不合格油品行为，构成犯罪的，依法追究刑事责任。严禁在液化天然气中非法添加液氮，并采取切实措施防止死灰复燃。加强使用环节监督检查，在具备条件的情况下从柴油货车油箱、尿素箱抽取样品进行监督检查，重点区域城市加大检查频次。到 2019 年，违法生产、销售、储存和使用假劣非标油品现象基本消除。（市场监管总局、发展改革委、商务部、交通运输部、生态环境部等按职责分工负责）

六、保障措施

（二十三）加强法规标准和政策保障。完善法规标准体系。研究制定机动车和非道路移动机械环境保护召回管理办法、机动车排放检验与强制维修管理办法。各地根据监管需要，制定出台机动车污染防治地方法规，健全严惩重罚制度。制修订在用汽车和非道路移动机械排放标准、非道路移动机械第四阶段技术要求。制修订并实施铁路内燃机车排放标准，研究制定机动车排放检验技术规范、机动车遥感检测仪器校准规范、柴油车和工程机械远程在线监控及联网规范、柴油车排放治理技术指南、加油站油气回收在线监控系统技术要求等。制定实施维修站建设和联网、尾气排放维修治理技术规范等。修订《机动车强制报废标准规定》，调整营运柴油货车使用年限。加快制修订汽柴油清净剂等相关标准。加快出台实施报废机动车回收管理办法。（生态环境部、交通运输部、商务部、司法部、市场监管总局、能源局、铁路局牵头）

健全环境信用体系。机动车生产或进口企业、发动机制造企业、污染控制装置生产企业、排放检验机构、维修单位、运输企业、施工单位、汽柴油及车用尿素生产销售企业等企业的违法违规信息，企业未依法依规落实应急运输响应等重污染应急措施的信息，以及相关企业负责人信息，按规定纳入全国信用信息共享平台，实施跨部门联合惩戒。对环境信用良好的企业实施联合激励。（发展改革委牵头，生态环境部、交通运输部、工业和信息化部、商务部、海关总署、能源局等参与）

（二十四）加强税收和价格政策激励。实施税收优惠政策。对符合条件的新能源汽车免征车辆购置税，继续落实并完善对节能、新能源车船减免车船税的政策。各地研究建立柴油车加装、更换污染控制装置的激励机制。（财政部牵头，生态环境部、交通运输部、工业和信息化部、税务总局等参与）

完善价格政策。适时完善车用油品价格政策，研究在成品油质量升级价格政策中统筹考虑燃油清净增效剂成本的可行性。铁路运输企业完善货运价格市场化运作机制，规范辅助作业环节收费，积极推行铁路运费“一口价”。研究实施铁路集港运输和疏港运输差异化运价模式，降低回程铁路空载率。推动建立完善船舶、飞机使用岸电的供售电机制，降低岸电使用成本。允许码头等岸电设施经营企业按现行电价政策向船舶收取电费。港口岸基供电执行大工业电价，免收容（需）量电费，研究进一步加大对内河岸电价格政策的支持力度。各地及有关行业主管部门应加大对港口、机场岸电设施建设和经营的支持力度，鼓励码头等岸电设施经营企业实行岸电服务费优惠。（发展改革委牵头，生态环境部、交通运输部、商务部、能源局、铁路局、民航局、铁路总公司等参与）

（二十五）加强技术和能力支撑。支持管理创新和减排技术研发。鼓励地方积极探索移动源治污新模式。支持研发传统内燃机高效节能减排技术，提升发动机热效率，优化尾气处理工艺。积极发展替代燃料、混合动力、纯电动、燃料电池等机动车船技术。鼓励开发混合动力、插电式混合动力专用发动机，优化动力总成系统匹配。鼓励自主研发柴油车（机）高压共轨燃油喷射系统、高效增压中冷系统、废气再循环系统、选择性催化还原系统、柴油颗粒物捕集器等技术。研究公路运输节能减排技术新路径。推进港口、铁路、机场等特殊领域作业机械新能源动力技术研发。启动船舶国际排放控制区划定及管控技术研究。支持“多式联运、互联网＋运输”等研究，健全多式联运基础设施、运载单元、信息交换接口等标准体系。（科技部牵头，生态环境部、工业和信息化部、交通运输部、铁路局、民航局、铁路总公司等参与）

加大资金支持和能力建设力度。加大中央和地方财政资金投入，重点支持机动车、工程机械及船舶的环境监控监管能力建设和运行维护，以及老旧柴油货车淘汰和尾气排放深度治理。对淘汰更新老旧柴油货车、推广使用新能源货车等大气污染治理措施成效显著的地方，中央财政在安排有关资金时予以倾斜支持。加强基层机动车污染防治工作力量建设，提高监管执法专业化水平。2019 年年底前，各地达到机动车环境管理能力建设标准要求。构建交通污染全国监测网络，在沿海沿江主要港口和重要物流通道建设空气质量监测站，重点监控评估交通运输污染情况，2020 年年底前建成。在全国扶持建设 1000 座柴油货车排气超标维修治理站，加强培训，提高行业维修治理能力。大力支持港口和机场岸基供电，对于港口、铁路、机场等特殊领域的新能源动力作业机械，加大技术研发和改造的资金支持力度，加快推进铁路电气化改造及老旧机车更新换代，加大机场场内车辆“油改电”工作支持力度。有效提升车船用液化天然气供应保障能力，研究制定物流通道沿线液化天然气加注站建设规划。（财政部、生态环境部、交通

运输部、能源局牵头，工业和信息化部、科技部、铁路局、民航局、铁路总公司等参与）

（二十六）加强奖惩并举和公众参与。建立完善奖惩并举机制。加强柴油货车污染治理攻坚战年度和终期目标任务完成情况考核，纳入打赢蓝天保卫战成效考核。建立考核激励和容错机制，及时表扬奖励工作成绩突出，以及敢于开拓创新、敢于担当的先进典型。对工作不力、监管责任不落实、问题突出的地方，由生态环境部公开约谈地方政府主要负责人。将柴油货车污染治理攻坚战中存在的不作为、乱作为等突出问题纳入中央环境保护督察和省级环境保护督察范围，对重点攻坚任务完成不到位，不作为、慢作为、不担当、不碰硬，甚至失职失责的，依法依规依纪严肃问责。加快建立完善机动车等移动源行政执法与刑事司法衔接机制，对于生产、进口、销售不合格发动机、机动车、非道路移动机械、车用燃料、车用尿素，以及排放检验弄虚作假的行为，严惩重罚，涉嫌违法犯罪的移送司法机关，依法追究相关人员刑事责任。（生态环境部牵头，中央组织部等参与）

强化公众参与和监督。创新方式方法，利用电视、广播、报纸、互联网等新闻媒体，开展多种形式的宣传普及活动，加强法律法规政策宣传解读，营造良好的社会氛围，不断提高全社会对机动车污染危害和绿色货运的认识。教育引导机动车船和机械驾驶（操作）人员树立绿色驾驶（作业）意识，提高购买使用合格油品和尿素、及时维护保养的自觉性。鼓励职业院校相关专业中增加绿色驾驶教育、排放检验与维修技术等内容，大力开展尾气排放维修治理技术培训。引导支持社会公众积极有序参与和监督，各城市建立有奖举报机制，鼓励通过微信平台（微信公众号“12369 环保举报”）举报冒黑烟车辆和非道路移动机械。（生态环境部、交通运输部、教育部牵头）

地方各级人民政府是落实本行动计划的责任主体，要因地制宜制定本地区实施方案，层层压实责任，认真监督落实。国务院各有关部门要按照职责分工，切实落实本行动计划确定的各项工作任务。生态环境部和有关部门加强统筹协调、定期调度和监督检查，重要情况及时报告国务院。

国家发展改革委等五部门发布关于加快推进铁路专用线建设的指导意见

发改基础〔2019〕1445号

各省、自治区、直辖市及计划单列市、新疆生产建设兵团发展改革委、自然资源厅（局）、交通运输厅（委），各铁路监督管理局，各铁路局集团公司，国家能源集团，国家开发投资集团有限公司：

为优化调整运输结构、打赢蓝天保卫战，更好发挥铁路在综合交通运输体系中的骨干作用和绿色低碳优势，推进铁路进港口、大型工矿企业和物流园区，解决好铁路运输“最后一公里”问题，促进多式联运，降低物流成本，现就加快推进铁路专用线建设提出以下意见。

一、重要意义

专用线是解决铁路运输“最后一公里”问题的重要设施，对于减少短驳、发挥综合交通效率、提升经济社会效益具有重要作用。近年来，有关部门、地方和企业坚持以供给侧结构性改革为主线，按照高质量发展要求，着力提升综合交通运输服务水平和效益，积极推动以铁路为骨干的多式联运发展，大力发展铁路专用线，实施长江干线港口铁水联运设施联通行动计划，打通铁路“最后一公里”，畅通“微循环”，“公转铁”、铁水联运等结构调整效果初步显现。为更好落实《国务院办公厅关于印发推进运输结构调整三年行动计划（2018—2020年）的通知》（国办发〔2018〕91号）有关要求，进一步增加铁路货运量，迫切需要加快铁路专用线建设进度，实现铁路干线运输与重要港口、大型工矿企业、物流园区等的高效联通和无缝衔接。

二、总体要求

（一）指导思想。

以习近平新时代中国特色社会主义思想为指导，全面贯彻党的十九大和十九届二中、三中全会精神，按照党中央、国务院关于调整运输结构、打赢蓝天保卫战的重大决策部署，坚持以供给侧结构性改革为主线，坚持目标导向和问题导向，以推进大宗货物运输“公转铁”为主攻方向，坚持市场主体、企业实施、政府推动，充分利用既有铁路设施，加快铁路专用线建设，构建支撑多式联运更高效、运输结构更优化、降本增效更明显的铁路集疏运体系，打通铁路运输“最后一公里”，提高共建共享利用效率，提升服务水平，增加铁路货运量，降低物流成本，减少碳排放，提升运输绿色发展水平。

（二）发展目标。

到2020年，一批铁路专用线开工建设，沿海主要港口、大宗货物年运量150万吨以上的大型工矿企业、新建物流园区铁路专用线接入比例均达到80%，长江干线主要港口基本引入铁路专用线。到 2025 年，沿海主要港口、大宗货物年运量 150 万吨以上的大型工矿企业、新建物流园区铁路专用线力争接入比例均达到 85%，长江干线主要港口全部实现铁路进港。

三、重点任务

（三）深入对接需求。

各省级发展改革委、自然资源厅（局）、交通运输厅（委）、地区铁路监督管理局和铁路企业牵头建立对接工作机制，按照运量前景可观、基础条件成熟、“公转铁”效果明显的原则，对接调查辖域内港口、企业、物流园区铁路专用线建设需求，梳理大宗货物年货运量 150 万吨以上的大型工矿企业和新建物流园区名单，研究确定铁路专用线建设总体目标，明确铁路专用线重点建设项目清单，细化明确项目推进时间节点、实施主体、资金筹措方案等。

（四）同步规划建设。

规划新建客货共线、货运专线铁路时，要充分考虑沿线铁路专用线接入需求，同步做好专用线线路走向和衔接条件的论证，鼓励铁路专用线与之同步规划设计、同期建成开通。具备同步实施条件的，新建铁路要提供有利的接轨条件，按照专用线能力需要配套建设接轨站。暂不具备同步建设条件的，新建铁路应做好接轨条件预留。结合新线铁路建设和既有线扩能改造，鼓励根据需要对既有专用线实施相关改造，尽可能盘活既有专用线资源和运能，提高利用效率。主要港口新建集装箱、大宗散货作业区原则上同步规划建设进港铁路。

（五）合理确定标准。

在保障运输安全顺畅的前提下，合理确定新建及改扩建铁路专用线建设等级和技术标准，经济适用配置站后设施设备。铁路专用线优先采用再用轨、再用枕，牵引供电可采用单路外部电源或单台牵引变压器等。办理煤炭等易产生扬尘污染的专用线，应配套建设绿色环保设施。不得随意采用设计上限标准和配置不相关的设施设备，从源头上降低专用线造价，切实减轻企业负担。专用线选址要符合国土空间规划，合理避让永久基本农田和生态保护红线，节约集约用地。

（六）简化接轨条件。

有关企业提出铁路专用线接轨需求时，接轨站所属铁路企业应无条件受理，严禁设置门槛或拒绝受理。接轨站应按照顺畅衔接的原则进行适应性改造，原则上以接轨点为界，由铁路企业根据需要改造接轨站及相关设施设备并承担其投资。铁路专用线与繁忙干线、设计时速 200 公里客货共线铁路车站接轨时，应综合运输安全、咽喉通过能力、工程代价等因素，充分论证设置疏解线的必要性和建设时机；与其他线路车站接轨时，原则上不设置疏解线。

（七）压缩办理时限。

进一步深化“放管服”改革，按照“最多跑一趟”的目标，精简手续、提高效率。铁路企业在受理专用线接轨申请后，原则上应在 20 个工作日内出具同意接轨意见，因技术原因不能接轨的需作出书面答复并提出有关建议。地方有关部门受理专用线核准申请后，应按照规定时限完成核准手续，确保专用线建设符合国家相关产业政策。省级投资主管部门负责专用线核准，并征求相关方面意见，初步设计、施工图设计等审查由企业自行决定。合理压缩铁路专用线项目前期工作周期，简化设计程序，提高审批效率，除工程地质复杂、技术难度大的项目外，原则上在可行性研究后可直接开展施工图设计。

（八）创新运维模式。

专用线产权单位自主决策、按市场化原则开展运营维护，可采取自营、委托运营等方式。进一步开放专用线代运营代维护市场，允许工程施工、装备制造、社会物流企业等参与并提供相关服务，鼓励建立区域性、专业化铁路专用线运营维护机制和企业。专用线委托铁路企业运营维护的，铁路企业应积极采用车、工、电、供一体化生产组织模式，集中集约设置生产生活设施，统筹检修工装设备运用，尽可能降低运营支出，同时参照自身运营相关作业的内部成本控制定额，在平等协商基础上，合理确定收费标准。专用线由产权单位自己运营维护的，铁路企业要加强指导，确保满足国家相关标准和规定，保障运输安全。

（九）优化运输服务。

铁路企业要加快转变理念，主动上门对接和服务企业，优化服务流程和运输组织，减少中间短驳，简化作业环节，规范收费行为，提高运输服务效率和品质，加强与港口、航运等企业合作，促进港口通过铁路进行大宗货物和集装箱集疏运。结合受委托专用线需求特点，制定针对性运输计划，鼓励企业签订长期协议，优先满足专用线运输需求。鼓励铁路企业与专用线产权单位、第三方客户加强合作，协商制定全程物流方案，为广大客户提供更直接、更方便、更高效的服务，推动铁路货运向现代物流转变。加快完善以铁水联运为重点的多式联运公共信息交换共享，实现铁路现车、装卸车、货物在途、到达预确报以及港口装卸、货物堆存、船舶进出港等铁水联运信息互联共享。

（十）提升综合效益。

鼓励铁路企业、有关企业和地方政府加强合作，按照市场化原则推进铁路专用线共建共享共用，规范线路使用、运输服务收费项目和标准，明确清算规则，规范专用线价格行为，建立适应市场变化的运价灵活动态调整机制，增强铁路专用线运输市场竞争能力，制定铁路专用线代运营代维护收费计费办法，向社会公开。加强产运销协同，开发多层次运输服务产品，提高专用线利用效率和综合效益，更好地发挥铁路运输安全、节能、环保优势，推动运输结构调整优化。

四、措施要求

（十一）强化协同推动。

省级发展改革委、自然资源厅（局）、交通运输厅（委）、地区铁路监督管理局和铁路企业要建立常态化协调机制，加强与地方及有关企业沟通协调，共同推进专用线建设，着力解决重点难点问题，每半年将有关工作推进情况报送国家发展改革委、自然资源部、交通运输部、国家铁路局和中国国家铁路集团有限公司。充分发挥铁路企业运营管理优势和企业市场主体作用，坚持市场导向，合理确定其在专用线建设的资金筹措、建设实施、资产管理、运营维护等责任。

（十二）加大支持力度。

铁路企业要强化市场和服务意识，在接轨手续办理、方案审查、工程建设、运维管理、运输组织、安全保障等方面优化服务，有关情况及时向社会主动公开。地方有关部门要简化审批程序，在要件办理、项目核准、建设施工许可、用地指标保障等方面积极支持。自然资源部将加大铁路专用线用地、用海支持力度，对重点支持项目纳入占用永久基本农田用地预审受理范围，并对符合海域管理法律法规及围填海管理政策的项目保障用海需求。国家铁路局将会同有关部门和单位加快制定完善铁路专用线标准规范，加强行业质量安全监督管理，促进铁路专用线安全优质建设。

（十三）拓宽筹资渠道。

全面开放铁路专用线投资建设、运营维护市场，支持各市场主体按照市场化原则，以股权合作方式共同建设铁路专用线。中国国家铁路集团有限公司将与有关企业加强平等协商和互利合作，积极参与铁路专用线建设。鼓励金融机构加大对铁路和多式联运企业金融服务的支持力度，积极引导社会资本以多种形式参与投资建设铁路专用线，研究进一步加大中央和地方财政性资金的支持力度。

（十四）加强督促指导。

根据发展需求和经济社会效益情况，梳理提出了2019—2020年推动先行实施的一批铁路专用线重点项目。国家发展改革委、自然资源部、交通运输部、国家铁路局、中国国家铁路集团有限公司将加强跟踪指导，及时总结和协调解决铁路专用线项目建设过程中的问题和困难，对进展滞后的项目督促有关方面重点帮助协调推进。同时，完善相关政策措施，推动有关方面加快推进项目前期工作和工程建设，尽快打通铁路运输“最后一公里”。

附件： 铁路专用线重点项目（2019—2020年）（略）

国家发展改革委
自然资源部
交通运输部
国家铁路局
中国国家铁路集团有限公司
2019年9月1日

公路运输与机动车管理

环境保护部关于加强机动车污染防治工作推进大气 $PM_{2.5}$ 治理进程的指导意见

环发［2012］129号

各省、自治区、直辖市环境保护厅（局），新疆生产建设兵团环境保护局，各机动车企业，中国石油天然气集团公司、中国石油化工集团公司、中国海洋石油总公司：

随着我国机动车保有量迅速增加，机动车尾气排放已成为城市大气污染的重要来源。一些地区频繁发生细颗粒物（$PM_{2.5}$）污染问题，与机动车尾气排放密切相关。为切实改善环境空气质量，保障群众健康，根据国务院有关文件要求，现就加强机动车污染防治、推进 $PM_{2.5}$ 治理进程提出以下意见。

一、充分认识加强机动车污染防治的重要性和紧迫性

（一）认清形势，提高认识。近年来，我国机动车污染问题日益突出。2010 年全国机动车保有量达到 1.9 亿辆，尾气排放成为我国大气污染的主要来源，是造成灰霾、光化学烟雾污染的重要原因。同时，由于机动车大多行驶在人口密集区域，尾气排放直接威胁群众健康。据测算，“十二五”期间我国还将新增机动车 1 亿辆以上，新增车用汽柴油消耗 1 亿至 1.5 亿吨，由此带来的环境压力十分巨大。

当前，国家发布新修订的《环境空气质量标准》，对 $PM_{2.5}$ 治理工作提出更高的要求，机动车污染防治成为改善环境空气质量的关键领域。《国民经济和社会发展“十二五”规划纲要》将氮氧化物排放总量削减 10%作为约束性目标，机动车排放占氮氧化物总量的 1/4 以上，在“十二五”污染减排工作中占有举足轻重的地位。各级环保部门要充分认识加强机动车污染防治工作的重要性和紧迫性，进一步加大工作力度，强化协调配合，采取更有效的措施，全面深化机动车污染减排各项工作。

二、明确指导思想、总体要求和主要目标

（二）指导思想。以科学发展观为指导，以改善空气质量为目的，实施机动车生产、使用、淘汰等全过程环境监管。坚持源头预防，严格新车污染物排放标准，推动技术进步，促进机动车产业可持续发展；坚持综合治理，强化在用车环保定期检验，推行标志管理，提升在用车环境监管水平；坚持更新淘汰，运用法律、经济、技术和行政等多种手段，推进高排放“黄标车”加速淘汰；坚持协调发展，推动车用燃油升级，大力发展公共交通，逐步形成“车、油、路”协调发展的机动车污染减排工作格局。

（三）总体要求。以削减机动车污染物排放总量为重点，全面推进柴油车、汽油车、摩托车和低速汽车等污染防治，突出抓好新车生产、注册登记、在用车环保检验、维修治理、报废拆解、“黄标车”淘汰、车用油品升级和环保监管等关键环节，建立健全政

府主导、部门协作、社会参与、环保监管的工作机制，全面实现“十二五”机动车污染减排目标任务。

（四）主要目标。到2015年，全国机动车污染物排放总量比2010年下降10%，其中氮氧化物减排任务全面完成，颗粒物排放量显著降低。严格实施国家第四阶段机动车尾气排放标准，在有条件的地区实施第五阶段排放标准；全面推行机动车环保标志管理，环保标志发放率达到80%以上；基本淘汰2005年以前注册运营的“黄标车”；积极推进车用燃油低硫化进程；显著提高机动车环保监管能力，建立健全国家、省级、地市三级机动车环保监管机构和监控平台，进一步完善机动车污染防治法规、标准和政策体系。到2020年，机动车排放控制水平显著提升，尾气排放总量大幅削减。

三、提升新生产机动车尾气排放控制水平

（五）落实机动车生产环保责任。机动车企业作为车辆产品排放控制的责任主体，应严格执行环保法律法规和标准，不得生产、进口、销售不符合排放标准的车辆。机动车企业应按标准要求进行环保型式核准申报，并切实按照环保达标车型公告要求组织生产，加强环保关键部件保证、生产过程一致性控制、产品排放自检等环保管理，建立和完善环保生产一致性保证体系。机动车企业应当确保车辆环保装置耐久性，不符合排放标准规定的耐久性要求的车辆，相关生产企业要依法承担相应治理责任并采取措施确保达标。

（六）严格实施机动车排放标准。严格实施第四阶段汽油车排放标准，积极推进第四阶段柴油汽车排放标准实施，鼓励具备清洁低硫车用燃油条件的地区实施更严格的排放标准。加快国家第五阶段轻型汽车、第四阶段摩托车、低速载货汽车和非道路移动机械等排放标准的制定及修订工作，健全机动车在低温、高原等实际工况下的排放要求。大力发展混合动力、天然气等节能环保车型，推进柴油车颗粒过滤器（DPF）、氧化性催化转化器（DOC）等先进技术的应用，引导车内空气质量保障技术发展。

（七）加大环保监督执法力度。加强机动车企业环保生产日常监管和执法检查，规范检查行为，提高抽查比例，把好新车排放源头关。继续开展机动车环保生产一致性检查专项行动，采取企业现场检查和市场监督抽查相结合方式，严厉打击违反环保法律法规生产行为。逐步开展机动车在用符合性检查，对在正常使用条件下的机动车环保装置有效性进行监督抽检。推进新车排放检测实验室比对试验，提高检测质量和技术。

四、加强在用机动车污染防治

（八）严格地方机动车环境准入。加强新注册和转入车辆环境管理，严格执行国家和地方规定的机动车排放标准。在对已开展新注册车辆核发环保标志工作的地区，地方环保部门应依据国家环保达标车型公告开展核发工作。对达不到相应排放标准的，不予核发机动车环保标志。

（九）强化机动车环保检验与维修制度。各省（区、市）环保部门应严格按照《大气污染防治法》相关规定，全面推进机动车环保检验机构委托工作，2012年底前力争实现环保检验机构在地级及以上城市全覆盖。推动机动车环保检验与安全技术检验同步

进行，机动车环保检验机构应按照国家和地方相关规定开展机动车环保检测业务，建立数据服务器，并与当地环保部门联网，实时上传环保检测数据。地方环保部门应加强环保检验机构日常监管，定期组织开展环保监督性抽查，鼓励有条件的地区采用简易工况检测方法，到2015年底前环保检验率（含免检车辆）达到80%以上。提高超标车辆的维修治理水平，协调交通运输部门建立机动车环保检验与维修信息共享机制。

（十）加强环保标志管理与监督抽检工作。根据《机动车环保检验合格标志管理规定》，对所有通过环保检验的机动车，分别核发绿色、黄色环保标志，逐步提高环保标志核发率。推进环保标志电子化、智能化管理。各地环保部门应加强机动车停放地的监督抽检，对规模化运营并且使用频率高的货运车、公交车、出租车、长途客运车等进行重点检查，杜绝车辆"冒黑烟"现象。积极推进遥感法检测汽车尾气。

五、推进"黄标车"更新淘汰

（十一）加强机动车强制报废管理。与公安、商务、交通等部门协调配合，严格执行《机动车强制报废标准规定》《关于报废汽车监督管理有关工作的通知》，着力加强对营运车辆报废的监督管理。对达到强制报废条件的汽车，不予进行机动车环保检验，并注销其环保标志，协调公安交管部门暂停未履行正常报废手续的车辆所有人办理其他车管业务。

（十二）加速淘汰"黄标车"。鼓励采取"以奖促治""以奖代补"等经济激励政策，引导高污染、高排放的"黄标车"提前淘汰，着重加大大型载客、重型载货行业的老旧车辆淘汰力度，确保"十二五"末全部淘汰2005年以前注册的营运"黄标车"。

（十三）推行"黄标车"限行措施。通过制定地方性法规规章，推行"黄标车"限行措施，促进"黄标车"淘汰工作。《重点区域大气污染防治"十二五"规划》中的重点区域应逐步扩大限行区面积，在保障城市运输需求的情况下，应加强统筹协调，逐步形成"黄标车"区域连片限行的空间格局。

（十四）加强报废机动车无害化处置。与商务等相关部门协作配合，逐步实现对报废机动车回收、拆解、废弃物处理以及拆解后废弃物（包括废铅酸电池、废电路板等）流向的环境监管。鼓励具有先进回收拆解技术的企业从事报废机动车回收拆解业务。对于违反有关法律法规、不符合环保要求或不能承担正常回收拆解业务的企业，依法进行整改或取消其业务资格。

六、提升车用燃油品质

（十五）推进车用燃油标准升级。积极协调相关部门和石油企业，提升车用燃油品质。严格落实国四车用汽油标准，确保按期供应国四汽油。加快推动国四车用柴油标准制定和实施，力争全国尽早供应国四车用柴油，重点地区供应国五车用汽柴油。严格石油冶炼行业环境准入，要求新、改、扩建千万吨级以上大型炼化项目以生产国五标准车用燃油为设计目标。颁布实施车用尿素溶液标准，推进尿素加注系统建设。严格落实储油库、加油站和油罐车油气排放标准，推动制定油气污染治理计划。

（十六）加强油品环保指标监督管理。落实《关于促进车用汽柴油产品质量提升的指导意见》，配合质检、商务、工商部门开展车用油品质量监督检查，提升车用油品质量，加强监管信息沟通和部门协作。

七、提高环保监管能力

（十七）建立环保信息管理体系。建立健全机动车环保信息数据库，及时掌握新车注册、转移及注销，在用车环保检验、环保标志核发、油品升级、维修治理、报废拆解、“黄标车”淘汰和监督管理等信息，动态分析机动车尾气排放量变化情况，定期发布机动车污染防治公报，建立机动车环保信息报送制度，为各级政府及相关部门控制机动车污染提供科学依据。

（十八）推进环保监管能力建设。制定并实施机动车环保监管能力建设方案，建设国家、省级、地市三级联网的机动车环保监管平台，切实增强机动车环境监管能力。开展城市道路两侧空气质量监测试点，加强新车检测机构和在用车检验机构的在线自动监控设施建设与运行，实现环保检测数据联网报送。2015 年前完成 1 个国家级、31 个省级和 113 个环保重点城市机动车环保监控能力建设，配置相关仪器设备及业务系统。

（十九）推进环保监管机构建设。加强机动车环境管理队伍建设，配备专门人员，鼓励各地设立专门的机动车环保监管机构。完善培训机制，加强基层环境监管人员培训。进一步发挥国家机动车环保管理专家委员会的作用，对各地进行技术指导。

八、强化组织保障

（二十）加强组织协调。进一步明确地方各级人民政府对本行政区域污染减排负总责的工作要求，推动形成各级政府主导、各部门分工协作、环保统一监管的机动车污染防治工作机制。在地方政府的统一领导下，全面落实公安、环保、商务、交通等相关部门职责，通过定期召开工作协调会、建立信息通报、联合检查等工作制度，及时协调解决工作中的难点、重点问题。

（二十一）加强宣传动员。各地区要采取多种形式，充分利用报纸、电台、网络、标语等媒介，对机动车污染减排工作进行宣传，争取群众的充分理解和支持，引导群众有序参与和监督。

环境保护部

2012 年 10 月 29 日

机动车强制报废标准规定

商务部、发改委、公安部、环境保护部令 2012 年第 12 号

《机动车强制报废标准规定》已经 2012 年 8 月 24 日商务部第 68 次部务会议审议通过，并经发展改革委、公安部、环境保护部同意，现予发布，自 2013 年 5 月 1 日起施行。《关于发布〈汽车报废标准〉的通知》（国经贸经〔1997〕456 号）、《关于调整轻型载货汽车报废标准的通知》（国经贸经〔1998〕407 号）、《关于调整汽车报废标准若干规定的通知》（国经贸资源〔2000〕1202 号）、《关于印发〈农用运输车报废标准〉的通知》（国经贸资源〔2001〕234 号）、《摩托车报废标准暂行规定》（国家经贸委、发展计划委、公安部、环保总局令〔2002〕第 33 号）同时废止。

商务部部长
发改委主任
公安部部长
环境保护部部长
2012 年 12 月 27 日

机动车强制报废标准规定

第一条　为保障道路交通安全、鼓励技术进步、加快建设资源节约型、环境友好型社会，根据《中华人民共和国道路交通安全法》及其实施条例、《中华人民共和国大气污染防治法》《中华人民共和国噪声污染防治法》，制定本规定。

第二条　根据机动车使用和安全技术、排放检验状况，国家对达到报废标准的机动车实施强制报废。

第三条　商务、公安、环境保护、发展改革等部门依据各自职责，负责报废机动车回收拆解监督管理、机动车强制报废标准执行有关工作。

第四条　已注册机动车有下列情形之一的应当强制报废，其所有人应当将机动车交售给报废机动车回收拆解企业，由报废机动车回收拆解企业按规定进行登记、拆解、销毁等处理，并将报废机动车登记证书、号牌、行驶证交公安机关交通管理部门注销：

（一）达到本规定第五条规定使用年限的；

（二）经修理和调整仍不符合机动车安全技术国家标准对在用车有关要求的；

（三）经修理和调整或者采用控制技术后，向大气排放污染物或者噪声仍不符合国家标准对在用车有关要求的；

（四）在检验有效期届满后连续 3 个机动车检验周期内未取得机动车检验合格标志的。

第五条　各类机动车使用年限分别如下：

（一）小、微型出租客运汽车使用8年，中型出租客运汽车使用10年，大型出租客运汽车使用12年；

（二）租赁载客汽车使用15年；

（三）小型教练载客汽车使用10年，中型教练载客汽车使用12年，大型教练载客汽车使用15年；

（四）公交客运汽车使用13年；

（五）其他小、微型营运载客汽车使用10年，大、中型营运载客汽车使用15年；

（六）专用校车使用15年；

（七）大、中型非营运载客汽车（大型轿车除外）使用20年；

（八）三轮汽车、装用单缸发动机的低速货车使用9年，装用多缸发动机的低速货车以及微型载货汽车使用12年，危险品运输载货汽车使用10年，其他载货汽车（包括半挂牵引车和全挂牵引车）使用15年；

（九）有载货功能的专项作业车使用15年，无载货功能的专项作业车使用30年；

（十）全挂车、危险品运输半挂车使用10年，集装箱半挂车20年，其他半挂车使用15年；

（十一）正三轮摩托车使用12年，其他摩托车使用13年。

对小、微型出租客运汽车（纯电动汽车除外）和摩托车，省、自治区、直辖市人民政府有关部门可结合本地实际情况，制定严于上述使用年限的规定，但小、微型出租客运汽车不得低于6年，正三轮摩托车不得低于10年，其他摩托车不得低于11年。

小、微型非营运载客汽车、大型非营运轿车、轮式专用机械车无使用年限限制。

机动车使用年限起始日期按照注册登记日期计算，但自出厂之日起超过2年未办理注册登记手续的，按照出厂日期计算。

第六条　变更使用性质或者转移登记的机动车应当按照下列有关要求确定使用年限和报废：

（一）营运载客汽车与非营运载客汽车相互转换的，按照营运载客汽车的规定报废，但小、微型非营运载客汽车和大型非营运轿车转为营运载客汽车的，应按照本规定附件1所列公式核算累计使用年限，且不得超过15年；

（二）不同类型的营运载客汽车相互转换，按照使用年限较严的规定报废；

（三）小、微型出租客运汽车和摩托车需要转出登记所属地省、自治区、直辖市范围的，按照使用年限较严的规定报废；

（四）危险品运输载货汽车、半挂车与其他载货汽车、半挂车相互转换的，按照危险品运输载货车、半挂车的规定报废。

距本规定要求使用年限1年以内（含1年）的机动车，不得变更使用性质、转移所有权或者转出登记地所属地市级行政区域。

第七条　国家对达到一定行驶里程的机动车引导报废。

达到下列行驶里程的机动车，其所有人可以将机动车交售给报废机动车回收拆解企业，由报废机动车回收拆解企业按规定进行登记、拆解、销毁等处理，并将报废的机动车登记证书、号牌、行驶证交公安机关交通管理部门注销：

（一）小、微型出租客运汽车行驶 60 万千米，中型出租客运汽车行驶 50 万千米，大型出租客运汽车行驶 60 万千米；

（二）租赁载客汽车行驶 60 万千米；

（三）小型和中型教练载客汽车行驶 50 万千米，大型教练载客汽车行驶 60 万千米；

（四）公交客运汽车行驶 40 万千米；

（五）其他小、微型营运载客汽车行驶 60 万千米，中型营运载客汽车行驶 50 万千米，大型营运载客汽车行驶 80 万千米；

（六）专用校车行驶 40 万千米；

（七）小、微型非营运载客汽车和大型非营运轿车行驶 60 万千米，中型非营运载客汽车行驶 50 万千米，大型非营运载客汽车行驶 60 万千米；

（八）微型载货汽车行驶 50 万千米，中、轻型载货汽车行驶 60 万千米，重型载货汽车（包括半挂牵引车和全挂牵引车）行驶 70 万千米，危险品运输载货汽车行驶 40 万千米，装用多缸发动机的低速货车行驶 30 万千米；

（九）专项作业车、轮式专用机械车行驶 50 万千米；

（十）正三轮摩托车行驶 10 万千米，其他摩托车行驶 12 万千米。

第八条　本规定所称机动车是指上道路行驶的汽车、挂车、摩托车和轮式专用机械车；非营运载客汽车是指个人或者单位不以获取利润为目的的自用载客汽车；危险品运输载货汽车是指专门用于运输剧毒化学品、爆炸品、放射性物品、腐蚀性物品等危险品的车辆；变更使用性质是指使用性质由营运转为非营运或者由非营运转为营运，小、微型出租、租赁、教练等不同类型的营运载客汽车之间的相互转换，以及危险品运输载货汽车转为其他载货汽车。本规定所称检验周期是指《中华人民共和国道路交通安全法实施条例》规定的机动车安全技术检验周期。

第九条　省、自治区、直辖市人民政府有关部门依据本规定第五条制定的小、微型出租客运汽车或者摩托车使用年限标准，应当及时向社会公布，并报国务院商务、公安、环境保护等部门备案。

第十条　上道路行驶拖拉机的报废标准规定另行制定。

第十一条　本规定自 2013 年 5 月 1 日起施行。2013 年 5 月 1 日前已达到本规定所列报废标准的，应当在 2014 年 4 月 30 日前予以报废。《关于发布〈汽车报废标准〉的通知》（国经贸经〔1997〕456 号）、《关于调整轻型载货汽车报废标准的通知》（国经贸经〔1998〕407 号）、《关于调整汽车报废标准若干规定的通知》（国经贸资源〔2000〕1202 号）、《关于印发〈农用运输车报废标准〉的通知》（国经贸资源〔2001〕234 号）、《摩托车报废标准暂行规定》（国家经贸委、发展计划委、公安部、环保总局令〔2002〕第 33 号）同时废止。

附件：

1. 非营运小微型载客汽车和大型轿车变更使用性质后累计使用年限计算公式（略）

2. 机动车使用年限及行驶里程参考值汇总表（略）

环境保护部关于开展机动车环保生产一致性检查工作的通知

环办函［2014］343号

各省、自治区、直辖市环境保护厅（局），环境保护部各环境保护督查中心，有关企业：

为落实《大气污染防治行动计划》，严厉打击生产、销售环保不达标车辆的违法行为，环境保护部依法对机动车环保达标实施监督管理，近期将组织开展机动车环保达标监督检查工作。现将有关要求通知如下：

一、监督检查采取集中检查和随机抽查方式进行，在机动车生产、销售、环保检验合格标志发放和环保定期检验等环节进行环保生产一致性检查。

二、检查对象为轻型汽油车、轻型柴油车、重型柴油车、发动机以及摩托车等生产企业。

三、请各生产企业按照机动车污染物排放标准认真开展自查自纠，积极配合检查工作，不得以任何理由、形式拒绝或延误检查，并每季度向环境保护部报送机动车环保生产一致性等环保达标情况自查报告。

四、请各省（区、市）环保厅（局）、环境保护部各环境保护督查中心协助做好监督检查工作。

环境保护部办公厅

2014年3月27日

环境保护部等五部门
关于印发新生产机动车环保达标监管工作方案的通知

环发［2014］115号

各省、自治区、直辖市环境保护厅（局）、工业和信息化主管部门、公安厅（局）、质量技术监督局、各直属检验检疫局、工商行政管理局、市场监督管理局：

为贯彻落实《大气污染防治行动计划》，改善环境空气质量，从源头控制机动车污染，环境保护部、工业和信息化部、公安部、工商总局、质检总局决定在全国范围内联合开展新生产机动车环保达标监督检查工作。经国务院同意，现将《新生产机动车环保达标监管工作方案》印发给你们，请认真贯彻执行。

各有关部门要积极组织开展监督检查，以中重型柴油车为重点，在新车型检测、生产、销售、注册登记等环节开展联合执法专项行动，并于2014年9月30日前将检查情况报送环境保护部。

附件：新生产机动车环保达标监管工作方案

环境保护部
工业和信息化部
公安部
工商总局
质检总局
2014年8月1日

附件：

新生产机动车环保达标监管工作方案

为贯彻落实《大气污染防治行动计划》，改善环境空气质量，从源头控制机动车污染，环境保护部、工业和信息化部、公安部、工商总局、质检总局（以下简称五部门）决定在全国范围内联合开展新生产机动车环保达标监督检查工作，特制定此方案。

一、总体要求

按照“全面监管、各司其职、部门联动、务求实效”的原则，建立机动车环保达标联合监管工作机制，严格实施国家机动车排放标准。坚持专项整治和日常监管相结合，以中重型柴油车为重点，在新车型检测、生产、销售、注册登记等环节开展联合执法，坚决打击制造、销售环保不达标机动车违法行为，减少机动车污染排放。

二、工作任务和分工

环境保护部总牵头，负责新生产机动车和发动机环保达标监督检查工作，解释机动车排放标准。工业和信息化部、公安部、工商总局、质检总局等部门积极配合，分别建立相应的工作机制，落实责任分工，抓好组织实施。

（一）新车型检测环节。加强新生产机动车和发动机检验机构监督管理，严厉打击出具虚假报告行为，确保新车定型达到排放标准要求。质检总局负责对检验机构资质认定及检验机构是否按照认证及标准要求开展排放认证、检验进行监督检查，环境保护部负责对检验机构是否按标准进行排放检验进行监督管理，工业和信息化部负责对油耗标准检验进行监督管理。对存在严重违法违规问题的检验机构，由质检总局依法出具处理意见，暂停其受理新车检验相应业务，环境保护部、工业和信息化部分别做出相应处理。

（二）新车生产环节。加强新生产机动车和发动机生产企业监督管理，严厉打击违规生产环保不达标车辆行为，确保用于国内销售的机动车和发动机达到排放标准要求。环境保护部会同工业和信息化部、质检总局负责确定检查企业和车型，通过抽样实验、查验排放控制关键部件、核对产品采购合同和进出库记录等方式开展机动车生产环保达标监督检查。质检总局负责机动车强制性产品认证监督管理，严格执法检查程序，对发现的违法违规行为依法处罚，在进口口岸对进口机动车环保达标情况进行监督管理，发现重大违法违规行为通报环保部门。工业和信息化部负责机动车产品节能管理，加强生产企业产品合格证的监督检查。

（三）市场销售环节。加强机动车销售企业监督管理，严厉打击销售不达标车辆违法行为，确保销售的机动车符合环保标准要求。环保部门对市场销售的车辆进行抽查，做好机动车环保达标配置查验技术判定，质检部门认定的检验机构做好有异议车辆鉴定仲裁，工商部门对环保部门抽查工作给予支持，做好机动车销售企业登记注册管理，并依法对销售经有关部门判定不达标车辆行为进行处罚。

（四）注册登记环节。严格新车注册登记查验把关，环保部门可在新车注册登记前查验新车环保关键部件，公安交管部门要积极配合环保部门开展查验工作，提供工作便利。对查验发现的不符合环保要求的机动车，各部门依法追究相关生产、销售企业责任。

三、保障措施

（一）严厉处罚，违法必究。对制造、销售环保不达标发动机和机动车的企业，各部门同时暂停或撤销其环保不达标相关车型产品及企业公告和强制性产品认证证书，质检、环保、工商部门按照相关法律法规要求依法进行处罚，责令企业限期整改，暂停各类环境保护资金支持。环境保护部牵头加强与刑事司法机关的衔接，推动出台相关司法解释，对涉嫌犯罪的案件，依法移送司法机关追究相关企业及责任人刑事责任。

（二）部门联动，信息共享。建立机动车管理部门会商和沟通协作机制，及时研究解决工作中遇到的问题。各部门加强协作执法和信息通报，定期交换进口机动车和发动机环保信息和环保不达标信息。严格审查和批准新机动车车型，确保机动车车型公告、认证信息一致。对监管中发现的环保违规行为应及时依法处理，各部门同时撤销环保不达标企业及产品各种批准手续。

（三）环保召回，落实责任。质检总局、环境保护部尽快研究出台机动车环保召回管理规定，对通过调查认定由设计和生产缺陷等原因导致车辆排放性能不达标的，要求生产企业承担主体责任，依法履行召回义务，对超标机动车进行环保召回，消除隐患。

（四）企业责任，行业自律。发动机和机动车生产、销售企业应积极配合监督检查工作，如实提供相关资料，不得拒绝接受监督检查。将发动机和机动车生产企业纳入企业环保信用评价体系管理，实行机动车生产、销售企业黑名单制度。加强对生产、销售企业的守法诚信教育，积极推进行业自律，督促企业依法经营，诚信经营。

（五）信息公开，舆论监督。各部门查处的机动车环保违规信息，应依法及时进行信息公开。充分发挥新闻媒体的舆论监督作用，广泛深入宣传国家机动车管理政策法规，充分调动社会公众的力量，及时发现机动车生产、销售等环节环保违法行为，通过社会舆论，约束企业经营行为，引导消费者绿色消费。

四、进度安排

各有关部门应加强机动车环保达标日常监管工作。2014 年 7 月起，全面组织开展新生产机动车环保达标监督检查工作，具体进度安排如下：

（一）对已发现问题依法依规严肃处理。针对媒体曝光及监督检查中发现问题的生产销售企业，对企业负责人进行约谈并予以通报，责令违规企业限期整改，撤销其有关产品公告和强制性产品认证证书，并向社会公开。

（二）开展机动车环保达标集中检查。7 月至 8 月，对新机动车和发动机检验机构、生产企业、销售企业开展机动车环保达标情况监督检查，首先在京津冀及周边地区、长三角、珠三角等重点区域部分城市和其他有条件的地区组织开展注册登记环节环保查验工作，并对 2014 年 1 月 1 日后注册登记的中重型柴油车逐一查验排放关键控制部件一致性。环境保护部汇总督查情况，11 月底前将监督检查结果报送国务院。

（三）公开和全面总结监督检查情况。11 月，经国务院同意后，监督检查结果向社会公开，并对监督检查中发现的问题认真梳理，提出有针对性的工作措施，部署 2015 年工作任务，建立机动车环保达标监督管理。

交通运输部等十部门
关于促进汽车维修业转型升级提升
服务质量的指导意见（节选）

交运发［2014］186号

各省、自治区、直辖市、新疆生产建设兵团交通运输厅（局、委）、发展改革委、教育厅（委）、公安厅（局）、环境保护厅（局）、住房城乡建设厅（委）、商务厅（委）、工商行政管理局、市场监督管理部门、质量技术监督局、保监局，部属各单位，部内各单位，部管有关社团：

汽车维修业关系到道路交通安全，关系到大气污染防治，关系到社会公众生活质量，关系到汽车产业健康、可持续发展，是重要的民生服务业。近年来，我国汽车维修业取得了长足发展，较好地适应了汽车产业和汽车社会发展、满足了广大消费者的汽车维修需求，但是也存在市场结构不优、发展不规范，消费不透明、不诚信等问题。未来5至10年，是我国全面建成小康社会的关键时期，汽车维修业将获得更为广阔的发展空间，也必将在服务人民群众平安、便捷、舒适汽车生活方面发挥更大作用。为促进汽车维修业向着现代汽车服务业转型升级、不断提升服务质量，现提出如下指导意见。

一、总体要求

（一）指导思想。

深入贯彻落实党的十八大、十八届二中、三中全会以及《国务院关于促进市场公平竞争维护市场正常秩序的若干意见》（国发〔2014〕20号）精神，以最大限度地服务经济社会发展，不断改善人民群众汽车生活品质为宗旨，以转变行业发展方式、提升行业服务能力和治理体系为主线，尊重市场规律，锐意改革创新，优化市场结构，激发市场活力，推进汽车维修业规范、健康、可持续发展。

（二）基本原则。

1.公平竞争。坚持市场公平竞争，发挥市场在资源配置中的决定性作用。

2.自主消费。坚持消费者自由选择、自主消费，保护消费者合法权益，提升便民服务。

3.依法监管。坚持运用法治思维和法治方式履行市场监管，实行宽进严管，加强事中事后监管。

4.协同发展。坚持与汽车上下游产业、汽车后市场相关行业协同发展、融合发展。

5.部门共治。坚持部门联动、齐抓共管、共同治理，推动市场主体自我约束、诚信经营。

（三）总体目标。

通过5年左右努力，推动汽车维修业基本完成从规模扩张型向质量效益型的转变，市场发育更加成熟，市场布局更趋完善，市场结构更趋优化，市场秩序更加公平有序，市场主体更加诚信规范，资源配置更加合理高效，对汽车后市场发展引领和带动作用更加显著；基本完成从服务粗放型向服务品质型的转变，为人民群众提供更加诚信透明、经济优质、便捷周到、满意度高的汽车维修和汽车消费服务。

二、促进行业转型升级

（四）鼓励连锁经营，促进市场结构优化。（略）

（五）鼓励规模化发展，提升资源配置效率。（略）

（六）鼓励专业化维修，提升业态发展水平。

鼓励发展事故汽车、变速器、尾气后处理装置、轮胎、玻璃维修等技术有特长、服务有特色、创造附加值高的专项修理企业，完善汽车安全状况检查、维护等服务内容，不断满足市场多样化、个性化需求。要加强新能源汽车维修服务能力建设，建立健全新能源汽车维修技术标准规范及认证体系，加大维修技术储备、推广力度，加快维修网点建设，不断满足新的市场需求；鼓励新能源汽车生产企业在各大中城市积极拓展特约维修服务网点，开展技术培训和推广，提供必要维修配件保障。要加强营运车辆维修服务能力建设，鼓励公交、大型客货运输企业建立健全专业化的维修机构或部门，为营运车辆提供可靠的维修服务和技术保障。

（七）鼓励品牌化发展，充实行业发展内涵。（略）

（八）促进行业安全发展，筑牢行业发展基石。（略）

（九）推广绿色维修作业，促进行业可持续发展。

要按照《汽车绿色维修指南》要求，建立健全行业绿色汽修技术和管理体系，促进汽车维修业与现代城市、居民社区有机融合、和谐共处。企业要制定落实环境保护和资源节约的规章制度。要鼓励企业进行绿色汽修设施设备及工艺的升级改造，推广使用符合节能环保要求的新设备、新工艺和新材料，形成维修废弃物和有害排放少、资源利用率高的成套工艺规范。维修企业要做好废机油、制动液、制冷剂、废铅酸蓄电池等废弃物的回收处置，力争 3 年内实现全国一、二类维修企业危险维修废弃物规范处置率达到 95％以上；要加大喷烤漆房废气治理设施建设，避免大气污染。要逐步建立维修企业环境保护责任追究制度。要不断拓展绿色汽修作业的深度和广度，促进绿色汽修常态化、长效化。

（十）实施汽车检测与维护制度，促进行业生态文明建设。

交通运输部门要会同环境保护部门，建立实施汽车检测与维护（I/M）制度。要建立健全汽车检测与维护政策标准体系，明确汽车尾气检测站（I 站）和维护站（M 站）的职责、认定标准、统一标识及作业服务流程，制定机动车排放维修技术规范，提升排放维修技术和装备水平，不断提高全社会汽车尾气排放治理能力。各地环保、交通运输部门要结合本地实际，分别选择、扶持一批汽车检测站、维修企业发展成为 I 站和 M 站网点，并定期公示、发布网点信息。经认定的 I 站、M 站网点要在经营场所显著位置悬挂、张贴统一标识，开展规范化检测、维修服务。M 站网点要严格按照汽车尾气排放维修技术规范、汽车维修保养技术手册及车型维修技术资料进行排放控制关键零部件维修，不得任意更换。M 站要向环保部门定期报送汽车尾气维修数据信息。

三、改善提升维修服务

（十一）限制滥用汽车保修条款，保障消费者维修选择权。（略）

（十二）加强行业诚信建设，营造放心修车环境。（略）

（十三）强化维修标准化、规范化作业，提升维修服务质量。

各地交通运输主管部门和道路运输管理机构要按照《汽车维修业开业条件》（GB/T 16739）要求严把市场准入关，确保企业维修能力达标。维修企业要遵照《汽车维护、检测、诊断技术规范》（GB/T 18344）等标准及车型维修技术资料开展维修作业，确保维修质量合格。要遵照《机动车维修服务规范》（JT/T 816）开展规范化的维修服务，提升维修服务质量和水平。要强化实施维修质量保证体系，督促企业严格执行汽车维修合同管理、“三检”管理、维修竣工合格证和质量保证期等制度，切实保障维修质量合格、过硬。

（十四）广泛开展便民服务，提升行业服务效能。（略）

（十五）建立健全汽车维修救援体系，提供有效出行保障。（略）

（十六）建立健全维修质量纠纷调解和投诉处理机制，维护消费者合法权益。（略）

四、保障措施

（十七）建立实施汽车维修技术信息公开制度。

建立实施汽车维修技术信息公开制度，保障所有维修企业平等享有获取汽车生产企业汽车维修技术信息的权利，促进汽车维修市场公平竞争，提升汽车维修质量，确保在用汽车行车安全和尾气排放达标。自 2015 年 1 月 1 日起，汽车生产企业（包括从中国境外进口汽车产品到境内销售的企业）要在新车上市时，以可用的信息形式、便利的信息途径、合理的信息价格，无歧视、无延迟地向授权维修企业和独立经营者（包括独立维修企业、维修设备制造企业、维修技术信息出版单位、维修技术培训机构等）公开汽车维修技术资料。要在汽车产品说明书中明确车辆型式核准证书信息，规定排放维修技术要求，说明排放控制关键零部件生产厂家、型号及有效使用寿命等信息。在 2015 年 12 月 31 日前，汽车生产企业要公开全部已进入《车辆生产企业及产品公告》国产车型以及已获 CCC 认证的国产及进口车型的汽车维修技术信息。

交通运输部将会同环保部、质检总局制定《汽车维修技术信息公开实施办法》，定期组织对汽车生产企业车型维修技术信息公开情况进行抽查。新车型上市 3 个月未能有效公开车型维修技术信息的，撤销该车型有关《公告》和 CCC 认证证书。

（十八）破除维修配件渠道垄断。（略）

（十九）加强维修人才队伍建设。（略）

（二十）提高维修装备技术水平。

鼓励开展汽车维修检测设备第三方安全、环保认证。鼓励行业协会组织对列入《交通运输行业重点监督管理产品目录》的汽车维修检测设备进行评价和推荐，为企业购置、更新维修检测设备提供参照。鼓励企业采购、使用经认证和推荐的维修检测设备。

加强维修装备标准和能力建设，鼓励维修装备生产企业加大技术创新，研发生产各类先进适用、机电一体的汽车诊断仪器、维修检测专用设备和工具，不断提升我国汽车维修业及其装备制造业的科技含量和核心竞争力。

（二十一）推进维修行业信息化建设。

坚持监管与服务并举、发挥政府和市场两个积极作用的原则，充分运用互联网、大数据、云计算等技术手段，创新机制和模式，积极推进行业信息化建设。要建立覆盖全国的“汽车电子健康档案”系统，为健全汽车维修数据档案、促进汽车三包、二手汽车公平交易和缺陷汽车产品召回提供有效手段和依据。围绕提升行业数字化监管能力，鼓励各地道路运输管理机构建立汽车维修服务质量评价网络平台，督促企业诚信经营、优质服务。鼓励维修企业建立健全维修服务管理信息系统，提升企业管理效率和水平。

（二十二）依法加强维修市场监管。（略）

（二十三）加大部门政策服务和联合监管。

各级交通运输主管部门要切实加强与发改（价格）、公安、环保、商务、工商、质检及保监等部门的沟通协调、信息共享，充分发挥各部门职能作用，形成各市场监管部门间各司其职、各负其责、相互配合、齐抓共管的工作机制，切实维护汽车维修市场经营秩序。各部门要加强政策制定和协作配合，加大政策支持和服务力度，争取将汽车维修业发展纳入地方政府“民生工程”和“民心工程”，为包括汽车维修业在内的汽车后市场规范、健康发展营造良好外部环境，为人民群众满意修车、放心开车、享有高品质汽车生活提供有力保障。

（二十四）加强行业政策标准研究。

要加强汽车维修业政策标准的系统性、基础性、前瞻性研究。要研究完善汽车维修业发展战略规划及评价指标体系，为汽车维修业布局规划和发展水平衡量提供客观依据。要加强标准研究和制修订，增强标准规范对行业发展的规范引领作用。各有关部门要密切合作，积极研究出台汽车后市场发展政策，构建完善标准规范体系，提出我国汽车后市场发展评价指数，推动汽车消费规范、健康发展。

（二十五）发挥行业中介组织自律作用。（略）

交通运输部
发展改革委
教育部
公安部
环境保护部
住房城乡建设部
商务部
工商总局
质检总局
保险监督管理委员会
2014 年 9 月 3 日

环境保护部等六部门
关于印发2014年黄标车及老旧车
淘汰工作实施方案的通知

环发［2014］130号

各省、自治区、直辖市环境保护厅（局）、发展改革委、公安厅（局）、财政厅（局）、交通运输厅（局）、商务厅（局）：

为落实《大气污染防治行动计划》，强化机动车污染防治，确保完成《政府工作报告》确定的2014年淘汰黄标车及老旧车600万辆任务，环境保护部、发展改革委、公安部、财政部、交通运输部、商务部编制了《2014年黄标车及老旧车淘汰工作实施方案》(以下简称《方案》)。现将《方案》印发给你们，请认真贯彻执行。

附件：2014年黄标车及老旧车淘汰工作实施方案

环境保护部
发展改革委
公安部
财政部
交通运输部
商务部
2014年9月15日

2014年黄标车及老旧车淘汰工作实施方案

为落实《大气污染防治行动计划》，强化机动车污染防治，确保完成《政府工作报告》确定的2014年淘汰黄标车及老旧车600万辆任务，改善环境空气质量，特制定本方案。

一、总体要求

（一）指导思想

认真落实《大气污染防治行动计划》，按照“政府鼓励、部门协作、市场引导、金融参与”的原则，对非营运类高污染车辆“鼓励更新、限制使用”，对营运类高污染车辆“按期报废、强化监管”，采取综合措施，加强部门协调，完善配套政策，严格落实责任，促进大气质量改善，推动汽车产业健康可持续发展。

（二）目标任务

黄标车指排放水平低于国一排放标准的汽油车和国三排放标准的柴油车，老旧车原则上指未达到现行国家第四阶段排放标准的车辆。十二届全国人大二次会议审议通过的《政府工作报告》提出，到2014年底淘汰黄标车和老旧车600万辆（各地任务详见附表）；《大气污染防治行动计划》提出，到2015年，淘汰2005年底前注册营运的黄标车，基本淘汰京津冀、长三角、珠三角等区域内的500万辆黄标车；到2017年，基本淘汰全国范围的黄标车。

二、主要任务及分工

为实现2014年黄标车及老旧车淘汰目标，需采取加强监管、市场驱动、经济激励等综合性措施，共8项任务。

（一）加大黄标车及老旧车限行执法力度

1.开展黄标车限行，加强道路监督执法。2014年10月底前，重点区域地级及以上城市完成黄标车限行和禁行区域划定工作；2014年底前实施限行区域黄标车分时段限行，城市核心区域全天禁行；2015年6月底前，所有地级及以上城市实施黄标车限行、禁行。依法发布黄标车实施限行、禁行措施的通告，完善交通标志、标线，加强黄标车路检路查执法和对达到强制报废标准车辆上路行驶及未进行注销的执法力度，力争做到发现一辆，查扣一辆，处理一辆。

2.提高检验频次，严格执行强制报废标准。2014年9月起，提高黄标车环保、综合性能检测频度，每季度检测1次；对尾气检测不合格的，不予核发环保检验合格标志，不得参加机动车综合性能检测。对安全技术检验有效期满后连续3个检验周期内未取得机动车检验合格标志的车辆，严格按照《机动车强制报废标准规定》强制报废。对达到强制报废标准逾期未办理注销登记手续的黄标车，发布其登记证书、号牌、行驶证作废公告，公告期满仍不办理注销手续的予以强制注销。加强报废老旧车监督管理，确保应报废车辆正常报废回收。

3.严格营运黄标车监督管理。每年开展营运黄标车清理整顿行动，未取得绿色环保检验合格标志和安全技术检验合格标志的，不得申领《道路运输经营许可证》，不予办理道路运输证年度审验手续。交通运输部和环境保护部联合对出租车、公交车进行重点检查，每年集中检查2次。

4.加强机动车安全、环保检测机构监管。加强机动车安全、环保检测机构和营运车辆综合性能检测机构监管，严格机动车检测过程管理，避免检测流于形式。组织各地开展2014年机动车安全、环保检测机构和营运车辆综合性能检测机构监督检查，整顿违规检验机构，对违规行为从严查处。逐步建立机动车安全、环保检测机构和营运车辆综合性能检测机构常态化监管机制。

（二）通过市场手段推进黄标车和老旧车淘汰

5.出台黄标车及老旧车提前淘汰激励政策。地方财政可根据实际情况进一步安排提前淘汰奖励补贴。鼓励金融机构按照风险可控、商业可持续的原则，对淘汰黄标车及老旧车后的车主购置新车给予信贷支持。

6.鼓励车企实行让利营销。出台鼓励车企让利销售指导意见，鼓励车企对提前淘汰黄标车及老旧车后购买新车用户进行让利等优惠措施，让利额度由企业根据实际情况在一定范围内自行确定，根据不同车型及销售价格划分档次。淘汰黄标车及老旧车车主购置新车时，通过公共交易平台出具的让利凭证，冲抵购车款。

7. 建设国家、省、市三级机动车排污监管平台。统筹整合现有机动车管理资源，搭建和完善国家、省、市三级黄标车及老旧车排污监控、淘汰更新信息平台，实现各部门黄标车相关信息数据交换、信息共享。鼓励各地环保部门通过监控平台对黄标车及老旧车淘汰更新有关信息进行审核、对有关生产企业让利车型进行公示、审核符合条件的车主办理补贴和发放企业让利凭证。

8. 开展黄标车治理改造试点。在南京、杭州、石家庄等城市，重点针对国家第二阶段排放标准车况良好的柴油客车和公交车等，开展中重型黄标柴油车后处理装置或发动机（含后处理装置）改造治理试点。

三、保障措施

（一）严格任务考核。地方各级人民政府对淘汰黄标车及老旧车工作负总责，要制定淘汰计划，出台相应措施，将黄标车及老旧车淘汰任务完成情况纳入《大气污染防治行动计划》考核。

（二）健全工作机制。建立各有关部门联合监督检查工作制度，明确各部门职责，定期召开工作协调会，及时解决发现的突出问题。每月调度黄标车及老旧车淘汰进展情况，对进度滞后的省份进行通报。2014 年完成重点区域黄标车信息数据库建设，尽快建成机动车排污监控平台和各部门机动车信息定期交换制度。

（三）完善法规标准。加快《大气污染防治法》修订工作，进一步完善机动车污染防治各项制度；研究缩短出租车、公交车强制报废年限。

（四）加强宣传动员。通过新闻媒体、社会宣传、户外广告等多种形式，及时宣传各地机动车污染防治工作，广泛宣传黄标车高污染、高排放的危害性，做好政策解释工作，争取广大车主的理解、支持和配合，有效防范和化解矛盾风险，确保社会稳定。

附表：2014 年全国黄标车和老旧车淘汰任务分解表。（略）

环境保护部等五部门
关于全面推进黄标车淘汰工作的通知

环发 ［2015］ 128号

各省、自治区、直辖市环境保护厅（局）、公安厅（局）、财政厅（局）、交通运输厅（局）、商务厅（局）：

为落实《大气污染防治行动计划》，确保完成今年《政府工作报告》确定的营运黄标车淘汰任务，切实改善环境空气质量，现就有关工作通知如下：

一、工作内容

（一）强化执法监管。各地应严格按照《国务院办公厅关于对黄标车淘汰工作进行专项督查的通知》（国办发明电〔2015〕11号）要求，积极开展营运黄标车集中清理工作，深入运输企业开展排查，督促企业及时淘汰2005年底前注册登记的营运黄标车。要主动提请地方人民政府以城市中心区、居民生活区、医院、学校为重点，科学划定黄标车限行和禁行区域，对违规进入限行、禁行区的黄标车，严格依法依规进行处理。要集中排查达到强制报废标准的机动车，及时通知车主办理报废手续，严格查处报废车上路行驶违法行为。

（二）严格报废注销。严格执行《机动车强制报废标准规定》，对达到国家强制报废规定的，一律按规定报废。公安机关交通管理部门依据报废、灭失、出境、退车等情况依法办理注销登记。距机动车强制报废年限1年以内（含1年）的机动车，不得变更使用性质、转移所有权或者转出登记地所属地市级行政区域。对达到机动车强制报废标准的营运机动车，交通运输部门要督促运输企业及时办理报废注销手续，并注销收回或公告作废车辆道路运输证。对达到国家强制报废标准逾期不办理注销登记的机动车，公安机关交通管理部门要公告机动车登记证书、号牌、行驶证作废。

（三）加强政策引导。各地因地制宜研究出台经济激励政策措施，加大黄标车淘汰补贴力度。可通过利用盘活的财政存量资金，优先安排对提前淘汰的黄标车，尤其是大型客货车、出租车、公交车进行补贴。

（四）严格检验检测。严格安全技术检测、环保检测，加大相关检测机构的监督管理力度，对出具虚假检测报告的，依据有关法律法规从严查处。

（五）严格报废监管。各地商务、公安、环保、交通部门要加强监督管理，对报废汽车回收、存储、运输、拆解、注销等环节严格程序、堵塞漏洞，坚决杜绝回收的报废汽车及其“五大总成”（包括发动机、方向机、变速器、前后桥、车架）流向市场。加大对二手车交易市场监管力度，督促二手车交易企业严查交易车辆有关证件，防止报废汽车通过二手车交易市场流入社会。

二、工作要求

（一）加强组织领导。要对本行政区内符合淘汰要求的黄标车进行彻底调查，认真制定黄标车淘汰计划。各有关部门建立会商制度，明确任务分工，定期召开工作协调会，形成工作合力，及时解决发现的突出问题，确保黄标车淘汰工作有序开展。

（二）建立通报机制。各地环保部门要建立营运黄标车信息台账，与交通运输、公安机关交通管理部门协调建立营运黄标车信息定期通报机制。2015 年底前，各地公安机关交通管理部门、交通运输部门要向环保部门提供 2005 年底前注册登记使用性质为营运的汽车的注销登记信息和公告作废机动车牌证信息、车辆道路运输证作废信息。环保部门应根据相关通报信息，定期对免检、注销车辆的环保标志信息进行更新。

（三）强化宣传教育。充分利用各类新闻媒体、社会宣传、户外广告等多种形式，及时宣传各地机动车污染防治工作，广泛宣传黄标车高污染、高排放的危害性和治理淘汰的相关政策，争取广大车主的理解、支持和配合，有效防范和化解矛盾风险，确保社会稳定。在办理营运黄标车相关业务时，要通过印发宣传单、张贴宣传提示、发送短信等方式，提示运输企业淘汰 2005 年底前注册的营运黄标车，按规定交售、报废已达到国家报废标准的营运黄标车，提示车主尽快办理车辆报废。

环境保护部
公安部
财政部
交通运输部
商务部
2015 年 10 月 10 日

环境保护部、公安部、国家认监委关于进一步规范排放检验加强机动车环境监督管理工作的通知

国环规大气 ［2016］ 2号

各省、自治区、直辖市环境保护厅（局）、公安厅（局）、质量技术监督局（市场监督管理部门），各计划单列市、省会城市环境保护局、公安局、质量技术监督局（市场监督管理部门）：

为贯彻落实2015年8月29日全国人大常委会修订后的《大气污染防治法》（以下简称《大气法》），进一步规范机动车排放检验，推进黄标车和老旧车淘汰，加快提升机动车环境监督管理水平，现将有关要求通知如下：

一、总体要求

认真贯彻落实《大气法》，按照简政放权、放管结合、优化服务、便民惠民的要求，以降低机动车污染排放水平、改善环境质量为核心，严格实施国家机动车排放标准，全面推行机动车环保信息公开；严格规范新生产机动车和在用车排放检验，加快推进机动车排放检验信息联网；严格监管执法，加强对高排放车辆的环保达标监管，促进黄标车和老旧车淘汰，加快推进机动车环境管理的系统化、科学化、法治化、精细化和信息化。

二、有效衔接机动车排放检验和安全技术检验制度

（一）严格执行机动车排放检验制度。环境保护部门依照《大气法》建立并规范机动车排放检验制度，机动车生产企业和机动车所有人应当依法进行机动车排放检验。机动车排放检验机构应当严格落实机动车排放检验标准要求，并将排放检验数据和电子检验报告上传环保部门，出具由环保部门统一编码的排放检验报告。环保部门不再核发机动车环保检验合格标志。机动车安全技术检验机构将排放检验合格报告拍照后，通过机动车安全技术检验监管系统上传公安交管部门，对未经定期排放检验合格的机动车，不予出具安全技术检验合格证明。公安交管部门对无定期排放检验合格报告的机动车，不予核发安全技术检验合格标志。

（二）优化机动车排放和安全技术检验流程。环境保护、认证认可监管部门要加强协作，促进机动车检验机构空间布局优化、合理有序发展。鼓励机动车排放检验机构和安全技术检验机构设在同一地点，整合优化检验流程、共享检验信息，提供一站式便民服务。检验机构要严格按照价格主管部门规定的收费标准收取检验费用，在业务大厅明显位置公示收费依据和标准，并在收费凭证上分别注明安全技术检验和排放检验收费金额。纯电动汽车免于尾气排放检验。

（三）加强排放检验信息联网核查。机动车排放检验周期应与机动车安全技术检验周期一致，免于安全检验上线检测的车辆不进行排放检验。环保部门要加快推进与机动车排放检验机构、公安交管部门信息联网，建立机动车排放检验信息核查机制。

（四）推行机动车排放异地检验。地市范围内机动车所有人可以自主选择检验机构检验，不得以城区、郊区、县市划分检验区域或者指定检验机构。推行机动车异地检验，在全省（区、市）范围内异地检验，无需办理委托手续。试行机动车跨省（区、市）异地检验，在已实现国家、省、市三级机动车排污监管平台联网的省份，允许机动车所有人在车辆所在地进行检验（黄标车除外）。

（五）大力推行便民检验服务。鼓励检验机构通过微信或短信平台、电话、网络等方式，开展预约检验业务，开设专门的预约检验通道、窗口，做到随到随检。机动车排放检验机构要完善服务指示标志、办事流程指南、大厅服务设施，设置引导指示标志，公示业务流程，增加免费导办人员，维护良好检测秩序，杜绝非法中介扰民行为。各地环保部门要通过政府网络平台向社会公布本地机动车排放检验机构名称、地址、咨询电话等相关信息，方便群众就近验车。

三、加强在用机动车环保监督管理

（六）加快淘汰黄标车和老旧车。各地环保部门要提请人民政府结合本地实际，出台鼓励、引导黄标车和老旧车提前报废更新政策措施，加大对国家鼓励淘汰和要求淘汰的黄标车和老旧车污染排放的监督管理力度，确保完成国家确定的年度淘汰工作任务，实现 2017 年底前基本淘汰黄标车。研究制定便民服务措施，采取提前告知、简化流程、开辟绿色通道等措施，方便车主淘汰黄标车和老旧车。

（七）强化在用机动车环保监督抽测工作。环保部门要在车辆集中停放地、维修地重点加强对货运车、公交车、出租车、长途客运车、旅游车等车辆的监督抽测工作。公安交管部门在不影响正常通行的情况下，要支持配合环保部门采用遥感监测等技术手段对在道路上行驶的机动车进行监督抽测。对监督抽测不合格的车辆，环保部门要通知车主予以改正并复检，及时公开逾期不复检车辆的车牌、车型等信息。公安交管部门要依法查处无安全技术检验合格标志机动车上道路行驶的违法行为。

（八）严格落实机动车强制报废标准规定。严格执行《机动车强制报废标准规定》，对达到国家强制报废规定的，一律按要求报废。各地公安交管部门要严格查处报废车辆上路行驶违法行为。对达到国家强制报废标准逾期不办理注销登记的机动车，公安交管部门应当及时公告机动车登记证书、号牌、行驶证作废。

四、强化机动车排放检验机构监督管理

（九）强化新生产机动车排放检验机构监督管理。环境保护部不再对新生产机动车排放污染申报检测机构进行核准。新生产机动车排放检验机构应当依法通过资质认定（计量认证），使用经依法检定合格的机动车排放检验设备，按照国家标准和规范进行排放检验，与环境保护部机动车排污监控中心联网，并在 2016 年底前实现新生产机动车排放检验信息和污染控制技术信息实时传送。

（十）推进在用车排放检验机构规范化联网。省级环保部门应按照《大气法》和国家有关规定，对在用车排放检验机构不再进行委托，对机构数量和布局不再控制。在用车排放检验机构申请与环保部门联网时，应向当地地级城市环保部门主动提交通过资质认定（计量认证）、设备依法检定合格的相关材料，地级城市环保部门对符合环境保护部机动车环保信息联网规范等要求的检验机构应予联网，并公开已联网的检验机构名单。

（十一）加强排放检验机构监督管理。环保部门可通过现场检查排放检验过程、审查原始检验记录或报告等资料、审核年度工作报告、组织检验能力比对实验、检测过程及数据联网监控等方式加强检验机构监管，推进检验机构规范化运营。认证认可监管部门应加强检验机构资质认定监督管理，重点加强技术能力有效维持以及管理体系有效性的监管，确保检验数据质量。环境保护和认证认可监管部门对排放检验机构实行“双随机、一公开”（随机抽取检查对象、随机选派执法检查人员、及时公开查处结果）的监管方式，依法严肃查处违法的排放检验机构。

（十二）强化排放检验机构主体责任。排放检验机构应按照《大气法》要求通过资质认定（计量认证），使用经依法检定或校准合格的设备，定期进行设备维护保养，按照相关规范标准进行机动车排放检验，对检验结果承担法律责任，接受社会监督和责任倒查。排放检验机构应对受检车辆的污染控制装置进行查验，重点加强营运车辆及重型柴油车环保配置查验。对伪造检验结果、出具虚假报告的检验机构，环保部门暂停网络联接和检验报告打印功能，并依照《大气法》有关条款予以处罚；违反资质认定相关规定的，认证认可监管部门依据资质认定有关规定对排放检验机构进行处罚，情节严重的撤销其资质认定证书。省市环保部门应将在用车排放检验机构守法情况纳入企业征信系统，并将有关情况向社会公开。

（十三）加强检验数据统计分析。各地环保部门应加强机动车排放检验数据分析，核查检验数据异常情况，分析查找原因。对于排放检验中发现的排放超标数量大、比例偏高的车型，地级城市环保部门应逐级上报。省级环保部门应视具体情况启动调查机制，确认该车型新生产车辆是否超标排放，依法进行处理，并报告环境保护部。

（十四）严格执行政府部门不准经办检验机构等企业的规定。要正确处理政府与市场的关系，全面推进排放检验机构社会化，严格执行党中央、国务院关于严禁党政机关和党政干部经商、办企业等规定。环保部门及其所属企事业单位、社会团体一律不得开办检验机构、参与检验机构经营。对已经开办、参与或者变相参与经营的，要立即停办、彻底脱钩或者退出投资、依法清退转让股份。

五、加快机动车环保监管能力和队伍建设

（十五）加强机动车环境监管能力建设。加快推进机动车环境管理机构标准化，提高机动车污染防治能力和水平。各省、自治区、直辖市以及大气污染防治重点城市环保部门，应按照《全国机动车环境管理能力建设标准》中关于机动车环境管理机构硬件设备标准和综合业务平台建设标准要求，逐步提高机动车污染防治监管水平。加大业务培训力度，提高监管执法人员业务技能。

（十六）加快推进全国机动车环保信息联网。各地环保部门要加快机动车环保信息联网建设工作进度，对在用车排放检验实施在线监控，实现检验数据实时传输、及时分析处理。2016 年底前，各排放检验机构应与环保部门实现数据联网，京津冀及周边地区、长三角、珠三角等重点区域要率先实现国家、省、市三级联网。2017 年底前，建成国家、省、市三级联网的机动车排污监控平台。

本通知自发布之日起实施，此前与本文件规定不符的以本文件为准。环境保护部《关于印发〈机动车环保检验管理规定〉的通知》（环发〔2013〕38 号）同时废止。

环境保护部
公安部
国家认监委
2016 年 7 月 21 日

环境保护部
关于开展机动车和非道路移动机械
环保信息公开工作的公告

国环规大气 ［2016］ 3号

为贯彻落实《大气污染防治法》，加快推进机动车和非道路移动机械环境管理的系统化、科学化、法治化、精细化和信息化，根据国务院关于简政放权、放管结合、优化服务、便民惠民的决策部署要求，我部决定依法开展新生产机动车和非道路移动机械环保信息公开工作。现将有关要求公告如下：

一、信息公开主体

按照《大气污染防治法》规定，机动车和非道路移动机械生产、进口企业，应当向社会公开其生产、进口机动车和非道路移动机械的环保信息，包括排放检验信息和污染控制技术信息，并对信息公开的真实性、准确性、及时性、完整性负责。

二、信息公开内容

（一）机动车和非道路移动机械生产、进口企业基本信息；

（二）机动车和非道路移动机械污染控制技术信息，具体内容详见附件 1；

（三）机动车和非道路移动机械排放检验信息：型式检验、生产一致性检验、在用符合性检验和出厂检验信息，包括检测结果、检验条件、仪器设备、检测机构信息等，具体检验项目详见附件 2。

三、信息公开时间和方式

（一）机动车生产、进口企业应在产品出厂或货物入境前，以随车清单的方式公开主要环保信息，具体要求见附件 3。

非道路移动机械生产、进口企业应在产品出厂或货物入境前，在机身明显位置粘贴环保信息标签，公开主要环保信息，具体要求见附件 4。

（二）机动车和非道路移动机械生产、进口企业应在产品出厂或货物入境前，在本企业官方网站公开机动车和非道路移动机械环保信息，并同步上传至环境保护部机动车和非道路移动机械环保信息公开平台（网址：www.vecc-mep.org.cn），供政府有关部门、公众和企业查询使用。

暂不具备在本企业官方网站公开机动车和非道路移动机械环保信息条件的生产、进口企业，应在产品出厂或者货物入境前，在环境保护部机动车和非道路移动机械环保信息公开平台上公开环保信息。

四、实施时间

（一）自 2016 年 9 月 1 日起，环境保护部机动车和非道路移动机械环保信息公开平台开始试运行，请各有关企业积极参与调试。

（二）自 2017 年 1 月 1 日起，机动车生产、进口企业应将新生产、进口机动车的环保信息，按照本公告第三条规定的时间和方式予以公开。

（三）自 2017 年 7 月 1 日起，非道路移动机械生产、进口企业应将新生产、进口非道路移动机械的环保信息，按照本公告第三条规定的时间和方式予以公开。

五、监督管理

各省级环境保护主管部门应建立机动车和非道路移动机械检验信息核查机制，通过现场检查、抽样检查等方式，加强对机动车和非道路移动机械环保信息公开工作的监督管理，督促机动车生产企业和非道路移动机械生产、进口企业按要求进行信息公开。

鼓励社会公众对机动车和非道路移动机械生产、进口企业公开的环保信息进行监督，依法通过环保举报平台反映有关问题，各省级环境保护主管部门要及时查处举报反映的问题。

对未按照本公告要求真实、准确、及时、完整公开机动车和非道路移动机械环保信息的，各省级环境保护主管部门应依照《大气污染防治法》对相关企业予以处罚，处罚结果要及时向社会公开，并同步上传至环境保护部机动车和非道路移动机械环保信息公开平台。

我部将对各机动车和非道路移动机械生产、进口企业环保信息公开工作开展情况，以及各省级环境保护主管部门监管执法情况加大监督检查力度。

六、有关要求

（一）环境保护部机动车和非道路移动机械环保信息公开平台免费向企业提供机动车和非道路移动机械环保信息上传和查询服务，免费向社会公众和政府有关部门提供信息查询服务，任何单位和个人不得以任何理由收取任何费用。

（二）地方各级环保部门可以直接查询、使用环境保护部机动车和非道路移动机械环保信息公开平台，不得再以任何理由要求生产、进口企业通过其他途径重复报送或提供类似信息。

（三）环境保护部机动车和非道路移动机械环保信息公开平台主要为企业、公众和政府有关部门提供信息公开服务，不对机动车和非道路移动机械的排放检验和污染控制技术信息进行人工审核、修改等处理。机动车和非道路移动机械生产、进口企业对所公开环保信息的真实性、准确性、及时性和完整性负责，确需对已公开信息进行更正的，应先发布信息更正公告或通知，再及时更正环境保护部机动车和非道路移动机械环保信息公开平台相关内容，并作出说明。

（四）我部委托环境保护部机动车排污监控中心建设、运行、维护机动车和非道路移动机械环保信息公开平台。

（五）发动机和其他机动车和非道路移动机械环保关键零部件生产、进口企业可以参照本公告要求进行环保信息公开。

七、联系人及联系方式（略）

特此公告。

附件：

1. 污染控制技术信息要求（略）。
2. 各类机动车和非道路移动机械的具体检验项目（略）
3. 机动车环保信息随车清单（略）
4. 非道路移动机械环保信息标签要求（试行）（略）

环境保护部

2016 年 8 月 24 日

国家发展改革委等八部门
关于全国全面供应符合第五阶段国家强制性标准车用油品的公告

公告　2016年　第29号

为贯彻落实《国务院关于印发大气污染防治行动计划的通知》（国发〔2013〕37号）和国务院第90次常务会议有关要求和部署，应对严峻的大气污染形势，加快推进成品油质量升级，改善空气质量，现将有关事项公告如下：

一、严格按时供油

2017年1月1日起，全国全面供应符合第五阶段国家标准（以下简称国Ⅴ标准）的车用汽油（含E10乙醇汽油）、车用柴油（含B5生物柴油），同时停止国内销售低于国Ⅴ标准车用汽油（含E10乙醇汽油）、车用柴油（含B5生物柴油）。

二、保障油品质量

成品油生产、销售企业按照现行国家标准进一步加强油品质量管理和控制，保障清洁油品市场供应。

三、规范油品标示

加油站（点）按照相关法规和标准要求，明确标注所售汽油、柴油产品名称、牌号和等级（如：92号汽油（Ⅴ），0号车用柴油（Ⅴ）等），以便于消费者选择、政府监管和社会监督。

四、加强有效监管

国家和地方有关职能部门加强成品油质量监督检查，依法严厉查处生产、销售不合格油品，非法生产、销售油品，非法流动加油罐车等违法违规行为，确保成品油质量升级取得实效，促进成品油市场健康有序发展。

特此公告。

国家发展改革委
公安部
环境保护部
商务部
国资委
工商总局
质检总局
国家能源局
2016年12月20日

环境保护部、商务部
关于加强二手车环保达标监管工作的通知

环办大气函〔2016〕2373号

各省、自治区、直辖市环境保护厅（局），商务主管部门：

为进一步贯彻国务院关于简政放权、放管结合、优化服务、便民惠民的重要决策部署，深入落实《国务院办公厅关于促进二手车便利交易的若干意见》（国办发〔2016〕13号，以下简称《意见》），加强二手车环保达标监管，推进改善大气环境质量，现将有关工作要求通知如下：

一、严格执行《意见》有关规定。《意见》对二手车迁入车辆要求和区域范围均作出明确规定，各地要认真贯彻落实，严格执行相关规定。

二、加强二手车环保达标监管。对于在机动车环保定期检验和安全检验有效期内，并经转入地环保检验，符合转入地在用车排放标准要求的车辆，各地不得设定其他限制措施（国家明确的大气污染防治重点区域和国家要求淘汰的车辆除外）。各级环保部门要建立二手车环保检验信息管理档案和核查机制，加强对二手车环保达标检验的监管工作，严防超标排放车辆造成污染转移。

三、加快推进二手车环保信息联网工作。各地环保部门要按照《关于进一步规范排放检验加强机动车环境监督管理工作的通知》（国环规大气〔2016〕2号）要求，加快机动车环保信息联网建设工作进度，充分利用信息系统加强对二手车的环保达标监管。各地应督促机动车排放检验机构严格落实机动车排放检验标准要求，并将排放检验数据和电子检验报告上传环保部门，出具由环保部门统一编码的排放检验报告。各级环保部门要积极配合公安交管部门做好排放检验报告照片核查和排放检验信息核查，二手车转出地环保部门应及时将相关车辆信息移交转入地环保部门；转入地环保部门应对二手车上线排放检验实施在线监控，实现检验数据实时传输、及时分析处理。

四、加强二手车排放检验机构监督管理。环保部门应对排放检验机构实行“双随机、一公开”（随机抽取检查对象、随机选派执法检查人员、及时公开查处结果）的监管方式，重点加强对二手车转入排放检验机构的监督管理，通过现场检查排放检验过程、审查原始检验记录或报告等资料的方式强化执法监管，依法严肃查处违法排放检验机构。

五、各地商务主管部门要按照职能分工，积极配合环境保护部门做好相关工作。有条件的地方要探索推进二手车交易信息和环保信息互联互通，实现信息共享，推动信息向社会公开，便于经营者、消费者和管理部门查询、使用。

本通知自发布之日起实施，此前与本文件规定不符的以本文件为准。

环境保护部办公厅
商务部办公厅
2016年12月29日

环境保护部公告

公告　2017年　第69号

关于发布《机动车污染防治技术政策》的公告

为贯彻《中华人民共和国环境保护法》和《中华人民共和国大气污染防治法》等法律法规，改善环境质量，完善环境技术管理体系，促进机动车污染防治技术进步，环境保护部组织修订了《机动车污染防治技术政策》。现予公布，供参照执行。以上文件内容可登录环境保护部网站（http：//www.mee.gov.cn/）查询。

自本公告发布之日起，《关于发布〈机动车排放污染防治技术政策〉的通知》（环发〔1999〕134号）废止。

附件：机动车污染防治技术政策

环境保护部

2017年12月11日

附件：

机动车污染防治技术政策

一、总则

（一）为贯彻《中华人民共和国环境保护法》和《中华人民共和国大气污染防治法》等法律法规，改善环境质量，促进机动车污染防治技术进步，制定本技术政策。

（二）本技术政策为指导性文件，供各有关单位在机动车污染防治工作中参照采用。本技术政策所称的机动车是指我国境内所有新生产及进口的汽车、摩托车和车用发动机，以及在我国登记注册的所有在用汽车、摩托车。

（三）本技术政策提出了机动车在设计、生产、使用、回收等全生命周期内的大气、噪声、水、固体废物、电磁辐射等污染的防治策略和方法，涉及范围包括机动车、车用油品、检测设备等。

（四）机动车污染防治是一项系统工程，应加强“车、油、路”统筹，采取法律、行政、经济、技术等综合措施进行防治，强化信息公开，形成政府主导、部门协作、市场调节、社会监督的工作机制。以改善环境质量为核心构建机动车污染防治体系，形成区域联防联控机制，推进机动车污染防治的系统化、科学化、法治化、精细化和信息化。

（五）逐步加严新生产机动车一氧化碳（CO）、总碳氢化合物（THC）、氮氧化物（NO_x）和颗粒物（PM）等污染物排放限值。加强机动车非常规污染物控制。机动车污染防治过程应尽可能避免产生新的污染物。

（六）对于新生产机动车，由环境保护部统一制定国家排放标准。鼓励地方提前实施更严格的新生产机动车国家排放标准及油品质量标准。对于在用机动车，已经制定国家排放标准的，鼓励地方执行更严格的在用车排放限值。

（七）强化新车达标监管，重点加强重型柴油车生产、销售等环节监管。加强机动车检测与维护（I/M），重点加强高排放车辆、高使用强度车辆监管，确保上路车辆排放稳定达标。

（八）机动车应向绿色、低碳、可持续的方向发展。鼓励有条件的地方提前实施轻型车和重型车第六阶段排放标准。到2020年，报废机动车再生利用率达到95%，机动车污染防治达到国际先进水平。

二、源头控制

（一）新生产及进口汽车、摩托车及其发动机

1.鼓励开展机动车轻量化、模块化、无（低）害化、循环利用等产品生态设计，综合考虑机动车生产、使用、回收等全生命周期内的资源消耗及污染排放。

2.通过改善生产工艺、加装车间空气后处理系统、使用符合标准的水性防腐涂料、胶粘剂等降低生产过程挥发性有机物（VOCs）、持久性有机污染物（POPs）、粉尘、废液、固体废物等有毒有害物质排放，加强清洁生产技术研发应用，实现绿色制造。

3.加强新生产机动车排放达标监管。机动车生产及进口企业不得生产、进口和销售不符合标准的车辆，加强产品环保生产一致性管理。加强机动车生产及进口企业产品在用符合性检查，确保机动车在正常使用条件下和正常寿命期内达到新车出厂时的标准限值要求。生产、进口企业获知机动车排放不符合规定的环境保护耐久性要求的，应依法召回。

4.强化企业产品信息公开。机动车生产及进口企业应依法向社会公开机动车的排放检验信息和污染控制技术信息，为机动车达标监管和检测维护提供技术支持。加强发动机、后处理装置等排放控制关键零部件产品信息公开。开展替代燃料汽车非常规污染物、新能源汽车动力电池及电磁辐射（EMR）等信息公开。

5.鼓励机动车生产及进口企业通过技术升级提前达到国家排放标准要求，提高产品生产一致性和在用符合性。利用便携式排放测试系统（PEMS）、车载诊断（OBD）系统等加强机动车实际行驶排放控制。严格控制机动车颗粒物排放，控制重点应从颗粒物质量控制向颗粒物质量与数量同时控制转变。

6.加强二氧化碳（CO_2）、甲烷（CH_4）、氧化亚氮（N_2O）、氢氟碳化物（HFCs）等在内的机动车温室气体管理。对机动车大气污染物和温室气体实施协同控制，推广使用全球变暖潜值（GWP）低的车用空调制冷剂。鼓励机动车温室气体减排技术研发，加快能源清洁化、低碳化，控制机动车全生命周期内温室气体排放。

7.加强机动车加速行驶、匀速行驶等工况下车内外噪声控制。鼓励机动车噪声控制技术研发与应用。提高消声装置降噪效果及耐久性水平。

8.加强机动车燃油蒸发排放控制。加快推进车载加油油气回收（ORVR）技术应

用，鼓励采用主动式燃油蒸发泄漏诊断装置。

9.汽车及零部件生产企业应通过改进汽车、零部件、原材料等的生产工艺、使用绿色环保的内饰材料等有效控制车内有毒有害物质排放，加强车内空气质量管理。

10.积极开展天然气（NG）、液化石油气（LPG）、乙醇、生物柴油等替代燃料汽车的研发和应用，鼓励资源丰富的地区发展替代燃料汽车。鼓励研发和应用天然气当量燃烧与三元催化技术。严格控制天然气汽车、乙醇汽油汽车的挥发性有机物和氮氧化物排放。替代燃料汽车应达到国家同期机动车排放标准要求。加强替代燃料汽车非常规污染物排放控制。

11.新生产柴油车应安装符合产品技术标准要求的排气后处理装置，如柴油车颗粒过滤器（DPF）、选择性催化还原装置（SCR）等，鼓励使用固体氨选择性催化还原装置（SSCR）。采用SSCR、SCR控制技术时，应采取控制措施防止氨逃逸引起的污染。

12.城市公交、环卫、邮政、物流等行业应优先选择新能源汽车、替代能源汽车等清洁能源汽车；用于这些用途的柴油车应安装DPF、SSCR或SCR等排气后处理装置。

（二）车用燃料、燃料清净剂、车用机油及氮氧化物还原剂

1.提升车用燃料质量，加强车用燃料有害物质控制。稳步推广使用车用替代燃料。普通柴油禁止作为车用柴油使用，并加快实现与车用柴油并轨。鼓励炼油企业开展车用燃料清洁技术研发与升级改造。

2.推进加油站、储油库、油罐车等油气回收治理，保证油气回收设备稳定运行。京津冀及周边、长三角、珠三角等重点区域内的全部加油站、储油库和油罐车应安装油气回收治理装置。

3.鼓励炼油厂或储运站在车用燃料中统一添加采用科学配比的燃料清净剂。鼓励企业及个人用户选用低硫、低磷、低硫酸盐灰分等高品质车用机油，以满足发动机后处理产品耐久性要求。企业及个人用户应及时加注符合标准的氮氧化物还原剂，确保柴油车SCR正常运行。

4.根据大气污染治理需要，加快研究制定更严格的油品质量标准，继续降低车用汽柴油中烯烃、芳烃、多环芳烃、苯等有害物质的含量。

（三）绿色交通运输体系

1.综合运用经济、技术、行政等手段，优化交通运输结构，提高客货轨道运输比重。合理控制燃油机动车保有量，加快城市轨道交通、公交专用道、快速公交系统（BRT）等公共交通建设，降低机动车使用强度。

2.利用大数据、物联网、云计算等技术，提高交通智能化、信息化水平。通过采用车辆信息和通讯系统（VICS）、电子收费系统（ETC）、电子标识、智能导航等技术，提高车辆行驶速度，缓解交通拥堵，减少污染物和温室气体排放。

三、污染防治及综合利用

（一）大气污染防治

1.进一步规范在用车排放检验，完善在用车排放标准。利用互联网、大数据等信息化技术加强在用车排放控制。积极推广简易工况法，对在用车检测设备、控制软件、数

据联网等提出统一规范要求。

2. 加强 OBD 系统监管，对在用车 OBD 系统检验提出规范性要求。加强营运车辆实际排放监管。营运重型商用车应采用 OBD 远程监控技术，对车辆排放相关部件的运行状况进行实时远程监控，对故障部件及时进行维修或更换。

3. 鼓励通过遥感监测等技术手段对道路行驶机动车排放状况进行监督抽测，加强高排放车日常监管。

4. 加强机动车检测与维护，对检测（包括外观检验）不合格车辆应及时进行维护（包括修理）。机动车维修企业应配备符合相关技术要求的排放检测、诊断及维修设备，确保维修后的机动车在规定的保质期内稳定达标。加强机动车检测与维护信息共享，实现机动车检测与维护闭环管理。

5. 加强机动车维修及报废拆解企业大气环境管理，通过采用水性涂料、安装废气集中处理装置等措施控制维修及报废拆解过程中产生的大气污染排放。

6. 对排放不达标的在用汽油车应重点检查 OBD 系统、燃油供给系统、进气系统、三元催化器、氧传感器等零部件的工作状态，对排放不达标的在用摩托车应重点检查燃油供给系统、进气系统及排放后处理装置等，并及时进行维修或更换。

7. 对排放不达标的在用柴油车应重点检查 OBD 系统、燃油供给系统、进气系统、排放后处理装置、废气再循环装置（EGR）等零部件的工作状态，并及时进行维修或更换。

8. 对在用汽油车、燃气车、摩托车应增加曲轴箱通风装置和燃油蒸发控制装置检查，对在用柴油车应增加 NO_x 检测。

9. 鼓励对在用柴油车采用壁流式 DPF、SSCR 等技术进行改造，汽车生产企业应予支持配合。公交、环卫、邮政、物流、出租等营运车辆应定期更换高效尾气净化装置。

（二）噪声污染防治

1. 加强在用车噪声污染控制，经检验存在问题的消声装置应及时进行维修或更换。禁止任何单位或个人擅自改变或拆除消声装置。

2. 加强机动车维修及报废拆解企业噪声环境管理，通过采用室内作业、安装隔音降噪材料等措施控制维修及报废拆解过程中产生的噪声污染。

（三）废水、固体废物处理处置

1. 加强机动车维修及报废拆解企业废水、固体废物环境管理。通过采用超声波清洗、废水循环利用等措施控制维修及报废拆解过程中产生的废水污染。通过采用废物分类收集、专业处理等措施控制维修及报废拆解过程中产生的废机油、废电池等污染。

2. 根据机动车使用和安全技术、排放检验状况，对达到报废标准的机动车实施强制报废。鼓励公交、环卫、邮政、物流、出租等高使用强度车辆提前报废。加快黄标车及老旧车等高排放车辆淘汰更新。

3. 实施生产者责任延伸制度，鼓励生产企业积极参与机动车报废回收。提高报废车辆回收利用率，促进产品的循环再利用。

4. 加强对机动车报废电池，尤其是新能源汽车报废电池管理，实现电池规范生产、有序回收及梯级利用。加强机动车催化器贵金属循环利用。

5.推动报废机动车资源化循环利用，规范开展机动车五大总成（发动机、方向机、变速器、前后桥、车架）等主要零部件再制造，排放控制关键零部件及后处理装置除外。再制造产品的排放性能应符合国家现行相关标准的要求。

四、鼓励研发的污染防治技术

（一）排放控制技术及装置

1.鼓励自主研发汽油车缸内直接喷射系统（GDI）、可变进气、涡轮增压、EGR、怠速启停、汽油车颗粒过滤器（GPF）等技术，掌握燃烧和电控等核心技术，研发GDI、增压器、EGR阀、GPF、OBD等关键零部件。

2.鼓励自主研发柴油车高压共轨（HPCR）燃油喷射系统、高效增压中冷系统、EGR、SCR、DPF等技术，掌握燃油喷射和后处理等核心技术，研发HPCR、增压器、SCR、SSCR、DPF、传感器等关键零部件。

3.鼓励自主研发摩托车电控燃油喷射、高效三元催化器等技术，逐步淘汰化油器等落后技术。

4.鼓励自主研发替代燃料、混合动力、纯电动、燃料电池等清洁能源汽车技术。鼓励开发混合动力、插电式混合动力专用发动机，优化动力总成系统匹配。鼓励研发动力电池清洁化生产和回收技术。

5.鼓励机动车通过采用机内优化、进排气消声器、吸音隔音材料、主动降噪、低噪声轮胎等技术降低整车噪声排放水平。

（二）排放测试技术及设备

1.加快新生产机动车实验室排放测试、实际道路排放测试等技术及设备的自主研发，为加强机动车产品生产一致性、在用符合性和企业新产品研发提供保障。

2.加快在用车简易工况法、遥感法及OBD测试技术、设备及软件控制系统的研发，为加强机动车排放监管提供支持。

海关总署公告 2019 年第 168 号
关于进一步规范进口机动车环保项目检验的公告

为进一步加强生态环境保护，打好污染防治攻坚战，推进进口机动车节能减排，确保进口机动车符合国家环保标准，根据《中华人民共和国进出口商品检验法》《中华人民共和国大气污染防治法》，海关总署决定进一步规范进口机动车环保项目检验。现将有关事宜公告如下：

一、各地海关按照《汽油车污染物排放限值及测量方法（双怠速法及简易工况法）》（GB 18285—2018）、《柴油车污染物排放限值及测量方法（自由加速法及加载减速法）》（GB 3847—2018）要求，实施进口机动车环保项目外观检验、车载诊断系统检查，并按不低于同车型进口数量 1%的比例实施排气污染物检测。海关对监测到环保风险信息需通过型式试验实施风险评估的车型，可按现阶段环保达标标准开展型式试验。

二、进口企业应提前解除影响环保检测的运输模式或功能锁定状态。无法手动切换两驱驱动模式的全时四驱车和适时四驱等车辆，不能实施简易工况法或加载减速法检测的，可按双怠速法或自由加速法实施检测。

三、进口企业应承担遵守国家环保法律法规的主体责任，确保进口机动车符合国家环保技术规范的强制性要求。进口企业的相关车型应符合机动车和非道路移动机械环保信息公开要求。对列入强制性产品认证目录的机动车应完成环保项目型式试验，取得强制性产品认证证书。对最大设计总质量不超 3500kg 的 M1、M2 类和 N1 类车辆，应符合轻型汽车燃料消耗量标识管理规定。

四、进口企业获知机动车因设计、生产缺陷或不符合规定的环境保护耐久性要求导致排放大气污染物超过标准的，环保信息公开与进口机动车不符的，在实施环保召回或环保信息公开修改的同时，应当及时向海关总署报告相应风险消减措施。

本公告自 2019 年 11 月 1 日起实施。

特此公告。

海关总署

2019 年 10 月 28 日

水路运输与船舶管理

交通运输部海事局
关于加强河流和重点湖泊船舶污染防治工作的通知

海船舶 ［2008］ 136号

各直属海事局、各省（自治区、直辖市）地方海事局：

河流和湖泊是重要的饮用水来源，关系到社会经济的发展和人类的生存。党中央、国务院高度重视河流和湖泊的水环境保护工作。近来，国务院办公厅转发了环保总局等部门《关于加强重点湖泊水环境保护工作意见的通知》（国办发〔2008〕4号），国家环保总局等7部委联合发布了《关于加强河流污染防治工作的通知》（环发〔2007〕201号）（以下简称“两通知”）。为切实履行职责，贯彻执行两通知的相关要求，加强河流和湖泊的水环境保护，特别是船舶污染防治工作，现就有关事项通知如下：

一、进一步提高对河流和湖泊船舶污染防治工作重要性的认识。两通知明确的重点保护河流和湖泊包括太湖、巢湖、滇池、三峡库区、小浪底库区、丹江口库区、洪泽湖、鄱阳湖、洞庭湖和洱海，以及淮河、海河、辽河、黄河、南水北调工程、长江、珠江及跨国界河流，水环境保护工作的核心是污染物减排，重点是保障饮用水安全。在上述的河流和湖泊中，都存在不同程度的船舶航行和作业。各单位要高度重视防治船舶污染、保护河流和湖泊水环境的重要性和紧迫性，将“远近结合、标本兼治，分类指导、因地制宜，科学规划、综合治理，加强领导、狠抓落实”的方针落实到船舶污染防治工作中去。

二、加强船舶污染防治的综合管理。要进一步加强监督检查，严格执行《水污染防治法》及其细则、《防治船舶污染内河水域环境管理规定》和两通知的各项规定和要求，坚决打击非法排污行为。2008年年底前，所有进入河流和湖泊的船舶要按照规定和标准的要求，配备相应的防止污染设备和污染物集中收集、存储设施。各级海事管理机构要在2008年对辖区河流和湖泊中航行的船舶开展一次全面的防污染检查，确保上述要求的落实。长江、珠江和黑龙江水域的海事管理机构要按照《2008年限制船舶污染物排放专项行动实施方案》的要求，认真研究对船舶排污设备进行铅封的可行性，对适用船舶开展铅封行动，逐步实现船舶零排放。

三、进一步规范船舶相关作业的防污染管理。各单位要按照有关规定规范供受油作业、过驳作业和污油接收作业船舶的监管，严格执行危险货物申报制度，打击瞒报、谎报行为。长江、珠江、黑龙江等重点水域要逐步实行对船舶，特别是载运油类和其他有毒有害物质船舶的动态监控，采取有效措施降低此类船舶的污染风险。

四、加强船舶污染物接收能力建设。各级海事管理机构要主动作为，配合地方政府建立船舶污染物接收处理的保障机制。湖泊和河流内的港口和码头要分别于2008年和2009年年底前配备足够的接收处理设施，保证船舶污染物得到及时接收，并纳入城市废弃物接收处理系统统一处理。对于不具备足够的船舶污染物接收能力的港口和码头，海事管理机构不得允许船舶靠泊。

五、加快船舶污染应急体系建设。各单位要按照两通知的要求和 2007 年全国海事系统危防工作会议的精神，加快制定本辖区船舶污染应急预案，加强船舶污染应急的预警、监视监测和处置能力建设，提高应急反应能力。

各单位要于 2008 年 11 月 30 日之前，将执行本通知的情况报我局。

交通运输部海事局

2008 年 6 月 17 日

交通运输部
关于印发船舶与港口污染防治专项行动实施方案（2015—2020年）的通知

交水发〔2015〕133号

各有关省、自治区、直辖市交通运输厅（委），各直属海事机构：

现将《船舶与港口污染防治专项行动实施方案（2015—2020年）》印发给你们，请认真贯彻落实。

交通运输部

2015年8月27日

船舶与港口污染防治专项行动实施方案（2015—2020年）

为贯彻落实《中共中央 国务院关于加快推进生态文明建设的意见》（中发〔2015〕12号）、《大气污染防治行动计划》（国发〔2013〕37号）和《水污染防治行动计划》（国发〔2015〕17号），结合履行国际公约相关义务和我国水运发展实际，全面推进船舶与港口污染防治工作，积极推进绿色水路交通发展，特制定本方案。

一、总体要求

（一）指导思想

全面贯彻党的十八大和十八届三中、四中全会精神，认真落实党中央、国务院的决策部署，大力推进生态文明建设，依法推进船舶与港口污染防治工作，以减少污染物排放和强化污染物处置为核心，以完善法规、标准、规范为基础，以推进排放控制区试点示范为抓手，港航联动，河海并举，标本兼治，协同推进，努力实现水运绿色、循环、低碳、可持续发展。

（二）基本原则

坚持统筹谋划、防治结合。紧密结合船舶与港口污染防治工作现状和阶段性特征，立足当前、着眼长远、科学规划、有效衔接，系统提出分阶段行动目标和主要任务，强化源头防控，注重科学治理，有序推进船舶与港口污染防治工作。

坚持全面推进、重点突破。系统梳理船舶、港口污染防治全过程、各环节存在的问题，紧抓制约污染防治水平的关键领域和重点环节，打好攻坚战，以点带面，全面推进船舶与港口污染防治工作。

坚持政府推动、企业施治。贯彻节约资源和保护环境的基本国策，在充分发挥污染防治企业主体作用和市场调节作用的同时，发挥好政府的政策引导和监督管理作用，形成政府、企业协同推进工作格局。

坚持创新驱动、示范带动。发挥企业的科技创新主体作用，加强船舶与港口污染防治关键技术、设施设备科技攻关，推动科研成果的转化应用；选择具有较好基础条件、符合污染防治发展方向的项目，开展试点示范和经验推广，推动污染防治工作深入开展。

（三）工作目标

总体目标：到2020年，船舶与港口污染防治政策法规标准体系进一步完善，船舶与港口大气污染物、水污染物得到有效防控和科学治理，排放强度明显降低，清洁能源得到推广应用，船舶和港口污染防治水平与我国生态文明建设水平、全面建成小康社会目标相适应。

具体目标：到2020年，珠三角、长三角、环渤海（京津冀）水域船舶硫氧化物、氮氧化物、颗粒物与2015年相比分别下降65%、20%、30%；主要港口90%的港作船舶、公务船舶靠泊使用岸电，50%的集装箱、客滚和邮轮专业化码头具备向船舶供应岸电的能力；主要港口100%的大型煤炭、矿石码头堆场建设防风抑尘设施或实现封闭储存。沿海和内河港口、码头、装卸站（以下简称港口）、船舶修造厂分别于2017年底前和2020年底前具备船舶含油污水、化学品洗舱水、生活污水和垃圾等接收能力，并做好与城市市政公共处理设施的衔接，全面实现船舶污染物按规定处置。按照新修订的船舶污染物排放相关标准，2020年底前完成现有船舶的改造，经改造仍不能达到要求的，限期予以淘汰。

二、主要任务

（一）加快相关法规、标准、规范制修订。按照国家污染防治总体要求，完善相关管理制度，加强船舶与港口污染防治相关法规、标准、规范的制修订工作，强化标准约束，做好船舶与港口污染防治标准，以及与国家有关标准的衔接。

2015年底前，发布《防治船舶污染内河水域环境管理规定（修订）》《水路危险货物运输管理规定》；配合环境保护部力争出台船舶污染物排放、船舶发动机废气排放标准；配合国家质检总局、国家能源局修订船用燃料油强制性国家标准；会同有关部门出台《内河危险化学品禁运目录》。2016年底前，出台《码头船舶岸电设施工程技术规范》国家标准；出台《水运工程环境保护设计规范》；发布内河危险化学品禁运品种遴选管理办法，建立禁运目录动态调整机制。2017年底前，配合环境保护部制修订适合我国国情的码头油气排放相关标准。2020年底前，出台船舶天然气动力设施改造技术规范，编制船舶污染物排放监测系列技术标准。

（二）持续推进船舶结构调整。依法强制报废超过使用年限的船舶，继续落实老旧运输船舶和单壳油轮提前报废更新政策并力争延续内河船型标准化政策，加快淘汰老旧落后船舶，鼓励节能环保船舶建造和船上污染物储存、处理设备改造，严格执行船舶污染物排放标准，限期淘汰不能达到污染物排放标准的船舶，严禁新建不达标船舶进入运输市场，规范船舶水上拆解行为。

2016年起，禁止内河单壳化学品船舶和600载重吨以上的单壳油船进入“两横一纵两网十八线”水域航行。2017年底前，继续开展老旧运输船舶和单壳油轮提前报废更新；分级分类修订船舶及其设施设备的相关环保标准，2018年起投入使用的沿海船舶、2021年起投入使用的内河船舶执行新修订的船舶污染物排放相关标准。2020年底前，完成对不符合新修订的船舶污染物排放相关标准要求的船舶有关设施、设备的配备或改造，对经改造仍不能达到要求的，限期予以淘汰。

（三）推进设立船舶大气污染物排放控制区。借鉴国际经验，突出国家大气污染联防联控重点区域，兼顾区域船舶活动密集程度与经济发展水平，设立珠三角、长三角、环渤海（京津冀）水域船舶大气污染物排放控制区，控制船舶硫氧化物、氮氧化物和颗粒物排放。

2015年底前，发布《珠三角、长三角、环渤海（京津冀）水域船舶排放控制区实施方案》，按照方案要求分阶段分步骤推进实施。在排放控制区内选择核心港口区域试点示范；适时评估试点示范效果，将排放控制要求扩大至排放控制区内所有港口。2018年底前，评估确定采取更加严格排放控制要求、扩大排放控制区范围以及其他进一步举措。

（四）积极开展港口作业污染专项治理。加强港口作业扬尘监管，开展干散货码头粉尘专项治理，全面推进主要港口大型煤炭、矿石码头堆场防风抑尘设施建设和设备配备；推进原油成品油码头油气回收治理。

2015年底前，出台《煤炭矿石码头粉尘控制设计规范》；发布原油成品油码头油气回收行动试点方案，在环渤海、长三角、珠三角、长江干线等重点区域分批次、分类别开展码头油气回收试点工作。2016年底前，开展港口作业扬尘监管专项整治行动，推进煤炭、矿石码头的大型堆场建设防风抑尘设施或实现封闭储存；出台《码头油气回收设施建设技术规范》。2017年底前，国内沿海稳步推广原油成品油码头油气回收。

（五）协同推进船舶污染物接收处置设施建设。加强港口、船舶修造厂环卫设施、污水处理设施建设规划与所在地城市设施建设规划的衔接。会同工信、环保、住建等部门探索建立船舶污染物接收处置新机制，推动港口、船舶修造厂加快建设船舶含油污水、化学品洗舱水、生活污水和垃圾等污染物的接收设施，做好船港之间、港城之间污染物转运、处置设施的衔接，提高污染物接收处置能力，满足到港船舶污染物接收处置需求。

2016年底前，港口、船舶修造厂所在地交通运输（港口）管理部门会同工信、环保、住建、海事等部门完成本区域船舶污染物接收、转运及处置能力评估，编制完善接收、转运及处置设施建设方案。2017年底前，沿海港口、船舶修造厂达到建设要求。2020年底前，内河港口、船舶修造厂达到建设要求；进入我国水域的国际航行船舶，按照已加入的国际公约要求安装压载水管理系统。

（六）积极推进LNG燃料应用。全面落实《交通运输部关于推进水运行业应用液化天然气的指导意见》（交水发〔2013〕625号），进一步完善LNG加注设施的相关标准规范体系，统筹LNG加注站点布局规划与建设，有序推进船舶与港口应用LNG试点示范工作，加大LNG动力船船员、码头操作人员的培训力度，逐步扩大LNG燃料在水运行业的应用范围。

2015年底前，完成长江、西江航运干线和京杭运河船舶LNG燃料加注码头布局规划。2016年底前，修订完成《液化天然气码头设计规范》，制订《液化天然气加注码头设计规范》。2017年底前，建立水运行业应用LNG标准体系。2018年底前，加快推进LNG加注站及配套设施建设，完善相关技术法规和规范；扩大LNG动力船舶试点应用范围，试点推广LNG燃料在港作车船中的应用。

（七）大力推动靠港船舶使用岸电。推动建立船舶使用岸电的供售电机制和激励机制，降低岸电使用成本，引导靠港船舶使用岸电。开展码头岸电示范项目建设，加快港口岸电设备设施建设和船舶受电设施设备改造。

2015年底前，加大码头岸电推进力度，发布一批新的示范项目名单。2016年底前，积极协调配合有关部门建立靠港船舶使用岸电供售电机制；完善港口岸电设施建设相关标准和船舶使用岸电的鼓励政策。2018年底前，重点在珠三角、长三角、环渤海（京津冀）排放控制区主要港口推进建设岸电设施，鼓励其他港口积极推进船舶靠港使用岸电。

（八）加强污染物排放监测和监管。强化监测和监管能力建设，建立交通运输环境监测网络，完善交通运输环境监测、监管机制；建立完善船舶污染物接收、转运、处置监管联单制度，加强对船舶防污染设施、污染物偷排漏排行为和船用燃料油质量的监督检查，坚决制止和纠正违法违规行为。

2016年，开展船舶污染物接收、转运、处置联合专项整治，加强海事、港航、环保、城建等部门的联合监管。2017年，完善船舶污染物报告、接收制度，完善水路交通主要污染物统计指标及核算方法，逐步开展船舶污染物排放监测。推进实施《全国公路水路交通运输环境监测网总体规划》，2020年底前，初步建成水路交通运输环境监测网骨干框架，覆盖沿海及内河主要港口、长江干线航道等重要水运基础设施。

（九）提升污染防治科技水平。鼓励企业开展船舶与港口污染防治技术研究，积极争取国家重点专项对船舶与港口污染防治的支持，加强污染防治新技术在水运领域的转化应用。重点开展船舶与港口污染物监测与治理、危险化学品运输泄漏事故应急处置等方面的技术和装备研究。

2016年底前，完成船舶大气污染基础性数据调查、船舶尾气后处理技术、船舶及港口大气污染扩散机理与区域影响研究。2017年底前，完成船舶污染物监测技术研究，完成船舶化学品污染事故预测预警、应急处置、决策支持技术研究。2018年底前，完成船舶发动机节能减排技术、船舶压载水检测和沉积物处置技术、原油成品油码头油气回收技术研究。

（十）优化水路运输组织。优化港口资源配置，拓展港口服务功能，充分发挥水运节能环保比较优势，促进现代物流发展；加快港口集疏运体系建设，解决进港铁路“最后一公里”问题，继续推进集装箱铁水联运、江（河）海直达运输、滚装甩挂运输发展，发挥多种运输方式的组合效率；充分发挥“两横一纵两网”等水运主通道作用，提高水水中转比例；引导船舶大型化、标准化和企业规模化、集约化发展；大力推动京杭运河苏北、山东段内河船舶智能过闸系统应用。

2015年底前，与中国铁路总公司联合研究推进重点港口疏港铁路“最后一公里”

建设。2016 年底前，加快现有集装箱海铁联运物联网应用示范工程建设，实现铁水联运集装箱信息实时监测、业务协同和信息共享。2020 年底前，形成若干条以沿海主要港口为枢纽的集装箱铁水联运通道，推动有条件的主要港口铁路线进港。

（十一）提升污染事故应急处置能力。建立健全应急预案体系，统筹水上污染事故应急能力建设，完善应急资源储备和运行维护制度，强化应急救援队伍建设，改善应急装备，提高人员素质，加强应急演练，提升油品、危险化学品泄漏事故应急能力。

2016 年底前，出台《水上溢油风险评估导则》、修订《港口码头溢油应急设备配备要求》；督促港口经营人制定防治船舶及其有关活动污染港区水环境的应急计划；推动地方人民政府制定船舶污染事故应急预案，编制防治船舶及其有关作业活动污染水域环境应急能力建设规划。2020 年底前，完成《国家水上交通安全监管和救助系统布局调整规划》相关建设任务。

三、保障措施

（一）加强组织领导。各地交通运输管理部门要紧密结合工作实际，加强组织领导和工作协同，制定具体落实方案，细化任务措施，明确责任分工和进度安排，抓好试点示范和推广应用，加强目标考核，确保各项工作落实到位。

（二）强化规划引领。各地交通运输管理部门要将船舶与港口污染防治工作纳入交通运输“十三五”发展规划，并制定本地区船舶与港口污染防治专项规划，完善配套政策措施，强化规划的约束和引领作用，推动船舶与港口污染防治工作有序开展。

（三）完善支持政策。在充分利用好中央和地方已有相关资金支持政策的基础上，各级交通运输管理部门要积极协调有关部门加大政策与资金支持力度，力争建立船舶与港口污染防治引导资金，不断完善其他配套政策和激励措施；港航企业要结合提质增效升级，进一步加大对污染防治设施设备改造、配备的资金投入。

（四）加强协调联动。各地交通运输管理部门和各直属海事机构要加强与有关部门的沟通协调，探索建立区域、部门联动协作机制，实现相关建设规划的有效衔接，推进联合监测、联合执法、应急联动、信息共享，确保船舶与港口污染防治工作顺利推进和工作目标如期实现。

交通运输部
关于印发珠三角、长三角、环渤海（京津冀）水域船舶排放控制区实施方案的通知

交海发［2015］177号

各有关省、自治区、直辖市交通运输厅（委），各直属海事机构：

现将《珠三角、长三角、环渤海（京津冀）水域船舶排放控制区实施方案》印发给你们，请认真贯彻落实。

交通运输部

2015年12月2日

珠三角、长三角、环渤海（京津冀）水域
船舶排放控制区实施方案

为贯彻实施《中华人民共和国大气污染防治法》，推进绿色航运发展和船舶节能减排，减少船舶在我国重点区域的大气污染物排放，制定本实施方案。

一、工作目标

通过设立船舶大气污染物排放控制区（以下简称“排放控制区”），控制我国船舶硫氧化物、氮氧化物和颗粒物排放，改善我国沿海和沿河区域特别是港口城市的环境空气质量，为全面控制船舶大气污染奠定基础。

二、设立原则

（一）突出国家大气污染联防联控重点区域。

（二）维护区域港口公平竞争，鼓励核心港区先行先试。

（三）兼顾区域船舶活动密集程度与经济发展水平。

（四）遵守国际法和国内法律法规要求。

三、适用对象

本方案适用于在排放控制区内航行、停泊、作业的船舶，军用船舶、体育运动船艇和渔业船舶除外。

四、排放控制区范围

基于以上目标和原则，设立珠三角、长三角、环渤海（京津冀）水域船舶排放控制

区，确定排放控制区内的核心港口区域，具体如下：

（一）珠三角水域船舶排放控制区。

海域边界：下列A、B、C、D、E、F六点连线以内海域（不含香港、澳门管辖水域）。

A：惠州与汕尾大陆岸线交界点

B：针头岩外延12海里处

C：佳蓬列岛外延12海里处

D：围夹岛外延12海里处

E：大帆石岛外延12海里处

F：江门与阳江大陆岸线交界点

内河水域范围为广州、东莞、惠州、深圳、珠海、中山、佛山、江门、肇庆9个城市行政管辖区域内的内河通航水域。

本排放控制区内的核心港口区域为深圳、广州、珠海港。

图1珠三角水域船舶排放控制区示意图。（略）

（二）长三角水域船舶排放控制区。

海域边界：下列A、B、C、D、E、F、G、H、I、J十点连线以内海域。

A：南通与盐城大陆岸线交界点

B：外磕脚岛外延12海里处

C：佘山岛外延12海里处

D：海礁外延12海里处

E：东南礁外延12海里处

F：两兄弟屿外延12海里处

G：渔山列岛外延12海里处

H：台州列岛（2）外延12海里处

I：台州与温州大陆岸线交界点外延12海里处

J：台州与温州大陆岸线交界点

内河水域范围为南京、镇江、扬州、泰州、南通、常州、无锡、苏州、上海、嘉兴、湖州、杭州、绍兴、宁波、舟山、台州16个城市行政管辖区域内的内河通航水域。

本排放控制区内的核心港口区域为上海、宁波-舟山、苏州、南通港。

图2长三角水域船舶排放控制区示意图。（略）

（三）环渤海（京津冀）水域船舶排放控制区。

海域边界：大连丹东大陆岸线交界点与烟台威海大陆岸线交界点的连线以内海域。

内河水域范围为大连、营口、盘锦、锦州、葫芦岛、秦皇岛、唐山、天津、沧州、滨州、东营、潍坊、烟台13个城市行政管辖区域内的内河通航水域。

本排放控制区内的核心港口区域为天津、秦皇岛、唐山、黄骅港。

图3环渤海（京津冀）水域船舶排放控制区示意图。（略）

五、控制要求

（一）自2016年1月1日起，船舶应严格执行现行国际公约和国内法律法规关于硫氧化物、颗粒物和氮氧化物的排放控制要求，排放控制区内有条件的港口可以实施船舶靠岸停泊期间使用硫含量≤0.5% m/m的燃油等高于现行排放控制要求的措施。

（二）自2017年1月1日起，船舶在排放控制区内的核心港口区域靠岸停泊期间（靠港后的一小时和离港前的一小时除外，下同）应使用硫含量≤0.5% m/m的燃油。

（三）自2018年1月1日起，船舶在排放控制区内所有港口靠岸停泊期间应使用硫含量≤0.5% m/m的燃油。

（四）自2019年1月1日起，船舶进入排放控制区应使用硫含量≤0.5% m/m的燃油。

（五）2019年12月31日前，评估前述控制措施实施效果，确定是否采取以下行动：

1. 船舶进入排放控制区使用硫含量≤0.1% m/m的燃油；

2. 扩大排放控制区地理范围；

3. 其他进一步举措。

（六）船舶可采取连接岸电、使用清洁能源、尾气后处理等与上述排放控制要求等效的替代措施。

六、保障措施

（一）加强组织领导。

各级交通运输主管部门应加强组织领导和协调，细化任务措施，明确职责分工；积极协调国家有关部门和地方政府出台相关政策，制定技术标准；推进信息共享，开展联合执法，建立监督管理联动机制，共同推动排放控制区方案的有效实施。

（二）强化监督管理。

海事管理机构应组织开展船舶大气污染监测技术研究，不断提高监测能力，推进船舶大气污染监测工作；建立监督检查管理工作机制，推进检测装备与能力建设；加强船舶防止空气污染证书和油类记录簿、燃油供应单证及燃油质量的检查；督促船舶检验机构提高船舶发动机等相关船用产品检验质量；开展对替代措施有效性的核查。

（三）发挥政策引导作用。

各级交通运输主管部门应积极协调国家有关部门和地方政府出台相关激励政策和配套措施，加强低硫燃油的生产和供应，对船舶使用低硫燃油、岸电，船舶改造升级和应用清洁能源等实施资金补贴、便利运输等优惠措施。

（四）建立与港澳联动机制。

建立和完善与香港、澳门特别行政区沟通协调机制，加强珠三角水域船舶排放控制区工作与港澳的联动，协调排放控制标准和实施时间，交流排放控制措施应用和监督管理经验，推动与港澳船舶排放控制行动一体化。

中华人民共和国交通运输部令

2015年第25号

《中华人民共和国防治船舶污染内河水域环境管理规定》已于2015年12月15日经第25次部务会议通过，现予公布，自2016年5月1日起施行。

部长　杨传堂

2015年12月31日

中华人民共和国防治船舶污染内河水域环境管理规定

第一章　总　则

第一条　为防治船舶及其作业活动污染内河水域环境，保护内河水域环境，根据《中华人民共和国水污染防治法》《危险化学品安全管理条例》等法律、行政法规，制定本规定。

第二条　防治船舶及其作业活动污染中华人民共和国内河水域环境，适用本规定。

第三条　防治船舶及其作业活动污染内河水域环境，实行预防为主、防治结合、及时处置、综合治理的原则。

第四条　交通运输部主管全国防治船舶及其作业活动污染内河水域环境的管理。

国家海事管理机构统一负责全国防治船舶及其作业活动污染内河水域环境的监督管理工作。

各级海事管理机构依照各自的职责权限，具体负责管辖区域内防治船舶及其作业活动污染内河水域环境的监督管理工作。

第二章　一般规定

第五条　中国籍船舶防治污染的结构、设备、器材应当符合国家有关规范、标准，经海事管理机构或者其认可的船舶检验机构检验，并保持良好的技术状态。

外国籍船舶防治污染的结构、设备、器材应当符合中华人民共和国缔结或者加入的有关国际公约，经船旗国政府或者其认可的船舶检验机构检验，并保持良好的技术状态。船舶经船舶检验机构检验可以免除配备相应的污染物处理装置的，应当在相应的船舶检验证书中予以注明。

第六条　船舶应当依照法律、行政法规、国务院交通运输主管部门的规定以及中华人民共和国缔结或者加入的国际条约、协定的要求，具备并随船携带相应的防治船舶污染内河水域环境的证书、文书。

第七条　船员应当具有相应的防治船舶污染内河水域环境的专业知识和技能，熟悉船舶防污染程序和要求，经过相应的专业培训，持有有效的适任证书和合格证明。

从事有关作业活动的单位应当组织本单位作业人员进行防治污染操作技能、设备使用、作业程序、安全防护和应急反应等专业培训，确保作业人员具备相关防治污染的专业知识和技能。

第八条　港口、码头、装卸站以及从事船舶水上修造、水上拆解、打捞等作业活动的单位，应当按照国家有关规范和标准，配备相应的污染防治设施、设备和器材，并保持良好的技术状态。同一港口、港区、作业区或者相邻港口的单位，可以通过建立联防机制，实现污染防治设施、设备和器材的统一调配使用。

港口、码头、装卸站应当接收靠泊船舶生产经营过程中产生的船舶污染物。从事船舶水上修造、水上拆解、打捞等作业活动的单位，应当按照规定处理船舶修造、打捞、拆解过程中产生的污染物。

第九条　150 总吨及以上的油船、油驳和 400 总吨及以上的非油船、非油驳的拖驳船队应当制定《船上油污应急计划》。150 总吨以下油船应当制定油污应急程序。

150 总吨及以上载运散装有毒液体物质的船舶应当按照交通运输部的规定制定《船上有毒液体物质污染应急计划》和货物资料文书，明确应急管理程序与布置要求。

400 总吨及以上载运散装有毒液体物质的船舶可以制定《船上污染应急计划》，代替《船上有毒液体物质污染应急计划》和《船上油污应急计划》。

水路运输企业应当针对所运输的危险化学品的危险特性，制定运输船舶危险化学品事故应急救援预案，并为运输船舶配备充足、有效的应急救援器材和设备。

港口、码头、装卸站的经营人以及有关作业单位应当制定防治船舶及其作业活动污染内河水域环境的应急预案，每年至少组织一次应急演练，并做好记录。

第十条　依法设立特殊保护水域涉及防治船舶污染内河水域环境的，应当事先征求海事管理机构的意见，并由海事管理机构发布航行通（警）告。设立特殊保护水域的，应当同时设置船舶污染物接收及处理设施。

在特殊保护水域内航行、停泊、作业的船舶，应当遵守特殊保护水域有关防污染的规定、标准。

第十一条　船舶或者有关作业单位造成水域环境污染损害的，应当依法承担污染损害赔偿责任。

通过内河运输危险化学品的船舶，其所有人或者经营人应当投保船舶污染损害责任保险或者取得财务担保。船舶污染损害责任保险单证或者财务担保证明的副本应当随船携带。

通过内河运输危险化学品的中国籍船舶的所有人或者经营人，应当向在我国境内依法成立的商业性保险机构和互助性保险机构投保船舶污染损害责任保险。具体办法另行制定。

第十二条　船舶污染事故引起的污染损害赔偿争议，当事人可以申请海事管理机构调解。在调解过程中，当事人申请仲裁、向人民法院提起诉讼或者一方中途退出调解的，应当及时通知海事管理机构，海事管理机构应当终止调解，并通知其他当事人。

调解成功的，由各方当事人共同签署《船舶污染事故民事纠纷调解协议书》。调解不成或者在3个月内未达成调解协议的，应当终止调解。

第三章　船舶污染物的排放和接收

第十三条　在内河水域航行、停泊和作业的船舶，不得违反法律、行政法规、规范、标准和交通运输部的规定向内河水域排放污染物。不符合排放规定的船舶污染物应当交由港口、码头、装卸站或者有资质的单位接收处理。

禁止船舶向内河水体排放有毒液体物质及其残余物或者含有此类物质的压载水、洗舱水或者其他混合物。

禁止船舶在内河水域使用焚烧炉。

禁止在内河水域使用溢油分散剂。

第十四条　150总吨及以上的油船、油驳和400总吨及以上的非油船、非油驳的拖驳船队应当将油类作业情况如实、规范地记录在经海事管理机构签注的《油类记录簿》中。

150总吨以下的油船、油驳和400总吨以下的非油船、非油驳的拖驳船队应当将油类作业情况如实、规范地记录在《轮机日志》或者《航行日志》中。

载运散装有毒液体物质的船舶应当将有关作业情况如实、规范地记录在经海事管理机构签注的《货物记录簿》中。

船舶应当将使用完毕的《油类记录簿》《货物记录簿》在船上保留3年。

第十五条　船长12米及以上的船舶应当设置符合格式要求的垃圾告示牌，告知船员和旅客关于垃圾管理的要求。

100总吨及以上的船舶以及经核准载运15名及以上人员且单次航程超过2公里或者航行时间超过15分钟的船舶，应当持有《船舶垃圾管理计划》和海事管理机构签注的《船舶垃圾记录簿》，并将有关垃圾收集处理情况如实、规范地记录于《船舶垃圾记录簿》中。《船舶垃圾记录簿》应当随时可供检查，使用完毕后在船上保留2年。

本条第二款规定以外的船舶应当将有关垃圾收集处理情况记录于《航行日志》中。

第十六条　禁止向内河水域排放船舶垃圾。船舶应当配备有盖、不渗漏、不外溢的垃圾储存容器或者实行袋装，按照《船舶垃圾管理计划》对所产生的垃圾进行分类、收集、存放。

船舶将含有有毒有害物质或者其他危险成分的垃圾排入港口接收设施或者委托船舶污染物接收单位接收的，应当提前向对方提供此类垃圾所含物质的名称、性质和数量等信息。

第十七条　船舶在内河航行时，应当按照规定使用声响装置，并符合环境噪声污染防治有关要求。

第十八条　船舶使用的燃料应当符合有关法律法规和标准要求，鼓励船舶使用清洁能源。

船舶不得超过相关标准向大气排放动力装置运转产生的废气以及船上产生的挥发性有机化合物。

第十九条　来自疫区船舶的船舶垃圾、压载水、生活污水等船舶污染物，应当经检疫部门检疫合格后，方可进行接收和处理。

第二十条　船舶污染物接收单位在污染物接收作业完毕后，应当向船舶出具污染物接收处理单证，并将接收的船舶污染物交由岸上相关单位按规定处理。

船舶污染物接收单证上应当注明作业双方名称、作业开始和结束的时间、地点，以及污染物种类、数量等内容，并由船方签字确认。船舶应当将船舶污染物接收单证与相关记录簿一并保存备查。

第四章　船舶作业活动的污染防治

第二十一条　从事水上船舶清舱、洗舱、污染物接收、燃料供受、修造、打捞、拆解、污染清除作业以及利用船舶进行其他水上水下活动的，应当遵守相关操作规程，采取必要的防治污染措施。

船舶在港从事前款所列相关作业的，在开始作业时，应当通过甚高频、电话或者信息系统等向海事管理机构报告作业时间、作业内容等信息。

第二十二条　托运人交付船舶载运具有污染危害性货物的，应当采取有效的防污染措施，确保货物状况符合船舶载运要求和防污染要求，并在运输单证上注明货物的正确名称、数量、污染类别、性质、预防和应急措施等内容。

曾经载运污染危害性货物的空容器和空运输组件，在未彻底清洗或者消除危害之前，应当按照原所装货物的要求进行运输。

交付船舶载运污染危害性质不明的货物，货物所有人或者其代理人应当委托具备相应技术能力的机构进行货物污染危害性评估分类，确定安全运输条件，方可交付船舶载运。

第二十三条　船舶载运污染危害性货物应当具备与所载货物危害性质相适应的防污染条件。

船舶不得载运污染危害性质不明的货物以及超过相关标准、规范规定的单船限制性数量要求的危险化学品。

第二十四条　船舶运输散发有毒有害气体或者粉尘物质等货物的，应当采取封闭或者其他防护措施。

从事前款货物的装卸和过驳作业，作业双方应当在作业过程中采取措施回收有毒有害气体。

第二十五条　从事散装液体污染危害性货物装卸作业的，作业双方应当在作业前对相关防污染措施进行确认，按照规定填写防污染检查表，并在作业过程中严格落实防污染措施。

第二十六条　船舶从事散装液体污染危害性货物水上过驳作业时，应当遵守有关作业规程，会同作业单位确定操作方案，合理配置和使用装卸管系及设备，按照规定填写防污染检查表，针对货物特性和作业方式制定并落实防污染措施。

第二十七条　船舶进行下列作业，在长江、珠江、黑龙江水系干线作业量超过300吨和其他内河水域超过150吨的，港口、码头、装卸站应当采取包括布设围油栏在内的防污染措施，其中过驳作业由过驳作业经营人负责：

（一）散装持久性油类的装卸和过驳作业，但船舶燃油供应作业除外；

（二）比重小于1（相对于水）、溶解度小于0.1%的散装有毒液体物质的装卸和过驳作业；

（三）其他可能造成水域严重污染的作业。

因自然条件等原因，不适合布设围油栏的，应当采取有效替代措施。

第二十八条　从事船舶燃料供应作业的单位应当建立有关防治污染的管理制度和应急预案，配备足够的防污染设备、器材和合格的人员。

从事船舶燃料供受作业，作业双方应当在作业前对相关防污染措施进行确认，按照规定填写防污染检查表，并在作业过程中严格落实防污染措施。

第二十九条　从事船舶燃料供受作业的水上燃料加注站应当满足国家规定的防污染技术标准要求。

水上燃料加注站接受燃料补给作业应当按照污染危害性货物过驳作业办理相关手续。

第三十条　水上船舶修造及其相关作业过程中产生的污染物应当及时清除，不得投弃入水。

船舶燃油舱、液货舱中的污染物需要通过过驳方式交付储存的，应当遵守污染危害性货物过驳作业管理要求。

船坞内进行的修造作业结束后，作业单位应当进行坞内清理和清洁，确认不会造成水域污染后，方可沉坞或者开启坞门。

第三十一条　从事船舶水上拆解的单位在船舶拆解作业前，应当按规定落实防污染措施，彻底清除船上留有的污染物，满足作业条件后，方可进行船舶拆解作业。

从事船舶水上拆解的单位在拆解作业结束后，应当及时清理船舶拆解现场，并按照国家有关规定处理船舶拆解产生的污染物。

禁止采取冲滩方式进行船舶拆解作业。

第五章　船舶污染事故应急处置

第三十二条　海事管理机构应当配合地方人民政府制定船舶污染事故应急预案，开展应急处置工作。

第三十三条　船舶发生污染事故，应当立即就近向海事管理机构如实报告，同时启动污染事故应急计划或者程序，采取相应措施控制和消除污染。在初始报告以后，船舶还应当根据污染事故的进展情况作出补充报告。

海事管理机构接到报告后应当立即核实有关情况，按规定向上级海事管理机构和县级以上地方人民政府报告。海事管理机构和有关单位应当在地方人民政府的统一领导和指挥下，按照职责分工，开展相应的应急处置工作。

第三十四条　发生船舶污染事故的船舶，应当在事故发生后24小时内向事故发生地的海事管理机构提交《船舶污染事故报告书》。因特殊情况不能在规定时间内提交《船舶污染事故报告书》的，经海事管理机构同意可以适当延迟，但最长不得超过48

小时。

《船舶污染事故报告书》应当至少包括以下内容：

（一）船舶的名称、国籍、呼号或者编号；

（二）船舶所有人、经营人或者管理人的名称、地址；

（三）发生事故的时间、地点以及相关气象和水文情况；

（四）事故原因或者事故原因的初步判断；

（五）船上污染物的种类、数量、装载位置等概况；

（六）事故污染情况；

（七）应急处置情况；

（八）船舶污染损害责任保险情况。

第三十五条　船舶有沉没危险或者船员弃船的，应当尽可能地关闭所有液货舱或者油舱（柜）管系的阀门，堵塞相关通气孔，防止溢漏，并向海事管理机构报告船舶燃油、污染危害性货物以及其他污染物的性质、数量、种类、装载位置等情况。

第三十六条　船舶发生事故，造成或者可能造成内河水域污染的，船舶所有人或者经营人应当及时消除污染影响。不能及时消除污染影响的，海事管理机构可以采取清除、打捞、拖航、引航、过驳等必要措施，发生的费用由责任者承担。

依法应当承担前款规定费用的船舶及其所有人或者经营人应当在开航前缴清相关费用或者提供相应的财务担保。

第六章　船舶污染事故调查处理

第三十七条　船舶污染事故调查处理依照下列规定组织实施：

（一）重大以上船舶污染事故由交通运输部组织调查处理；

（二）重大船舶污染事故由国家海事管理机构组织调查处理；

（三）较大船舶污染事故由直属海事管理机构或者省级地方海事管理机构负责调查处理；

（四）一般等级及以下船舶污染事故由事故发生地海事管理机构负责调查处理。

较大及以下等级的船舶污染事故发生地不明的，由事故发现地海事管理机构负责调查处理。事故发生地或者事故发现地跨管辖区域或者相关海事管理机构对管辖权有争议的，由共同的上级海事管理机构确定调查处理机构。

第三十八条　事故调查机构应当及时、客观、公正地开展事故调查，勘验事故现场，检查相关船舶，询问相关人员，收集证据，查明事故原因，认定事故责任。

船舶污染事故调查应当由至少两名调查人员实施。

第三十九条　在证据可能灭失或者以后难以取得的情况下，事故调查机构可以依法先行登记保存相应的证书、文书、资料。

第四十条　船舶污染事故调查的证据种类包括：

（一）书证、物证、视听资料、电子数据；

（二）证人证言；

（三）当事人陈述；

（四）鉴定意见；

（五）勘验笔录、调查笔录、现场笔录；

（六）其他可以证明事实的证据。

第四十一条　船舶造成内河水域污染的，应当主动配合事故调查机构的调查。船舶污染事故的当事人和其他有关人员应当如实反映情况和提供资料，不得伪造、隐匿、毁灭证据或者以其他方式妨碍调查取证。

船舶污染事故的当事人和其他有关人员提供的书证、物证、视听资料应当是原件原物，不能提供原件原物而提供抄录件、复印件、照片等非原件原物的，应当签字确认；拒绝确认的，事故调查人员应当注明有关情况。

第四十二条　有下列情形的，事故调查机构可以按照规定程序组织各级海事管理机构和相关部门开展船舶污染事故协查：

（一）污染事故肇事船舶逃逸的；

（二）污染事故嫌疑船舶已经开航离港的；

（三）辖区发生污染事故但暂时无法确认污染来源，经分析过往船舶有事故嫌疑的。

第四十三条　事故调查处理需要委托有关机构进行技术鉴定或者检验、检测的，事故调查机构应当委托具备国家规定资质要求的机构进行。

第四十四条　事故调查机构应当自事故调查结案之日起 20 个工作日内制作船舶污染事故认定书，并送达当事人。

船舶污染事故认定书应当载明事故基本情况、事故原因和事故责任。

自海事管理机构接到船舶污染事故报告或者发现船舶污染事故之日起 6 个月内无法查明污染源或者无法找到造成污染船舶的，经船舶污染事故调查处理机构负责人批准可以终止事故调查，并在船舶污染事故认定书中注明终止调查的原因。

第七章　法律责任

第四十五条　违反本规定，有下列情形之一的，由海事管理机构责令改正，并处以 2 万元以上 3 万元以下的罚款：

（一）船舶超过标准向内河水域排放生活污水、含油污水等；

（二）船舶超过标准向大气排放船舶动力装置运转产生的废气；

（三）船舶在内河水域排放有毒液体物质的残余物或者含有此类物质的压载水、洗舱水及其他混合物；

（四）船舶在内河水域使用焚烧炉；

（五）未按规定使用溢油分散剂。

第四十六条　违反本规定第十四条、第十五条、第二十一条有下列情形之一的，由海事管理机构责令改正，并处以 3000 元以上 1 万元以下的罚款：

（一）船舶未按规定如实记录油类作业、散装有毒液体物质作业、垃圾收集处理情况的；

（二）船舶未按规定保存《油类记录簿》《货物记录簿》和《船舶垃圾记录簿》的；

（三）船舶在港从事水上船舶清舱、洗舱、污染物接收、燃料供受、修造、打捞、污染清除作业活动，未按规定向海事管理机构报告的。

第四十七条 违反本规定第八条、第二十一条、第二十四条、第二十七条、第三十一条，有下列情形之一的，由海事管理机构责令改正，并处以1万元以上3万元以下的罚款：

（一）港口、码头、装卸站以及从事船舶修造、打捞等作业活动的单位未按规定配备污染防治设施、设备和器材的；

（二）从事水上船舶清舱、洗舱、污染物接收、燃料供受、修造、打捞、污染清除作业活动未遵守操作规程，未采取必要的防治污染措施的；

（三）运输及装卸、过驳散发有毒有害气体或者粉尘物质等货物，船舶未采取封闭或者其他防护措施，装卸和过驳作业双方未采取措施回收有毒有害气体的；

（四）未按规定采取布设围油栏或者其他防治污染替代措施的；

（五）采取冲滩方式进行船舶拆解作业的。

第四十八条 违反本规定第七条、第二十条、第二十五条、第二十六条，有下列情形之一的，由海事管理机构责令停止违法行为，并处以5000元以上1万元以下的罚款：

（一）从事有关作业活动的单位，未组织本单位相关作业人员进行专业培训的；

（二）船舶污染物接收单位未按规定向船方出具船舶污染物接收单证的；

（三）从事散装液体污染危害性货物装卸、过驳作业的，作业双方未按规定填写防污染检查表及落实防污染措施的。

第四十九条 违反本规定第十条，船舶未遵守特殊保护水域有关防污染的规定、标准的，由海事管理机构责令停止违法行为，并处以1万元以上3万元以下的罚款。

第五十条 船舶违反本规定第二十三条规定载运污染危害性质不明的货物的，由海事管理机构责令改正，并对船舶处以5000元以上2万元以下的罚款。

第五十一条 船舶发生污染事故，未按规定报告的或者未按规定提交《船舶污染事故报告书》的，由海事管理机构对船舶处以2万元以上3万元以下的罚款；对直接负责的主管人员和其他直接责任人员处以1万元以上2万元以下的罚款。

第五十二条 海事管理机构行政执法人员滥用职权、玩忽职守、徇私舞弊、违法失职的，依法给予行政处分；构成犯罪的，依法追究刑事责任。

第八章 附 则

第五十三条 本规定中下列用语的含义是：

（一）有毒液体物质，是指排入水体将对水资源或者人类健康产生危害或者对合法利用水资源造成损害的物质。包括在《国际散装运输危险化学品船舶构造和设备规则》的第17或18章的污染种类列表中标明的或者暂时被评定为X、Y或者Z类的任何物质。

（二）污染危害性货物，是指直接或者间接地进入水体，会损害水体质量和环境质量，对生物资源、人体健康等产生有害影响的货物。

（三）特殊保护水域，是指各级人民政府按照有关规定划定并公布的自然保护区、饮用水源保护区、渔业资源保护区、旅游风景名胜区等需要特别保护的水域。

（四）水上燃料加注站，是指固定于某一水域，具有燃料储存功能，给船舶供给燃料的趸船或者船舶。

第五十四条　本规定有关界河水域防治船舶污染的规定与我国缔结或者加入的国际公约、协定不符的，适用我国缔结或者加入的国际公约、协定。

防治军事船舶、渔业船舶污染内河水域环境的监督管理工作，不适用本规定。

第五十五条　本规定自 2016 年 5 月 1 日起施行。2005 年 8 月 20 日以交通部令 2005 年第 11 号公布的《中华人民共和国防治船舶污染内河水域环境管理规定》同时废止。

交通运输部办公厅
关于开展港口船舶污染物接收处置有关工作的通知

交办水函［2016］308号

为落实我部印发的《船舶与港口污染防治专项行动实施方案（2015—2020年）》（以下简称《实施方案》），推动各有关交通运输（港口）管理部门于2016年底前完成本区域船舶污染物接收、转运及处置能力评估，编制完善接收、转运及处置设施建设方案，现将有关工作安排通知如下：

一、省级交通运输主管部门要根据辖区内港口分布情况，提出需编制《船舶污染物接收、转运和处置设施建设方案》（以下简称《建设方案》）的单个港口或联合编制方案的港口群名单，填写附件1，于2016年4月30日前报部备案。

沿海各港口原则上按照“一港一方案”编制。内河区域主要涉及长江干线、西江干线、黑龙江和京杭运河沿线港口，长江干线各港口可按照“一港一方案”编制，西江干线、黑龙江和京杭运河沿线港口可按照“一省一方案”编制，除上述内河港口外，其他内河港口《建设方案》可由各省级交通运输主管部门根据实际需要组织编制，由各单位根据具体情况确定。

二、省级交通运输主管部门要组织港口所在地交通运输（港口）管理部门开展所辖区域内沿海及长江干线、西江干线、黑龙江和京杭运河沿线港口船舶污染物接收、转运及处置能力评估，了解相关设施的运行模式和存在的主要问题，并于2016年6月底前汇总所辖各港口有关情况后，以省（区、市）为单位形成评估报告报部，同时将调查表格（附件2、3、4）电子版报送部规划研究院。

三、我部选择深圳港（沿海港口）和京杭运河苏北段港口（内河港口）作为试点，编制建设方案，并根据试点经验，于7月底前发布《编制指南》，明确建设方案编制原则、范围及主要内容。

2016年底前，沿海各港口及长江、西江、黑龙江和京杭运河沿线港口依据《编制指南》编制完成《建设方案》，由省级交通运输主管部门组织审核后报部备案。其他内河港口《建设方案》由省级交通运输主管部门组织审核。

四、省级交通运输主管部门要组织开展所辖区域内船舶污染物接收、转运和处置设施建设和管理方面的研究。所在地交通运输（港口）管理部门要会同环保、住建、海事等部门就船舶污染物的源头控制、与市政设施的衔接、相关设施的运营管理以及船舶污染物接收、转运及处置过程的监测监管等内容进行沟通协调，为《建设方案》的编制和实施提供保障。

五、联系人及联系方式。（略）

交通运输部办公厅

2016年4月1日

交通运输部关于修改《中华人民共和国船舶及其有关作业活动污染海洋环境防治管理规定》的决定

交通运输部令 2017 年第 15 号

《交通运输部关于修改〈中华人民共和国船舶及其有关作业活动污染海洋环境防治管理规定〉的决定》已于 2017 年 5 月 17 日经第 8 次部务会议通过，现予公布。

交通运输部部长

2017 年 5 月 23 日

交通运输部决定对《中华人民共和国船舶及其有关作业活动污染海洋环境防治管理规定》（交通运输部令 2016 年第 83 号）作如下修改：

一、将第一条修改为："为了防治船舶及其有关作业活动污染海洋环境，根据《中华人民共和国海洋环境保护法》《中华人民共和国大气污染防治法》《中华人民共和国防治船舶污染海洋环境管理条例》和中华人民共和国缔结或者加入的国际条约，制定本规定。"

二、将第九条修改为："船舶从事下列作业活动，应当遵守有关法律法规、标准和相关操作规程，落实安全和防治污染措施，并在作业前将作业种类、作业时间、作业地点、作业单位和船舶名称等信息向海事管理机构报告；作业信息变更的，应当及时补报：

（一）在沿海港口进行舷外拷铲、油漆作业或者使用焚烧炉的；

（二）在港区水域内洗舱、清舱、驱气以及排放垃圾、生活污水、残油、含油污水、含有毒有害物质污水等污染物和压载水的；

（三）冲洗沾有污染物、有毒有害物质的甲板的；

（四）进行船舶水上拆解、打捞、修造和其他水上、水下船舶施工作业的；

（五）进行船舶油料供受作业的。"

三、将第十条修改为："从事 3 万载重吨以上油轮的货舱清舱、1 万吨以上散装液体污染危害性货物过驳以及沉船打捞、油轮拆解等存在较大污染风险的作业活动的，作业方应当进行作业方案可行性研究，并在作业活动中接受海事管理机构的检查。"

四、在第十二条增加一款，作为第二款："船舶在船舶排放控制区内航行、停泊、作业还应当遵守船舶排放控制区大气污染防治控制要求。船舶应当使用低硫燃油或者采取使用岸电、清洁能源、尾气后处理装置等替代措施满足船舶大气排放控制要求。"

五、将第十五条修改为："船舶污染物接收单位进行船舶垃圾、残油、含油污水、含有毒有害物质污水等污染物接收作业，应当在作业前将作业时间、作业地点、作业单位、作业船舶、污染物种类和数量以及拟处置的方式及去向等情况向海事管理机构报告。接收处理情况发生变更的，应当及时补报。

港口建立船舶污染物接收、转运、处置监管联单制度的，船舶与船舶污染物接收单位应当按照联单制度的要求将船舶污染物接收、转运和处置情况报告有关主管部门。”

六、将第十六条中的“应当遵守国家有关标准、规程”修改为“应当编制作业方案，遵守国家有关标准、规程”。

七、将第十七条修改为：“船舶污染物接收单位应当在污染物接收作业完毕后，向船舶出具污染物接收单证，经双方签字确认并留存至少2年。污染物接收单证上应当注明作业单位名称，作业双方船名，作业开始和结束的时间、地点，以及污染物种类、数量等内容。

船舶应当将污染物接收单证保存在相应的记录簿中。”

八、将第二十四条第二款中的“船舶方可进出港口、过境停留或者进行装卸作业”修改为“船舶方可进出港口或者过境停留”。

九、增加一条，作为第四十条：“船舶应当在出港前将上一航次消耗的燃料种类和数量，主机、辅机和锅炉功率以及运行工况时间等信息按照规定报告海事管理机构。

船舶按照船舶排放控制区要求转换低硫燃油或者采取使用岸电、清洁能源、尾气后处理装置等替代措施满足船舶大气排放控制要求的，应当按照规定如实记录。”

十、将第四十五条第一款中的“污染物接收证明”修改为“污染物接收单证”。将第二款修改为：“船舶燃油舱、货油舱中的存油需要通过过驳方式交付储存的，应当遵守本规定关于散装液体污染危害性货物过驳作业的要求。”增加一款，作为第三款：“修造船厂应当建立防治船舶污染海洋环境管理制度，采取必要防护措施，防止船舶修造期间造成海洋环境污染。”

十一、增加一条，作为第五十二条：“违反本规定第九条、第四十条规定，船舶未按照规定将有关情况向海事管理机构报告的，由海事管理机构予以警告；情节严重的，处2万元以下的罚款。”

十二、将第五十四条修改为：“违反本规定，船舶污染物接收单位进行船舶垃圾、残油、含油污水、含有毒有害物质污水等污染物接收作业，未编制作业方案、遵守相关操作规程、采取必要的防污染措施的，由海事管理机构处1万元以上5万元以下的罚款；造成海洋环境污染的，处5万元以上25万元以下的罚款。”

十三、将第五十五条第二项修改为：“（二）船舶污染物接收单位未按照规定向海事管理机构报告船舶污染物接收情况，或者未按照规定向船舶出具污染物接收单证的”。

十四、删去第五十六条中的“进行装卸”。

十五、将第五十八条第一项中的“污染物接收证明”修改为“污染物接收单证”。增加一款，作为第二款：“船舶油料供给单位未按照有关安全和防治污染规范要求从事供受油作业，或者所提供的船舶油料超标的，由海事管理机构要求整改，并通报有关主管部门。”

条文序号作相应调整。

本决定自2017年5月23日起施行。

《中华人民共和国船舶及其有关作业活动污染海洋环境防治管理规定》根据本决定

作相应修正，重新发布。

中华人民共和国船舶及其有关作业活动污染海洋环境防治管理规定

（2010 年 11 月 16 日交通运输部发布　根据 2013 年 8 月 31 日交通运输部《关于修改〈中华人民共和国船舶及其有关作业活动污染海洋环境防治管理规定〉的决定》第一次修正　根据 2013 年 12 月 24 日交通运输部《关于修改〈中华人民共和国船舶及其有关作业活动污染海洋环境防治管理规定〉的决定》第二次修正　根据 2016 年 12 月 13 日交通运输部《关于修改〈中华人民共和国船舶及其有关作业活动污染海洋环境防治管理规定〉的决定》第三次修正　根据 2017 年 5 月 23 日交通运输部《关于修改〈中华人民共和国船舶及其有关作业活动污染海洋环境防治管理规定〉的决定》第四次修正）

第一章　总　则

第一条　为了防治船舶及其有关作业活动污染海洋环境，根据《中华人民共和国海洋环境保护法》《中华人民共和国大气污染防治法》《中华人民共和国防治船舶污染海洋环境管理条例》和中华人民共和国缔结或者加入的国际条约，制定本规定。

第二条　防治船舶及其有关作业活动污染中华人民共和国管辖海域适用本规定。

本规定所称有关作业活动，是指船舶装卸、过驳、清舱、洗舱、油料供受、修造、打捞、拆解、污染危害性货物装箱、充罐、污染清除以及其他水上水下船舶施工作业等活动。

第三条　国务院交通运输主管部门主管全国船舶及其有关作业活动污染海洋环境的防治工作。

国家海事管理机构负责监督管理全国船舶及其有关作业活动污染海洋环境的防治工作。

各级海事管理机构根据职责权限，具体负责监督管理本辖区船舶及其有关作业活动污染海洋环境的防治工作。

第二章　一般规定

第四条　船舶的结构、设备、器材应当符合国家有关防治船舶污染海洋环境的船舶检验规范以及中华人民共和国缔结或者加入的国际条约的要求，并按照国家规定取得相应的合格证书。

第五条　船舶应当依照法律、行政法规、国务院交通运输主管部门的规定以及中华人民共和国缔结或者加入的国际条约的要求，取得并随船携带相应的防治船舶污染海洋环境的证书、文书。

海事管理机构应当向社会公布本条第一款规定的证书、文书目录，并及时更新。

第六条　中国籍船舶持有的防治船舶污染海洋环境的证书、文书由国家海事管理机构或者其认可的机构签发；外国籍船舶持有的防治船舶污染海洋环境的证书、文书应当符合中华人民共和国缔结或者加入的国际条约的要求。

第七条 船员应当具有相应的防治船舶污染海洋环境的专业知识和技能，并按照有关法律、行政法规、规章的规定参加相应的培训、考试，持有有效的适任证书或者相应的培训合格证明。

从事有关作业活动的单位应当组织本单位作业人员进行操作技能、设备使用、作业程序、安全防护和应急反应等专业培训，确保作业人员具备相关安全和防治污染的专业知识和技能。

第八条 港口、码头、装卸站和从事船舶修造作业的单位应当按照国家有关标准配备相应的污染监视设施和污染物接收设施。

港口、码头、装卸站以及从事船舶修造、打捞、拆解等有关作业活动的其他单位应当按照国家有关标准配备相应的防治污染设备和器材。

第九条 船舶从事下列作业活动，应当遵守有关法律法规、标准和相关操作规程，落实安全和防治污染措施，并在作业前将作业种类、作业时间、作业地点、作业单位和船舶名称等信息向海事管理机构报告；作业信息变更的，应当及时补报：

（一）在沿海港口进行舷外拷铲、油漆作业或者使用焚烧炉的；

（二）在港区水域内洗舱、清舱、驱气以及排放垃圾、生活污水、残油、含油污水、含有毒有害物质污水等污染物和压载水的；

（三）冲洗沾有污染物、有毒有害物质的甲板的；

（四）进行船舶水上拆解、打捞、修造和其他水上、水下船舶施工作业的；

（五）进行船舶油料供受作业的。

第十条 从事3万载重吨以上油轮的货舱清舱、1万吨以上散装液体污染危害性货物过驳以及沉船打捞、油轮拆解等存在较大污染风险的作业活动的，作业方应当进行作业方案可行性研究，并在作业活动中接受海事管理机构的检查。

第十一条 任何单位和个人发现船舶及其有关作业活动造成或者可能造成海洋环境污染的，应当立即就近向海事管理机构报告。

第三章 船舶污染物的排放与接收

第十二条 在中华人民共和国管辖海域航行、停泊、作业的船舶排放船舶垃圾、生活污水、含油污水、含有毒有害物质污水、废气等污染物以及压载水，应当符合法律、行政法规、有关标准以及中华人民共和国缔结或者加入的国际条约的规定。

船舶在船舶排放控制区内航行、停泊、作业还应当遵守船舶排放控制区大气污染防治控制要求。船舶应当使用低硫燃油或者采取使用岸电、清洁能源、尾气后处理装置等替代措施满足船舶大气排放控制要求。

第十三条 船舶不得向依法划定的海洋自然保护区、海洋特别保护区、海滨风景名胜区、重要渔业水域以及其他需要特别保护的海域排放污染物。

依法设立本条第一款规定的需要特别保护的海域的，应当在适当的区域配套设置船舶污染物接收设施和应急设备器材。

第十四条 船舶应当将不符合第十二条规定排放要求以及依法禁止向海域排放的污染物，排入具备相应接收能力的港口接收设施或者委托具备相应接收能力的船舶污染物接收单位接收。

船舶委托船舶污染物接收单位进行污染物接收作业的，其船舶经营人应当在作业前明确指定所委托的船舶污染物接收单位。

第十五条 船舶污染物接收单位进行船舶垃圾、残油、含油污水、含有毒有害物质污水等污染物接收作业，应当在作业前将作业时间、作业地点、作业单位、作业船舶、污染物种类和数量以及拟处置的方式及去向等情况向海事管理机构报告。接收处理情况发生变更的，应当及时补报。

港口建立船舶污染物接收、转运、处置监管联单制度的，船舶与船舶污染物接收单位应当按照联单制度的要求将船舶污染物接收、转运和处置情况报告有关主管部门。

第十六条 船舶污染物接收作业单位应当落实安全与防污染管理制度。进行污染物接收作业的，应当编制作业方案，遵守国家有关标准、规程，并采取有效的防污染措施，防止污染物溢漏。

第十七条 船舶污染物接收单位应当在污染物接收作业完毕后，向船舶出具污染物接收单证，经双方签字确认并留存至少 2 年。污染物接收单证上应当注明作业单位名称，作业双方船名，作业开始和结束的时间、地点，以及污染物种类、数量等内容。

船舶应当将污染物接收单证保存在相应的记录簿中。

第十八条 船舶进行涉及污染物处置的作业，应当在相应的记录簿内规范填写、如实记录，真实反映船舶运行过程中产生的污染物数量、处置过程和去向。按照法律、行政法规、国务院交通运输主管部门的规定以及中华人民共和国缔结或者加入的国际条约的要求，不需要配备记录簿的，应当将有关情况在作业当日的航海日志或者轮机日志中如实记载。

船舶应当将使用完毕的船舶垃圾记录簿在船舶上保留 2 年；将使用完毕的含油污水、含有毒有害物质污水记录簿在船舶上保留 3 年。

第十九条 船舶污染物接收单位应当将接收的污染物交由具有国家规定资质的污染物处理单位进行处理，并每月将船舶污染物的接收和处理情况报海事管理机构备案。

第二十条 接收处理含有有毒有害物质或者其他危险成分的船舶污染物的，应当符合国家有关危险废物的管理规定。来自疫区船舶产生的污染物，应当经有关检疫部门检疫处理后方可进行接收和处理。

第二十一条 船舶应当配备有盖、不渗漏、不外溢的垃圾储存容器，或者对垃圾实行袋装。

船舶应当对垃圾进行分类收集和存放，对含有有毒有害物质或者其他危险成分的垃圾应当单独存放。

船舶将含有有毒有害物质或者其他危险成分的垃圾排入港口接收设施或者委托船舶污染物接收单位接收的，应当向对方说明此类垃圾所含物质的名称、性质和数量等情况。

第二十二条 船舶应当按照国家有关规定以及中华人民共和国缔结或者加入的国际条约的要求，设置与生活污水产生量相适应的处理装置或者储存容器。

第四章　船舶载运污染危害性货物及其有关作业

第二十三条　本规定所称污染危害性货物，是指直接或者间接进入水体，会损害水体质量和环境质量，从而产生损害生物资源、危害人体健康等有害影响的货物。

国家海事管理机构应当向社会公布污染危害性货物的名录，并根据需要及时更新。

第二十四条　船舶载运污染危害性货物进出港口，承运人或者代理人应当在进出港24小时前（航程不足24小时的，在驶离上一港口时）向海事管理机构办理船舶适载申报手续；货物所有人或者代理人应当在船舶适载申报之前向海事管理机构办理货物适运申报手续。

货物适运申报和船舶适载申报经海事管理机构审核同意后，船舶方可进出港口或者过境停留。

第二十五条　交付运输的污染危害性货物的特性、包装以及针对货物采取的风险防范和应急措施等应当符合国家有关标准、规定以及中华人民共和国缔结或者加入的国际条约的要求；需要经国家有关主管部门依法批准后方可载运的，还需要取得有关主管部门的批准。

船舶适载的条件按照《中华人民共和国海事行政许可条件规定》关于船舶载运危险货物的适载条件执行。

第二十六条　货物所有人或者代理人办理货物适运申报手续的，应当向海事管理机构提交下列材料：

（一）货物适运申报单，包括货物所有人或者代理人有关情况以及货物名称、种类、特性等基本信息；

（二）由代理人办理货物适运申报手续的，应当提供货物所有人出具的有效授权证明；

（三）相应的污染危害性货物安全技术说明书，安全作业注意事项、防范和应急措施等有关材料；

（四）需要经国家有关主管部门依法批准后方可载运的污染危害性货物，应当持有有效的批准文件；

（五）交付运输下列污染危害性货物的，还应当提交下列材料：

1.载运包装污染危害性货物的，应当提供包装和中型散装容器检验合格证明或者压力容器检验合格证明；

2.使用可移动罐柜装载污染危害性货物的，应当提供罐柜检验合格证明；

3.载运放射性污染危害性货物的，应当提交放射性剂量证明；

4.货物中添加抑止剂或者稳定剂的，应当提交抑止剂或者稳定剂的名称、数量、温度、有效期以及超过有效期时应当采取的措施；

5.载运限量污染危害性货物的，应当提交限量危险货物证明；

6.载运污染危害性不明货物的，应当提交符合第三十条规定的污染危害性评估报告。

第二十七条　承运人或者代理人办理船舶适载申报手续的，应当向海事管理机构提交下列材料：

（一）船舶载运污染危害性货物申报单，包括承运人或者代理人有关情况以及货物名称、种类、特性等基本信息；

（二）海事管理机构批准的货物适运证明；

（三）由代理人办理船舶适载申报手续的，应当提供承运人出具的有效授权证明；

（四）防止油污证书、船舶适载证书、船舶油污损害民事责任保险或者其他财务保证证书；

（五）载运污染危害性货物的船舶在运输途中发生过意外情况的，还应当在船舶载运污染危害性货物申报单内扼要说明所发生意外情况的原因、已采取的控制措施和目前状况等有关情况，并于抵港后送交详细报告；

（六）列明实际装载情况的清单、舱单或者积载图；

（七）拟进行装卸作业的港口、码头、装卸站。

定船舶、定航线、定货种的船舶可以办理不超过一个月期限的船舶定期适载申报手续。办理船舶定期适载申报手续的，除应当提交本条第一款规定的材料外，还应当提交能够证明固定船舶在固定航线上运输固定污染危害性货物的有关材料。

第二十八条　海事管理机构收到货物适运申报、船舶适载申报后，应当根据第二十五条规定的条件在 24 小时内作出批准或者不批准的决定；办理船舶定期适载申报的，应当在 7 日内作出批准或者不批准的决定。

第二十九条　货物所有人或者代理人交付船舶载运污染危害性货物，应当采取有效的防治污染措施，确保货物的包装与标志的规格、比例、色度、持久性等符合国家有关安全与防治污染的要求，并在运输单证上如实注明该货物的技术名称、数量、类别、性质、预防和应急措施等内容。

第三十条　货物所有人或者代理人交付船舶载运污染危害性不明的货物，应当委托具备相应资质的技术机构对货物的污染危害性质和船舶载运技术条件进行评估。

第三十一条　曾经载运污染危害性货物的空容器和运输组件，应当彻底清洗并消除危害，取得由具有国家规定资质的检测机构出具的清洁证明后，方可按照普通货物交付船舶运输。在未彻底清洗并消除危害之前，应当按照原所装货物的要求进行运输。

第三十二条　海事管理机构认为交付船舶载运的货物应当按照污染危害性货物申报而未申报的，或者申报的内容不符合实际情况的，经海事管理机构负责人批准，可以采取开箱等方式查验。

海事管理机构在实施开箱查验时，货物所有人或者代理人应当到场，并负责搬移货物，开拆和重封货物的包装。海事管理机构认为必要时，可以径行开验、复验或者提取货样。有关单位和个人应当配合。

第三十三条　船舶不符合污染危害性货物适载要求的，不得载运污染危害性货物，码头、装卸站不得为其进行装卸作业。

发现船舶及其有关作业活动可能对海洋环境造成污染危害的，码头、装卸站、船舶应当立即采取相应的应急措施，并向海事管理机构报告。

第三十四条　从事污染危害性货物装卸作业的码头、装卸站，应当符合安全装卸和污染物处理的相关标准，并向海事管理机构提交安全装卸和污染物处理能力情况的有关材料。海事管理机构应当将具有相应安全装卸和污染物处理能力的码头、装卸站向社会公布。

载运污染危害性货物的船舶应当在海事管理机构公布的具有相应安全装卸和污染物处理能力的码头、装卸站进行装卸作业。

第三十五条　船舶进行散装液体污染危害性货物过驳作业的，应当符合国家海上交通安全和防治船舶污染海洋环境的管理规定和技术规范，选择缓流、避风、水深、底质等条件较好的水域，远离人口密集区、船舶通航密集区、航道、重要的民用目标或者设施、军用水域，制定安全和防治污染的措施和应急计划并保证有效实施。

第三十六条　进行散装液体污染危害性货物过驳作业的船舶，其承运人、货物所有人或者代理人应当向海事管理机构提交下列申请材料：

（一）船舶作业申请书，内容包括作业船舶资料、联系人、联系方式、作业时间、作业地点、过驳种类和数量等基本情况；

（二）船舶作业方案、拟采取的监护和防治污染措施；

（三）船舶作业应急预案；

（四）对船舶作业水域通航安全和污染风险的分析报告；

（五）与具有相应能力的污染清除作业单位签订的污染清除作业协议。

海事管理机构应当自受理申请之日起2日内根据第三十五条规定的条件作出批准或者不予批准的决定。2日内无法作出决定的，经海事管理机构负责人批准，可以延长5日。

第三十七条　从事船舶油料供受作业的单位应当向海事管理机构备案，并提交下列备案材料：

（一）工商营业执照；

（二）安全与防治污染制度文件、应急预案、应急设备物资清单、输油软管耐压检测证明以及作业人员参加培训情况；

（三）通过船舶进行油料供受作业的，还应当提交船舶相关证书、船上油污应急计划、作业船舶油污责任保险凭证以及船员适任证书；

（四）燃油质量承诺书；从事成品油供受作业的单位应当同时提交有关部门依法批准的成品油批发或者零售经营的证书。

第三十八条　进行船舶油料供受作业的，作业双方应当采取满足安全和防治污染要求的供受油作业管理措施，同时应当遵守下列规定：

（一）作业前，应当做到：

1.检查管路、阀门，做好准备工作，堵好甲板排水孔，关好有关通海阀；

2.检查油类作业的有关设备，使其处于良好状态；

3.对可能发生溢漏的地方，设置集油容器；

4.供受油双方以受方为主商定联系信号，双方均应切实执行。

（二）作业中，要有足够人员值班，当班人员要坚守岗位，严格执行操作规程，掌握作业进度，防止跑油、漏油；

（三）停止作业时，必须有效关闭有关阀门；

（四）收解输油软管时，必须事先用盲板将软管有效封闭，或者采取其他有效措施，防止软管存油倒流入海。

海事管理机构应当对船舶油料供受作业进行监督检查，发现不符合安全和防治污染要求的，应当予以制止。

第三十九条　船舶燃油供给单位应当如实填写燃油供受单证，并向船舶提供燃油供受单证和燃油样品。燃油供受单证应当包括受油船船名，船舶识别号或国际海事组织编号，作业时间、地点，燃油供应商的名称、地址和联系方式以及燃油种类、数量、密度和含硫量等内容。船舶和燃油供给单位应当将燃油供受单证保存 3 年，将燃油样品妥善保存 1 年。

燃油供给单位应当确保所供燃油的质量符合相关标准要求，并将所供燃油送交取得国家规定资质的燃油检测单位检测。燃油质量的检测报告应当留存在作业船舶上备查。

第四十条　船舶应当在出港前将上一航次消耗的燃料种类和数量，主机、辅机和锅炉功率以及运行工况时间等信息按照规定报告海事管理机构。

船舶按照船舶排放控制区要求转换低硫燃油或者采取使用岸电、清洁能源、尾气后处理装置等替代措施满足船舶大气排放控制要求的，应当按照规定如实记录。

第四十一条　船舶进行下列作业，且作业量超过 300 吨时，应当采取包括布设围油栏在内的防污染措施，其中过驳作业由过驳作业经营人负责：

（一）散装持久性油类的装卸和过驳作业，但船舶燃油供应作业除外；

（二）比重小于 1（相对于水）、溶解度小于 0.1%的散装有毒液体物质的装卸和过驳作业；

（三）其他可能造成水域严重污染的作业。

因自然条件等原因，不适合布设围油栏的，应当采取有效替代措施。

第四十二条　载运污染危害性货物的船舶进出港口和通过桥区、交通管制区、通航密集区以及航行条件受限制的区域，或者载运剧毒、爆炸、放射性货物的船舶进出港口，应当遵守海事管理机构的特别规定，并采取必要的安全和防治污染保障措施。

第四十三条　船舶载运散发有毒有害气体或者粉尘物质等货物的，应当采取密闭或者其他防护措施。对有封闭作业要求的污染危害性货物，在运输和作业过程中应当采取措施回收有毒有害气体。

第五章　船舶拆解、打捞、修造和其他水上水下船舶施工作业

第四十四条　禁止采取冲滩方式进行船舶拆解作业。

第四十五条　进行船舶拆解、打捞、修造和其他水上水下船舶施工作业的，应当遵守相关操作规程，并采取必要的安全和防治污染措施。

第四十六条　在进行船舶拆解和船舶油舱修理作业前，作业单位应当将船舶上的残余物和废弃物进行有效处置，将燃油舱、货油舱中的存油驳出，进行洗舱、清舱、测爆等工作，并按照规定取得船舶污染物接收单证和有效的测爆证书。

船舶燃油舱、货油舱中的存油需要通过过驳方式交付储存的，应当遵守本规定关于

散装液体污染危害性货物过驳作业的要求。

修造船厂应当建立防治船舶污染海洋环境管理制度，采取必要防护措施，防止船舶修造期间造成海洋环境污染。

第四十七条 在船坞内进行船舶修造作业的，修造船厂应当将坞内污染物清理完毕，确认不会造成水域污染后，方可沉起浮船坞或者开启坞门。

第四十八条 船舶拆解、打捞、修造或者其他水上水下船舶施工作业结束后，应当及时清除污染物，并将作业全过程产生的污染物的清除处理情况一并向海事管理机构报告，海事管理机构可以视情况进行现场核实。

第六章 法律责任

第四十九条 海事管理机构发现船舶、有关作业单位存在违反本规定行为的，应当责令改正；拒不改正的，海事管理机构可以责令停止作业、强制卸载，禁止船舶进出港口、靠泊、过境停留，或者责令停航、改航、离境、驶向指定地点。

第五十条 违反本规定，船舶的结构不符合国家有关防治船舶污染海洋环境的船舶检验规范或者有关国际条约要求的，由海事管理机构处 10 万元以上 30 万元以下的罚款。

第五十一条 违反本规定，船舶、港口、码头和装卸站未配备防治污染设施、设备、器材，有下列情形之一的，由海事管理机构予以警告，或者处 2 万元以上 10 万元以下的罚款：

（一）配备的防治污染设施、设备、器材数量不能满足法律、行政法规、规章、有关标准以及我国缔结或者参加的国际条约要求的；

（二）配备的防治污染设施、设备、器材技术性能不能满足法律、行政法规、规章、有关标准以及我国缔结或者参加的国际条约要求的。

第五十二条 违反本规定第九条、第四十条规定，船舶未按照规定将有关情况向海事管理机构报告的，由海事管理机构予以警告；情节严重的，处 2 万元以下的罚款。

第五十三条 违反本规定，船舶未持有防治船舶污染海洋环境的证书、文书的，由海事管理机构予以警告，或者处 2 万元以下的罚款。

第五十四条 违反本规定，船舶向海域排放本规定禁止排放的污染物的，由海事管理机构处 3 万元以上 20 万元以下的罚款。

第五十五条 违反本规定，船舶排放或者处置污染物，有下列情形之一的，由海事管理机构处 2 万元以上 10 万元以下的罚款：

（一）超过标准向海域排放污染物的；

（二）未按照规定在船上留存船舶污染物排放或者处置记录的；

（三）船舶污染物处置记录与船舶运行过程中产生的污染物数量不符合的。

第五十六条 违反本规定，船舶污染物接收单位进行船舶垃圾、残油、含油污水、含有毒有害物质污水等污染物接收作业，未编制作业方案、遵守相关操作规程、采取必要的防污染措施的，由海事管理机构处 1 万元以上 5 万元以下的罚款；造成海洋环境污染的，处 5 万元以上 25 万元以下的罚款。

第五十七条　违反本规定，船舶、船舶污染物接收单位接收处理污染物，有下列第（一）项情形的，由海事管理机构予以警告，或者处 2 万元以下的罚款；有下列第（二）项、第（三）项情形的，由海事管理机构处 2 万元以下的罚款：

（一）船舶未如实记录污染物处置情况的；

（二）船舶污染物接收单位未按照规定向海事管理机构报告船舶污染物接收情况，或者未按照规定向船舶出具污染物接收单证的；

（三）船舶污染物接收单位未按照规定将船舶污染物的接收和处理情况报海事管理机构备案的。

第五十八条　违反本规定，未经海事管理机构批准，船舶载运污染危害性货物进出港口、过境停留的，由海事管理机构对其承运人、货物所有人或者代理人处 1 万元以上 5 万元以下的罚款；未经海事管理机构批准，船舶进行散装液体污染危害性货物过驳作业的，由海事管理机构对船舶处 1 万元以上 5 万元以下的罚款。

第五十九条　违反本规定，有下列第（一）项情形的，由海事管理机构予以警告，或者处 2 万元以上 10 万元以下的罚款；有下列第（二）项、第（三）项、第（四）项情形的，由海事管理机构处 2 万元以上 10 万元以下的罚款：

（一）船舶载运的污染危害性货物不具备适运条件的；

（二）载运污染危害性货物的船舶不符合污染危害性货物适载要求的；

（三）载运污染危害性货物的船舶未在具有相应安全装卸和污染物处理能力的码头、装卸站进行装卸作业的；

（四）货物所有人或者代理人未按照规定对污染危害性不明的货物进行污染危害性评估的。

第六十条　违反本规定，有下列情形之一的，由海事管理机构处 2000 元以上 1 万元以下的罚款：

（一）船舶未按照规定保存污染物接收单证的；

（二）船舶油料供受单位未如实填写燃油供受单证的；

（三）船舶油料供受单位未按照规定向船舶提供燃油供受单证和燃油样品的；

（四）船舶和船舶油料供受单位未按照规定保存燃油供受单证和燃油样品的。

船舶油料供给单位未按照有关安全和防治污染规范要求从事供受油作业，或者所提供的船舶油料超标的，由海事管理机构要求整改，并通报有关主管部门。

第六十一条　违反本规定，进行船舶水上拆解、旧船改装、打捞和其他水上水下船舶施工作业，造成海洋环境污染损害的，由海事管理机构予以警告，或者处 5 万元以上 20 万元以下的罚款。

第七章　附　则

第六十二条　军事船舶以及国务院交通运输主管部门所辖港区水域外渔业船舶污染海洋环境的防治工作，不适用本规定。

第六十三条　本规定自 2011 年 2 月 1 日起施行。

交通运输部等十三部门
关于加强船用低硫燃油供应保障和联合监管的指导意见

交海发〔2017〕163号

近年来，我国局部地区大气污染形势仍然严峻，控制船舶大气污染物排放势在必行。《中华人民共和国大气污染防治法》明确要求，内河和江海直达船舶应当使用符合标准的普通柴油，远洋船舶靠港后应当使用符合大气污染物控制要求的船舶用燃油；进入排放控制区的船舶应当符合船舶相关排放要求。随着珠三角、长三角、环渤海（京津冀）水域船舶排放控制区实施方案的推进，以及国际公约提出的2020年船舶使用低硫燃油时限的逼近，保障合规的船用低硫燃油供应已成为当前和今后一段时期控制船舶大气污染的关键。为落实绿色发展理念，推进供给侧结构性改革，维护船用燃油流通市场秩序，保障船用低硫燃油供应，现提出以下意见。

一、总体要求

（一）指导思想。

全面贯彻党的十八大和十八届三中、四中、五中、六中全会精神，深入贯彻习近平总书记系列重要讲话精神和治国理政新理念新思想新战略，认真落实党中央、国务院决策部署，统筹推进“五位一体”总体布局和协调推进“四个全面”战略布局，按照“加快推进生态文明建设”决策部署和“坚决打好蓝天保卫战”工作要求，坚持以推进供给侧结构性改革为主线，通过政策引导、行业自律、强化监管，维护公平、有序、健康的船用燃油流通市场秩序，提升我国船用低硫燃油供应能力和质量，促进绿色交通发展。

（二）基本原则。

坚持政策引导。健全配套支持政策，加大社会宣传力度，通过激励和约束机制，积极引导企业生产、销售、使用合规的船用低硫燃油。

坚持突出重点。紧抓船用低硫燃油供需不平衡这一突出矛盾，集中力量、重点突破，着力解决合规燃油供应不足、市场秩序混乱等突出问题，保障防治船舶大气污染政策依法、有序推进实施。

坚持建管并重。按照“立好规则、管住市场”的要求，同步推进制度建设和联合监管工作，实现二者相互优化、同步促进，保障合规船用燃油的供应，打造良好的市场秩序。

（三）总体目标。

通过政策引导，保障船用低硫燃油供应，提升船用低硫燃油供应与航运市场需求的适应性。通过强化监管，打击不合规船用燃油进入流通市场的违法行为，促进船用燃油流通市场公平、有序、健康发展。

二、重点任务

（一）建立船用低硫燃油基本供应制度。

引导国内炼化企业生产合规船用低硫燃油，疏通生产、销售和使用企业间的信息渠道，建立和完善相关制度，保障合规船用低硫燃油的供应。（交通运输部、国家能源局牵头，国家发展改革委、工业和信息化部、商务部、税务总局、工商总局参与。2018 年完成政策制定，长期实施。）

取消船舶供油企业港口经营许可，打破供油区域限制，允许供油企业跨区域经营。（交通运输部牵头，商务部、工商总局、税务总局参与。2018 年前完成政策制定，长期实施。）

（二）加快船用燃油标准制修订。

研究修订《船用燃料油》（GB 17411—2015）、《普通柴油》（GB 252—2015）和《船舶供受燃油程序及检测方法》（GB/T 25346—2010）等相关标准规范，优化燃油质量指标，以适应船舶安全绿色航行要求，为船用燃油监管提供技术依据。（交通运输部、国家能源局、国家标准委牵头，环境保护部、工业和信息化部、税务总局、工商总局、质检总局参与。2019 年完成标准制修订，长期实施。）

（三）加大船用燃油监管力度。

全面加强船用燃油生产、流通和使用环节的事中事后监管，提高“双随机”抽检比例。（交通运输部、工商总局、质检总局、商务部、国家能源局、海关总署按职责分工负责。2018 年起实施。）

提升船用燃油监管能力，为一线执法人员配备检测装备，建立完善执法监管信息系统，加强执法人员培训，提高执法检查效能。（交通运输部、工商总局、质检总局、环境保护部、海关总署按职责分工负责。2018 年起逐步实施。）

（四）加强船用燃油监管部门协作。

建立船用燃油生产、流通和使用环节的多部门联合执法制度，组织专项治理行动，开展联合执法。（交通运输部牵头，工商总局、质检总局、公安部、环境保护部、商务部、税务总局、安全监管总局、国家能源局、海关总署参与。2018 年完成制度建设，长期实施。）

建立船用燃油监管信息通报制度，打通各环节监管部门之间的信息沟通渠道，并定期向社会公开监管信息。（交通运输部牵头，工商总局、质检总局、公安部、环境保护部、商务部、税务总局、安全监管总局、国家能源局、海关总署参与。2018 年完成制度建设，长期实施。）

三、保障措施

（一）加强组织领导。各省、自治区、直辖市有关部门要加强对贯彻实施本意见的组织领导，按照本意见的要求，制定具体实施方案，有条件的地方可先行先试，确保各项工作任务和要求得到落实。

（二）建立信用制度。建立船用燃油生产、销售、使用主体信用记录，纳入全国信用信息共享平台，建立低硫燃油“产销用”主体信用约束机制和对严重失信主体的联合惩戒机制，通过国家企业信用信息公示系统、“信用中国”网站公示有关企业信用信息，促进“产销用”主体守法经营。

（三）加强科技支撑。鼓励油品质量提升与低成本化生产、油品流量计量和跟踪检测等先进工艺、技术和装备的研发与应用，推动船用燃油产销用创新发展，为船用燃油市场监管提供技术支撑。

（四）开展督查考核。加强船用燃油监管工作的督查考核，对督查发现的问题，各有关部门应依职责督促整改落实，并依法依规实施责任追究。

（五）加强宣传引导。各省、自治区、直辖市有关部门要通过多种方式加强政策宣传，并充分发挥行业协会作用，引导行业自律、自治，有序发展。

交通运输部 国家发展改革委 工业和信息化部
公安部 财政部 环境保护部
商务部 海关总署 税务总局 工商总局
质检总局 安全监管总局 国家能源局
2017 年 10 月 27 日

交通运输部办公厅关于印发《长江经济带船舶污染防治专项行动方案（2018—2020年）》的通知

上海、江苏、浙江、安徽、江西、湖北、湖南、重庆、四川、云南、贵州省（市）交通运输厅（委），长江航务管理局，上海、浙江海事局：

经交通运输部同意，现将《长江经济带船舶污染防治专项行动方案（2018—2020年）》印发给你们，请认真贯彻落实。

交通运输部办公厅

2017年12月25日

长江经济带船舶污染防治专项行动方案（2018—2020年）

为全面贯彻落实党的十九大关于生态文明和美丽中国建设的新时代发展理念，认真落实习近平总书记关于长江经济带"共抓大保护，不搞大开发"指示精神，推进实施《大气污染防治法》《水污染防治法》以及《大气污染防治行动计划》《水污染防治行动计划》等法律和国家政策性文件关于防治船舶污染环境的要求，针对长江经济带船舶污染风险高、船舶污染物接收与处置衔接不畅、船舶洗舱设施缺乏和船舶突发污染事件应急能力不足等突出问题，根据《交通运输部关于推进长江经济带绿色航运发展的指导意见》（交水发〔2017〕114号），交通运输部决定在2018—2020年组织开展长江经济带船舶污染防治专项行动。本次专项行动以问题为导向，标本兼治，协同推进，努力实现绿色交通和航运可持续发展，以满足广大人民群众对蓝天碧水、清洁空气的殷切期待，具体要求如下：

一、主要任务

（一）强化船舶污染源头管理。长江经济带相关省级交通运输主管部门、长江航务管理局要严格执行船舶强制报废制度，把控长江液体散装危险货物运输船舶运力审批关，积极推进老旧化学品船舶和油船淘汰。各船检机构要加强船舶检验，严禁给不符合安全和环保技术法规要求的船舶核发证书。长江航务管理局、上海海事局和浙江海事局要加强航运企业安全和防污染管理体系审核，督促落实企业安全生产和防污染主体责任；加强现场监管，严禁不符合船舶检验规范的内河化学品船舶和600载重吨以上的单壳油船（从事植物油运输的单壳油船按照交通运输部规定执行）进入长江干线航行；加强载运危险货物船舶的动态监控，对载运散装毒害性危险货物船舶通过重点水域实施重点监控；严把船舶载运危险化学品申报员和集装箱装箱现场检查员从业人员资质审批关，确保人员适任。长江航务管理局会同长江经济带相关省级交通运输主管部门、上海海事局和浙江海事局组织开展长江干线水路危险货物种类、航线、船舶适装条件、航行时间等方面适运性评估，全面评价水路运输危险货物安全运输条件。

2018 年 2 月前，长江经济带相关省级交通运输主管部门牵头，长江航务管理局、上海海事局和浙江海事局配合组织对本辖区船舶污染风险防治情况进行全面摸底排查，按要求填报调查问卷（见附件）。2018 年，部海事局要组织完成《船舶载运危险货物安全综合治理行动方案（2017—2018 年）》工作任务，2019—2020 年组织开展船舶载运危险货物安全综合治理“回头看”活动；2018 年初，组织首批船舶载运危险化学品申报员和集装箱装箱现场检查员从业资格考核评估。2019 年，长江航务管理局要牵头完成长江干线水路危险货物适运性评估。

（二）加强船舶防污染作业现场监管。长江航务管理局、上海海事局和浙江海事局要制定并落实船舶污染相关作业活动信息报送和双随机检查制度，加强对有污染风险船舶相关作业的事中事后监管；要严把船舶散装液体污染危害性货物过驳作业审批关，严控船舶及有关作业单位从事高污染风险作业活动；对进入长江经济带水域的国际航行船舶，按照规定要求对船舶压载水进行灭活处理或采取其他等效措施，禁止排放不符合规定的船舶压载水。长江经济带相关省级交通运输主管部门、长江航务管理局、上海海事局和浙江海事局要全力推进长三角水域船舶排放控制区政策实施，监督内河船舶和江海直达船舶依法使用普通柴油。长江航务管理局、上海海事局和浙江海事局要提高船舶燃油抽检力度，积极协调推进落实《交通运输部等十三个部门关于加强船用低硫燃油供应保障和联合监管的指导意见》（交海发〔2017〕163 号），参与船用低硫燃油生产、流通、使用联合监管。部海事局要组织船舶排放控制区政策实施效果全面评估，适时调整船舶大气污染物排放控制要求，支持指导长三角水域两省一市实施更为严格的船舶大气排放控制要求；要组织开展船舶大气污染物排放因子实船监测，会同有关部门编制公布船舶大气污染物排放清单。

2018 年，部海事局要制定船舶污染相关作业活动报告规定和船舶防污染作业“双随机”检查指南，2019 年组织开展压载水排放现场检测执法。2018—2020 年，长江经济带内的船舶排放控制区相关省级交通运输主管部门、长航航务管理局、上海海事局和浙江海事局要按照《珠三角、长三角、环渤海（京津冀）水域船舶排放控制区实施方案》（交海发〔2017〕177 号）确定的船舶排放控制要求，加强监管和配套措施的落实。2018 年起，部海事局要开展船舶大气污染物排放因子实船监测，会同有关部门编制公布年度船舶大气污染物排放清单；2019 年底前，完成船舶排放控制区政策实施效果评估，制定船舶排放控制区调整实施方案。

（三）推进船舶污染物接收与处置船岸衔接。长江经济带相关省级交通运输主管部门要积极推动当地政府统筹规划建设船舶污染物接收设施，建立港口和船舶污染物接收、转运处置新机制，明确海事、港航、环保、城建等各部门职责，并确保与城市公共转运处置设施之间的衔接，保障船舶污染物可送岸接收处置。长江航务管理局、上海海事局和浙江海事局要按照新的船舶水污染物排放标准要求，逐步推行“船上储存交岸处置”为主的“零排放”治理模式。长江航务管理局、上海海事局和浙江海事局要推动当地政府建立并实施船舶污染物接收、转运、处置联单制度，开展船舶污染物免费接收示范试点，防止二次污染。

2020年底，长江经济带相关省级交通运输主管部门要推动内河港口船舶含油污水、化学品洗舱水、生活污水和垃圾等污染物接收设施达到建设要求，并与城市公共转运、处置设施有效衔接。2018年，部综合规划司要牵头研究制定长江干线水上洗舱站布局方案；长江经济带相关省级交通运输主管部门要会同当地有关部门实施船舶污染物接收、转运、处置联单制度，根据法规要求组织实施内河载运危险化学品船舶洗舱水强制预洗规定。

（四）提升船舶污染应急处置能力。长江经济带相关省级交通运输主管部门、长江航务管理局、上海海事局和浙江海事局要继续编制完善船舶污染应急预案，组织开展专项演习，出台并实施防治船舶及其有关作业活动污染应急能力建设，逐步形成长江干线200吨、重点航段400吨的溢油应急处置能力。长江经济带相关省级交通运输主管部门、长江航务管理局、上海海事局和浙江海事局要积极推动水上危险化学品泄漏事故应急处置能力建设，开展应急联动，不断提高应对危险化学品泄漏事故的能力。部海事局要参照沿海船舶油污损害赔偿责任由船东和货主共同承担风险的原则，全面推行内河船舶载运危险化学品事故污染损害赔偿强制保险制度，提高内河水域船舶污染损害赔偿保障能力。

2018年，长江经济带相关省级交通运输主管部门、长江航务管理局、上海海事局和浙江海事局要积极推进省市两级船舶污染应急能力建设规划实施，推动完善船舶污染应急预案。2020年，长江航务管理局要支持地方政府启动江苏（江阴）沿江危险化学品应急救援基地示范项目建设。2019年，由部法制司会同部海事局出台内河船舶载运危险化学品污染损害赔偿强制保险配套管理规定，在内河水域全面推行强制保险制度。

（五）创新监管方式。长江航务管理局、上海海事局和浙江海事局要建立内河船舶安全和防污染信用机制，培树“绿色船舶”品牌，对节能减排效果明显的船舶，实施诚信优惠待遇政策；建立基于风险的选船机制，提高船舶监管效能；试行船舶污染举报奖励制度，加大船舶违法偷排漏排污染物打击力度；严格船舶污染物处理装置法定检验制度，鼓励船舶加装船舶污染物在线监测装置，开展船舶营运污染和能效监测示范试点。部海事局要加快推进海事危防管理信息系统改造工程，建立方便相对人的船舶载运危险货物和防污染作业监管信息系统。部法制司、综合规划司、水运局、安质司、科技司、搜救中心，长江经济带相关省级交通运输主管部门，长江航务管理局、上海海事局和浙江海事局要结合“十三五”规划调整，研究为海事一线执法人员配备船用燃油硫含量快速检测装备和船舶压载水快速检测装备。长江经济带相关省级交通运输主管部门、长江航务管理局、上海海事局和浙江海事局要继续推进长江船舶污染监视监测系统建设，配置船舶溢油遥感监视监测设施，提升船舶污染防治海事监管能力。

2020年，建立船舶安全和防污染信用机制，开展船舶营运污染和能效监测示范试点；2018年底运行新的海事危防管理信息系统。2018—2020年，部海事局会同部综合规划司、财审司，结合“十三五”规划调整，研究为海事一线执法人员配备船用燃油硫含量快速检测装备和船舶压载水快速检测装备。2018—2020年，部海事局要持续组织开展长江三峡船舶污染监测，开展船舶溢油和大气污染物遥感监视监测示范试点工作。

（六）完善船舶污染防治法规标准体系。部法制司会同海事局、水运局，加快完善船舶载运危险货物和固体散装货物相关管理制度，加强对危险货物和固体散装货物水上运输的安全监督管理；修订《船舶油污损害民事责任保险实施办法》，细化内河船舶污染损害责任强制保险制度。部科技司会同海事局，配合环境保护部加快推进《船舶水污染物排放标准》国家标准的出台。部海事局及时修订相关船舶检验规范，严格内河船舶水污染物排放要求。

2019 年，完成《船舶油污损害民事责任保险实施办法》修订。部海事局要根据环境保护部发布《船舶水污染物排放标准》的进度，于 2018 年底前完成《内河船舶法定检验技术规则》修订，2021 年起投入使用的内河船舶执行新修订的船舶污染物排放相关标准。2020 年底前，长江航务管理局、上海海事局和浙江海事局要督促航运企业完成对不符合《船舶水污染物排放标准》要求的船舶有关设施、设备的配备或改造，对经改造仍不能达到要求的，限期予以淘汰。

（七）推进航运清洁生产。长江经济带相关省级交通运输主管部门要按照《交通运输部关于推进长江经济带绿色航运发展的指导意见》，推动船舶使用液化天然气（LNG）等清洁能源、靠港优先使用岸电、加装船舶尾气处理装置，以及原油和成品油装船作业油气回收等工作，保障船舶大气污染防治各项措施安全、环保地运行。部海事局要加快推进船舶法定检验规则和船舶检验规范的制修订工作，明确 LNG 水上加注趸船、LNG 动力船舶和船舶尾气处理装置等技术要求；制定船舶油气回收操作规程，确定 LNG 罐柜安全运输条件，争取将船舶使用岸电操作规程纳入国际海事组织技术规则。

2018 年 2 月底前，部海事局要发布船舶受电设施相关法定检验规则、LNG 动力船舶及内河加注趸船检验规则。2018 年底前，发布船舶使用 LNG 船员操作指南，完成船舶使用 LNG 动力、岸电和 LNG 运输（包括罐式集装箱运输）、油气回收操作规程以及相关安全监管制度的制定，协助长江航务管理局研究提出 LNG 动力船通过三峡船闸的可行方案；2019 年，在船舶检验技术规则中增加船舶尾气处理装置的技术要求。

二、保障措施

（一）加强组织领导。长江经济带相关省级交通运输主管部门、长江航务管理局、上海海事局和浙江海事局要高度重视，把防治船舶污染、推动水运绿色发展放在更加突出位置；要紧紧依靠地方政府，加强组织领导和工作协同，制定具体落实方案，细化任务措施，建立考核制度，明确责任分工和进度安排，确保各项工作落实到位。长江经济带相关省级交通运输主管部门、长江航务管理局、上海海事局和浙江海事局应于每年 1 月 31 日前将上年度工作落实情况和本年度工作计划安排报部海事局。

（二）加强资金支持。长江经济带相关省级交通运输主管部门、长江航务管理局、上海海事局和浙江海事局要积极协调有关部门和地方政府加大资金支持力度，通过财政补贴等方式，支持船舶使用清洁能源和岸电、加装危险化学品洗舱装置、污水处理装置和尾气处理装置等防污染设施改造，扶持安全性高、符合防污染标准及节能减排政策的船舶投入运输市场。同时，要加大船舶污染监视监测执法装备的投入，用先进的技术手段支撑海事现场执法工作。

（三）加强协调联动。大力推进部省协同联动，建立船舶污染共治和联防联控机制。长江经济带相关省级交通运输主管部门、长江航务管理局、上海海事局和浙江海事局要加强与环保、城建、工商、质检等有关部门的沟通协调，在船舶污染物接收处置、船用燃油供应与使用、船舶污染事故应急等方面探索建立区域、部门联动协作机制，实现相关建设规划的有效衔接，推进联合监测、联合执法、应急联动和信息共享。

（四）加强宣传引导。长江经济带相关省级交通运输主管部门、长江航务管理局、上海海事局和浙江海事局要通过多种方式加强政策宣传，形成共抓长江大保护的社会氛围；提升社会大众对绿色交通的认知度，增强从业单位和人员对船舶污染防治工作的自律意识。

附件：长江经济带船舶污染风险防治情况调查表（略）

交通运输部
关于进一步做好港口污染防治相关工作的通知

交办水函〔2018〕581号

各省、自治区、直辖市交通运输厅（委）：

为深入贯彻国务院《水污染防治行动计划》《大气污染防治行动计划》，认真落实《船舶与港口污染防治专项行动实施方案（2015—2020年）》，进一步做好港口污染防治工作，经交通运输部同意，现将有关事项通知如下：

一、加快推进港口船舶污染物接收处置有关工作

各省级交通运输主管部门要进一步加大工作力度，推动港口所在地人民政府按照新修订出台的《中华人民共和国水污染防治法》有关规定，统筹规划建设船舶污染物接收、转运及处置设施，确保港口和船舶污染物接收设施与城市公共转运、处置设施的有效衔接。所在地港口管理部门要按照发布的港口和船舶污染物接收、转运及处置设施建设方案（以下简称建设方案）和时间进度要求，按期完成接收设施建设，并主动公开已建成设施的相关信息。

二、积极推进长江干线水上洗舱站建设

长江沿线各省级交通运输主管部门要按照《交通运输部办公厅关于印发长江干线水上洗舱站布局方案的通知》（交办规划〔2018〕34号）相关要求明确责任分工，落实工作措施，纳入建设方案，认真组织实施，并作为《水污染防治行动计划》实施情况的重点考核内容，确保按期完成建设任务。

三、加强港口作业扬尘整治

地方各级交通运输（港口）管理部门要在当地人民政府的统一领导下，根据职责分工，会同有关部门做好港口作业扬尘污染防治工作。指导督促辖区内港口企业切实履行污染防治主体责任，于2018年5月底前开展自查自纠，加强港口作业扬尘整治，对于易引起扬尘污染的散货装卸和运输环节，通过采取湿法、干法、机械物理方法等多种技术措施，进行综合处理和全面防治。新建码头要严格按照《煤炭矿石码头粉尘控制设计规范》（JTS 156—2015）有关要求，建设防风抑尘设施设备。主要港口要加快推进现有大型煤炭、矿石码头堆场防风抑尘设施建设和设备配备。

四、加快淘汰老旧高排放港作机械

地方各级交通运输（港口）管理部门要积极引导港口企业加快淘汰老旧高排放港作机械。鼓励通过“油改气”“油改电”、报废更新等措施，加快淘汰不满足我国第三阶段

非道路移动机械用柴油机排气污染物排放限值（即发动机为国Ⅰ、国Ⅱ排放标准）的港作燃油机械。

五、加强督查考核

地方各级交通运输（港口）管理部门要加强港口码头污染防治，将各项工作落到实处。各省级交通运输主管部门要加强督促检查，及时发现并解决存在的困难和问题。部将继续按照《水污染防治行动计划实施情况考核规定（试行）》有关要求对港口污染防治工作落实情况进行考核和抽查。

各省级交通运输主管部门应当将以上工作进展和落实情况、存在问题和相关建议形成书面材料，分别于每年的 6 月底和 12 月 15 日前报部，长江沿线各省级交通运输主管部门将有关情况同时抄送长江航务管理局。

联系人及联系方式。(略)

交通运输部办公厅
2018 年 4 月 16 日

生态环境部公告

公告　2018年　第34号

关于发布《非道路移动机械污染防治技术政策》的公告

为贯彻《中华人民共和国环境保护法》《中华人民共和国大气污染防治法》等法律法规，落实《中共中央国务院关于全面加强生态环境保护坚决打好污染防治攻坚战的意见》和《国务院关于印发打赢蓝天保卫战三年行动计划的通知》等文件要求，防治非道路移动机械污染大气环境，保障生态环境安全和人体健康，指导环境管理与科学治污，促进非道路移动机械污染防治技术进步，我部组织制订了《非道路移动机械污染防治技术政策》，现予发布。文件内容可登录生态环境部网站（http：//www.mee.gov.cn）查询。

附件：非道路移动机械污染防治技术政策

生态环境部

2018年8月19日

附件：

非道路移动机械污染防治技术政策

一、总则

（一）为贯彻《中华人民共和国环境保护法》和《中华人民共和国大气污染防治法》等法律法规，改善环境质量，促进非道路移动机械污染防治技术进步，制定本技术政策。

（二）本技术政策所称的非道路移动机械是指我国境内所有新生产、进口及在用的以压燃式、点燃式发动机和新能源（例如：插电式混合动力、纯电动、燃料电池等）为动力的移动机械、可运输工业设备等。

（三）本技术政策提出了非道路移动机械在设计、生产、使用、回收等全生命周期内的大气、噪声等污染的防治技术。大气污染物主要指一氧化碳（CO）、碳氢化合物（HC）、氮氧化物（NO_x）和颗粒物（PM）。

（四）非道路移动机械产品应向低能耗、低污染的方向发展。优先发展非道路移动机械用发动机电控燃油系统、高效增压系统、排气后处理系统及污染控制系统所使用的传感器。

（五）污染物排放控制目标：

新生产装用压燃式发动机的非道路移动机械，2020 年达到国家第四阶段排放控制水平，2025 年与世界最先进排放控制水平接轨。

新生产装用小型点燃式发动机的非道路移动机械，2020 年前后达到国家第三阶段排放控制水平，2025 年与世界最先进排放控制水平接轨。

新生产装用大型点燃式发动机的非道路移动机械，在 2025 年前达到世界最先进排放控制水平。

（六）鼓励地方政府根据大气环境质量需求，对非道路移动机械分时、分类划定禁止使用高排放非道路移动机械的区域。优先控制城市建成区内非道路移动机械的污染物排放，逐步建立非道路移动机械使用的登记制度。

鼓励淘汰高排放非道路移动机械。

二、新生产（含进口）非道路移动机械

（一）鼓励生态设计。鼓励开展非道路移动机械模块化、无（低）害化、绿色低碳、循环利用等产品生态设计，综合考虑生产、使用、回收等全生命周期内的资源消耗及污染排放。

（二）鼓励排放提前达标。鼓励非道路移动机械生产企业通过机内净化技术降低原机排放水平，装用压燃式发动机的非道路移动机械安装壁流式颗粒物捕集器（DPF）、选择性催化还原装置（SCR）；装用大型点燃式发动机的非道路移动机械安装三元催化转化器（TWC）等排放控制装置；装用小型点燃式发动机的非道路移动机械安装氧化型催化转化器（OC），提前达到国家下一阶段的非道路移动机械排放标准。

（三）产品应信息公开。非道路移动机械生产企业应依法依规公开排放检验、污染控制装置和排放相关技术信息，供社会公众监督，维修企业免费查询使用。

（四）提高产品环保生产一致性水平。非道路移动机械生产企业应不断提高产品环保生产一致性管理水平。根据国家排放标准对生产一致性的要求，建立并不断完善产品排放性能和耐久性能的控制方法，在产品开发、生产过程的质量控制、售后服务等各个环节，有效落实生产一致性保证计划。生产一致性检查应重点加强对发动机电子控制单元（ECU）和相关传感器部件、在线诊断系统、燃油供给系统、进气系统、排气后处理装置、废气再循环装置（EGR）等系统和零部件的检查。

（五）提高产品排放在用符合性。生产企业应加强其产品及其污染物排放装置耐久性的研究，对非道路移动机械在实际使用中的排放情况进行监测自查，确保非道路移动机械污染物排放的在用符合性。

生产企业应引导用户正确使用和维护保养排放相关控制装置，应在其产品说明书中，明确列出维护排放水平的内容，应详细说明非道路移动机械使用的适用条件、排放控制策略、日常保养项目、排放相关零部件的更换周期、维护保养规程以及企业认可的零部件等，为保证非道路移动机械污染物排放的在用符合性提供技术保障。

（六）加强排放在线监控和诊断。新生产非道路移动机械应根据相关标准要求，增加排放在线诊断系统，对与排放相关部件的运行状态进行实时监控，当监测到非道路移动机械排放超标时，应采取报警、限扭、强制怠速运转等手段，限制排放超标非道路移

动机械的正常使用，督促用户及时进行维修处理。

（七）推广排放远程监控技术。利用信息技术的进步和发展，通过安装卫星定位及远程排放监控装置、电子围栏平台建设、数据库动态分析等方法，逐步实现对各类非道路移动机械的远程排放监控。企业应积极参与推进定位系统和远程排放监控系统与生态环境部门的联网。优先对在城市中使用的非道路移动机械实施排放远程监控管理。

（八）积极开展天然气、生物柴油等替代燃料的排放控制技术研究。重点研究替代燃料使用过程中的常规污染物和非常规污染物排放特性，科学评估使用替代燃料对环境空气及非道路移动机械排放性能、可靠性和耐久性的影响，确保替代燃料使用的安全性和规范性。

（九）控制温室气体排放。逐步将二氧化碳（CO_2）、甲烷（CH_4）、氧化亚氮（N_2O）等非道路移动机械排放的温室气体纳入排放管理体系，实现非道路移动机械大气污染物与温室气体排放的协同控制。

（十）加强对进口二手非道路移动机械的排放控制。进口二手非道路移动机械的排放控制水平，应满足我国新生产非道路移动机械现行排放标准要求。

（十一）提高噪声污染控制水平。生产企业应加强对非道路移动机械产品噪声污染控制技术的研究、开发和应用，不断提高噪声污染控制水平。

新生产非道路移动机械噪声污染控制的技术原则为：优先采用发动机优化燃烧、电控管理技术、优化进排气消声器，采用吸声和隔声技术、提高发动机刚度和整机匹配等技术措施，降低新生产非道路移动机械的噪声污染。

（十二）企业应具备污染物排放检测能力。生产企业应配备非道路移动机械（或发动机）污染物排放检测设备，对产品按照标准要求进行排放检验，检验合格才能出厂销售。

三、在用非道路移动机械

（一）加强在用非道路移动机械的排放检测和维修。加强非道路移动机械的维修、保养，使其保持良好的技术状态。加强对非道路移动机械排放检测能力的建设；经检测排放不达标的非道路移动机械，应强制进行维修、保养，保证非道路移动机械及其污染控制装置处于正常技术状态。

非道路移动机械维修企业应配备必要的排放检测及诊断设备，确保维修后的非道路移动机械排放稳定达标，同时妥善保存维修记录。

（二）研究建立在用非道路移动机械登记制度。鼓励有条件的地方，对需要重点监控的在用非道路移动机械进行登记，并对其排放状况进行监督检查。

（三）在用非道路移动机械的排放治理改造。在排放治理改造中，针对要改造的非道路移动机械，应先进行科学的、系统的匹配和小规模示范应用，确认技术的可行性和治理效果，再进行推广应用，并确保对改造产品的持续维护和质量监管。

（四）加强对再制造发动机的排放管理。对装用再制造发动机的非道路移动机械，再制造发动机的排放性能指标应不低于原机定型时的排放要求，且只能作为配件进入发动机配件市场，用于替换同等排放水平的发动机。

（五）加强非道路移动机械的噪声控制。禁止任何单位或个人擅自拆除弃用非道路移动机械的消声、隔声和吸声装置，加强对噪声控制装置的维护保养。

四、非道路用燃料、机油及氮氧化物还原剂

（一）提升油品和氮氧化物还原剂质量。燃油应不断降低烯烃、芳烃、多环芳烃的含量；机油应不断降低硫、磷、硫酸盐灰分的含量；氮氧化物还原剂应重点研究解决低温结晶问题，降低醛类、金属离子等杂质的含量。

（二）加强生产、销售环节管理。禁止生产、进口、销售不符合标准的燃料、机油和氮氧化物还原剂。鼓励油品生产企业在生产环节加入能辨别生产企业的微量物质示踪剂。确保终端使用环节的燃料、机油及氮氧化物还原剂质量稳定满足国家标准的要求。

五、鼓励研发及推广应用的污染防治技术

（一）鼓励研发的污染防治技术

1. 鼓励新能源动力技术的开发应用。鼓励混合动力、纯电动、燃料电池等新能源技术在非道路移动机械上的应用，优先发展中小非道路移动机械动力装置的新能源化，逐步达到超低排放、零排放。

2. 加快各类先进污染控制技术的自主研发和国产化。压燃式发动机主要污染控制技术包括：电控燃油喷射系统（EFI）、SCR、DPF、高效增压中冷系统（TC）、闭环控制废气再循环装置（EGR）、柴油氧化型催化转化器（DOC）、固体氨选择性催化还原装置（SSCR）等先进后处理系统，以及排放控制传感器等关键零部件及相关技术。

点燃式发动机主要污染控制技术包括：EFI、分层扫气技术及电控化油器等关键零部件及相关技术。

3. 鼓励开展噪声控制技术的研究。对于发动机应优化机内燃烧、优化进排气消声器，优化插入损失，降低功率损失比；对于非道路移动机械应优化旋转件匹配、发动机和变速箱的匹配、采用吸隔音材料的研究等措施，降低整个非道路移动机械设备的噪声。

（二）鼓励推广应用的排放控制技术

1. 压燃式发动机非道路移动机械排放控制技术装用压燃式发动机的非道路移动机械鼓励优先采用的排放控制技术见表1。

表1　装用压燃式发动机的非道路移动机械排放控制技术

功率(P_{max})/kW	$P_{max}<19$	$19\leqslant P_{max}<37$	$37\leqslant P_{max}<56$	$56\leqslant P_{max}\leqslant 560$	$P_{max}>560$
国四	EFI	EFI	EFI+TC+EGR+DOC+DPF	EFI+TC+DOC+DPF+SCR	EFI+TC+SCR
国五	—	EFI+DOC+DPF+排放远程监控	EFI+TC+EGR+DOC+DPF+排放远程监控	EFI+TC+DOC+DPF+SCR+排放远程监控	EFI+TC+SCR+排放远程监控

2. 点燃式发动机非道路移动机械排放控制技术

（1）手持式二冲程发动机

应推广具有低逃逸率的高效扫气系统，并加装 OC。

（2）大型点燃式发动机（19kW 以上）

应推广使用 EFI，实现空燃比的闭环控制，加装三元催化器（TWC），降低 HC、CO 和 NO_x 的排放。

对装用汽油发动机的非道路移动机械，鼓励采用低渗透油管、油箱和炭罐等燃油蒸发控制装置，以有效控制蒸发排放。

（三）鼓励开发排放测试技术及设备

1.加快非道路移动机械排放测试设备和技术的研究开发，加快非道路移动机械远程排放监控系统、在线诊断系统测试技术的引进吸收和开发，加快后处理系统传感器国产化的研发，为非道路移动机械产品的生产一致性、在用符合性和企业新产品研发提供保障。

2.鼓励车载排放测试技术及测试设备的研究开发，为加强在用非道路移动机械排放监管提供技术保障。

交通运输部关于修改《中华人民共和国船舶污染海洋环境应急防备和应急处置管理规定》的决定

交通运输部令 2018 年第 21 号

《关于修改〈中华人民共和国船舶污染海洋环境应急防备和应急处置管理规定〉的决定》已于 2018 年 9 月 21 日经交通运输部第 15 次部务会议通过，现予以公布，自公布之日起施行。

交通运输部部长
2018 年 9 月 27 日

交通运输部关于修改《中华人民共和国船舶污染海洋环境应急防备和应急处置管理规定》的决定

交通运输部决定对《中华人民共和国船舶污染海洋环境应急防备和应急处置管理规定》（交通运输部令 2016 年第 84 号）作如下修改：

一、将第十一条第一款中的“并报海事管理机构批准”修改为“并报海事管理机构备案”。

二、将第三十二条中的“违反本规定，船舶未制定防治船舶及其有关作业活动污染海洋环境应急预案，或者应急预案未报海事管理机构批准的，由海事管理机构处 2 万元以下的罚款”修改为“违反本规定，船舶未制定防治船舶及其有关作业活动污染海洋环境应急预案的，由海事管理机构处 2 万元以下的罚款，应急预案未报海事管理机构备案的，由海事管理机构责令限期改正”。

本决定自公布之日起施行。

《中华人民共和国船舶污染海洋环境应急防备和应急处置管理规定》根据本决定作相应修改，重新公布。

中华人民共和国船舶污染海洋环境应急防备和应急处置管理规定

（2011 年 1 月 27 日交通运输部公布根据 2013 年 12 月 24 日交通运输部《关于修改〈中华人民共和国船舶污染海洋环境应急防备和应急处置管理规定〉的决定》第一次修正　根据 2014 年 9 月 5 日交通运输部《关于修改〈中华人民共和国船舶污染海洋环境应急防备和应急处置管理规定〉的决定》第二次修正　根据 2015 年 5 月 12 日交通运输部《关于修改〈中华人民共和国船舶污染海洋环境应急防备和应急处置管理规定〉的决定》第三次修正　根据 2016 年 12 月 13 日交通运输部《关于修改〈中华人民共和国船舶污染海洋环境应急防备和应急处置管理规定〉的决定》第四次修正　根据 2018 年 9

月 27 日交通运输部《关于修改〈中华人民共和国船舶污染海洋环境应急防备和应急处置管理规定〉的决定》第五次修正）

第一章　总　则

第一条　为提高船舶污染事故应急处置能力，控制、减轻、消除船舶污染事故造成的海洋环境污染损害，依据《中华人民共和国防治船舶污染海洋环境管理条例》等有关法律、行政法规和中华人民共和国缔结或者加入的有关国际条约，制定本规定。

第二条　在中华人民共和国管辖海域内，防治船舶及其有关作业活动污染海洋环境的应急防备和应急处置，适用本规定。

船舶在中华人民共和国管辖海域外发生污染事故，造成或者可能造成中华人民共和国管辖海域污染的，其应急防备和应急处置，也适用本规定。

本规定所称“应急处置”是指在发生或者可能发生船舶污染事故时，为控制、减轻、消除船舶造成海洋环境污染损害而采取的响应行动；“应急防备”是指为应急处置的有效开展而预先采取的相关准备工作。

第三条　交通运输部主管全国防治船舶及其有关作业活动污染海洋环境的应急防备和应急处置工作。

国家海事管理机构负责统一实施船舶及其有关作业活动污染海洋环境应急防备和应急处置工作。

沿海各级海事管理机构依照各自职责负责具体实施防治船舶及其有关作业活动污染海洋环境的应急防备和应急处置工作。

第四条　船舶及其有关作业活动污染海洋环境应急防备和应急处置工作应当遵循统一领导、综合协调、分级负责、属地管理、责任共担的原则。

第二章　应急能力建设和应急预案

第五条　国家防治船舶及其有关作业活动污染海洋环境应急能力建设规划，应当根据全国防治船舶及其有关作业活动污染海洋环境的需要，由国务院交通运输主管部门组织编制，报国务院批准后公布实施。

沿海省级防治船舶及其有关作业活动污染海洋环境应急能力建设规划，应当根据国家防治船舶及其有关作业活动污染海洋环境应急能力建设规划和本地实际情况，由沿海省、自治区、直辖市人民政府组织编制并公布实施。

沿海市级防治船舶及其有关作业活动污染海洋环境应急能力建设规划，应当根据所在地省级人民政府防治船舶及其有关作业活动污染海洋环境应急能力建设规划和本地实际情况，由沿海设区的市级人民政府组织编制并公布实施。

编制防治船舶及其有关作业活动污染海洋环境应急能力建设规划，应当对污染风险和应急防备需求进行评估，合理规划应急力量建设布局。

沿海各级海事管理机构应当积极协助、配合相关地方人民政府完成应急能力建设规划的编制工作。

第六条　交通运输部、沿海设区的市级以上地方人民政府应当根据相应的防治船舶及其有关作业活动污染海洋环境应急能力建设规划，建立健全船舶污染事故应急防备和应急反应机制，建立专业应急队伍，建设船舶污染应急专用设施、设备和器材储备库。

第七条　沿海各级海事管理机构应当根据防治船舶及其有关作业活动污染海洋环境的需要，会同海洋主管部门建立健全船舶及其有关作业活动污染海洋环境的监测、监视机制，加强对船舶及其有关作业活动污染海洋环境的监测、监视。

港口、码头、装卸站以及从事船舶修造的单位应当配备与其装卸货物种类和吞吐能力或者修造船舶能力相适应的污染监视设施和污染物接收设施，并使其处于良好状态。

第八条　港口、码头、装卸站以及从事船舶修造、打捞、拆解等作业活动的单位应当按照交通运输部的要求制定有关安全营运和防治污染的管理制度，按照国家有关防治船舶及其有关作业活动污染海洋环境的规范和标准，配备必需的防治污染设备和器材，确保防治污染设备和器材符合防治船舶及其有关作业活动污染海洋环境的要求。

第九条　港口、码头、装卸站以及从事船舶修造、打捞、拆解等作业活动的单位应当编写报告，评价其具备的船舶污染防治能力是否与其装卸货物种类、吞吐能力或者船舶修造、打捞、拆解活动所必需的污染监视监测能力、船舶污染物接收处理能力以及船舶污染事故应急处置能力相适应。

交通运输主管部门依法开展港口、码头、装卸站的验收工作时应当对评价报告进行审查，确认其具备与其所从事的作业相应的船舶污染防治能力。

第十条　交通运输部应当根据国家突发公共事件总体应急预案，制定国家防治船舶及其有关作业活动污染海洋环境的专项应急预案。

沿海省、自治区、直辖市人民政府应当根据国家防治船舶及其有关作业活动污染海洋环境的专项应急预案，制定省级防治船舶及其有关作业活动污染海洋环境应急预案。

沿海设区的市级人民政府应当根据所在地省级防治船舶及其有关作业活动污染海洋环境的应急预案，制定市级防治船舶及其有关作业活动污染海洋环境应急预案。

交通运输部、沿海设区的市级以上地方人民政府应当定期组织防治船舶及其有关作业活动污染海洋环境应急预案的演练。

第十一条　中国籍船舶所有人、经营人、管理人应当按照国家海事管理机构制定的应急预案编制指南，制定或者修订防治船舶及其有关作业活动污染海洋环境的应急预案，并报海事管理机构备案。

港口、码头、装卸站的经营人以及有关作业单位应当制定防治船舶及其有关作业活动污染海洋环境的应急预案，并报海事管理机构和环境保护主管部门备案。

船舶以及有关作业单位应当按照制定的应急预案定期组织应急演练，根据演练情况对应急预案进行评估，按照实际需要和情势变化，适时修订应急预案，并对应急预案的演练情况、评估结果和修订情况如实记录。

第十二条　中国籍船舶防治污染设施、设备和器材应当符合国家有关标准，并按照国家有关要求通过型式和使用性能检验。

第三章　船舶污染清除单位

第十三条　船舶污染清除单位是指具备相应污染清除能力，为船舶提供污染事故应急防备和应急处置服务的单位。

根据服务区域和污染清除能力的不同，船舶污染清除单位的能力等级由高到低分为四级，其中：

（一）一级单位能够在我国管辖海域为船舶提供溢油和其它散装液体污染危害性货物泄漏污染事故应急服务；

（二）二级单位能够在距岸 20 海里以内的我国管辖海域为船舶提供溢油和其它散装液体污染危害性货物泄漏污染事故应急服务；

（三）三级单位能够在港区水域为船舶提供溢油应急服务；

（四）四级单位能够在港区水域内的一个作业区、独立码头附近水域为船舶提供溢油应急服务。

第十四条　从事船舶污染清除的单位应当具备以下条件，并接受海事管理机构的监督检查：

（一）应急清污能力符合《船舶污染清除单位应急清污能力要求》（见附件）的规定；

（二）制定的污染清除作业方案符合防治船舶及其有关作业活动污染海洋环境的要求；

（三）污染物处理方案符合国家有关防治污染规定。

第十五条　船舶污染清除单位应当将下列情况向社会公布，并报送服务区域所在地的海事管理机构：

（一）本单位的污染清除能力符合《船舶污染清除单位应急清污能力要求》相应能力等级和服务区域的报告；

（二）污染清除作业方案；

（三）污染物处理方案；

（四）船舶污染清除设施、设备、器材和应急人员情况；

（五）船舶污染清除协议的签订和履行情况以及参与船舶污染事故应急处置工作情况。

船舶污染清除单位的污染清除能力和服务区域发生变更的，应当及时将变更情况向社会公布，并报送服务区域所在地的海事管理机构。

第四章　船舶污染清除协议的签订

第十六条　载运散装油类货物的船舶，其经营人应当在船舶进港前或者港外装卸、过驳作业前，按照以下要求与相应的船舶污染清除单位签订船舶污染清除协议：

（一）600 总吨以下仅在港区水域航行或作业的船舶，应当与四级以上等级的船舶污染清除单位签订船舶污染清除协议；

（二）600 总吨以上 2000 总吨以下仅在港区水域航行或作业的船舶，应当与三级以上等级的船舶污染清除单位签订船舶污染清除协议；

（三）2000 总吨以上仅在港区水域航行或作业的船舶以及所有进出港口和从事过驳作业的船舶应当与二级以上等级的船舶污染清除单位签订船舶污染清除协议。

第十七条 载运油类之外的其他散装液体污染危害性货物的船舶，其经营人应当在船舶进港前或者港外装卸、过驳作业前，按照以下要求与相应的船舶污染清除单位签订船舶污染清除协议：

（一）进出港口的船舶以及在距岸20海里之内的我国管辖水域从事过驳作业的船舶应当与二级以上等级的船舶污染清除单位签订船舶污染清除协议；

（二）在距岸20海里以外的我国管辖水域从事过驳作业的载运其他散装液体污染危害性货物的船舶应当与一级船舶污染清除单位签订船舶污染清除协议。

第十八条 1万总吨以上的载运非散装液体污染危害性货物的船舶，其经营人应当在船舶进港前或者港外装卸、过驳作业前，按照以下要求与相应的船舶污染清除单位签订船舶污染清除协议：

（一）进出港口的2万总吨以下的船舶应当与四级以上等级的船舶污染清除单位签订船舶污染清除协议；

（二）进出港口的2万总吨以上3万总吨以下的船舶应当与三级以上等级的船舶污染清除单位签订船舶污染清除协议；

（三）进出港口的3万总吨以上的船舶以及在我国管辖水域从事过驳作业的船舶应当与二级以上等级的船舶污染清除单位签订船舶污染清除协议。

第十九条 与一级、二级船舶污染清除单位签订污染清除协议的船舶划分标准由国家海事管理机构确定。

第二十条 国家海事管理机构应当制定并公布船舶污染清除协议样本，明确协议双方的权利和义务。

船舶和污染清除单位应当按照国家海事管理机构公布的协议样本签订船舶污染清除协议。

第二十一条 船舶应当将所签订的船舶污染清除协议留船备查，并在办理船舶进出港口手续或者作业申请时向海事管理机构出示。

船舶发现船舶污染清除单位存在违反本规定的行为，或者未履行船舶污染清除协议的，应当向船舶污染清除单位所在地的直属海事管理机构报告。

第五章 应急处置

第二十二条 船舶发生污染事故或者可能造成海洋环境污染的，船舶及有关作业单位应当立即启动相应的应急预案，按照有关规定的要求就近向海事管理机构报告，通知签订船舶污染清除协议的船舶污染清除单位，并根据应急预案采取污染控制和清除措施。

船舶在终止清污行动前应当向海事管理机构报告，经海事管理机构同意后方可停止应急处置措施。

第二十三条 船舶污染清除单位接到船舶污染事故通知后，应当根据船舶污染清除协议及时开展污染控制和清除作业，并及时向海事管理机构报告污染控制和清除工作的进展情况。

第二十四条 接到船舶造成或者可能造成海洋环境污染的报告后，海事管理机构应当立即核实有关情况，并加强监测、监视。

发生船舶污染事故的，海事管理机构应当立即组织对船舶污染事故的等级进行评估，并按照应急预案的要求进行报告和通报。

第二十五条　发生船舶污染事故后，应当根据《中华人民共和国防治船舶污染海洋环境管理条例》的规定，成立事故应急指挥机构。事故应急指挥机构应当根据船舶污染事故的等级和特点，启动相应的应急预案，有关部门、单位应当在事故应急指挥机构的统一组织和指挥下，按照应急预案的分工，开展相应的应急处置工作。

第二十六条　发生船舶污染事故或者船舶沉没，可能造成中华人民共和国管辖海域污染的，有关沿海设区的市级以上地方人民政府、海事管理机构根据应急处置的需要，可以征用有关单位和个人的船舶、防治污染设施、设备、器材以及其他物资。有关单位和个人应当予以配合。

有关单位和个人所提供的船舶和防治污染设施、设备、器材应当处于良好可用状态，有关物资质量符合国家有关技术标准、规范的要求。

被征用的船舶和防治污染设施、设备、器材以及其他物资使用完毕或者应急处置工作结束，应当及时返还。船舶和防治污染设施、设备、器材以及其他物资被征用或者征用后毁损、灭失的，应当给予补偿。

第二十七条　发生船舶污染事故，海事管理机构可以组织并采取海上交通管制、清除、打捞、拖航、引航、护航、过驳、水下抽油、爆破等必要措施。采取上述措施的相关费用由造成海洋环境污染的船舶、有关作业单位承担。

需要承担前款规定费用的船舶，应当在开航前缴清有关费用或者提供相应的财务担保。

本条规定的财务担保应当由境内银行或者境内保险机构出具。

第二十八条　船舶发生事故有沉没危险时，船员离船前，应当按照规定采取防止溢油措施，尽可能关闭所有货舱（柜）、油舱（柜）管系的阀门，堵塞货舱（柜）、油舱（柜）通气孔。

船舶沉没的，其所有人、经营人或者管理人应当及时向海事管理机构报告船舶燃油、污染危害性货物以及其他污染物的性质、数量、种类及装载位置等情况，采取或者委托有能力的单位采取污染监视和控制措施，并在必要的时候采取抽出、打捞等措施。

第二十九条　船舶应当在污染事故清除作业结束后，对污染清除行动进行评估，并将评估报告报送当地直属海事管理机构，评估报告至少应当包括下列内容：

（一）事故概况和应急处置情况；

（二）设施、设备、器材以及人员的使用情况；

（三）回收污染物的种类、数量以及处置情况；

（四）污染损害情况；

（五）船舶污染应急预案存在的问题和修改情况。

事故应急指挥机构应当在污染事故清除作业结束后，组织对污染清除作业的总体效果和污染损害情况进行评估，并根据评估结果和实际需要修订相应的应急预案。

第六章　法律责任

第三十条　海事管理机构应当建立、健全防治船舶污染应急防备和处置的监督检查制度，对船舶以及有关作业单位的防治船舶污染能力以及污染清除作业实施监督检查，并对监督检查情况予以记录。

海事管理机构实施监督检查时，有关单位和个人应当予以协助和配合，不得拒绝、妨碍或者阻挠。

第三十一条　海事管理机构发现船舶及其有关作业单位和个人存在违反本规定行为的，应当责令改正；拒不改正的，海事管理机构可以责令停止作业、强制卸载，禁止船舶进出港口、靠泊、过境停留，或者责令停航、改航、离境、驶向指定地点。

第三十二条　违反本规定，船舶未制定防治船舶及其有关作业活动污染海洋环境应急预案的，由海事管理机构处 2 万元以下的罚款，应急预案未报海事管理机构备案的，由海事管理机构责令限期改正；港口、码头、装卸站的经营人未制定防治船舶及其有关作业活动污染海洋环境应急预案的，由海事管理机构予以警告，或者责令限期改正。

第三十三条　违反本规定，船舶和有关作业单位未配备防污设施、设备、器材的，或者配备的防污设施、设备、器材不符合国家有关规定和标准的，由海事管理机构予以警告，或者处 2 万元以上 10 万元以下的罚款。

第三十四条　违反本规定，有下列情形之一的，由海事管理机构处 1 万元以上 5 万元以下的罚款：

（一）载运散装液体污染危害性货物的船舶和 1 万总吨以上的其他船舶，其经营人未按照规定签订污染清除作业协议的；

（二）污染清除作业单位不符合国家有关技术规范从事污染清除作业的。

第三十五条　违反本规定，有下列情形之一的，由海事管理机构处 2 万元以上 10 万元以下的罚款：

（一）船舶沉没后，其所有人、经营人未及时向海事管理机构报告船舶燃油、污染危害性货物以及其他污染物的性质、数量、种类及装载位置等情况的；

（二）船舶沉没后，其所有人、经营人未及时采取措施清除船舶燃油、污染危害性货物以及其他污染物的。

第三十六条　违反本规定，发生船舶污染事故，船舶、有关作业单位迟报、漏报事故的，对船舶、有关作业单位，由海事管理机构处 5 万元以上 25 万元以下的罚款；对直接负责的主管人员和其他直接责任人员，由海事管理机构处 1 万元以上 5 万元以下的罚款；直接负责的主管人员和其他直接责任人员属于船员的，给予暂扣适任证书或者其他有关证件 3 个月至 6 个月的处罚。瞒报、谎报事故的，对船舶、有关作业单位，由海事管理机构处 25 万元以上 50 万元以下的罚款；对直接负责的主管人员和其他直接责任人员，由海事管理机构处 5 万元以上 10 万元以下的罚款；直接负责的主管人员和其他直接责任人员属于船员的，并处给予吊销适任证书或者其他有关证件的处罚。

第三十七条　违反本规定，发生船舶污染事故，船舶、有关作业单位未立即启动应急预案的，对船舶、有关作业单位，由海事管理机构处 2 万元以上 10 万元以下的罚款；

对直接负责的主管人员和其他直接责任人员，由海事管理机构处 1 万元以上 2 万元以下的罚款；直接负责的主管人员和其他直接责任人员属于船员的，并处给予暂扣适任证书或者其他适任证件 1 个月至 3 个月的处罚。

第七章　附　则

第三十八条　本规定所称“以上”“以内”包括本数，“以下”“以外”不包括本数。

第三十九条　本规定自 2011 年 6 月 1 日起施行。

交通运输部关于印发船舶大气污染物排放控制区实施方案的通知

交海发 ［2018］ 168号

各省、自治区、直辖市、新疆生产建设兵团交通运输厅（局、委），各直属海事局，长江航务管理局、珠江航务管理局：

现将《船舶大气污染物排放控制区实施方案》印发给你们，请认真贯彻落实。

交通运输部

2018年11月30日

船舶大气污染物排放控制区实施方案

为深入贯彻落实党中央、国务院关于加快推进生态文明建设、打好污染防治攻坚战和打赢蓝天保卫战的部署，促进绿色航运发展和船舶节能减排，根据《中华人民共和国大气污染防治法》和我国加入的有关国际公约，在实施《珠三角、长三角、环渤海（京津冀）水域船舶排放控制区实施方案》（交海发〔2015〕177号）的基础上，制定本实施方案。

一、工作目标

通过设立船舶大气污染物排放控制区（以下简称排放控制区），降低船舶硫氧化物、氮氧化物、颗粒物和挥发性有机物等大气污染物的排放，持续改善沿海和内河港口城市空气质量。

二、设立原则

（一）促进环境质量改善和航运经济协调发展。

（二）强化船舶大气污染物排放控制。

（三）遵守国际公约和我国法律标准要求。

（四）分步实施和先行先试并举。

三、适用对象

本方案适用于在排放控制区内航行、停泊、作业的船舶。

四、排放控制区范围

本方案所指排放控制区包括沿海控制区和内河控制区。

沿海控制区范围为表 1 所列 60 个点依次连线以内海域，其中海南水域范围为表 2 所列 20 个点依次连线以内海域。

内河控制区范围为长江干线（云南水富至江苏浏河口）、西江干线（广西南宁至广东肇庆段）的通航水域，起止点位坐标见表 3。

表 1　沿海控制区海域边界控制点位坐标

序号	经度	纬度	序号	经度	纬度
1	124°10′06.00″	39°49′41.00″	31	112°50′52.80″	21°22′25.68″
2	122°57′14.40″	37°22′11.64″	32	112°29′20.40″	21°17′12.48″
3	122°57′00.00″	37°21′29.16″	33	111°27′00.00″	19°51′57.96″
4	122°48′18.00″	36°53′51.36″	34	111°23′42.00″	19°46′54.84″
5	122°45′14.40″	36°48′25.20″	35	110°38′56.40″	18°31′10.56″
6	122°40′58.80″	36°44′41.28″	36	110°37′40.80″	18°30′24.12″
7	122°24′36.00″	36°35′08.88″	37	110°15′07.20″	18°16′00.84″
8	121°03′03.60″	35°44′44.16″	38	110°09′25.20″	18°12′45.36″
9	120°12′57.60″	34°59′27.60″	39	109°45′32.40″	17°59′03.12″
10	121°32′24.00″	33°28′46.20″	40	109°43′04.80″	17°59′03.48″
11	121°51′14.40″	33°06′19.08″	41	109°34′26.40″	17°57′18.36″
12	122°26′42.00″	31°32′08.52″	42	109°03′39.60″	18°03′10.80″
13	123°23′31.20″	30°49′15.96″	43	108°50′42.00″	18°08′58.56″
14	123°24′36.00″	30°45′51.84″	44	108°33′07.20″	18°21′07.92″
15	123°09′28.80″	30°05′43.44″	45	108°31′40.80″	18°22′30.00″
16	122°28′26.40″	28°47′31.56″	46	108°31′08.40″	18°23′10.32″
17	122°07′30.00″	28°18′58.32″	47	108°28′44.40″	18°25′34.68″
18	122°06′03.60″	28°17′01.68″	48	108°24′46.80″	18°49′13.44″
19	121°19′12.00″	27°21′30.96″	49	108°23′20.40″	19°12′47.16″
20	120°42′28.80″	26°17′32.64″	50	108°22′45″	20°24′05″
21	120°36′10.80″	26°04′01.92″	51	108°12′31″	21°12′35″
22	120°06′57.60″	25°18′37.08″	52	108°08′05″	21°16′32″
23	119°37′26.40″	24°49′31.80″	53	108°05′43.7″	21°27′08.2″
24	118°23′16.80″	24°00′54.00″	54	108°05′38.8″	21°27′23.1″
25	117°50′31.20″	23°23′16.44″	55	108°05′39.9″	21°27′28.2″
26	117°22′26.40″	23°03′05.40″	56	108°05′51.5″	21°27′39.5″
27	117°19′51.60″	23°01′32.88″	57	108°05′57.7″	21°27′50.1″
28	116°34′55.20″	22°45′05.04″	58	108°06′01.6″	21°28′01.7″
29	115°13′01.20″	22°08′03.12″	59	108°06′04.3″	21°28′12.5″
30	114°02′09.60″	21°37′02.64″	60	北仑河主航道中心线向海侧终点	

表 2　海南水域的海域边界控制点位坐标

序号	经度	纬度	序号	经度	纬度
A1	108°26′24.88″	19°24′06.50″	33	111°27′00.00″	19°51′57.96″
A2	109°20′00″	20°07′00″	34	111°23′42.00″	19°46′54.84″
A3	111°00′00″	20°18′32″	35	110°38′56.40″	18°31′10.56″
			36	110°37′40.80″	18°30′24.12″
			37	110°15′07.20″	18°16′00.84″
			38	110°09′25.20″	18°12′45.36″
			39	109°45′32.40″	17°59′03.12″
			40	109°43′04.80″	17°59′03.48″
			41	109°34′26.40″	17°57′18.36″
			42	109°03′39.60″	18°03′10.80″
			43	108°50′42.00″	18°08′58.56″
			44	108°33′07.20″	18°21′07.92″
			45	108°31′40.80″	18°22′30.00″
			46	108°31′08.40″	18°23′10.32″
			47	108°28′44.40″	18°25′34.68″
			48	108°24′46.80″	18°49′13.44″
			49	108°23′20.40″	19°12′47.16″

表 3　内河控制区起止点位坐标

内河控制区	边界名称	地名	点位详细描述	点位序号	经度	纬度
长江干线	起点	云南水富	向家坝大桥	B1	104°24′30.60″	28°38′22.38″
				B2	104°24′35.94″	28°38′27.84″
	终点	江苏浏河口	浏河口下游的浏黑屋与崇明岛施翘河下游的施信杆的连线	B3	121°18′54.00″	31°30′52.00″
				B4	121°22′30.00″	31°37′34.00″
西江干线	起点	广西南宁	南宁民生码头	B5	108°18′19.77″	22°48′48.60″
				B6	108°18′26.72″	22°48′39.76″
	终点	广东肇庆	西江干流金利下铁线角与五顶岗涌口上咀连线	B7	112°48′30.00″	23°08′45.00″
				B8	112°47′19.00″	23°08′01.00″

五、控制要求

（一）硫氧化物和颗粒物排放控制要求。

1.2019 年 1 月 1 日起，海船进入排放控制区，应使用硫含量不大于 0.5% m/m 的船用燃油，大型内河船和江海直达船舶应使用符合新修订的船用燃料油国家标准要求的燃油；其他内河船应使用符合国家标准的柴油。2020 年 1 月 1 日起，海船进入内河控制区，应使用硫含量不大于 0.1% m/m 的船用燃油。

2.2020 年 3 月 1 日起，未使用硫氧化物和颗粒物污染控制装置等替代措施的船舶进入排放控制区只能装载和使用按照本方案规定应当使用的船用燃油。

3.2022 年 1 月 1 日起，海船进入沿海控制区海南水域，应使用硫含量不大于 0.1% m/m 的船用燃油。

4.适时评估船舶使用硫含量不大于 0.1% m/m 的船用燃油的可行性，确定是否要求自 2025 年 1 月 1 日起，海船进入沿海控制区使用硫含量不大于 0.1% m/m 的船用燃油。

（二）氮氧化物排放控制要求。

5.2000 年 1 月 1 日及以后建造（以铺设龙骨日期为准，下同）或进行船用柴油发动机重大改装的国际航行船舶，所使用的单台船用柴油发动机输出功率超过 130 千瓦的，应满足《国际防止船舶造成污染公约》第一阶段氮氧化物排放限值要求。

6.2011 年 1 月 1 日及以后建造或进行船用柴油发动机重大改装的国际航行船舶，所使用的单台船用柴油发动机输出功率超过 130 千瓦的，应满足《国际防止船舶造成污染公约》第二阶段氮氧化物排放限值要求。

7.2015 年 3 月 1 日及以后建造或进行船用柴油发动机重大改装的中国籍国内航行船舶，所使用的单台船用柴油发动机输出功率超过 130 千瓦的，应满足《国际防止船舶造成污染公约》第二阶段氮氧化物排放限值要求。

8.2022 年 1 月 1 日及以后建造或进行船用柴油发动机重大改装的、进入沿海控制区海南水域和内河控制区的中国籍国内航行船舶，所使用的单缸排量大于或等于 30 升的船用柴油发动机应满足《国际防止船舶造成污染公约》第三阶段氮氧化物排放限值要求。

9.适时评估船舶执行《国际防止船舶造成污染公约》第三阶段氮氧化物排放限值要求的可行性，确定是否要求 2025 年 1 月 1 日及以后建造或进行船用柴油发动机重大改装的中国籍国内航行船舶，所使用的单缸排量大于或等于 30 升的船用柴油发动机满足《国际防止船舶造成污染公约》第三阶段氮氧化物排放限值要求。

（三）船舶靠港使用岸电要求。

10.2019 年 1 月 1 日及以后建造的中国籍公务船、内河船舶（液货船除外）和江海直达船舶应具备船舶岸电系统船载装置，2020 年 1 月 1 日及以后建造的中国籍国内沿海航行集装箱船、邮轮、客滚船、3 千总吨及以上的客船和 5 万吨级及以上的干散货船应具备船舶岸电系统船载装置。

11.2019 年 7 月 1 日起，具有船舶岸电系统船载装置的现有船舶（液货船除外），在沿海控制区内具备岸电供应能力的泊位停泊超过 3 小时，或者在内河控制区内具备岸电供应能力的泊位停泊超过 2 小时，且不使用其他等效替代措施的（包括使用清洁能源、新能源、船载蓄电装置或关闭辅机等，下同），应使用岸电。2021 年 1 月 1 日起，邮轮在排放控制区内具备岸电供应能力的泊位停泊超过 3 小时，且不使用其他等效替代措施的，应使用岸电。

12.2022 年 1 月 1 日起，使用的单台船用柴油发动机输出功率超过 130 千瓦、且不满足《国际防止船舶造成污染公约》第二阶段氮氧化物排放限值要求的中国籍公务船、内河船舶（液货船除外），以及中国籍国内沿海航行集装箱船、客滚船、3 千总吨及以上的客船和5万吨级及以上的干散货船，应加装船舶岸电系统船载装置，并在沿海控制区内具备岸电供应能力的泊位停泊超过3小时，或者在内河控制区内具备岸电供应能力的泊位停泊超过2小时，且不使用其他等效替代措施时，应使用岸电。

13. 鼓励中国航运企业和经营人对拥有的第12条规定之外的船舶加装船舶岸电系统船载装置，并在排放控制区内具备岸电供应能力的泊位停泊时使用岸电。

（四）其他。

14. 船舶可使用清洁能源、新能源、船载蓄电装置或尾气后处理等替代措施满足船舶排放控制要求。采取尾气后处理方式的，应当安装排放监测装置，产生的废水废液应当按照有关规定进行处理。

15. 鼓励其他内河水域所在的地方人民政府参照内河控制区的要求，对海船进入本水域所使用的燃油硫含量提出控制要求。

16. 2020年1月1日及以后建造的150总吨及以上中国籍国内航行油船进入排放控制区，应具备码头油气回收条件，鼓励满足安全要求时开展油气回收。国际航行船舶应符合《国际防止船舶造成污染公约》关于挥发性有机物的排放控制要求。

17. 船舶应严格执行其他现行国际公约和国内法律法规、标准规范关于大气污染物的排放控制要求。

六、保障措施

（一）加强组织领导。

各省级交通运输主管部门、各直属海事管理机构、长江航务管理局、珠江航务管理局要加强组织领导和协调，细化任务措施，明确职责分工，完善保障机制。部适时评估前述控制措施实施效果，确定是否调整排放控制区实施方案。

（二）强化联动监管。

各省级交通运输主管部门、各直属海事管理机构要认真落实《交通运输部等十三个部门关于加强船用低硫燃油供应保障和联合监管的指导意见》（交海发〔2017〕163号）等文件要求，建立联合监管机制，保障合规船用低硫燃油供应，加强船舶大气污染防治监督管理。

（三）注重政策引导。

各省级交通运输主管部门、各直属海事管理机构要积极协调地方人民政府出台相关激励政策和配套措施，增加执法装备、人员培训等执法保障方面的投入，对使用低硫燃油、清洁能源、尾气后处理、油气回收、岸电、在线监测、提前淘汰老旧船舶等措施，采取资金补贴、便利通行等鼓励政策和措施。

（四）发挥科技支撑作用。

各省级交通运输主管部门、各直属海事管理机构、长江航务管理局、珠江航务管理局要积极引导和支持相关科研单位、港航企业和设备厂商等，开展船舶大气污染控制和监管技术研究，组织制定技术标准，促进成果转化。

第三部分

相关资料与报告

中国移动源环境管理年报（2019）（节选）

生态环境部

第Ⅰ部分　全国机动车保有量

1　机动车保有量现状

2018年，全国机动车保有量达到3.27❶亿辆，其中汽车2.4亿辆（含新能源汽车261.0万辆）。纳入本年报统计的机动车包括汽车（微型客车、小型客车、中型客车、大型客车、微型货车、轻型货车、中型货车、重型货车）、低速汽车、摩托车，不含挂车、上路行驶的拖拉机等，总计30744.7万辆。其中汽车23121.8万辆，低速汽车800.1万辆，摩托车6822.8万辆。2018年全国机动车保有量构成见图1。

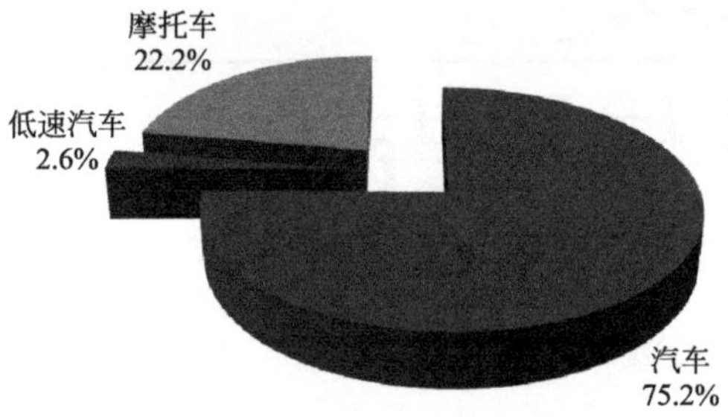

图1　2018年全国机动车保有量构成

2018年全国汽车保有量较大的省份主要集中在东部地区，其中保有量前五位的省份依次为山东、广东、江苏、浙江和河北，分别为2128.0万辆、2116.0万辆、1777.2万辆、1533.1万辆和1529.0万辆。2018年全国各省份汽车保有量见图2。

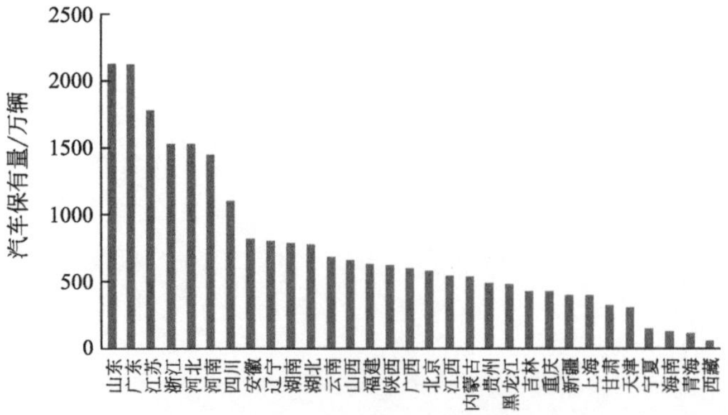

图2　2018年各省汽车❷保有量

❶　根据公安交管部门数据，2018年机动车保有量3.27亿辆，包括汽车、低速汽车、摩托车、挂车与拖拉机等；本年报中的机动车包括汽车（微型客车、小型客车、中型客车、大型客车、微型货车、轻型货车、中型货车、重型货车）、低速汽车、摩托车，保有量为30744.7万辆。本年报中关于机动车保有量及相关比例按30744.7万辆计算。

❷　不含低速汽车。

2　汽车保有量现状

2.1　按车型划分的汽车保有量

2018年全国汽车保有量中，客车20551.9万辆，占88.9%（其中：微型客车188.0万辆，小型客车20129.9万辆，中型客车75.5万辆，大型客车158.5万辆）；货车2569.9万辆，占11.1%（其中：微型货车5.3万辆，轻型货车1728.7万辆，中型货车124.7万辆，重型货车711.2万辆）。其中，出租车138.9万辆、公交车67.3万辆。按车型划分的汽车保有量构成见图3。

2.2　按燃料类型划分的汽车保有量

2018年全国汽车保有量中，汽油车20507.0万辆，占88.7%；柴油车2103.0万辆，占9.1%；燃气车54.6万辆，占0.2%；新能源车261.0万辆，占1.1%；其他燃料车196.3万辆，占0.9%。按燃料类型划分的汽车保有量构成见图4。

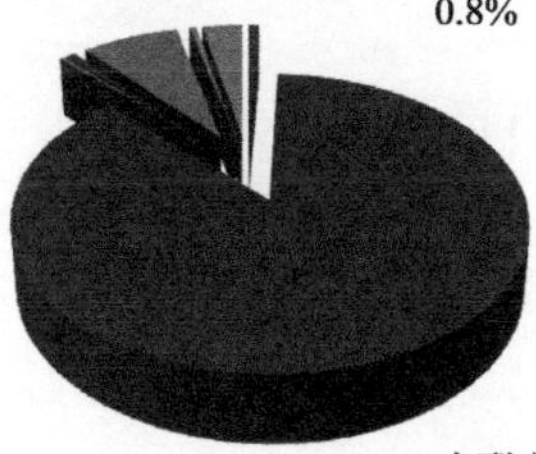

图3　按车型划分的汽车保有量构成

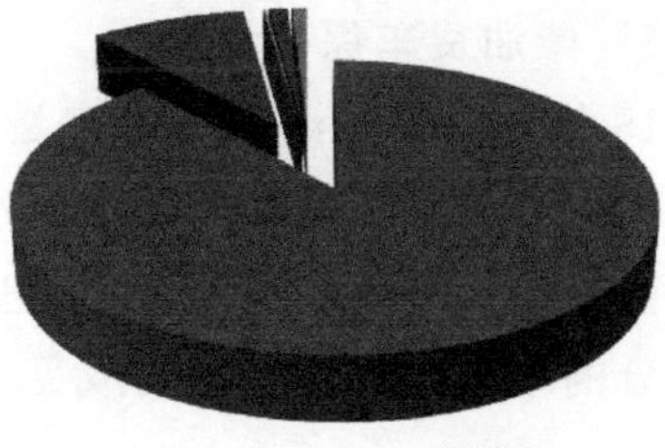

图4　按燃料类型划分的汽车保有量构成

2.3　按排放标准阶段划分的汽车保有量❶

2018年全国汽车保有量中，国Ⅰ前标准的汽车18.9万辆，占0.1%；国Ⅰ标准的汽车667.8万辆，占2.9%；国Ⅱ标准的汽车1020.2万辆，占4.5%；国Ⅲ标准的汽车4319.0万辆，占19.1%；国Ⅳ标准的汽车9639.3万辆，占42.5%；国Ⅴ及以上标准的汽车6999.3万辆，占30.9%。按排放标准阶段划分的汽车保有量构成见图5。

2.4　柴油车保有量

2018年，全国柴油车保有量2103.0万辆，占汽车保有量的9.1%。其中，小型柴油客车保有量为158.3万辆，占7.5%；中型柴油客车保有量42.3万辆，占2.0%；大型柴油客车保有量84.4万辆，占4.0%；微型柴油货车保有量0.2万辆；轻型柴油货车保有量1009.4万辆，占48.0%；中型柴油货车保有量123.0万辆，占5.9%；重型柴油货车保有量685.4万辆，占32.6%。按车辆类型划分的柴油车保有量构成见图6。

❶ 不含新能源车和其他燃料车。

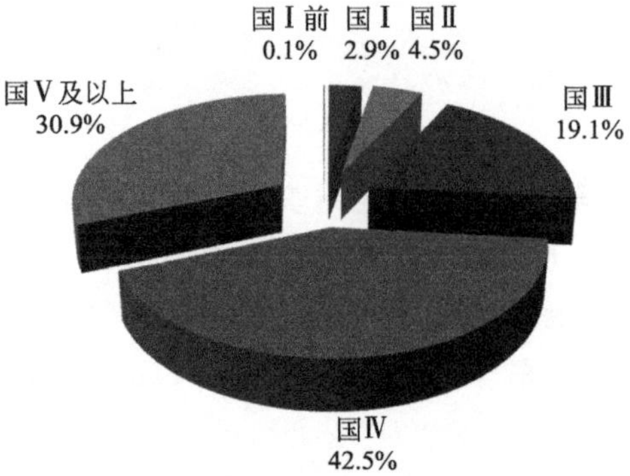

图5 按排放标准阶段划分的汽车保有量构成

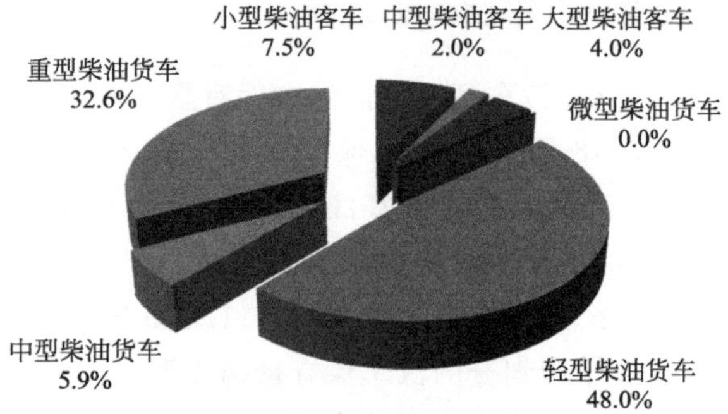

图6 按车辆类型划分的柴油车保有量构成

按排放标准阶段分类，国Ⅱ及以前排放标准的柴油车15.1万辆，占0.7%；国Ⅲ标准的柴油车999.9万辆，占47.5%；国Ⅳ标准的柴油车764.8万辆，占36.4%；国Ⅴ标准的柴油车323.2万辆，占15.4%。按排放标准阶段划分的柴油车保有量构成见图7。

2.5 柴油货车保有量

2018年，全国柴油货车保有量1818.0万辆，占汽车保有量的7.9%。其中，微型柴油货车保有量0.2万辆；轻型柴油货车保有量1009.4万辆，占55.5%；中型柴油货车保有量123.0万辆，占6.8%；重型柴油货车保有量685.4万辆，占37.7%。按车辆类型划分的柴油货车保有量构成见图8。

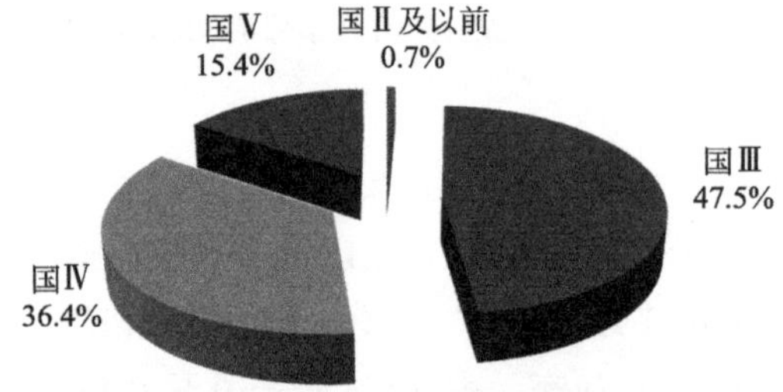

图7 按排放标准阶段划分的柴油车保有量构成

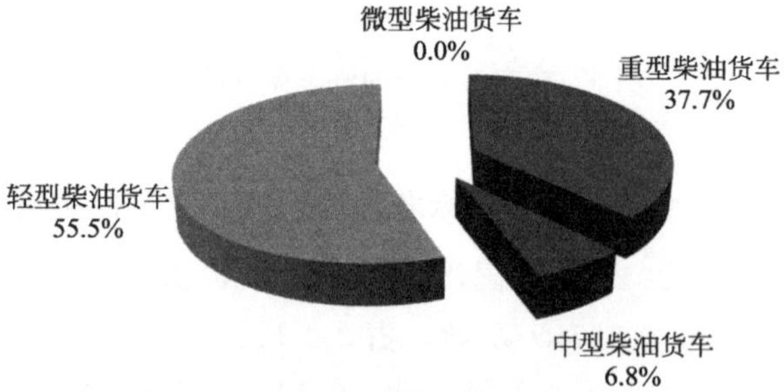

图8 按车辆类型划分的柴油货车保有量构成

按排放标准阶段分类，国Ⅱ及以前排放标准的柴油货车11.3万辆，占0.6%；国Ⅲ标准的柴油货车829.9万辆，占45.6%；国Ⅳ标准的柴油货车683.2万辆，占37.6%；国Ⅴ标准的柴油货车293.6万辆，占16.2%。按排放标准阶段划分的柴油货车保有量构成见图9。

3 2013—2018年机动车保有量变化趋势

3.1 机动车保有量变化趋势

2013—2018年全国机动车保有量由23163.0万辆增加到30744.7万辆，年均增长5.8%。全国机动车保有量变化趋势见图10。

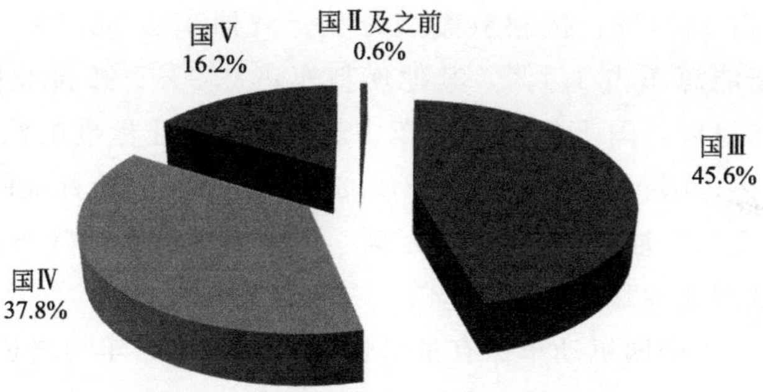

图 9　按排放标准阶段划分的柴油货车保有量构成

3.2　汽车保有量变化趋势

2013—2018 年全国汽车保有量由 12572.4 万辆增加到 23121.8 万辆，年均增长 13.0%。全国汽车保有量变化趋势见图 11。

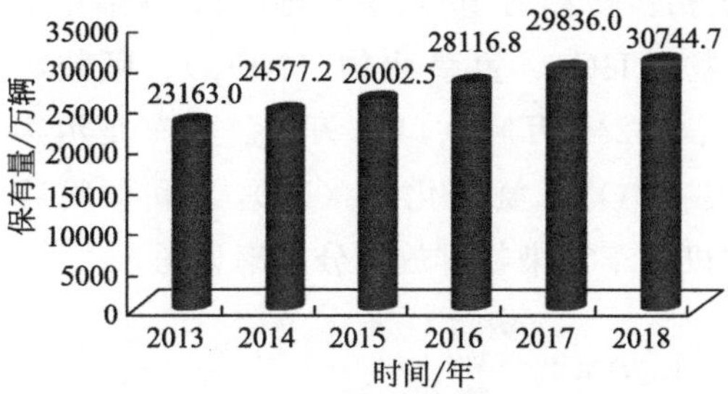

图 10　全国机动车保有量变化趋势

图 11　全国汽车保有量变化趋势

3.3　柴油货车保有量变化趋势

2013—2018 年全国柴油货车保有量由 1498.0 万辆增加到 1818.0 万辆，年均增长 4.0%。全国柴油货车保有量变化趋势见图 12。

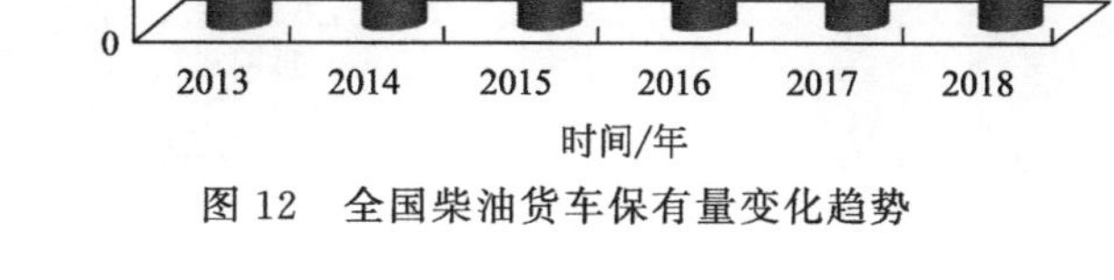

图 12　全国柴油货车保有量变化趋势

4　小结

(1) 2018 年，纳入本年报统计的机动车总计 30744.7 万辆，其中汽车 23121.8 万辆，低速汽车 800.1 万辆，摩托车 6822.8 万辆。汽车占机动车保有量主导地位。

(2) 2018 年，纳入本年报统计的汽车总计 23121.8 万辆。其中，按车型分类，客车占 88.9%，货车占 11.1%；按燃料类型分类，汽油车占 88.7%，柴油车占 9.1%，燃气车占 0.2%，新能源车占 1.1%，其他燃料车占 0.9%；按排放标准阶段分类，国Ⅰ前标准的汽车占 0.1%，国Ⅰ标准的汽车占 2.9%，国Ⅱ标准的汽车占 4.5%，国Ⅲ标准的汽车占 19.1%，国Ⅳ标准的汽车占 42.5%，国Ⅴ及以上标准的汽车占 30.9%。

(3) 2018 年，全国柴油货车 1818.0 万辆。其中，轻型柴油货车占 55.5%，中型柴油货车占 6.8%，重型柴油货车占 37.7%。

(4) 2013—2018 年全国机动车保有量呈快速增长态势，年均增长 5.8%。其中，汽车保有量年均增长 13.0%；柴油货车保有量年均增长 4.0%。

第Ⅱ部分　机动车的环境影响

1　机动车污染物排放量[1]

2018 年，全国机动车四项污染物[2]排放总量初步核算为 4065.3 万吨，比 2017 年削减 6.7%。其中，一氧化碳（CO）、碳氢化合物（HC）、氮氧化物（NO_x）、颗粒物（PM）排放量分别为 3089.4 万吨、368.8 万吨、562.9 万吨、44.2 万吨。汽车是污染物排放总量的主要贡献者，其排放的一氧化碳（CO）、氮氧化物（NO_x）和颗粒物（PM）超过 90%，碳氢化合物超过 80%。各类机动车污染物排放量分担率见图 13。

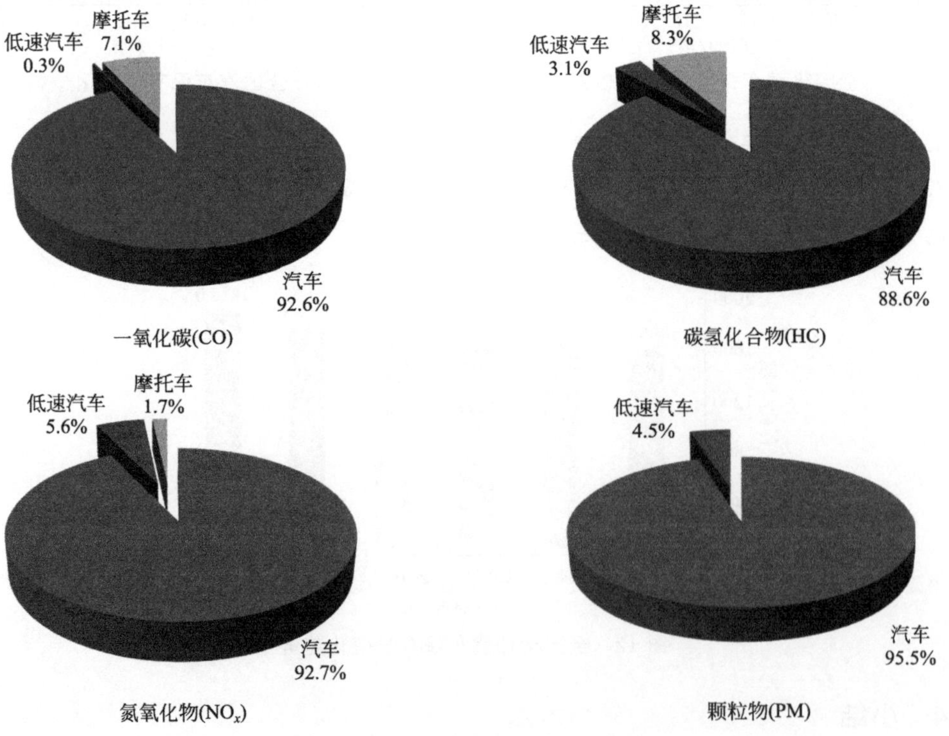

图 13　机动车污染物排放量分担率

[1] 本节数据为初步核算结果，具体数据以《中国环境统计年报（2018）》为准。

[2] 指一氧化碳（CO）、碳氢化合物（HC）、氮氧化物（NO_x）、颗粒物（PM），以下同。

1.1　一氧化碳（CO）排放量

2018年全国机动车一氧化碳（CO）排放量为3089.4万吨。其中，汽车排放2859.3万吨，占92.6%；低速汽车排放10.6万吨，占0.3%；摩托车排放219.5万吨，占7.1%。

2018年全国机动车污染物排放量中，一氧化碳（CO）排放量前五位的省份依次为山东、广东、江苏、河北、河南。全国各省份机动车一氧化碳（CO）排放量见图14。

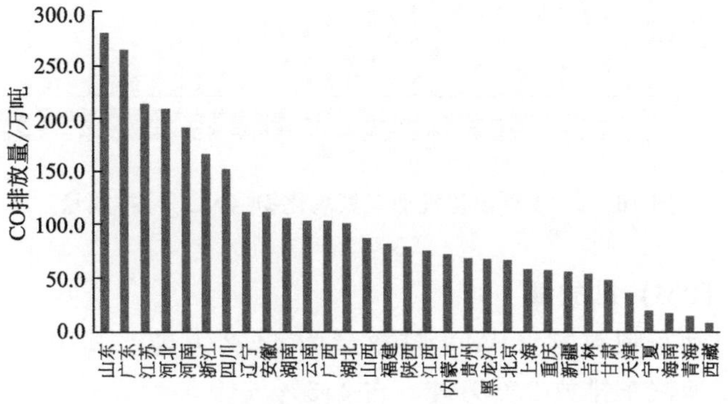

图14　2018年各省机动车一氧化碳（CO）排放量

1.2　碳氢化合物（HC）排放量

2018年全国机动车碳氢化合物（HC）排放量为368.8万吨。其中，汽车排放326.7万吨，占88.6%；低速汽车排放11.3万吨，占3.1%；摩托车排放30.8万吨，占8.3%。

2018年全国机动车污染物排放量中，碳氢化合物（HC）排放量前五位的省份依次为山东、广东、河北、江苏、河南。全国各省份机动车碳氢化合物（HC）排放量见图15。

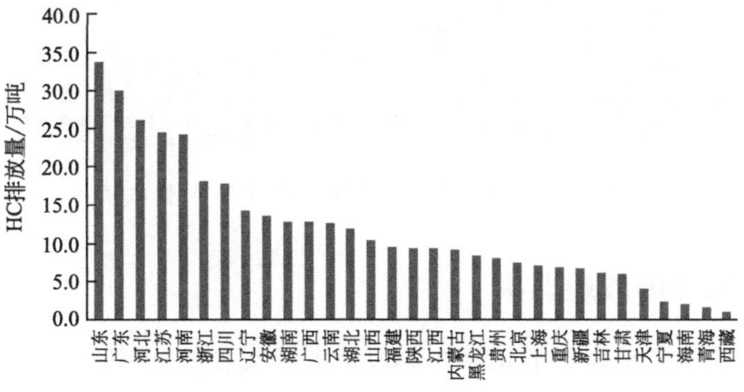

图15　2018年各省机动车碳氢化合物（HC）排放量

1.3　氮氧化物（NO_x）排放量

2018年全国机动车氮氧化物（NO_x）排放量为562.9万吨。其中，汽车排放521.9万吨，占92.7%；低速汽车排放31.5万吨，占5.6%；摩托车排放9.5万吨，占1.7%。

2018年全国机动车污染物排放量中，氮氧化物（NO_x）排放量前五位的省份依次为山东、河北、河南、广东、江苏。全国各省份机动车氮氧化物（NO_x）污染物排放量见图 16。

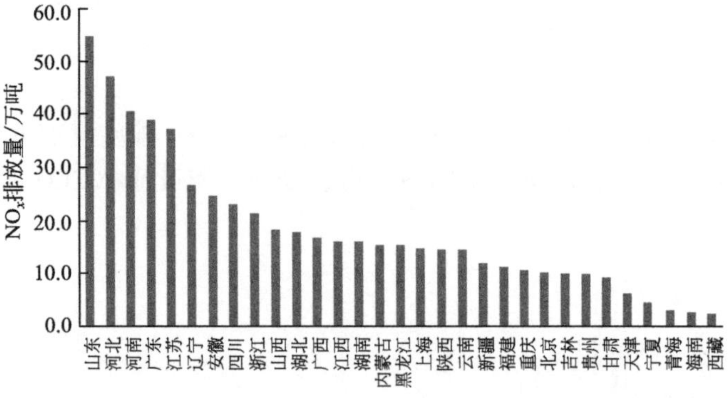

图 16　2018 年各省机动车氮氧化物（NO_x）排放量

1.4　颗粒物（PM）排放量

2018 年全国机动车颗粒物（PM）排放量为 44.2 万吨。其中，汽车排放 42.2 万吨，占 95.5%；低速汽车排放 2.0 万吨，占 4.5%。

2018 年全国机动车污染物排放量中，颗粒物（PM）排放量前五位的省份依次为山东、河北、河南、广东、江苏。全国各省份机动车颗粒物（PM）排放量见图 17。

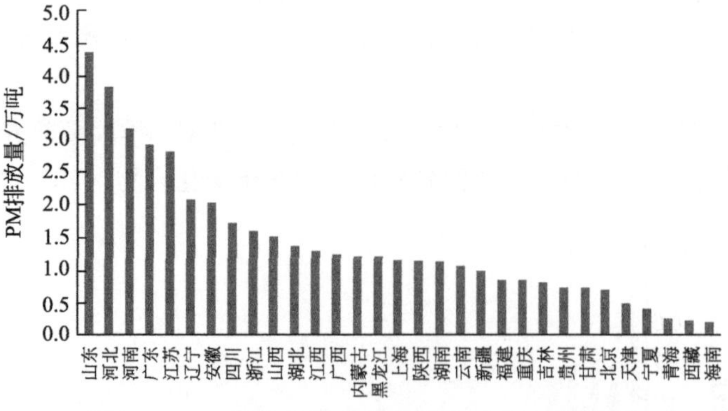

图 17　2018 年各省机动车颗粒物（PM）排放量

2　汽车污染物排放量现状

2018 年，全国汽车排放一氧化碳（CO）、碳氢化合物（HC）、氮氧化物（NO_x）、颗粒物（PM）排放量分别为 2859.3 万吨、326.7 万吨、521.9 万吨、42.2 万吨。其中，柴油车排放的氮氧化物（NO_x）接近汽车排放总量的 70%，颗粒物（PM）占 90%以上；而汽油车排放的一氧化碳（CO）占汽车排放总量的 80%以上，碳氢化合物占 70%以上。

2.1　按车型划分的汽车污染物排放量

（1）客车污染物排放情况

2018 年，全国客车排放一氧化碳（CO）、碳氢化合物（HC）、氮氧化物（NO_x）、颗粒物（PM）排放量分别为1928.6万吨、200.3万吨、143.0万吨、6.5万吨，占汽车排放总量的67.4%、61.3%、27.4%、15.3%。

进一步分析表明，微型客车的四项污染物排放量分别为86.5万吨、9.5万吨、3.1万吨、0.0万吨；小型客车的四项污染物排放量分别为1625.4万吨、162.9万吨、56.9万吨、0.5万吨；中型客车的四项污染物排放量分别为59.1万吨、8.0万吨、14.1万吨、0.4万吨；大型客车的四项污染物排放量分别为157.6万吨、19.9万吨、68.9万吨、5.6万吨。

（2）货车污染物排放情况

2018年，全国货车排放一氧化碳（CO）、碳氢化合物、氮氧化物（NO_x）、颗粒物（PM）排放量分别为930.7万吨、126.4万吨、378.9万吨、35.7万吨，占汽车排放总量的32.6%、38.7%、72.6%、84.7%。

进一步分析表明，微型货车的四项污染物排放量分别为13.6万吨、1.3万吨、1.0万吨、0.0万吨；轻型货车的四项污染物排放量分别为272.5万吨、29.3万吨、26.6万吨、4.4万吨；中型货车的四项污染物排放量分别为124.3万吨、20.3万吨、49.6万吨、3.3万吨；重型货车的四项污染物排放量分别为520.3万吨、75.5万吨、301.7万吨、28.0万吨。

按车型划分的四项污染物排放量分担率见图18～图21。

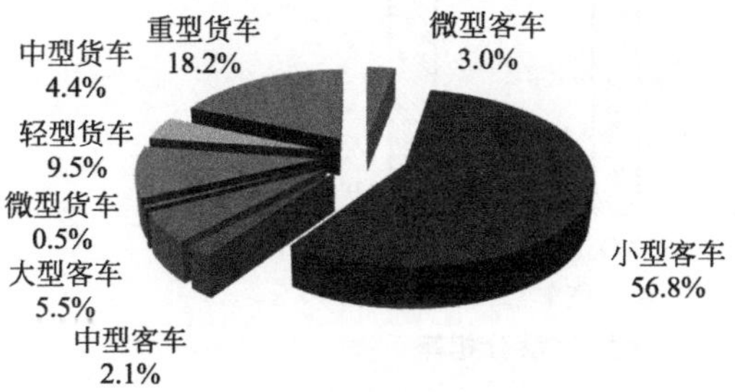

图18　各类型汽车的一氧化碳（CO）排放量分担率

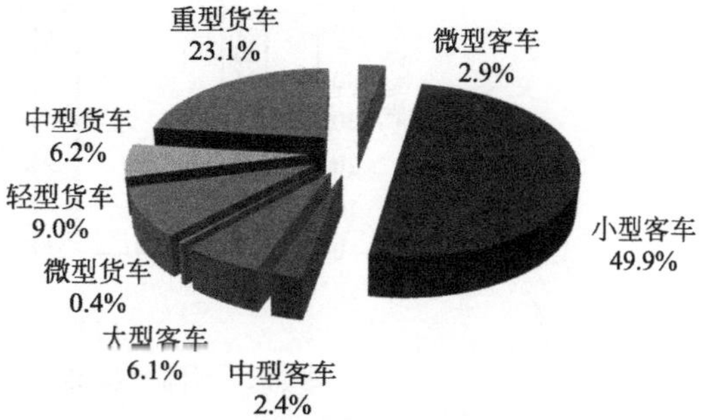

图19　各类型汽车的碳氢化合物（HC）排放量分担率

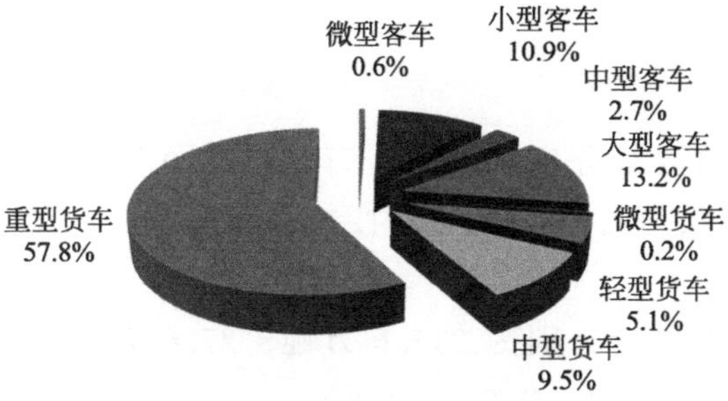

图20　各类型汽车的氮氧化物（NO_x）排放量分担率

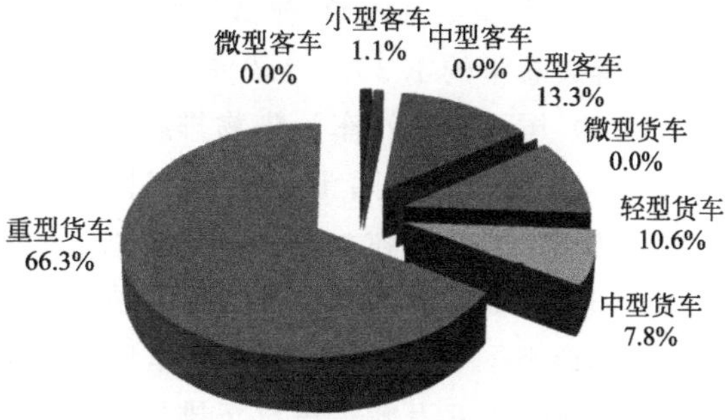

图21　各类型汽车的颗粒物（PM）排放量分担率

2.2 按燃料类型划分的汽车污染物排放量

（1）汽油车污染物排放情况

2018 年全国汽油车一氧化碳（CO）、碳氢化合物（HC）、氮氧化物（NO_x）排放量分别为 2501.9 万吨、251.6 万吨、139.3 万吨，占汽车排放总量的 87.5%、77.0%、26.7%。

（2）柴油车污染物排放情况

2018 年全国柴油车一氧化碳（CO）、碳氢化合物（HC）、氮氧化物（NO_x）、颗粒物（PM）排放量分别为 331.7 万吨、71.2 万吨、371.6 万吨、42.2 万吨，占汽车排放总量的 11.6%、21.8%、71.2%、99%以上。

（3）燃气车污染物排放情况

2018 年全国燃气车一氧化碳（CO）、碳氢化合物（HC）、氮氧化物（NO_x）排放量分别为 25.7 万吨、3.9 万吨、11.0 万吨，占汽车排放总量的 0.9%、1.2%、2.1%。

不同燃料类型汽车的污染物排放量分担率见图 22。

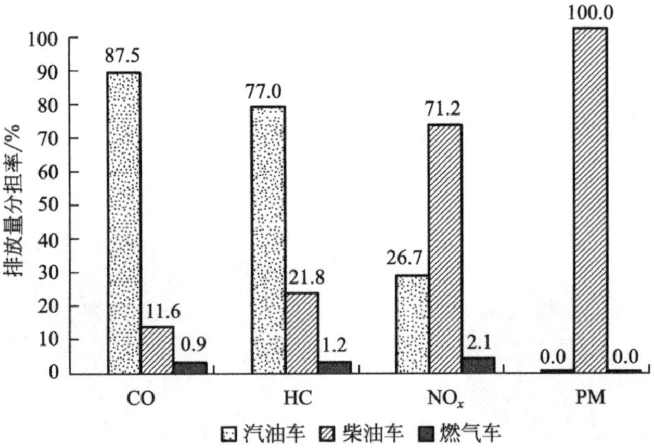

图 22　不同燃料类型汽车的污染物排放量分担率

2.3 按排放标准阶段划分的汽车污染物排放量

（1）国Ⅰ前标准汽车污染物排放情况

2018 年，全国国Ⅰ前标准汽车一氧化碳（CO）、碳氢化合物（HC）、氮氧化物（NO_x）、颗粒物（PM）排放量分别为 37.7 万吨、4.0 万吨、2.6 万吨、0.1 万吨，占汽车排放总量的 1.3%、1.2%、0.5%、0.3%。

（2）国Ⅰ标准汽车污染物排放情况

2018 年，全国国Ⅰ标准汽车四项污染物排放量分别为 309.1 万吨、30.0 万吨、24.5 万吨、0.7 万吨，占汽车排放总量的 10.8%、9.2%、4.7%、1.7%。

（3）国Ⅱ标准汽车污染物排放情况

2018 年，全国国Ⅱ标准汽车四项污染物排放量分别为 245.6 万吨、27.8 万吨、15.4 万吨、1.8 万吨，占汽车排放总量的 8.6%、8.5%、3.0%、4.2%。

（4）国Ⅲ标准汽车污染物排放情况

2018 年，全国国Ⅲ标准汽车四项污染物排放量分别为 702.7 万吨、95.0 万吨、

273.5 万吨、29.0 万吨，占汽车排放总量的 24.6%、29.1%、52.4%、68.7%。

（5）国Ⅳ标准汽车污染物排放情况

2018 年，全国国Ⅳ标准汽车四项污染物排放量分别为 1111.6 万吨、123.1 万吨、161.5 万吨、8.2 万吨，占汽车排放总量的 38.9%、37.7%、30.9%、19.4%。

（6）国Ⅴ及以上标准汽车污染物排放情况

2018 年，全国国Ⅴ及以上标准汽车四项污染物排放量分别为 452.6 万吨、46.8 万吨、44.4 万吨、2.4 万吨，占汽车排放总量的 15.8%、14.3%、8.5%、5.7%。

按不同排放标准阶段汽车污染物排放量分担率见图 23。

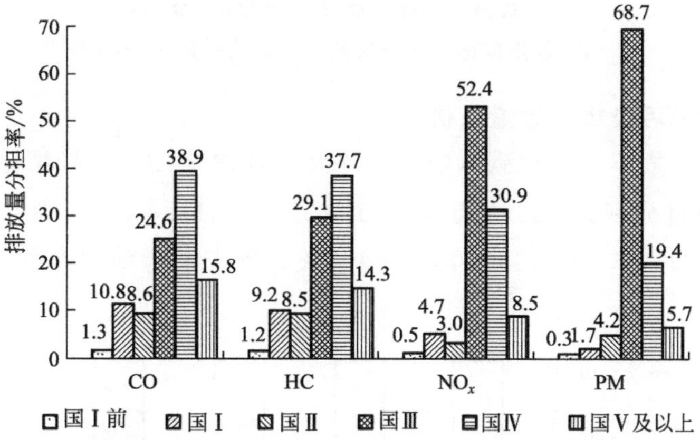

图 23　不同排放标准阶段汽车污染物排放量分担率

2.4　柴油车污染物排放量现状

2018 年，柴油车一氧化碳（CO）、碳氢化合物（HC）、氮氧化物（NO_x）、颗粒物（PM）排放量分别为 339.8 万吨、74.3 万吨、369.0 万吨、42.2 万吨，占汽车排放总量的 11.9%、22.7%、70.7%、99%以上。

进一步分析表明，小型柴油客车四项污染物排放量分别为 1.8 万吨、0.5 万吨、1.8 万吨、0.5 万吨；中型柴油客车四项污染物排放量分别为 5.7 万吨、1.9 万吨、9.8 万吨、0.4 万吨；大型柴油客车四项污染物排放量分别为 46.0 万吨、10.6 万吨、44.0 万吨、5.6 万吨；微型柴油货车四项污染物排放量分别为 0.6 万吨、0.1 万吨、0.2 万吨、0.0 万吨；轻型柴油货车四项污染物排放量分别为 45.6 万吨、7.8 万吨、18.8 万吨、4.4 万吨；中型柴油货车四项污染物排放量分别为 24.4 万吨、8.2 万吨、38.5 万吨、3.3 万吨；重型柴油货车四项污染物排放量分别为 215.7 万吨、45.2 万吨、255.9 万吨、28.0 万吨。

按排放标准阶段分类，国Ⅱ及以前排放标准柴油车四项污染物排放量分别为 17.8 万吨、3.6 万吨、9.7 万吨、2.6 万吨；国Ⅲ排放标准柴油车四项污染物排放量分别为 207.2 万吨、53.7 万吨、216.3 万吨、29.0 万吨；国Ⅳ排放标准柴油车四项污染物排放量分别为 83.9 万吨、12.7 万吨、113.1 万吨、8.2 万吨；国Ⅴ标准柴油车四项污染物排放量分别为 30.9 万吨、4.3 万吨、29.9 万吨、2.4 万吨。按各排放标准阶段柴油车污染物排放量分担率见图 24。

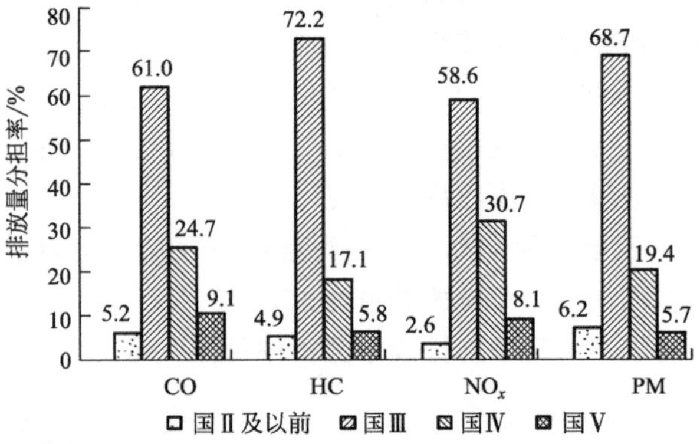

图 24　各排放标准阶段柴油车污染物排放量分担率

2.5　柴油货车污染物排放量现状

2018 年，柴油货车一氧化碳（CO）、碳氢化合物（HC）、氮氧化物（NO_x）、颗粒物（PM）排放量分别为 286.3 万吨、61.3 万吨、313.4 万吨、35.7 万吨，占汽车排放总量的 10.0%、18.8%、60.0%、84.6%。各类型柴油货车污染物排放量分担率见图 25。

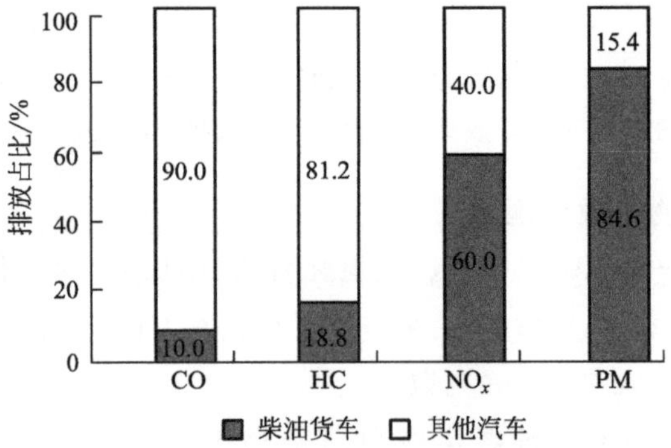

图 25　柴油货车污染物排放量占比

进一步分析表明，微型柴油货车四项污染物排放量分别为 0.6 万吨、0.1 万吨、0.2 万吨、0.0 万吨；轻型柴油货车四项污染物排放量分别为 45.6 万吨、7.8 万吨、18.8 万吨、4.4 万吨；中型柴油货车四项污染物排放量分别为 24.4 万吨、8.2 万吨、38.5 万吨、3.3 万吨；重型柴油货车四项污染物排放量分别为 215.7 万吨、45.2 万吨、255.9 万吨、28.0 万吨。

按排放标准阶段分类，国Ⅱ及以前排放标准柴油货车四项污染物排放量分别为 12.8 万吨、2.5 万吨、7.1 万吨、1.8 万吨；国Ⅲ排放标准柴油货车四项污染物排放量分别为 173.9 万吨、44.3 万吨、182.4 万吨、24.7 万吨；国Ⅳ排放标准柴油货车四项污染物排放量分别为 71.6 万吨、10.7 万吨、96.8 万吨、7.0 万吨；国Ⅴ标准柴油货车四项污染物排放量分别为 28.0 万吨、3.8 万吨、27.1 万吨、2.2 万吨。按不同排放标准阶段划分的柴油货车污染物排放量分担率见图 26。

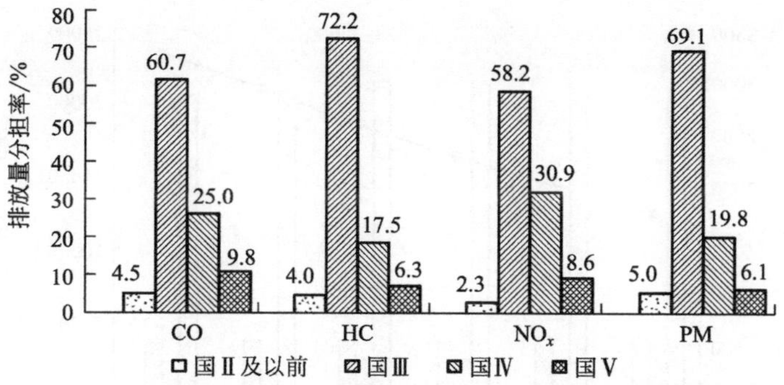

图 26　不同排放标准阶段柴油货车污染物排放量分担率

3　2013—2018年机动车污染物排放量变化趋势

3.1　机动车污染物排放量变化趋势

2013—2018 年全国机动车四项污染物排放总量总体呈下降态势，由 4570.9 万吨降低到 4065.3 万吨，年均削减 2.3%。其中，一氧化碳（CO）排放量由 3439.7 万吨降低到 3089.4 万吨，年均削减 2.1%；碳氢化合物（HC）排放量由 431.2 万吨降低到 368.8 万吨，年均削减 3.1%；氮氧化物（NO_x）排放量由 640.6 万吨降低到 562.9 万吨，年均削减 2.1%；颗粒物（PM）排放量由 62.2 万吨降低到 44.2 万吨，年均削减 5.7%。全国机动车污染物排放量变化趋势见图 27。

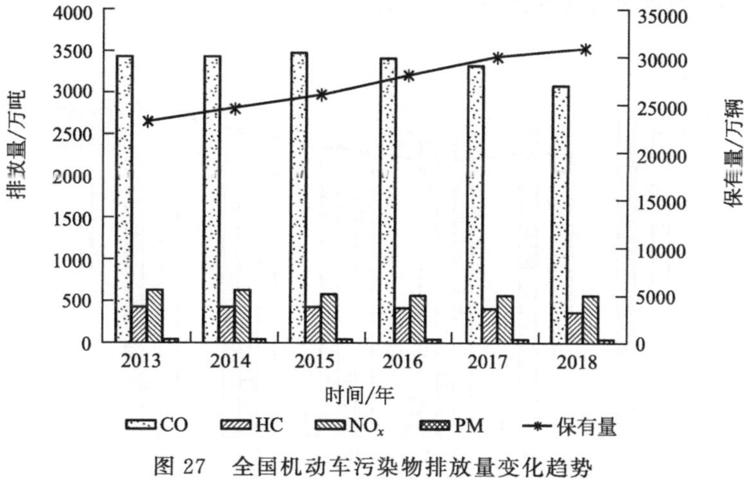

图 27　全国机动车污染物排放量变化趋势

3.2　汽车污染物排放量变化趋势

2013—2018 年全国汽车四项污染物排放总量总体呈下降态势，由 3906.5 万吨降低到 3750.1 万吨，年均削减 0.8%。其中，一氧化碳（CO）排放量由 2912.1 万吨降低到 2859.3 万吨，年均削减 0.4%；碳氢化合物（HC）排放量由 349.0 万吨降低到 326.7 万吨，年均削减 1.3%；氮氧化物（NO_x）排放量由 588.7 万吨降低到 521.9 万吨，年均削减 2.4%；颗粒物（PM）排放量由 56.7 万吨降低到 42.2 万吨，年均削减 5.7%。全国汽车污染物排放量变化趋势见图 28。

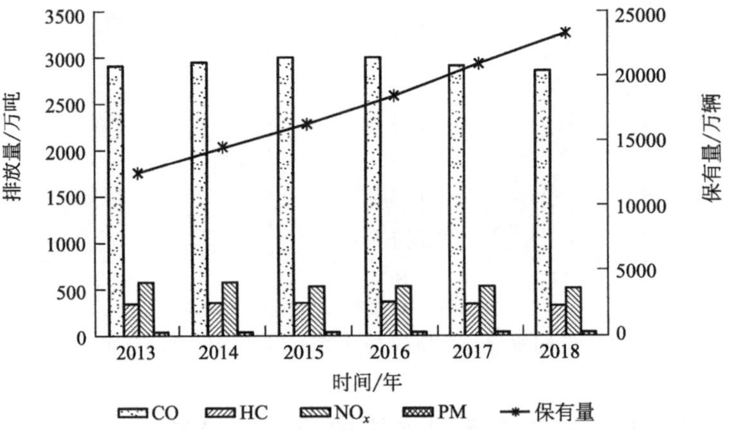

图 28　全国汽车污染物排放量变化趋势

3.3　柴油货车污染物排放量变化趋势

2013—2018 年全国柴油货车四项污染物排放总量总体呈下降态势，由 813.9 万吨降低到 696.7 万吨，年均削减 3.1%。其中，一氧化碳（CO）排放量由 338.9 万吨降低到 286.3 万吨，年均削减 3.3%；碳氢化合物（HC）排放量由 74.6 万吨降低到 61.3 万吨，年均削减 4.0%；氮氧化物（NO_x）排放量由 355.4 万吨降低到 313.4 万吨，年均削减 2.5%；颗粒物（PM）排放量由 44.4 万吨降低到 35.7 万吨，年均削减 4.3%。全国柴油货车污染物排放量变化趋势见图 29。

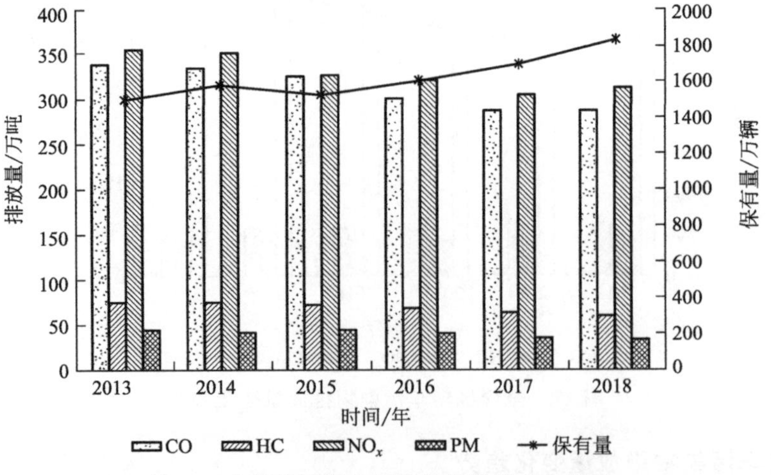

图 29　全国柴油货车污染物排放量变化趋势

4　小结

(1) 2018 年，全国机动车一氧化碳（CO）、碳氢化合物（HC）、氮氧化物（NO_x）、颗粒物（PM）排放量分别为 3089.4 万吨、368.8 万吨、562.9 万吨、44.2 万吨。其中，汽车是污染物排放总量的主要贡献者，其排放的一氧化碳（CO）、氮氧化物（NO_x）和颗粒物（PM）超过90%，碳氢化合物（HC）超过80%。

（2）按车型分类，客车一氧化碳（CO）和碳氢化合物（HC）排放量明显高于货车，其中轻型客车贡献率最大；而货车排放的氮氧化物（NO_x）和颗粒物（PM）明显高于客车，其中重型货车是主要贡献者。

（3）按燃料类型分类，汽油车排放的一氧化碳（CO）占汽车排放总量的80%以上，碳氢化合物（HC）排放量占70%以上；而柴油车排放的氮氧化物（NO_x）接近汽车排放总量的70%，颗粒物（PM）占90%以上。

（4）按排放标准阶段分类，国Ⅳ阶段汽车一氧化碳（CO）和碳氢化合物（HC）排放量占比最高，分别为38.9%、37.7%；国Ⅲ阶段汽车氮氧化物（NO_x）和颗粒物（PM）排放量占比最高，分别为52.4%、68.7%。

（5）柴油货车一氧化碳（CO）、碳氢化合物（HC）、氮氧化物（NO_x）、颗粒物（PM）排放量分别占汽车排放总量的10.0%、18.8%、60.0%、84.6%。

（6）2013—2018年全国机动车四项污染物排放总量总体呈下降态势，由4570.9万吨降低到4065.3万吨，年均削减2.3%。其中，汽车排放量由3906.5万吨降低到3750.1万吨，年均削减0.8%；柴油货车排放量由813.9万吨降低到696.7万吨，年均削减3.1%。

第Ⅲ部分 新生产机动车环境管理

我国对新生产机动车开展的环境管理，主要通过制定和实施机动车污染物排放标准，从设计、定型、生产、销售等环节加强环境监管，保证机动车能够稳定达到排放标准的要求。新生产机动车的环境管理是从源头预防和控制机动车污染物排放的重要手段。

1 机动车排放标准实施

目前，我国新生产机动车环境管理范围包括轻型汽车（轻型汽油车、轻型柴油车、轻型单一气体燃料车、轻型两用燃料车、轻型混合动力车等）、重型汽车（重型汽油车、重型柴油车、重型气体燃料车等）、车用发动机（重型汽油发动机、重型柴油发动机、重型气体燃料发动机等）、摩托车和轻便摩托车、三轮汽车。截至2018年12月31日，我国已发布和正在执行的新生产机动车排放标准见表1。

表1 新生产机动车排放标准

车辆(发动机)类型	标准标号	标准名称
轻型汽车	GB 3847—2018	《柴油车污染物排放限值及测量方法(自由加速法及加载减速法)》
	GB 18285—2018	《汽油车污染物排放限值及测量方法(双怠速法及简易工况法)》
	GB 18352.6—2016	《轻型汽车污染物排放限值及测量方法(中国第六阶段)》
	GB 19755—2016	《轻型混合动力电动汽车污染物排放控制要求及测量方法》
	GB 18352.5—2013	《轻型汽车污染物排放限值及测量方法(中国第五阶段)》
	GB 1495—2002	《汽车加速行驶车外噪声限值及测量方法》

续表

车辆(发动机)类型	标准标号	标准名称
重型汽车(发动机)	GB 17691—2018	《重型柴油车污染物排放限值及测量方法》(中国第六阶段)
	GB 3847—2018	《柴油车污染物排放限值及测量方法(自由加速法及加载减速法)》
	GB 18285—2018	《汽油车污染物排放限值及测量方法(双怠速法及简易工况法)》
	GB 14762—2008	《重型车用汽油发动机与汽车排气污染物排放限值及测量方法(中国Ⅲ、Ⅳ阶段)》
	GB 20890—2007	《重型汽车排气污染物排放控制系统耐久性要求及试验方法》
	GB 17691—2005	《车用压燃式、气体燃料点燃式发动机与汽车排气污染物排放限值及测量方法(中国Ⅲ、Ⅳ、Ⅴ阶段)》
	GB 11340—2005	《装用点燃式发动机重型汽车曲轴箱污染物排放限值及测量方法》
	GB 14763—2005	《装用点燃式发动机重型汽车燃油蒸发污染物排放限值及测量方法(收集法)》
	GB 1495—2002	《汽车加速行驶车外噪声限值及测量方法》
	HJ 857—2017	《重型柴油车、气体燃料车排气污染物车载测量方法及技术要求》
	HJ 689—2014	《城市车辆用柴油发动机排气污染物排放限值及测量方法(WHTC工况法)》
	HJ 437—2008	《车用压燃式、气体燃料点燃式发动机与汽车车载诊断(OBD)系统技术要求》
	HJ 438—2008	《车用压燃式、气体燃料点燃式发动机与汽车排放控制系统耐久性技术要求》
	HJ 439—2008	《车用压燃式、气体燃料点燃式发动机与汽车在用符合性技术要求》
摩托车	GB 14622—2016	《摩托车污染物排放限值及测量方法(中国第四阶段)》
	GB 18176—2016	《轻便摩托车污染物排放限值及测量方法(中国第四阶段)》
	GB 14621—2011	《摩托车和轻便摩托车排气污染物排放限值及测量方法(双怠速法)》
	GB 14622—2007	《摩托车污染物排放限值及测量方法(工况法,中国Ⅲ阶段)》
	GB 18176—2007	《轻便摩托车污染物排放限值及测量方法(工况法,中国Ⅲ阶段)》
	GB 20998—2007	《摩托车和轻便摩托车燃油蒸发污染物排放限值及测量方法》
	GB 16169—2005	《摩托车和轻便摩托车加速行驶噪声限值及测量方法》
	GB 19758—2005	《摩托车和轻便摩托车排气烟度排放限值及测量方法》
三轮汽车	GB 19756—2005	《三轮汽车和低速货车用柴油机排气污染物排放限值及测量方法(中国Ⅰ、Ⅱ阶段)》
	GB 19757—2005	《三轮汽车和低速货车加速行驶车外噪声限值及测量方法(中国Ⅰ、Ⅱ阶段)》
	GB 18322—2002	《农用运输车自由加速烟度排放限值及测量方法》

2018年，生态环境部与市场监管总局联合发布了《重型柴油车污染物排放限值及测量方法（中国第六阶段）》（GB 17691—2018），实现了重型柴油车从发动机到整车达标排放管控的转变。标准规定了第六阶段装用压燃式发动机汽车及其发动机所排放的气态和颗粒污染物的排放限值及测试方法，以及装用以天然气或液化石油气作为燃料的点燃式发动机汽车及其发动机所排放的气态污染物的排放限值及测量方法。

新生产机动车国家排放标准实施进度见图30。

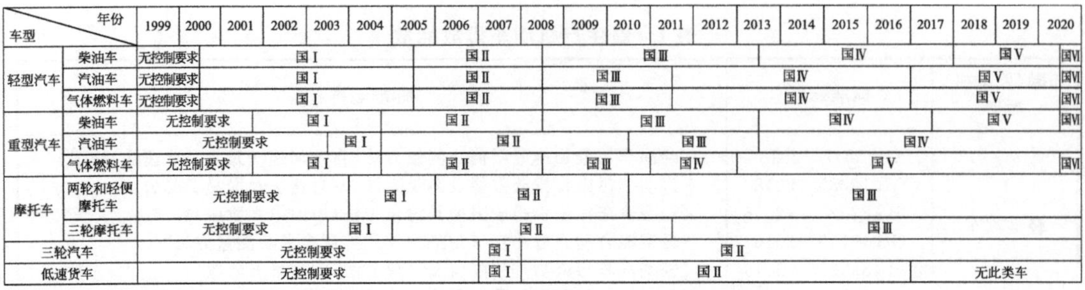

图30　新生产机动车国家排放标准实施进度

2　机动车环保信息公开

机动车环保信息公开是贯彻落实大气污染防治法要求，根据《关于开展机动车和非道路移动机械环保信息公开工作的公告》（国环规大气〔2016〕3 号），机动车和非道路移动机械生产、进口企业应当向社会公开其生产、进口机动车和非道路移动机械的排放检验信息和污染控制技术信息。

2018 年，共有 958 家机动车企业 21321 个车型进行了信息公开，包括 108 家进口企业 874 个车型和 855 家国内生产企业 20447 个车型。（以下略）

3　环保达标监管

3.1　环保生产一致性监管

机动车环保生产一致性监管是按照机动车排放标准的要求，对机动车生产企业批量生产、进口、销售的机动车产品进行排放达标监管的环境管理制度。生态环境部门根据企业制定的产品生产一致性保证计划和年度实施情况，对机动车生产企业及其产品进行监督性抽检，以保证进入市场的机动车稳定达到排放标准的要求。（以下略）

3.2　新车排放检验机构监管

按照生态环境部《关于加快推进新生产机动车和非道路移动机械排放检验机构联网工作的通知》（环办大气函〔2016〕2386 号）的要求，2017 年全面开展新生产机动车检验机构联网工作。（以下略）

第Ⅳ部分　在用机动车环境管理

在用机动车的环境管理由各级生态环境行政主管部门依法组织实施。目前已建立了机动车定期排放检验、机动车环保监督抽测和老旧车淘汰等管理制度，在用机动车环境管理体系基本形成。

1　机动车定期排放检验

依据《中华人民共和国大气污染防治法》规定，目前全国 31 个省（自治区、直辖市）均已开展了机动车定期排放检验工作。截至 2018 年底，全国共有检验机构 6878 家，国家、省、市三级联网的机动车排放检验监控平台已基本建成；全国参加环保定期检验的汽车[1]共有 17584.1 万辆，占全国汽车保有量的 76.0%。上海、重庆、安徽等 3 省市汽车环保定期排放检验率[2]达到 90%以上。

2　机动车环保监督抽测

按照《中华人民共和国大气污染防治法》，县级以上地方人民政府生态环境主管部门可以在机动车集中停放地、维修地对在用机动车的大气污染物排放状况进行监督抽

[1] 含免检车辆。

[2] 参检率＝（实际检测车辆数＋免检车辆数）/汽车注册登记数。

测；在不影响正常通行的情况下，可以通过遥感监测等技术手段对在道路上行驶的机动车的大气污染物排放状况进行监督抽测，公安机关交通管理部门予以配合。公安交管部门自 2017 年 5 月 1 日增设驾驶排放检验不合格机动车上道路行驶的违法行为处罚代码（6063），生态环境部门检测取证、公安交管部门实施处罚的联合执法机制初步建立，异地车辆处罚难题得到解决。（以下略）

第Ⅴ部分　车用燃料环境管理

车用燃料是移动源环境管理的重要内容，直接影响排放。改善汽柴油品质，是机动车环境管理的重要内容之一。从技术上来说，车用汽油的发展方向是无硫化、降低烯烃和芳烃含量以及夏季蒸气压值；车用柴油的发展方向是无硫化、提高十六烷值和降低多环芳烃含量。

1　车用燃料标准实施

目前，我国车用燃料环境管理范围包括汽油（含车用汽油、车用乙醇汽油、车用甲醇汽油）、柴油（含车用柴油、普通柴油和生物柴油）、油气回收等。截至 2018 年底，我国目前正在执行的车用燃料相关标准见表 2。

表 2　现行车用燃料标准

燃料类型	标准名称
汽油标准	GB 17930—2016《车用汽油》 GB 18351—2017《车用乙醇汽油(E10)》 GB 22030—2017《车用乙醇汽油调合组分油》 GB 35793—2018《车用乙醇汽油 E85》
柴油标准	GB 19147—2016《车用柴油》 GB 25199—2017《B5 柴油》 GB 252—2015《普通柴油》
清净剂标准	GB 19592—2004《汽油清净剂》 GB 32859—2016《柴油清净剂》
氮氧化物还原剂标准	GB 29518—2013《柴油发动机氮氧化物还原剂　尿素水溶液》

国家油品标准实施进度见图 31。

油品＼年份	1999	2000	2001	2002	2003	2004	2005	2006	2007	2008	2009	2010	2011	2012	2013	2014	2015	2016	2017	2018	2019	2020
车用汽油	1500	1000			800 (国Ⅰ)		500 (国Ⅱ)					150 (国Ⅲ)				50 (国Ⅳ)			10 (国Ⅴ)		10 (国Ⅵ)	
车用柴油	2000/5000/10000			2000 (国Ⅰ)									350 (国Ⅲ)				50 (国Ⅳ)		10 (国Ⅴ)		10 (国Ⅵ)	
普通柴油	2000/5000/10000			2000 (国Ⅰ)											350 (国Ⅲ)				50 (国Ⅳ)	10 (国Ⅴ)	无此类油	

图 31　国家油品标准实施进度

1.1　车用汽油标准环保指标

2018 年，部分地区提前供应符合国Ⅵ标准的车用汽油。自 2018 年 7 月 1 日起，河南省供应符合国Ⅵ标准的车用汽油；自 2018 年 6 月 1 日起，云南省供应符合国Ⅵ标准的车用汽油；自 2018 年 7 月 1 日起，河南省供应符合国Ⅵ标准的车用汽油；自 2018 年 9 月 1 日起，广东省供应符合国Ⅵ标准的车用汽油；自 2018 年 9 月 13 日起，海南省供应符合国Ⅵ标准的车用汽油；自 2018 年 10 月 1 日起，江苏省南京、苏州等沿江八市供应符合国Ⅵ标准的车用汽油；自 2018 年 10 月 1 日起，天津市在市界封闭供应符合国Ⅵ标准的乙醇汽油；自 2018 年 10 月 1 日起，江苏省徐州、连云港、淮安、盐城、宿迁五市供应符合国Ⅵ标准的车用汽油。

国Ⅴ和国Ⅵ车用汽油主要环保指标规定及实施时间见表 3。

表 3　国Ⅴ和国Ⅵ车用汽油环保指标

环保指标	GB 17930 车用汽油 国Ⅴ	GB 17930 车用汽油 国ⅥA	GB 17930 车用汽油 国ⅥB	GB 18351 车用乙醇汽油 (E10)国Ⅴ	GB 18351 车用乙醇汽油 (E10)国ⅥA	GB 18351 车用乙醇汽油 (E10)国ⅥB
硫含量(ppm)	≤10	≤10	≤10	≤10	≤10	≤10
夏季蒸气压(kPa)	40～65	40～65	40～65	40～65	40～65	40～65
烯烃(%)	≤24	≤18	≤15	≤24	≤18	≤15
锰含量(mg/L)	≤2	≤2	≤2	≤2	≤2	≤2
芳烃＋烯烃(%)	—	—	—	—	—	—
芳烃(%)	≤40	≤35	≤35	≤40	≤35	≤35
实施日期	2017.1.1	2019.1.1	2023.1.1	2017.1.1	2019.1.1	2023.1.1

1.2　车用柴油标准环保指标

2018 年 12 月，国家市场监督管理总局、国家标准化管理委员会发布《关于废止〈普通柴油〉强制性国家标准的公告》，标志着车用柴油、普通柴油、部分船舶用油“三油并轨”。

2018 年，部分地区提前供应符合国Ⅵ标准的车用柴油。自 2018 年 7 月 1 日，河南省供应符合国Ⅵ标准的车用柴油；自 2018 年 6 月 1 日起，云南省供应符合国Ⅵ标准的车用柴油；自 2018 年 7 月 1 日起，河南省除供应符合国Ⅵ标准的车用柴油；自 2018 年 9 月 1 日起，广东省供应符合国Ⅵ标准的车用柴油；自 2018 年 9 月 13 日起，海南省供应符合国Ⅵ标准的车用柴油；自 2018 年 10 月 1 日起，江苏省供应符合国Ⅵ标准的车用柴油。

国Ⅴ和国Ⅵ柴油环保指标规定及实施时间见表 4 和表 5。

表 4　国Ⅴ和国Ⅵ柴油环保指标

环保指标	GB 19147 车用柴油(Ⅴ)	GB 19147 车用柴油(Ⅵ)	GB 25199 B5 车用柴油(Ⅴ)	GB 25199 B5 车用柴油(Ⅵ)
硫含量(ppm)	≤10	≤10	≤10	≤10
十六烷值	≥51	≥51	≥51	≥51

续表

环保指标	GB 19147 车用柴油(Ⅴ)	GB 19147 车用柴油(Ⅵ)	GB 25199 B5 车用柴油(Ⅴ)	GB 25199 B5 车用柴油(Ⅵ)
密度(kg/m^3)	810～850	810～845	810～850	810～845
多环芳烃(%)	≤11	≤7	≤11	≤7
润滑性、磨斑直径(μm)	≤460	≤460	≤460	≤460
实施日期	2017.1.1	2019.1.1	2017.1.1	2019.1.1

表 5 普通柴油(0$^\#$)环保指标

环保指标	GB 252 普通柴油			GB 25199 B5 普通柴油
硫含量(ppm)	≤350	≤50	≤10	≤10
十六烷值	≥45			≥45
密度(kg/m^3)	报告			报告
实施日期	2013.7.1	2017.7.1	2017.11.1	2017.9.7

2 燃油消费量

2013—2018 年，全国汽油消费量呈上升趋势，由 9364.6 万吨增加到 12644.5 万吨，年均增长 6.2%；全国柴油消费量总体呈下降趋势，由 17021.8 万吨降低至 15594.0 万吨，年均降低 1.7%。

2013—2018 年燃油消耗量情况见图 32。

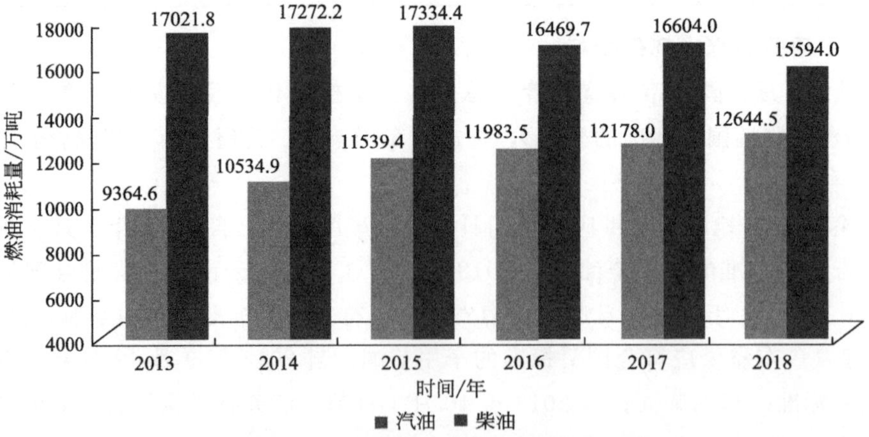

图 32 2013—2018 年燃油消耗量情况

3 车用燃油调查

2018 年，我部组织对重点区域部分城市的柴油和车用尿素开展了抽样调查。京津冀及周边地区抽查的 334 家社会加油站柴油样本达标率 89.5%。长三角地区抽查的 319 家社会加油站达标率 85.9%，其中省道、乡道加油站达标率 70%。山西、陕西、内蒙古西部地区抽查的 55 家加油站柴油样本达标率 67.3%。

第Ⅵ部分　非道路移动源环境管理

非道路移动源主要包括工程机械、农业机械、小型通用机械、船舶、飞机、铁路机车等。近年来，随着产业转型升级、燃煤和机动车污染防治力度的加大，非道路移动源排放逐渐凸显。生态环境部制定了新生产非道路移动机械用柴油机、小型点燃式发动机、船舶发动机污染物排放标准和非道路移动柴油机械烟度排放标准。交通运输部依法划定船舶排放控制区，各地依法划定禁止使用高排放非道路移动机械的区域，并严格开展监督执法。目前，非道路移动源环境管理制度体系初步形成。

1　非道路移动源排放情况

2018年，非道路移动源[❶]排放二氧化硫（SO_2）、碳氢化合物（HC）、氮氧化物（NO_x）、颗粒物（PM）分别为59.5万吨、76.2万吨、562.1万吨、44.5万吨。其中，工程机械排放碳氢化合物（HC）、氮氧化物（NO_x）、颗粒物（PM）分别为28.9万吨、175.3万吨、11.4万吨；农业机械排放碳氢化合物（HC）、氮氧化物（NO_x）、颗粒物（PM）分别为25.9万吨、166.3万吨、18.9万吨；船舶[❷]排放二氧化硫（SO_2）、碳氢化合物（HC）、氮氧化物（NO_x）、颗粒物（PM）分别为58.8万吨、8.9万吨、151.1万吨、10.9万吨；铁路内燃机车排放碳氢化合物（HC）、氮氧化物（NO_x）、颗粒物（PM）分别为0.7万吨、13.7万吨、0.5万吨；飞机排放碳氢化合物、氮氧化物（NO_x）、颗粒物（PM）分别为0.5万吨、7.4万吨、0.3万吨。2018年非道路移动源排放构成见图33～图35。

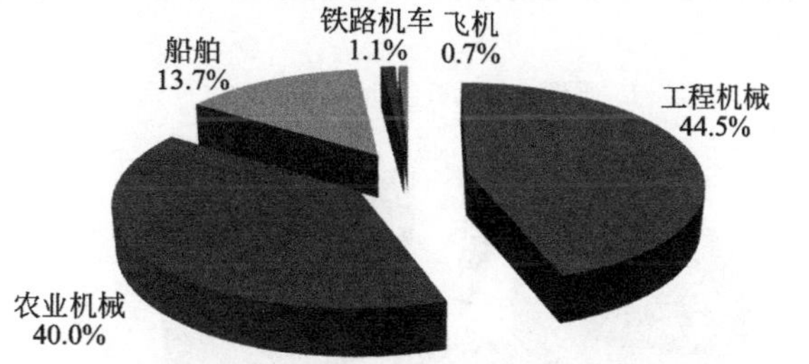

图33　非道路移动源碳氢化合物排放量构成

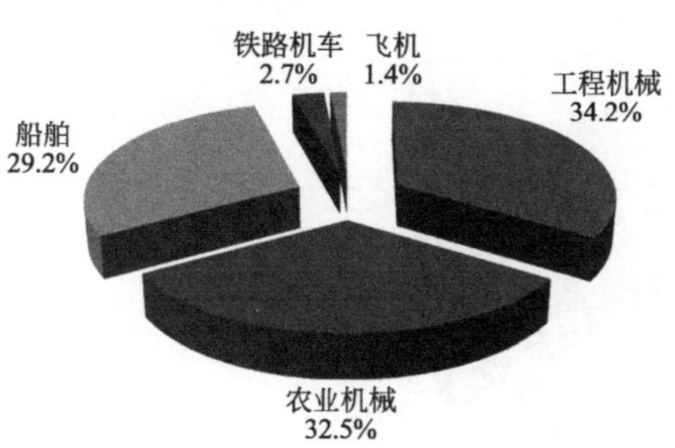

图34　非道路移动源 NO_x 排放量构成

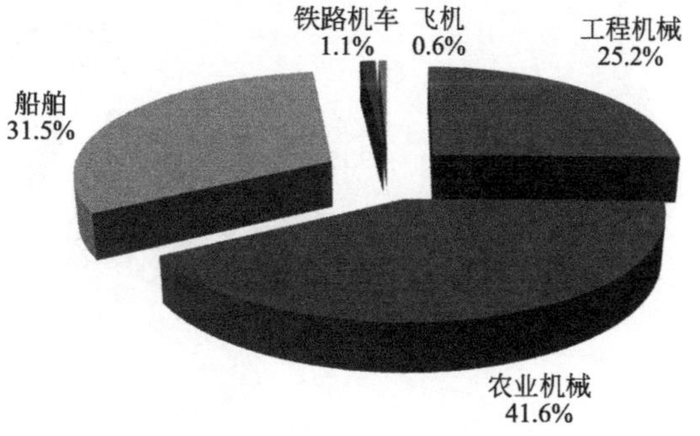

图35　非道路移动源 PM 排放量构成

❶　不含小型通用机械、柴油发电机组；三轮农用运输车和四轮农用运输车已纳入公安交管部门管理，为使年报数据可比，非道路移动源排放总量中仍包括三轮农用运输车和四轮农用运输车，但该排放量不纳入农业机械排放（以下同）。

❷　船舶排放包括内河、沿海与远洋船舶排放，地理范围为领海基线外24海里向陆地一侧的水域。

1.1 工程机械排放量

1.1.1 按机械类型划分的工程机械排放量

2018 年全国工程机械排放量中，挖掘机排放碳氢化合物、氮氧化物（NO_x）、颗粒物（PM）分别为 9.3 万吨、57.5 万吨、4.0 万吨；推土机排放碳氢化合物（HC）、氮氧化物（NO_x）、颗粒物（PM）分别为 0.4 万吨、2.8 万吨、0.2 万吨；装载机排放碳氢化合物（HC）、氮氧化物（NO_x）、颗粒物（PM）分别为 10.8 万吨、68.6 万吨、3.5 万吨；叉车排放碳氢化合物（HC）、氮氧化物（NO_x）、颗粒物（PM）分别为 7.3 万吨、40.4 万吨、3.3 万吨；压路机排放碳氢化合物（HC）、氮氧化物（NO_x）、颗粒物（PM）分别为 0.8 万吨、5.0 万吨、0.4 万吨；摊铺机排放碳氢化合物（HC）、氮氧化物（NO_x）、颗粒物（PM）分别为 0.1 万吨、0.5 万吨、0.0 万吨；平地机排放碳氢化合物（HC）、氮氧化物（NO_x）、颗粒物（PM）分别为 0.1 万吨、0.5 万吨、0.0 万吨。按机械类型划分的工程机械排放量构成见图 36～图 38。

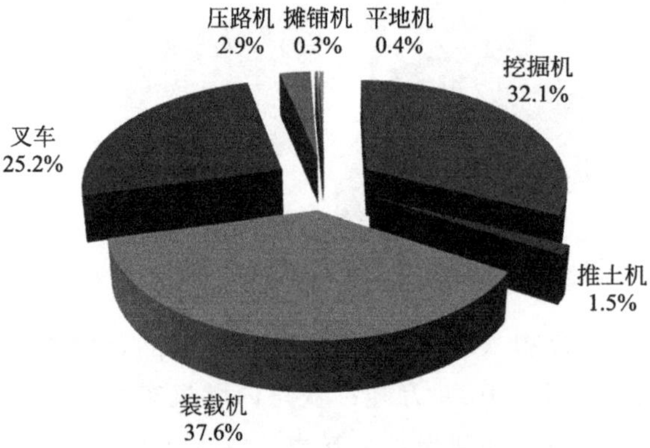

图 36 按机械类型划分的工程机械碳氢化合物排放量构成

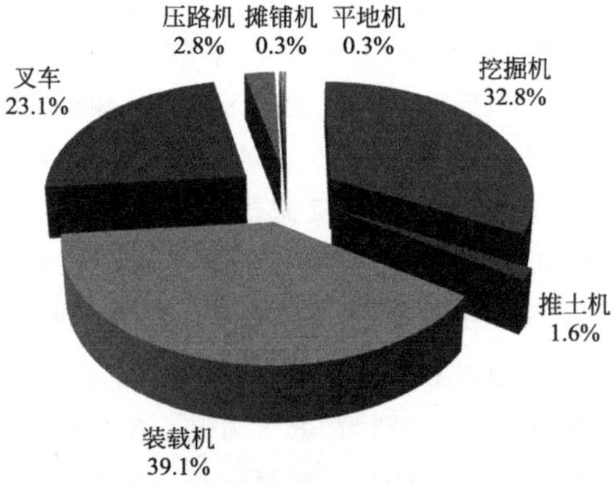

图 37 按机械类型划分的工程机械 NO_x 排放量构成

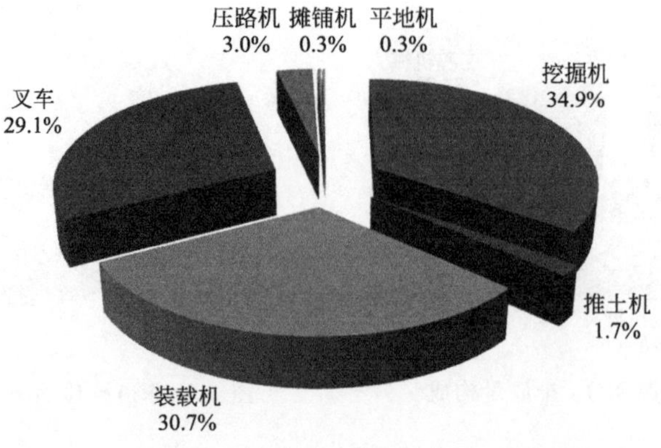

图 38 按机械类型划分的工程机械 PM 排放量构成

1.1.2 按排放标准阶段划分的工程机械排放量

2018 年全国工程机械排放量中，国Ⅰ前标准的工程机械排放碳氢化合物（HC）、氮氧化物（NO_x）、颗粒物（PM）分别为6.2万吨、47.5万吨、3.9万吨；国Ⅰ标准的工程机械排放碳氢化合物（HC）、氮氧化物（NO_x）、颗粒物（PM）分别为6.0万吨、42.2万吨、3.0万吨；国Ⅱ标准的工程机械排放碳氢化合物（HC）、氮氧化物（NO_x）、颗粒物（PM）分别为11.6万吨、67.5万吨、3.0万吨；国Ⅲ标准的工程机械排放碳氢化合物（HC）、氮氧化物（NO_x）、颗粒物（PM）分别为5.2万吨、18.1万吨、1.6万吨。按排放标准阶段划分的工程机械排放量构成见图39～图41。

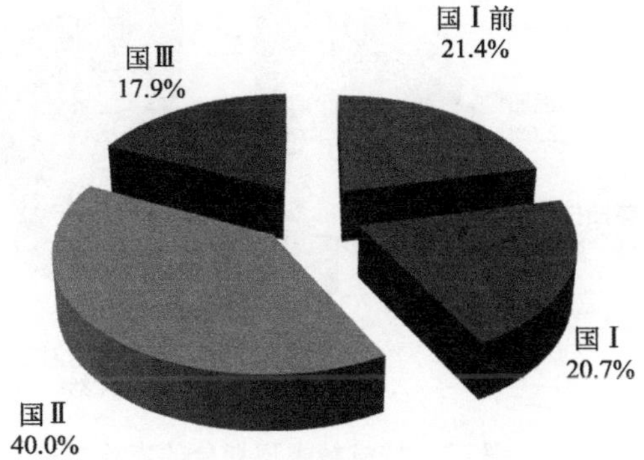

图39　按排放标准阶段划分的工程机械HC排放量构成

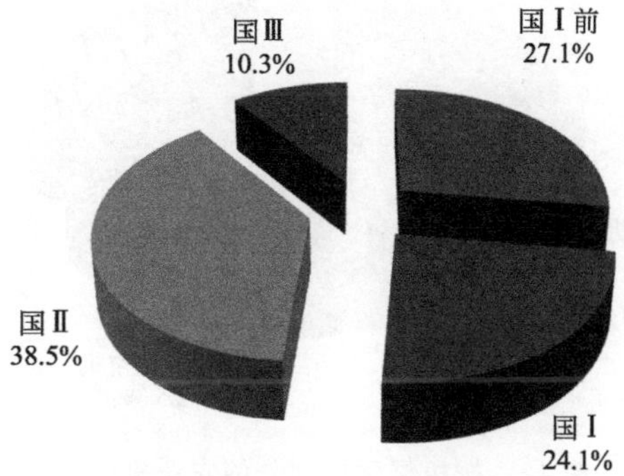

图40　按排放标准阶段划分的工程机械NO_x排放量构成

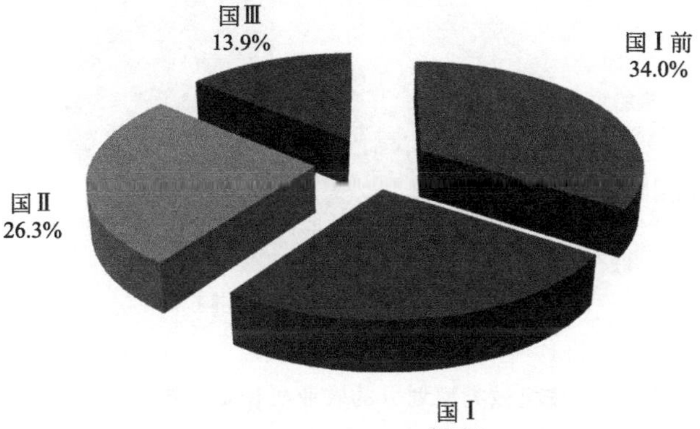

图41　按排放标准阶段划分的工程机械PM排放量构成

1.2　农业机械排放量

1.2.1　按机械类型划分的农业机械排放量

2018年全国农业机械排放量中，大中型拖拉机排放碳氢化合物（HC）、氮氧化物（NO_x）、颗粒物（PM）分别为8.7万吨、56.8万吨、6.6万吨；小型拖拉机排放碳氢化合物（HC）、氮氧化物（NO_x）、颗粒物（PM）分别为6.6万吨、41.2万吨、4.7万吨；联合收割机排放碳氢化合物（HC）、氮氧化物（NO_x）、颗粒物（PM）分别为

1.3 万吨、8.1 万吨、0.6 万吨；排灌机械排放碳氢化合物（HC）、氮氧化物（NO_x）、颗粒物（PM）分别为 2.2 万吨、13.9 万吨、1.6 万吨；渔船排放碳氢化合物（HC）、氮氧化物（NO_x）、颗粒物（PM）分别为 0.6 万吨、4.2 万吨、0.5 万吨；其他农用机械排放碳氢化合物（HC）、氮氧化物（NO_x）、颗粒物（PM）分别为 6.5 万吨、42.0 万吨、4.8 万吨。按机械类型划分的农业机械排放量构成见图 42～图 44。

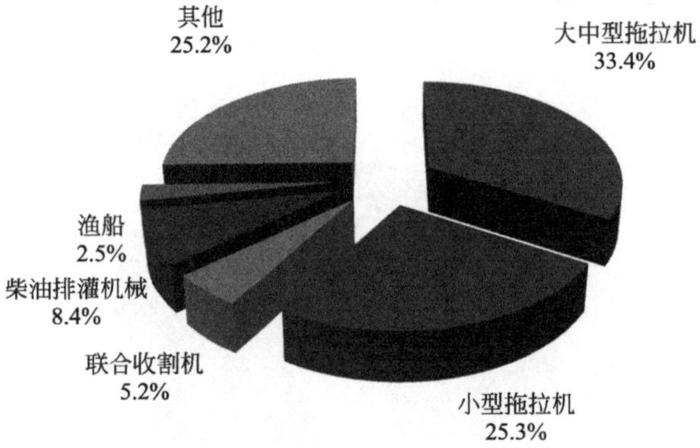

图 42　按机械类型划分的农业机械 HC 排放量构成

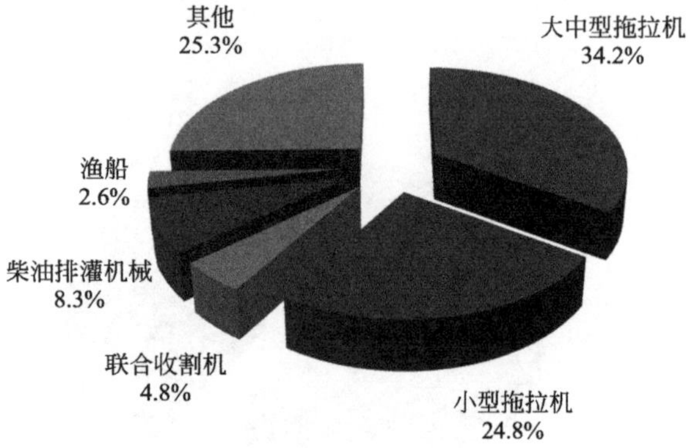

图 43　按机械类型划分的农业机械 NO_x 排放量构成

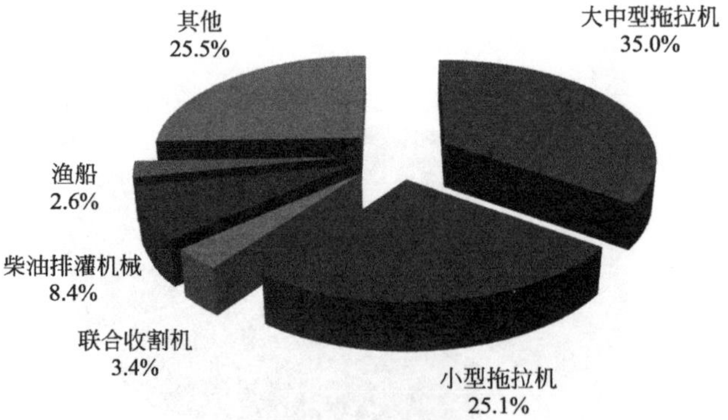

图 44　按机械类型划分的农业机械 PM 排放量构成

1.2.2　按排放标准阶段划分的农业机械排放量

2018 年全国农业机械排放量中，国Ⅰ前标准的农业机械排放碳氢化合物（HC）、氮氧化物（NO_x）、颗粒物（PM）分别为 3.2 万吨、25.8 万吨、2.9 万吨；国Ⅰ标准的农业机械排放碳氢化合物（HC）、氮氧化物（NO_x）、颗粒物（PM）分别为 4.7 万吨、37.5 万吨、3.6 万吨；国Ⅱ标准的农业机械排放碳氢化合物（HC）、氮氧化物（NO_x）、颗粒物（PM）分别为 15.8 万吨、91.1 万吨、11.3 万吨；国Ⅲ标准的农业机械排放碳氢化合物（HC）、氮氧化物（NO_x）、颗粒物（PM）分别为 2.3 万吨、11.9 万吨、1.1 万吨。按排放标准阶段划分的农业机械排放量构成见图 45～图 47。

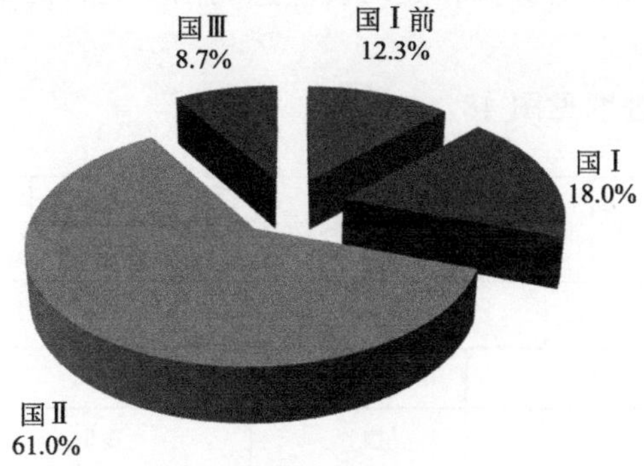

图 45 按排放标准阶段划分的农业机械 HC 排放量构成

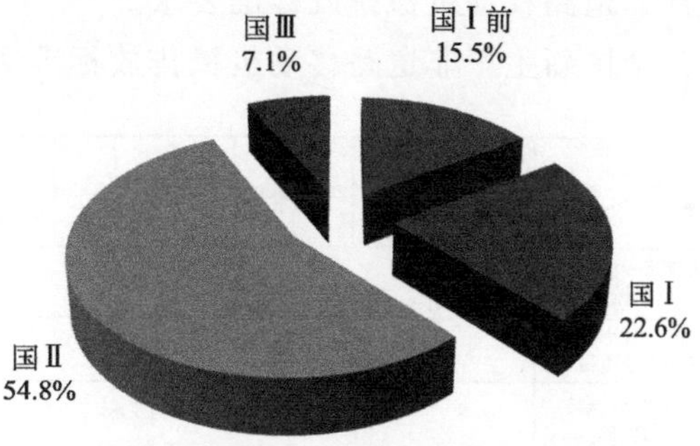

图 46 按排放标准阶段划分的农业机械 NO_x 排放量构成

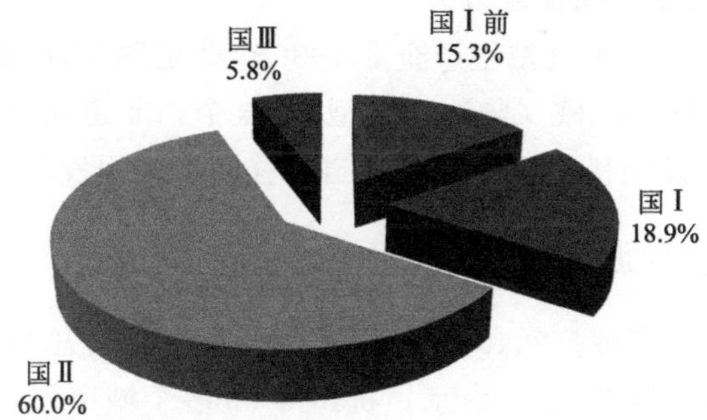

图 47 按排放标准阶段划分的农业机械 PM 排放量构成

2 新生产非道路移动源环境管理

2.1 非道路移动源排放标准实施

目前，我国新生产非道路移动源环境管理范围包括非道路移动机械、非道路移动机械用柴油发动机、非道路移动机械用小型汽油发动机、船舶柴油发动机。截至 2018 年底，我国目前已发布并正在执行的新生产非道路移动机械相关环保标准见表 6。

表 6 新生产非道路移动机械环保标准

机械类型	标准标号	标准名称
非道路移动机械	GB 20891—2014	《非道路移动机械用柴油机排气污染物排放限值及测量方法(中国第三、四阶段)》
	GB 26133—2010	《非道路移动机械用小型点燃式发动机排气污染物排放限值与测量方法(中国第一、二阶段)》
	GB 36886—2018	《非道路移动柴油机械排气烟度限值及测量方法》
船舶	GB 15097—2016	《船舶发动机排气污染物排放限值及测量方法(中国第一、二阶段)》

2018 年 11 月，生态环境部、市场监管总局联合发布《非道路移动柴油机械排气烟度限值及测量方法》(GB 36886—2018)，并于 2018 年 12 月 1 日起实施。

按照《柴油货车污染治理攻坚战行动计划》要求，到 2020 年底前，全国实施非道路移动机械第四阶段排放标准；进口二手非道路移动机械和发动机应达到国家现行的新生产非道路移动机械排放标准要求。

全国新生产非道路移动机械排放标准实施进度见图 48。

<table>
<tr><th>车型 \ 年份</th><th>1999</th><th>2000</th><th>2001</th><th>2002</th><th>2003</th><th>2004</th><th>2005</th><th>2006</th><th>2007</th><th>2008</th><th>2009</th><th>2010</th><th>2011</th><th>2012</th><th>2013</th><th>2014</th><th>2015</th><th>2016</th><th>2017</th><th>2018</th><th>2019</th><th>2020</th></tr>
<tr><td>非道路柴油移动机械</td><td colspan="9">无控制要求</td><td colspan="2">国Ⅰ</td><td colspan="6">国Ⅱ</td><td colspan="5">国Ⅲ</td></tr>
<tr><td>非手持式小型汽油移动机械</td><td colspan="13">无控制要求</td><td colspan="2">国Ⅰ</td><td colspan="7">国Ⅱ</td></tr>
<tr><td>手持式小型汽油移动机械</td><td colspan="13">无控制要求</td><td colspan="4">国Ⅰ</td><td colspan="5">国Ⅱ</td></tr>
<tr><td>船舶</td><td colspan="21">无控制要求</td><td>国Ⅰ</td></tr>
</table>

图 48　全国新生产非道路移动机械排放标准实施进度

2.2　非道路移动机械环保信息公开

2018 年，全国共有 574 家机械生产企业 5930 个非道路移动机械机型进行了环保信息公开。其中，非道路移动机械（柴油）机型 5225 个，非道路移动机械（汽油）机型 705 个。全国共有 66 家发动机企业 510 个非道路移动机械用发动机进行了信息公开。

3　在用非道路移动源环境管理

在用非道路移动机械管理。2018 年，我部会同市场监管总局印发《非道路移动柴油机械排气烟度限值及测量方法》。南京、杭州等 60 多个城市划定了非道路移动机械排放控制区。成都、安阳等城市开展非道路移动机械编码登记和摸底调查。北京、上海等城市积极推进在用非道路移动机械排放监督检查。

表 7　城市非道路移动机械排放控制区划定情况表

序号	省(区、市)	城市名称
1	北京	北京
2	天津	天津
3	河北	唐山、邯郸、邢台
4	山西	太原、大同、阳泉、长治、晋城、晋中、临汾
5	内蒙古	呼和浩特
6	辽宁	锦州、阜新、辽阳、盘锦
7	上海	上海
8	江苏	南京、常州、苏州、南通、扬州
9	浙江	杭州
10	安徽	芜湖、六安
11	山东	济南、淄博、聊城
12	河南	郑州、开封、洛阳、平顶山、安阳、鹤壁、新乡、焦作、许昌、漯河、商丘、驻马店、南阳、济源
13	广东	广州、深圳、珠海、汕头、佛山、韶关、肇庆、江门、惠州、梅州、清远、东莞、中山、潮州、云浮

续表

序号	省(区、市)	城市名称
14	重庆	重庆
15	四川	成都、绵阳、自贡、德阳、遂宁

船舶排放控制区管理。2018 年 11 月 30 日，交通运输部印发《船舶大气污染物排放控制区实施方案》，进一步扩大控制范围，沿海控制区范围从原有环渤海（京津冀）、长三角、珠三角等三个区域扩大到全国沿海近岸海域；内河控制区范围为长江干线（云南水富至江苏浏河口）、西江干线（广西南宁至广东肇庆段）的通航水域；同时，也明确了燃油硫含量、颗粒物和氮氧化物排放控制要求，船舶靠港使用岸电要求等。

4 非道路移动源燃料环境管理

船用燃料油执行《船用燃料油》（GB 17411—2015）标准，该标准根据硫含量对海（洋）船用馏分燃料油规定了三个等级，Ⅰ级硫含量不大于 1.0%或 1.5%，Ⅱ级为 0.5%，Ⅲ级为 0.1%；对海（洋）船用残渣燃料油也规定了三个等级，其中Ⅰ级为 3.5%，Ⅱ级为 0.5%，Ⅲ级为 0.1%。2018 年，发布该标准第 1 号修改单，增加了内河船用燃料油要求，硫含量不大于 10mg/kg。海（洋）船用馏分燃料油具体分类和硫含量指标见表 8。海（洋）船用残渣燃料油具体分类和硫含量指标见表 9。

表 8 海（洋）船用馏分燃料油硫含量指标

等级	硫含量(质量分数,不大于)/%				实验方法
	DMX	DMA	DMZ	DMB	
Ⅰ	1.00	1.00	1.00	1.50	GB/T 17040
Ⅱ	0.50	0.50	0.50	0.50	
Ⅲ	0.10	0.10	0.10	0.10	

注：DMX、DMA、DMZ、DMB 为船用油标号，D 代表馏分燃料油，M 代表船用油，A、B、X、Z 代表标号，详见 ISO 8216：2010 和 ISO 8217：2010。

表 9 海（洋）船用残渣燃料油硫含量指标

等级	硫含量(质量分数,不大于)/%											试验方法
	RMA 10	RMB 30	RMD 80	RME 180	RMG 180	RMG 380	RMG 500	RMG 700	RMK 380	RMK 500	RMK 700	
Ⅰ	3.50		3.5									GB/T 17040
Ⅱ	0.50		0.5									
Ⅲ	0.10											

注：RMA、RMB、RMD、RME、RMG、RMK 为船用油标号，R 代表残渣燃料油，M 代表船用油，A、B、D、E、G、K 代表标号，详见 ISO 8216：2010 和 ISO 8217：2010。

第Ⅶ部分 运输结构调整（略）

附表。（略）

2018年交通运输行业发展统计公报

交通运输部

2018年是全面贯彻落实党的十九大精神的开局之年，是改革开放40周年，也是决胜全面建成小康社会、实施“十三五”规划承上启下的关键一年。各级交通运输部门深入学习贯彻习近平新时代中国特色社会主义思想和党的十九大精神，坚持稳中求进工作总基调，坚持新发展理念，坚持推动高质量发展，按照党中央、国务院决策部署，全面推进各项工作，取得明显成效。

一、基础设施

（一）铁路。

年末全国铁路营业里程达到13.1万公里，比上年增长3.1%，其中高铁营业里程2.9万公里以上。全国铁路路网密度136.0公里/万平方公里，增加3.7公里/万平方公里。

（二）公路。

年末全国公路总里程484.65万公里，比上年增加7.31万公里。公路密度50.48公里/百平方公里，增加0.76公里/百平方公里。公路养护里程475.78万公里，占公路总里程98.2%。

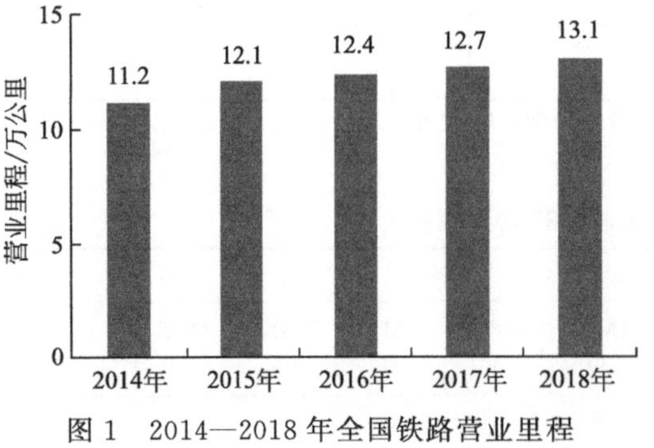

图1　2014—2018年全国铁路营业里程

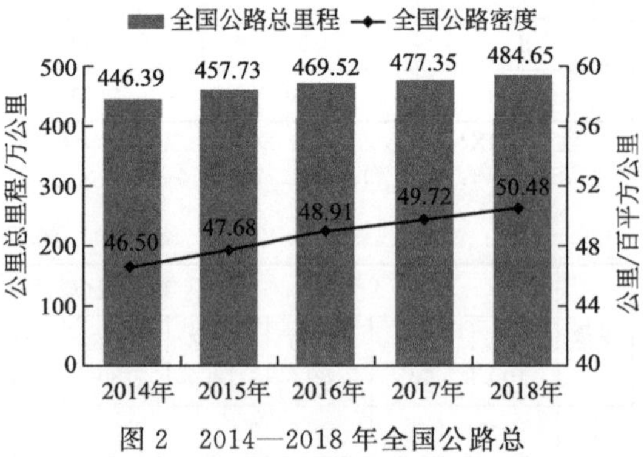

图2　2014—2018年全国公路总里程及公路密度

年末全国四级及以上等级公路里程446.59万公里，比上年增加12.73万公里，占公路总里程92.1%，提高1.3个百分点。二级及以上等级公路里程64.78万公里，增加2.56万公里，占公路总里程13.4%，提高0.3个百分点。高速公路里程14.26万公里，增加0.61万公里；高速公路车道里程63.33万公里，增加2.90万公里。国家高速公路里程10.55万公里，增加0.33万公里。

年末国道里程36.30万公里，省道里程37.22万公里。农村公路里程403.97万公里，其中县道里程 54.97 万公里，乡道里程 117.38 万公里，村道里程 231.62 万公里。

年末全国公路桥梁 85.15 万座、5568.59 万米，比上年增加 1.90 万座、342.97 万米，其中特大桥梁 5053 座、902.69 万米，大桥 98869 座、2637.04 万米。全国公路隧道 17738 处、1723.61 万米，增加 1509 处、195.10 万米，其中特长隧道 1058 处、470.66 万米，长隧道 4315 处、742.18 万米。

（三）水路。

1. 内河航道。

年末全国内河航道通航里程 12.71 万公里，比上年增加 108 公里。等级航道里程 6.64 万公里，占总里程 52.3%，提高 0.2 个百分点。三级及以上航道里程 1.35 万公里，占总里程 10.6%，提高 0.8 个百分点。

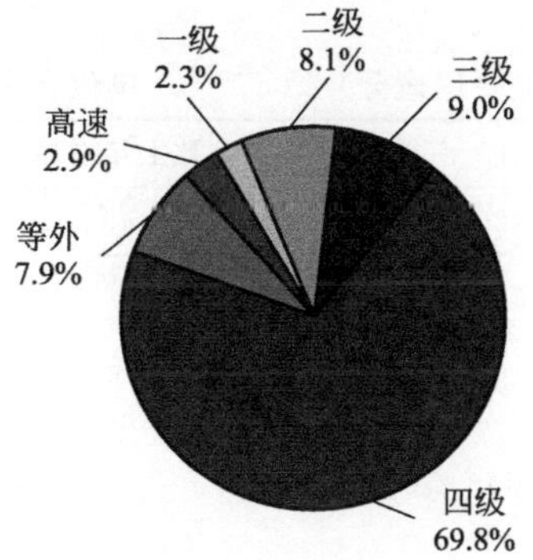

图 3 2018 年全国公路里程分技术等级构成

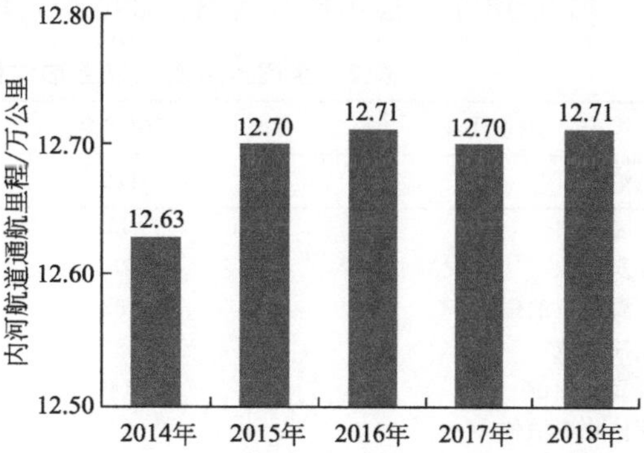

图 4 2014—2018 年全国内河航道通航里程

各等级内河航道通航里程分别为：一级航道 1828 公里，二级航道 3947 公里，三级航道 7686 公里，四级航道 10732 公里，五级航道 7613 公里，六级航道 17522 公里，七级航道 17114 公里。等外航道里程 6.07 万公里。

各水系内河航道通航里程分别为：长江水系 64848 公里，珠江水系 16477 公里，黄河水系 3533 公里，黑龙江水系 8211 公里，京杭运河 1438 公里，闽江水系 1973 公里，淮河水系 17504 公里。

2. 港口。

年末全国港口拥有生产用码头泊位 23919 个，比上年减少 3659 个。其中，沿海港口生产用码头泊位 5734 个，减少 96 个；内河港口生产用码头泊位 18185 个，减少 3563 个。

年末全国港口拥有万吨级及以上泊位 2444 个，比上年增加 78 个。其中，沿海港口万吨级及以上泊位 2007 个，增加 59 个；内河港口万吨级及以上泊位 437 个，增加 19 个。

表 1 全国港口万吨级及以上泊位数量 单位：个

泊位吨级	全国港口	比上年增加	沿海港口	比上年增加	内河港口	比上年增加
合计	2444	78	2007	59	437	19

续表

泊位吨级	全国港口	比上年增加	沿海港口	比上年增加	内河港口	比上年增加
1万～3万吨级（不含3万吨级）	845	11	656	5	189	6
3万～5万吨级（不含5万吨级）	416	17	294	9	122	8
5万～10万吨级（不含10万吨级）	786	24	672	19	114	5
10万吨级及以上	397	26	385	26	12	—

全国万吨级及以上泊位中，专业化泊位1297个，比上年增加43个；通用散货泊位531个，增加18个；通用件杂货泊位396个，增加8个。

表2　全国万吨级及以上泊位构成（按主要用途分）　　单位：个

泊位用途	2018年	2017年	比上年增加
专业化泊位	1297	1254	43
集装箱泊位	338	328	10
煤炭泊位	252	246	6
金属矿石泊位	85	84	1
原油泊位	82	77	5
成品油泊位	140	140	—
液体化工泊位	217	205	12
散装粮食泊位	41	41	—
通用散货泊位	531	513	18
通用件杂货泊位	396	388	8

（四）民航。

年末共有颁证民用航空机场235个，比上年增加6个，其中定期航班通航机场233个，定期航班通航城市230个。

年旅客吞吐量达到100万人次以上的通航机场有95个，比上年增加11个，年旅客吞吐量达到1000万人次以上的有37个，增加5个。年货邮吞吐量达到10000吨以上的有53个，增加1个。

（五）公路交通流量。

全国国道观测里程21.88万公里，机动车年平均日交通量为14179辆，比上年增长3.5%，年平均日行驶量为309939万车公里，增长2.5%。其中，国家高速公路年平均日交通量为26435辆，增长5.4%，年平均日行驶量为138840万车公里，增长6.0%；普通国道年平均日交通量为10307辆，增长1.4%，年平均日行驶量为171094万车公里，下降0.1%。

二、运输装备

（一）公路。

年末全国拥有公路营运汽车1435.48万辆，比上年下降1.0%。

拥有载客汽车 79.66 万辆，比上年下降 2.4%，2048.11 万客位，下降 2.4%。其中大型客车 30.27 万辆，下降 1.0%，1333.99 万客位，下降 0.4%。

拥有载货汽车 1355.82 万辆，比上年下降 0.9%，12872.97 万吨位，增长 9.3%。其中，普通货车 816.76 万辆，下降 9.5%，4791.21 万吨位，下降 1.6%；专用货车 52.63 万辆，增长 13.8%，547.59 万吨位，增长 9.7%；牵引车 237.67 万辆，增长 14.7%；挂车 248.76 万辆，增长 17.2%。

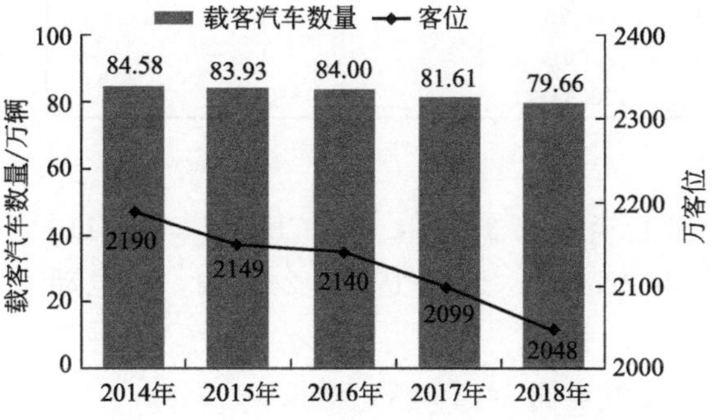

图 5　2014—2018 年全国载客汽车拥有量

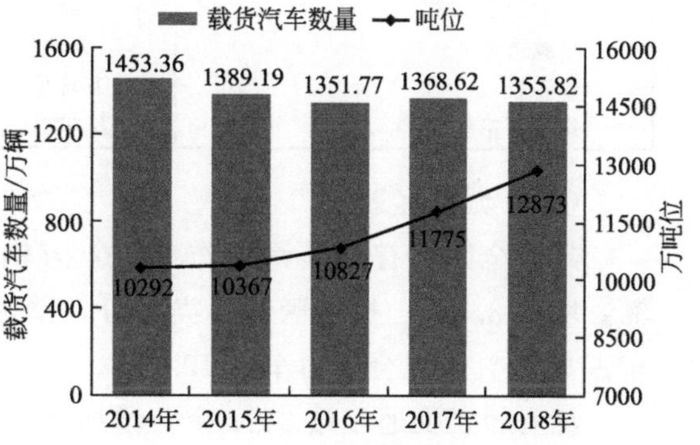

图 6　2014—2018 年全国载货汽车拥有量

（二）水路。

年末全国拥有水上运输船舶 13.70 万艘，比上年下降 5.5%；净载重量 25115.29 万吨，下降 2.1%；载客量 96.33 万客位，下降 0.4%；集装箱箱位 196.78 万标准箱，下降 9.0%。

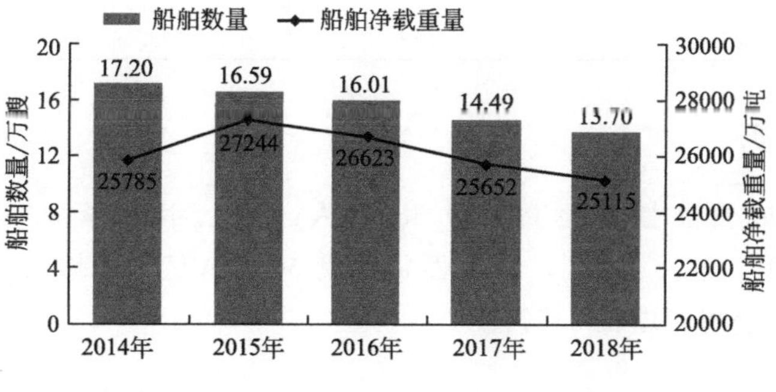

图 7　2014—2018 年全国水上运输船舶拥有量

表 3　全国水上运输船舶构成（按航行区域分）

指标	计量单位	实绩	比上年增长/%
内河运输船舶			
运输船舶数量	万艘	12.43	−6.0
净载重量	万吨	12915.50	−1.8
载客量	万客位	71.59	−1.0
集装箱箱位	万 TEU	33.81	4.1

续表

指标	计量单位	实绩	比上年增长/%
沿海运输船舶			
运输船舶数量	艘	10379	0.6
净载重量	万吨	6885.06	−2.3
载客量	万客位	22.68	1.4
集装箱箱位	万 TEU	56.62	12.9
远洋运输船舶			
运输船舶数量	艘	2251	−2.4
净载重量	万吨	5314.73	−2.6
载客量	万客位	2.06	−1.0
集装箱箱位	万 TEU	106.34	−20.4

（三）城市客运。

年末全国拥有公共汽电车 67.34 万辆，比上年增长 3.4%，其中 BRT 车辆 9110 辆，增长 3.5%。按车辆燃料类型分，柴油车占 22.2%，天然气车占 24.5%，纯电动车占 37.8%，混合动力车占 12.9%。

拥有轨道交通车站 3412 个，增加 362 个；运营车辆 34012 辆，增长 18.5%。

拥有巡游出租车 138.89 万辆，下降 0.5%。拥有城市客运轮渡船舶 250 艘，下降 5.3%。

表 4　全国城市客运装备拥有量

年份	公共汽电车/万辆	轨道交通运营车辆/辆	巡游出租车/万辆	城市客运轮渡船舶/艘
2014	52.88	17300	137.01	329
2015	56.18	19941	139.25	310
2016	60.86	23791	140.40	282
2017	65.12	28707	139.58	264
2018	67.34	34012	138.89	250

三、运输服务

2018 年，完成营业性客运量 179.38 亿人，比上年下降 3.0%，旅客周转量 34217.43 亿人公里，增长 4.3%，营业性货运量 506.29 亿吨，增长 7.2%，货物周转量 199385.00 亿吨公里，增长 3.5%。

图 8　2014—2018 年营业性客运量

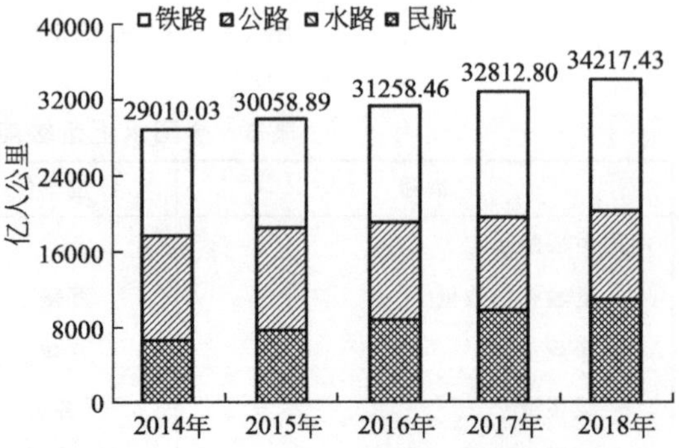

图 9　2014—2018 年营业性旅客周转量

图 10　2014—2018 年营业性货运量

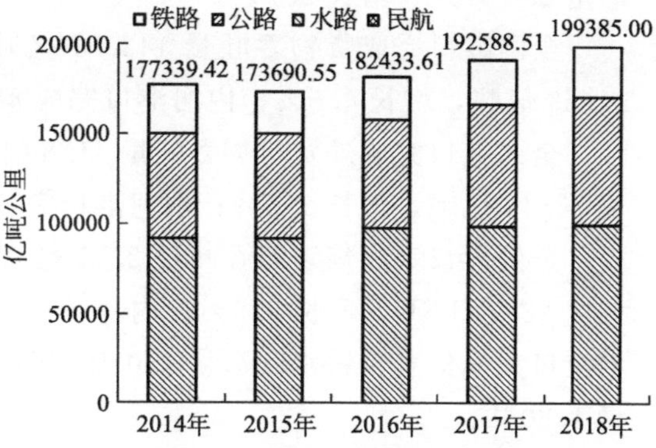

图 11　2014—2018 年营业性货物周转量

（一）铁路。

全年完成旅客发送量 33.75 亿人，比上年增长 9.4%，旅客周转量 14146.58 亿人公里，增长 5.1%。其中动车组发送旅客 20.05 亿人，增长 16.8%。

全国铁路完成货物总发送量 40.26 亿吨，比上年增长 9.1%，货物总周转量 28820.55 亿吨公里，增长 6.9%。

（二）公路。

全年完成营业性客运量 136.72 亿人，比上年下降 6.2%，旅客周转量 9279.68 亿人公里，下降 5.0%。完成货运量 395.69 亿吨，增长 7.3%，货物周转量 71249.21 亿吨公里，增长 6.7%。

（三）水路。

全年完成客运量 2.80 亿人，比上年下降 1.1%，旅客周转量 79.57 亿人公里，增长 2.5%。完成货运量 70.27 亿吨，增长 5.2%，货物周转量 99052.82 亿吨公里，增长 0.4%。其中，内河运输完成货运量 37.43 亿吨、货物周转量 15365.89 亿吨公里；沿海运输完成货运量 25.14 亿吨、货物周转量 31760.34 亿吨公里；远洋运输完成货运量 7.70 亿吨、货物周转量 51926.58 亿吨公里。

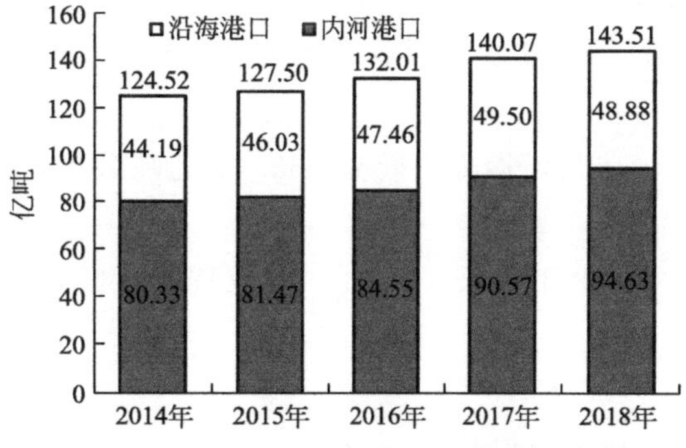

图 12　2014—2018 年全国港口货物吞吐量

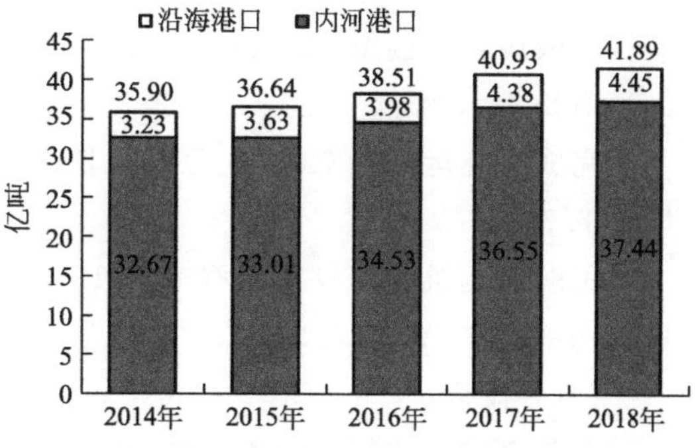

图 13　2014—2018 年全国港口外贸货物吞吐量

全国港口完成旅客吞吐量 1.77 亿人，比上年下降 4.3%。其中，沿海港口完成 0.88 亿人，增长 1.9%；内河港口完成 0.89 亿人，下降 9.7%。全年我国邮轮旅客运输量 250 万人，增长 2.7%。

全国港口完成货物吞吐量 143.51 亿吨，比上年增长 2.5%。其中，沿海港口完成 94.63 亿吨，增长 4.5%；内河港口完成 48.88 亿吨，下降 1.3%。

全国港口完成外贸货物吞吐量 41.89 亿吨，比上年增长 2.4%。其中，沿海港口完成 37.44 亿吨，增长 2.5%；内河港口完成 4.45 亿吨，增长 1.6%。

全国港口完成集装箱吞吐量 2.51 亿 TEU，比上年增长 5.3%。其中，沿海港口完成 2.22 亿 TEU，增长 5.2%；内河港口完成 2909 万 TEU，增长 6.2%。全国规模以上港口完成集装箱铁水联运量 450 万 TEU，增长 29.4%，占规模以上港口集装箱吞吐量 1.80%。

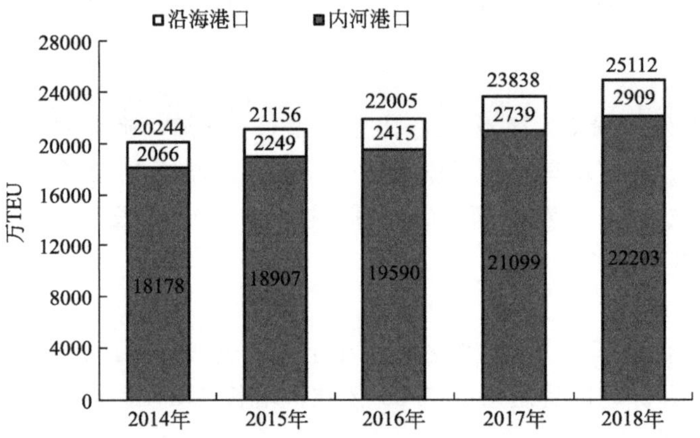

图 14　2014—2018 年全国港口集装箱吞吐量

全国规模以上港口完成货物吞吐量 133.45 亿吨，比上年增长 2.9%。其中，完成煤炭及制品吞吐量 24.50 亿吨，增长 3.4%；石油、天然气及制品吞吐量 10.66 亿吨，增长 3.8%；金属矿石吞吐量 21.22 亿吨，增长 3.1%。

（四）民航。

全年完成旅客运输量 6.12 亿人，比上年增长 10.9%，旅客周转量 10711.59 亿人公里，增长 12.6%。其中，国内航线完成旅客运输量 5.37 亿人，增长 10.5%，港澳台航线完成旅客运输量 1127.10 万人，增长 9.8%；国际航线完成旅客运输量 6366.70 万人，增长 14.8%。

完成货邮运输量 738.50 万吨，比上年增长 4.6%，货邮周转量 262.42 亿吨公里，增长 7.7%。

民航运输机场完成旅客吞吐量 12.65 亿人，比上年增长 10.2%。完成货邮吞吐量 1674.02 万吨，增长 3.5%。

（五）邮政。

全年完成邮政行业业务总量 12345.19 亿元，比上年增长 26.4%。

邮政普遍服务完成函件业务 26.77 亿件，比上年下降 15.0%；包裹业务完成 2407.0 万件，下降 9.4%；报纸业务完成 172.94 亿份，下降 2.3%；杂志业务完成 7.87 亿份，下降 0.6%；汇兑业务完成 2520.0 万笔，下降 32.7%。

快递业务量完成 507.10 亿件，比上年增长 26.6%。快递业务收入完成 6038.43 亿元，增长 21.8%，快递业务收入占邮政行业业务收入的 76.4%，提高 1.5 个百分点。

（六）城市客运。

年末全国拥有公共汽电车运营线路 60590 条，比上年增加 3804 条，运营线路总长度 119.9 万公里，增加 13.01 万公里。其中，公交专用车道 12850.2 公里，增加 1935.7 公里；BRT 线路长度 5119.3 公里。轨道交通运营线路 171 条，增加 18 条，运营里程 5295.1 公里，增加 711.8 公里；其中，地铁线路 143 条、4726.5 公里，轻轨线路 6 条、217.6 公里。城市客运轮渡运营航线 91 条，减少 1 条，运营航线总长度 376.6 公里，减少 58.3 公里。

全年完成城市客运量 1262.24 亿人，比上年下降 0.9%。其中，公共汽电车完成 697.00 亿人，下降 3.6%，其中 BRT 客运量 15.87 亿人，公共汽电车运营里程 346.10 亿公里，下降 2.6%；轨道交通完成 212.77 亿人，增长 15.4%，运营车公里 35.26 亿车公里，增长 18.6%；巡游出租车完成 351.67 亿人，下降 3.8%；客运轮渡完成 0.80 亿人，下降 3.1%。

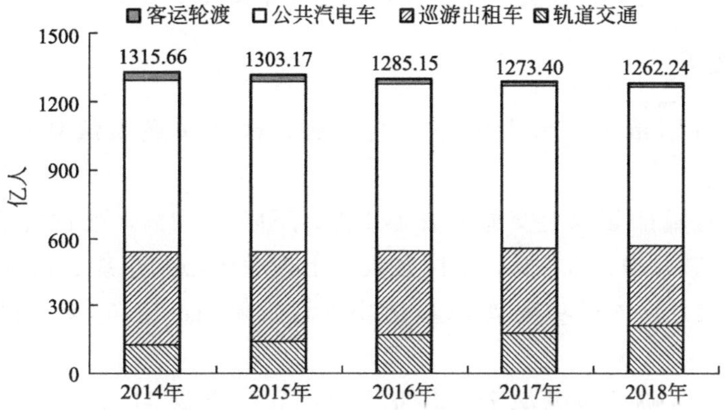

图 15　2014—2018 年全国城市客运量

四、交通固定资产投资

全年完成交通固定资产投资 32235 亿元，比上年增长 0.7%。

（一）铁路。

全年完成铁路固定资产投资 8028 亿元。

（二）公路水路。

1. 公路。

全年完成公路建设投资 21335 亿元，比上年增长 0.4%。其中，高速公路建设完成投资 9972 亿元，增长 7.7%；普通国省道建设完成投资 6378 亿元，下降 12.2%；农村公路建设完成投资 4986 亿元，增长 5.4%。

2. 水路。

全年完成水运建设投资 1191 亿元，比上年下降 3.8%。其中，内河建设完成投资 628 亿元，增长 10.3%；沿海建设完成投资 563 亿元，下降 15.8%。

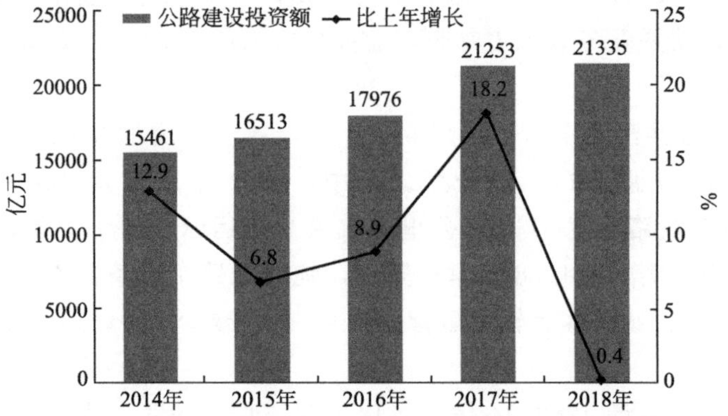

图 16　2014—2018 年公路建设投资额及增长速度

3.公路水路其他。

全年完成公路水路支持系统及其他建设投资 824 亿元，比上年增长 26.9%。

（三）民航。

全年完成民航固定资产投资 857 亿元，比上年下降 1.3%。

五、生产安全

全年未发生特别重大、重大铁路交通事故，铁路交通事故死亡人数比上年下降 4.6%。

全年共发生运输船舶水上交通事故 176 件，下降 10.2%，死亡失踪 237 人，增长 24.7%，沉船 83 艘，增长 3.8%。全国各级海上搜救中心共组织、协调搜救行动 1902 次；在我国搜救责任区内成功搜救 1295 艘中外遇险船舶，12463 名中外遇险人员，搜救成功率 95.3%。

公路水路交通运输建设领域全年共发生生产安全事故 41 起，比上年下降 6.8%，死亡 63 人，下降 4.5%。未发生重特大事故。

六、能源消耗

全年共监测公路水路运输企业 123 家。监测的城市公交企业每万人次单耗 1.5 吨标准煤，比上年下降 5.2%，百车公里单耗 41.7 千克标准煤，下降 8.9%；公路班线客运企业每千人公里单耗 14.6 千克标准煤，下降 0.6%，百车公里单耗 29.1 千克标准煤，下降 0.6%；公路专业货运企业每百吨公里单耗 2 千克标准煤，增长 11.1%；远洋和沿海货运企业每千吨海里单耗 4.1 千克标准煤，下降 6.8%；港口企业每万吨单耗 2.3 吨标准煤，下降 4.1%。

七、科技与人才队伍建设

全年铁路行业有 8 个项目荣获 2018 年度国家科学技术奖，其中技术发明二等奖 2 项，科技进步二等奖 5 项，科技进步团队奖 1 项。

全年公路水路交通运输科研基础条件建设完成投资 15 亿余元。年末交通运输行业共有 52 个行业重点实验室，48 个行业研发中心以及 19 个协同创新平台。8 项科技成果获 2018 年度国家科学技术进步奖，其中一等奖 1 项，二等奖 7 项。

部全年表彰 2016—2017 年度全国交通运输行业文明单位 198 个、文明示范窗口 217 个、文明职工标兵 213 人、精神文明建设先进工作者 94 人。全年获得“全国技术能手”称号 20 人、“全国交通技术能手”称号 96 人，共评选培养“交通运输青年科技英才”130 人。

注释：

1. 香港、澳门特别行政区及台湾省统计数据未包括在本公报内。

2. 按照《国家公路网规划（2013—2030 年）》，结合各省（区、市）路网调整情况，本公报中国道、省道、县道、乡道、村道里程的统计口径作了部分调整。

3. 本公报中营业性旅客运输量为铁路、公路、水路、民航完成数，不包括城市客运量；营业性货物运输量为铁路、公路、水路、民航完成数，不包括管道数据。

4. 铁路数据为快报数据。国家铁路含控股合资铁路。

5. 民航运输数据为快报数据。

6. 邮政数据为月度快报统计数据。

资料来源：

本公报数据来自交通运输部、国家铁路局、中国民用航空局、国家邮政局和中国铁路总公司。

关于停止天津港等港口煤炭公路集港业务削减京西过境大货车排放污染的建议

——京西过境运煤大货车排放污染及控制对策调研报告

交通运输结构不合理、公路运输过多是造成大气污染的重要原因。京津冀是全国大气污染最为严重的地区，这既有区域产业结构中重化工业过重、能源结构中煤炭消费过多的原因，也与区域交通运输结构不合理有关，主要体现在公路承担了过多的煤炭等大宗货物运输。

京西过境运煤大货车排放污染是制约实现“京 60”目标的重要因素。从“三西”（蒙西、山西、陕西北部），主要是从蒙西地区，通过公路长途运输煤炭到京津冀四个港口（主要是天津港）“下海”，对京津冀地区的空气质量、公路交通安全乃至城市形象等多方面都造成不利影响。京西延庆区到天津港是“煤炭下海”主要公路通道，运煤大货车排放大量污染物，是制约实现“京 60”（北京市 2017 年度环境空气质量目标）的重要因素之一，应当从交通成因、交通运输方式等多角度调研分析提出可行的对策。

调研过程和方法。2016 年，在反复研究延庆关于大货车排放污染的调研报告的基础上，多次实地查看张山营综合检查站进京大货车情况，并与延庆区政府及有关部门进行座谈交流；查阅了 2015 年全国交通运输统计报告，研读中长期铁路发展规划文本，并就专业知识咨询交通行业专家。11—12 月份带领有关人员，走访调研了北京铁路局、呼和浩特铁路局车站装车现场，天津港、唐山港等港区现场，并进行座谈交流，听取了河北省厅、唐山市环保局的意见。

一、延庆过境煤炭公路运输情况

由于目前尚缺乏京津冀地区煤炭下海公路集港的全面数据，同时考虑到“京西延庆区—天津港”是公路运输煤炭下海的主要通道，并且延庆区曾经开展过调研，因此，将大货车特别是运煤大货车从延庆区过境情况作为重点，再次调研分析。

（一）延庆第一次调查情况

以下数据来自延庆环保局 2015 年 6 月提供的《关于京西北过境大货车交通污染治理措施的调研报告》：

交通量。在北京市北部的延庆区过境的外埠机动车主要来自内蒙古、山西、河北等省份。从延庆各个进京交通检查站数据分析，2011—2013 年外埠机动车进京单向数量年均约 370 万辆次，其中小客车约为 90 万辆次，所占比例约为 24%，大货车约为 280 万辆次（平均 7671 辆/日），所占比例约为 76%。2014 年交通量有所下降。

货物种类。10%左右运送的是肉、菜、蛋奶等城市生活必需品，85%左右运送的货物是煤炭，5%左右运送机械设备、矿物等其他货物。

目的地。通过京藏高速、京新高速、北六环、东六环经过北京的大货车占 90%

（40%驶往唐山和秦皇岛方向，50%驶往天津方向），驶往六环路内北京市区和石家庄方向仅占10%。因此，从延庆区进出的大货车至多只有10%为北京市运送城市必需品，其余90%～95%都是过境运输。

（二）本次调查

交通流量。再次收集了2015年、2016年（截至12月21日）的大货车从延庆区各检查站单向进京、过境交通数据见表1。

表1　2015年、2016年（截至12月21日）货车交通流量统计表

车轴数(吨位)		2轴(20)	3轴(30)	4轴(40)	5轴(50)	6轴(55)	6轴以上(55)	合计
2015年	数量(辆)	410549	56081	65431	15718	1378801	968	1927548
	占比(%)	21.30	2.91	3.39	0.82	71.53	0.05	100
2016年	数量(辆)	561286	79917	78144	20652	2072818	1022	2813839
	占比(%)	19.95	2.84	2.78	0.73	73.67	0.04	100

2016年单向进京、过境平均每日7813辆。按照第一次调查经验数据（过境货车占90%、运输煤炭占85%）分析，2016年运煤货车单向过境平均每日5977辆（76.5%），与四轴、五轴、六轴和六轴以上之和每日进京数量6035辆和比例（77.22%）十分接近，说明重吨位货车基本运输煤炭（以下取中间整数6000辆/日计算）。

交通特征。过境大货车经北六环、东六环，驶向京津高速天津方向占90%，驶向京哈高速唐山、秦皇岛方向占10%。经高德地图测量实际行驶路线，在北京境内行驶平均距离为170公里。本次调查发现，相比第一次调查，国Ⅰ、国Ⅱ标准货车已经很少，按照生产日期判断多为国Ⅲ、国Ⅳ标准重型货车。

按照每车平均净载量36吨（公安部、交通部双限标准车辆总重量＜49吨）计算，北京全年额外承担了过境运输煤炭周转量约133亿吨公里，相当于北京地区货物周转量172亿吨的77%以上，如加上返程的部分车辆载货，估计额外多增加了相当于本地的1倍货物周转量，过境煤炭运输对北京的交通的压力翻番。

二、排放污染估算及影响分析

分别估算公路通道（延庆—北六环—东六环—京津高速—天津港）运煤大货车北京市、天津市的排放污染。

（一）从延庆进京的过境大货车在北京市的排放污染

延庆方向过境大货车在北京市域的排放量估算。排放因子见表2，估算结果见表3。

表2　2016年延庆外埠过境大货车排放因子

车辆分类	排放因子/(g/km)			
	氮氧化物(NO_x)	颗粒物(PM)	碳氢化合物(HC)	一氧化碳(CO)
2轴车辆	3.964	0.19	0.48	2.26
3轴车辆	5.56	0.255	0.6	2.4
4轴车辆	7.16	0.32	0.73	2.52

续表

车辆分类	排放因子/(g/km)			
	氮氧化物(NO_x)	颗粒物(PM)	碳氢化合物(HC)	一氧化碳(CO)
5 轴车辆	8.76	0.385	0.855	2.68
6 轴车辆	10.39	0.45	0.98	2.82
6 轴以上车辆	10.39	0.45	0.98	2.82

注：6 轴车辆及以上、2 轴货车的排放因子由环境保护部机动车排放监管中心和中国环科院环境标准所提供，3 轴、4 轴、5 轴货车排放因子按其对应总重量采取插值法推算得到。

表 3　2016 年延庆外埠过境大货车排放污染估算表

车辆分类	外埠大货车(辆)	过境大货车(辆)	在京往返行驶里程(km)	过境货运车年排放量(吨)			
				氮氧化物(NO_x)	颗粒物(PM)	碳氢化合物(HC)	一氧化碳(CO)
2 轴车辆	561286	505157	340	680.83	32.63	82.44	388.16
3 轴车辆	79917	71925	340	135.97	6.24	14.67	58.69
4 轴车辆	78144	70330	340	171.21	7.65	17.46	60.26
5 轴车辆	20652	18587	340	55.36	2.43	5.40	16.94
6 轴车辆	2072818	1865536	340	6590.19	285.43	621.60	1788.68
6 轴以上车辆	1022	920	340	3.25	0.14	0.31	0.88
合计	2813839	2532455		7636.81	334.52	741.88	2313.61

注：经统计通过延庆进京的外埠大货车中 90%为过境车辆；排放量按照平均符合国Ⅲ排放标准估算。

延庆方向进京过境大货车排放污染分析。每年排放 NO_x 为 7636.81 吨，相当于在北京市机动车排放 NO_x 6.68 万吨（2015 年）的基础上多排放了 11.43%，是北京市中小、微型客车年排放氮氧化物 0.6 万吨的 1.27 倍，是货运车年排放 3.14 万吨的 24.32%；大货车直接排放颗粒物为 334.52 吨，相当于在北京市机动车直接排放颗粒物 2373 吨（2015 年）的基础上多排放了 14.10%，是货运车直接排放 1520 吨的 22%；大货车排放 HC 741.88 吨，相当于在北京市机动车 HC 排放量 91559 吨（2014 年）的基础上多排放了 0.81%。在过境大货车所排放的 NO_x 中，有 94.4%（85%/90%）是运煤大货车造成的，排放 7209 吨/年。

2015 年，北京市小汽车单车行驶里程 15000 公里（市交通院，41 公里/日），按照北京市小汽车 NO_x 排放因子平均国Ⅳ标准（0.08 克/公里）计算，延庆方向过境运煤大货车在北京市域的 NO_x 排放量相当于 600 万辆“京Ⅳ”小汽车日常的排放量，1 辆大货车排放 NO_x 相当于 1000 辆“京Ⅳ”小汽车。而 2014 年北京市本地注册的小汽车保有量为 481.47 万辆，这相当于北京每天额外增加了 1.3 倍的小汽车的 NO_x 排放量，由此可见过境大货车对北京污染超过了本地小汽车日常出行的排放量。就控制 NO_x 来说，即使北京全市每天实行小汽车“单双号行驶”措施，也不能抵消过境大货车在北京排放的 NO_x 总量。如果考虑还从其他区县过境，过境大货车对北京的污染则更加严重。由此推测，红色预警时，限制或者禁止外埠大货车进京、过境，比对本市小汽车实行单双号行驶减排作用可能更大。

因此，控制北京市域机动车排放污染，应当把减少大货车，尤其是减少运煤大货车从延庆过境放到首要位置。

（二）天津港煤炭公路集港在天津市的排放污染

天津港煤炭集港情况。天津港2015年煤炭及制品（焦炭）下海9498万吨，2016年1—11月下海量10358.5万吨，预计2016年能完成1.1亿吨。虽然港口铁路接卸能力达到1亿吨，与下海需求匹配，但是51.4%靠公路集港，2016年公路运输量达到5654万吨，估算需要净载36吨（总重49～55吨）的大货车数量为157.06万辆次，相当于4363辆/日运煤大货车从内蒙古、山西地区经过京津冀4条通道驶向天津港。如果考虑还有低吨位货车运煤，天津港煤炭集港货车数量应在5000辆/日以上，与京西延庆过境运煤车（6000辆/日）的数据吻合，由此判断“延庆—天津港”是天津港煤炭公路集港主要通道。

排放量估算。运煤大货车在天津境内的行驶里程120公里（京津高速—海滨大道—天津港），往返240公里。公路集港货车在天津市的排放污染估算如下：

NO_x 排放量＝157.06万辆×240公里×10.39克/(公里·辆)＝3916吨

2015年，天津本地机动车 NO_x 排放总量为4.95万吨（柴油车排放3.47万吨）。而仅为了煤炭从天津港“下海”，大货车在天津市多排放了7.9%的 NO_x，相当于给天津市增加了238万辆国Ⅲ小汽车的 NO_x 排放量（假设天津市小汽车里程为30公里/日、排放标准平均为国Ⅲ），超过了天津市本地小汽车的排放量。

（三）解决京西延庆过境大气污染和交通问题的重要性

每天六七千辆（往返加倍）大货车在首都过境，引发严重的大气污染和交通拥堵，在世界各国首都中是绝无仅有的，对北京城市形象产生不利影响。北京和张家口正在共同承办2022年冬奥会，其中延庆和崇礼共同承办雪上项目。在申办过程中大部分专家认为交通及其污染是这一地区较为重要的影响因素。因此，解决由大货车引发的大气和交通问题，对提升北京的城市形象至关重要。

三、现行手段难以奏效

为有效防控外埠过境大货车污染，环保部门采取了检测检查手段，但是由于车流量过大，难以实现100%检测，主要靠查验环保标志等监管措施，另外，即使对于检测发现的不合格外埠大货车也只能超标处罚，劝而不返。所谓在进京路口开展排放检测对超标车、“黄标车”“劝返”，也不过是“隔靴搔痒”，北京市对过境大货车污染控制实际上难有作为。

有人提出通过交通管制不允许大货车进入北京，这当然可以缓解对北京的污染。但是，如果公路煤炭运输是必需的，那么货车只能绕行更远，就京津冀整体来说，绕行将会增加里程、消耗更多柴油、排放更多污染（即使对北京的污染减轻），这不仅无助于减轻京津冀地区大气污染，反而可能做了负功，与北京及周边地区大气污染污染联防联控机制是冲突的。另外，“绕行”管制缺乏法律依据，而且货车司机也不一定能接受，缺乏操作性。应当寻找解决问题的新方法——正视“公高铁低”问题，提高煤炭铁路集港的运力和运量。

四、铁路运煤和港口接卸能力调查分析

运煤大货车的主要目的地是京津冀沿海港口，通过港口“煤炭下海”实现“北煤南运”。

煤炭集港情况。根据天津港、唐山港（京唐港区、曹妃甸港区）介绍：2016年，天津港煤炭下海达到1.1亿吨左右，公路集港占比高达51.4%（56540万吨），京西延庆、京藏—北六环—东六环—净尽高速—天津港是主要公路通道。港方认为，港口翻车机是按照1亿吨设计配置的，接卸能力能满足要求，“公高铁低”的主要原因是铁路运力能力不足、时效慢和公路运费低价格竞争三个方面，客户不愿意选择铁路；2016年，唐山港（京唐港区、曹妃甸港区）煤炭下海达到1.5亿吨左右，基本为铁路集港，公路集港很少、不到5%，曹妃甸港区铁路已经完成复线升级扩能，还有更大的铁路接卸能力。

铁路运煤集港情况。呼和浩特铁路局介绍，2015年底贯通的张唐铁路设计运力1.6亿吨，2016年已经有1200万吨的运量，1—2年内运力可提高到3000万吨；经大秦铁路煤炭下海量由2013—2014年的年平均8070万吨，已经下降到2015年3520万吨、2016年（1—11月）的2130万吨，下降了5600万吨左右，原因是多方面的，但是，呼铁局认为汽车运输超载和使用劣质柴油通过价格不正常竞争也是重要原因，这与天津年港公路运煤价格低的说法一致，得到相互印证。

运煤货车非法竞争现象确实存在。2016年12月26日夜间，调研组在110国道北京方向内蒙古集宁区—兴和县50公里左右处，发现非法私人加油点（无加油枪），柴油价格4.3元/升，老板称大货车350升油箱一次加油省1000元，柴油来自辽河油田方向。高度怀疑私人加油点逃避燃油税并且油质有问题。另外，在张家口地区也发现很多社会加油站的柴油价格普遍比中石化加油站低1.2元/升，加油工不回答柴油的来源，高度怀疑油质有问题（河北省执行第五阶段油品标准，价格会高于执行第四阶段油品）。

关于运力。呼和浩特铁路局表示：只要有货源并且动力机车和车厢得到保障，可以在2个月内恢复大秦运力。通过张唐、大秦铁路，呼铁局可以在目前的基础上为唐山港增加煤炭下海运力7400万吨。唐山港煤炭下海的铁路接卸能力是目前1.5亿吨的2倍，可以达到3亿吨。如果停止天津港煤炭下海公路集港5650万吨业务，通过唐山港补充下海，不会影响京津冀四港北煤南运的下海总能力，不会影响南方煤炭能源安全。

关于运价。呼铁局调研测算，从鄂尔多斯到唐山港，铁路运费270元/吨，比公路运输正常报价300元/吨低10%左右，经济上是合理的。

五、对策建议及损益、风险分析

基本思路：需求侧治理。与其依靠“劝返”、绕行“扬汤止沸”，不如“从港口”釜底抽薪。港口不收公路煤，公路集港所需要的大货车运煤就会停止。这是解决首都西北延庆过境运煤大货车大气污染和交通拥堵的“总开关”。为此建议如下：

（一）停止天津港等港口“煤炭下海”中公路集港业务

建议环境保护部协调交通运输部和天津市、河北省人民政府，采用行政手段，总体

压缩天津港煤炭下海能力，只保留铁路集港及对应下海业务，尽快压缩直至停止天津港煤炭下海中公路集港业务，关闭货车堆煤场，京津冀其他三港煤炭公路集港业务也一并同步停止，公告社会周知。当前天津港煤炭下海基本是内贸业务，作为我国北方国际航运中心的定位来看，天津港也应当尽快启动结构转型，京津冀沿海四港口业务应合理分工。

（二）加大铁路煤炭下海运力

建议环境保护部协调铁路总公司，调度保障呼和浩特铁路局及太原铁路局，提高下海煤炭铁路集港运输能力，保障唐山港煤炭下海量需求（补充天津港的缺口），唐山港做好相应铁路煤炭接卸业务。

（三）严厉打击违法加油和逃税行为

要像2016年“9.21”启动公路联合治超新标准那样，将加注、运输、经营车用柴油行为一并纳入治理，解决货车非法竞争问题。

建议环境保护部协调税务、公安部门联合取缔非法加油点，抓捕逃税犯罪嫌疑人；建议协调当地工商、环保部门对110国道（内蒙古鄂尔多斯—天津港）沿途加油站、货车使用的柴油质量进行检查，建议协调当地质量监督、商务部门对辽宁地区炼油企业柴油质量和流向进行检查。做到：杜绝不合格油品流入京津冀地区，禁止使用不合格柴油的货车进入京津冀地区。

（四）成本-环境效益分析

停止天津港等煤码头煤炭下海中公路集港业务（天津港5650万吨）、关闭大货车堆煤场，天津市将损失GDP 6.7亿元，对天津影响微乎其微。但是，可以每年为北京市、天津市分别减排NO_x 7209吨、3916吨。比较北京市近年通过财政补贴推动淘汰老旧车辆，每年耗资10亿元、减排3000吨左右NO_x，停止天津港煤炭下海公路集港业务将有显著的污染减排效果。

（五）大货车“生计”风险分析

建议交通主管部门和呼和铁路局，有序引导运煤大货车由长途运输（1500公里以上）转向从事坑口到火车装车站的短途驳运（30～40公里）。从蒙西地区火车装车情况来看，有一半的装车方式是从坑口通过汽车短途驳运到火车站装车场的，当铁路运力提高后，自然需要更多的货车从事短途驳运，不至于对大货车“生计”造成很大的冲击。

（作者：周扬胜　北京市环保局副局级。本文由北京市环保局重点调研课题成果改编，参加调研的有市环保局研究室、机动车处，延庆区环保局等，2017年1月3日）

天津港进港煤炭全部改为铁路运输

《大气污染防治工作简报》 2017 年第 6 期（总第 147 期）

全国大气污染防治部际协调小组办公室

编者按：

自 2017 年 4 月 30 日 24 时起，天津港码头全面停止接收长途公路散运煤炭焦炭，提前 3 个月实现了国家确定的目标任务。5 月 1 日，天津市领导组织现场实地检查，未发现汽车运输煤炭进出天津港的情况。据测算，进出天津港运煤货车每天减少 6000 余辆次，全年预计减少 200 多万辆次，减少汽车运输煤炭 6000 多万吨，既可大幅减少煤炭运输车辆尾气排放污染，又能有效解决煤炭运输扬尘污染，有利于改善生态环境，天津港环境面貌发生了明显变化。本期刊登部分内容，以供参考。

天津市委、市政府深入贯彻习近平总书记关于加强生态文明建设重要指示精神和党中央、国务院相关决策部署，认真落实张高丽副总理在京津冀及周边地区大气污染防治协作小组第八次会议上提出的 2017 年 7 月底率先将天津港每年 6000 多万吨的煤炭从汽车运输转为铁路运输的重要要求。市委书记李鸿忠同志专门作出批示，要求认真落实习近平总书记的重要指示和张高丽副总理的重要讲话精神，扎扎实实、步步为营抓好大气污染防治工作。市委副书记、市长王东峰同志和副市长孙文魁同志亲自部署，现场检查，推动落实。中国铁路总公司总经理陆东福、副总经理李文新等负责同志积极组织协调落实铁路运力。经过多方共同努力，自今年 4 月 30 日 24 时起，天津港码头全面停止接收长途公路散运煤炭焦炭，提前 3 个月实现了国家确定的目标任务。5 月 1 日市领导组织现场实地检查，未发现汽车运输煤炭进出天津港的情况。据测算，进出天津港运煤货车每天减少 6000 余辆次，全年预计减少 200 多万辆次，减少汽车运输煤炭 6000 多万吨，既可大幅减少煤炭运输车辆尾气排放污染，又能有效解决煤炭运输扬尘污染，有利于改善生态环境，天津港环境面貌发生了明显变化。主要采取了以下措施：

天津港煤炭运输全部实行海铁联运。中国铁路总公司大力支持，组织有关单位召开天津港集港煤炭海铁联运专题会议，制定铁路煤炭增运实施方案，切实保障铁路运力，自 4 月 30 日 24 时起，天津港进港煤炭全面实施铁路运输、海铁联运。联合铁路总公司在内蒙古乌兰察布、河北武安和山西阳泉（应县）建设有色矿、铁矿石、煤炭三个物流基地，火车在当地装卸，天津港进港煤炭和出港矿粉及矿石直接在物流基地集中或分流，实现无缝对接，彻底解决天津港进港煤炭汽车长途运输和散货堆放短途汽车转运等问题。目前，天津港向三个物流基地派驻的业务工作组已全部到位，阳泉煤炭分拨基地正常运营，武安铁矿石分拨基地、乌兰察布有色矿分拨基地正在加快建设。

认真开展汽车运输煤炭车辆集中整治。市政府研究制定了《关于加强我市中型重型载货汽车及汽运煤炭车辆管理的工作方案》，自 5 月 1 日起，凡向天津运送煤炭的企业自用载货汽车，由企业向市公安交通管理部门申请核发车辆通行证，严禁无证通行，严防散煤流入。市公安局会同市交通运输委、市环保局、市综合执法局等单位，在市域范围内开展专项治理行动，对存在违反载货汽车禁行规定的，严格依法依规实施处罚，严格管控。

清空天津港散货物流中心。对约12平方公里的天津港散货物流中心这一煤炭入港集散地进行集中清整，切断汽车运输散煤通道。制定实施清运方案，挂图作战，调配运力，坚决清理原有存煤，确保煤炭只出不进。截至4月30日，整体清空工作基本完成，并对依法封存质押货物进行苫盖，封闭堆场卡口、道路，加强监督管理。同时，对散货物流区场进行统筹规划，调整功能布局，打造产城联运示范区。

大力推进天津港港区环境综合整治。天津港港区实行清洁化作业，进一步规范作业标准，落实环保措施，做到货物苫盖、车辆密闭、洒水喷淋、车辆冲洗全覆盖。对道路桥梁、绿化、裸露地面等进行综合治理，港区环境面貌发生了新变化。

下一步，天津市委、市政府将继续深入贯彻落实党中央、国务院关于生态文明建设和环境保护重大决策部署，把治理环境污染作为深入推进京津冀协同发展的重大政治任务，联防联控联治，敢于担当担责，以抓铁有痕的劲头坚决打赢环境保护攻坚战。同时，按照打造北方国际航运核心区的标准和要求，做好港口资源整合和统筹规划，建设综合性码头，大力发展邮轮母港、港口旅游、航运服务等现代服务业，不断改造提升港口功能，优化港口环境，积极推进天津港转型升级、提质增效和创新发展，为服务雄安新区建设和京津冀协同发展作出新贡献。

全国大气污染防治部际协调小组办公室

二〇一七年六月五日

从改革的视野探讨京津冀大气污染联合防治新对策

摘要：以 $PM_{2.5}$ 为特征的区域性复合型大气污染，已造成京津冀形成大气污染“一体化”，使京津冀地区成为全国大气污染最严重的地区。在推进京津冀协同发展的重大国家战略中，如何突破行政区体制限制和固有的机制障碍，严格标准制度创新法治体系，强化区域大气污染联合防治值得我们思考。本文在深入分析京津冀大气污染协同防治存在的问题的基础上，围绕排放数据、财政投入、交通体系、机动车和油品管理、排放标准、环境立法等方面的改革，提出了针对性对策建议。

一、引言

京津冀是我国经济、人口重要区域之一，但与其相伴衍生的是大气污染的“一体化”，京津冀已经成为全国大气污染最严重区域，令世人关注。根据环境保护部统计，2013 年，京津冀区域 SO_2、NO_x 和烟粉尘排放量分别为 158.9 万吨、213.0 万吨和 146.0 万吨，分别占全国的 7.8%、9.7%和 11.2%，单位面积排放强度分别是全国平均水平的 3.5 倍、4.3 倍和 5 倍。按照新《环境空气质量标准》（GB 3095—2012）评价，京津冀 13 个城市空气质量无一达标，全年平均达标天数占比仅为 37.5%；区域中 11 个城市排在全国污染最严重城市排名的前 20 位，7 个排在前 10 位。

京津冀大气污染存在显著的区域传输特征，根据北京市环保局发布的 2012 年 9 月—2013 年 8 月北京市 $PM_{2.5}$ 来源解析结果，区域传输贡献占 28%～36%，在一些特定的空气重污染过程中，通过区域传输进京的 $PM_{2.5}$ 占到总量的 50%以上。因此，国家有关部门专门联合制定了《京津冀及周边地区落实大气污染防治行动计划实施细则》，并成立了包括京津冀晋蒙鲁六省区市、环保部等中央七部门的京津冀及周边地区大气污染防治协作小组（该协作小组在 2015 年 5 月增加了河南省和交通运输部），启动了区域大气污染联防联控工作，在北京 APEC 空气质量保障中取得了一定成功。这种成功案例虽具有重要的示范意义，但过分依赖临时性措施，尚缺乏区域长效机制。京津冀三地在开展区域大气协同治理工作中仍面临诸多问题。为此，农工民主党北京市委员会联合天津市、河北省委员会以及中央生态环境工作委员会，对京津冀三地实地开展深入调研。本文基于调研成果，从深化改革的视野，研究提出进一步强化京津冀大气污染协同治理的对策建议。

二、京津冀大气污染协同防治存在的主要问题及原因

（一）三地污染不同，执行排放标准差距大

2013 年数据表明，在空气污染物浓度对比中，北京、天津空气质量好于河北；同时，天津、河北不仅排放总量高于北京，而且万元 GDP 排放量，即排放强度高出北京很多倍，天津 SO_2、NO_x 排放强度是北京的 2.5 倍、3.5 倍，河北 SO_2、NO_x 的排放强度是北京的 7 倍、10 倍，这说明天津、河北迫切需要加大减排力度。京津冀三地除

了产业和能源结构存在较大差别外，所执行的排放标准差距大也是造成污染程度不同的重要原因，具体分析如下。

对于建设项目，环境保护部已经发布公告明确规定统一执行国家标准特别排放限值。但是，现有污染源所执行的标准仍然差别很大，总体来看，北京执行严于国家标准特别限值的地方标准，在天津和河北的6个城市，只有火电和钢铁烧结工艺的颗粒物明确执行国家标准特别限值，其余执行国家标准，或者在过渡期仍然执行以前非常宽松的旧国家标准、旧地方标准。例如，三地现有锅炉烟尘浓度排放限值差别达到2.6～8倍，SO_2 浓度排放值差别达到8～24倍。虽然国家已经发布水泥、钢铁、火电、锅炉等新的国家标准并且规定了特别限值，但由于贯彻标准和标准制定上的脱节，以及在执行特别排放限值成本方面的顾虑，目前天津和河北所涉及城市尚未明确执行日期，特别排放限值没有全部贯彻落实。

（二）机动车污染突出，综合交通体系尚缺规划

环境保护部机动车排放监控中心有关数据表明，截至2013年底，京津冀三地机动车保有量共计2202万辆，约占全国2.5亿辆的8.8%。三地机动车排放 NO_x 为52.35万吨，占三地各类源 NO_x 排放总量的31%，机动车已成为区域减排重点污染源。同时，$PM_{2.5}$ 来源解析显示，机动车排放对空气中污染物浓度贡献率高，在本地 $PM_{2.5}$ 来源中，北京、天津、石家庄分别为31%、20%、15%。由于分散、移动的特点，其治污难度远超过固定污染源，机动车成为最难而又必须治理的区域污染源。机动车污染突出的主要原因有以下三个方面。

第一，三地交通运输体系过度依赖公路运输，加剧大气污染。2012年数据表明，92%的客运量、85%的货运量是通过公路完成的。柴油车排放污染严重，能耗也是铁路的10倍。北京市机动车排放 NO_x 的60%是由柴油车引起的，河北省高于这个比例。综合性交通运输体系缺失是污染的源头。

第一，三地标准执行不统一，难以协同控制污染。北京市新增机动车目前执行第五阶段机动车大气污染物排放标准，提前3年左右执行国家标准，天津、河北按照国家标准执行；北京油品执行第五阶段标准，天津、河北仍执行第三阶段标准，三地标准执行不统一阻碍了新注册登记的机动车排放标准升级，且不利于在用车减排。

第三，城市出行中机动车占比高。北京市2012年中心城区公共交通分担率为44%，其中轨道交通占16.8%，而东京、巴黎等国际城市的轨道交通分担率为70%～80%，北京远低于这一国际水平；北京32%的人依靠小汽车出行，人均汽油消费为全国的3.5倍。

（三）发展和投入不平衡，协同治理难度大

在发展方面，2013年京津冀三地财政收入分别为3600亿元、2000亿元、3600亿元，人均财政收入分别为1.7万元、1.4万元、5000元。北京、天津已经跨入中等发达地区，河北仍属于欠发达地区，还有20多个国家级贫困县。

在投入方面，北京自1999年就设立了大气污染治理专项资金，但是天津、河北没有设立此类专项资金，仅从其他预算中安排部分资金用于大气污染防治工作。2013年和2014年中央和三地政府加大资金投入用于大气污染防治工作，共约300亿元，其中，

北京获得中央资金17.2亿元，自身投入超过160亿元；天津、河北分别获得中央资金16.6亿元和50多亿元，自身配套只有20多亿元。天津、河北自身投入远低于北京，尤其是河北的投入与大气污染治理需求差距大。

三、京津冀大气污染协同防治改革的着力点

京津冀协同发展是重大国家战略，实现生态环境保护率先突破是三大战略任务之一。应针对上述问题及原因，以“四个全面”战略布局为指引，以体制机制改革为动力，以法治长效制度为保障，着力对区域污染物排放数据、财政投入、交通运输方式、机动车污染治理等方面的工作进行改革，加快实施区域排放标准，推进区域法规体系建设。

（一）改革排放数据管理体系，提高规划的精准性

目前对京津冀地区的污染物排放数据管理还比较简单，停留在传统的环境统计方法上，而环境统计，只统计规模以上企事业单位排放的SO_2、NO_x和烟（粉）尘排放量，不统计农业、居民生活、非道路移动源等污染源，不能真实反映各类污染源、各种污染物的实际排放情况，在相当程度上缺乏控制$PM_{2.5}$的数据决策支撑。建议京津冀三地环保部门对环境统计制度进行改革，率先开展排放清单编制工作，建立动态化和业务化的区域污染源排放清单数据库，构建排放数据体系，并应用到大气污染防治规划编制工作中，提高规划的精准性。具体做法，可以暂时保留环境统计数据，编制独立于行政考核、反映真实情况的排放清单数据。

（二）改革财政协同投入机制，实施“京津援冀治污工程”

在财政投入方面，要充分考虑到当前经济水平发展不平衡的客观现实，承认和尊重河北为北京、天津的发展所作出的历史贡献，建议将一般性的“污染者付费”环境政策，调整为“污染者付费”和“受益者补偿”并行的投入方式，参照对口援藏、援疆模式，实施“京津援冀治污工程”。按照共同而又公平分担的原则，由中央财政资金引导，京津冀共同出资设立“京津冀大气污染治理共同基金”，采取资金、技术、人力、项目等不同方式重点援冀，努力为河北贯彻国家新标准、特别排放限值创造资金条件，确保其减排任务如期完成、环境质量同步改善。创新政绩考核方法，把区域整体环境质量改善效果按照一定权重，分别纳入京津冀三地党委、政府政绩考核体系。

（三）建设完善铁路网络体系，推动粗放型交通运输方式变革

第一，从战略规划布局上，建设、完善、运营区域交通一体化的综合交通运输体系，并将其与机动车污染治理协调推进。

第二，在策略方面，把铁路网放在京津冀交通一体化优先领域，打造轨道上的京津冀。

第三，通过“互联网+”，构建权威的区域物流信息体系，推动物流运输方式变革，减少跑空车、不必要的污染物排放。

（四）实行车油同步机制，构建区域机动车协同监管体系

统一提高车用油品质量，严格入市新车排放标准。通过油品升级，突破机动车污

染控制瓶颈。建议加大力度推进天津、河北尽早将车用燃油质量和入市新车提升到第五阶段标准，这既能减少天津、河北新增机动车的排放量，又能减少在用机动车的排放量。

加强机动车排放监管能力建设。一是河北首先在市一级建立机动车排放监管队伍，并逐步延伸到县；二是京津冀三地可利用北京现有机动车排放监控信息系统，扩大建立区域统一监管调度管理系统平台，实现全面的协调管理；三是加强北京机动车排放实验室能力建设，将该实验室建成具备为京津冀三地机动车排放监管服务的、能力齐全的专业化机动车排放实验室。

（五）严格统一区域标准体系，坚持工程治污

完善区域排放标准限值体系，规范严密。建议北京市补充个别污染物排放限值，继续加强有关标准限值的严格程度，适当增加相关行业VOCs排放标准，成为全国先进标准的示范区。建议环境保护部完善石化、化工等行业国家排放标准后，尽快协调天津市政府、河北省政府早日明确六大重点行业和燃煤锅炉现有源执行国家特别排放限值的日期。在天津市域以及河北省6个城市得到全面实施后，再考虑扩大区域执行。着眼长远，可考虑统一京津冀区域排放标准限值。可在机动车油品标准和排放标准率先统一。

落实排放标准实施制度，严格执法。开展排放标准执行专项检查，严肃标准约束力。从新建项目环境准入审批、现有污染源监督性监测、环境监察、超标处罚等环境管理环节，对国家排放标准执行情况，由环保部每年统一组织三地环保部门开展专项检查和评估，改变目前排放标准“重制订、轻执行”的状况，使排放标准产生应有的法律约束力和污染减排效益。

发展标准的技术和产业支撑体系，工程治污。坚持把现有污染源治理设施改造升级达标提标放到与削减过剩产能同等重要的地位，坚持工程治理和产业结构调整两手抓，建议统一规划启动一批环保设施改造升级项目，以标治污，促进清洁生产、环保新技术应用和产业升级发展。建议环保产业发展等有关主管部门，规划搭建技术交易服务平台、部署装备制造基地、重点支持一批支撑污染治理服务的环保企业。

（六）创新区域立法模式，推进依法治污

目前，京津冀区域大气污染联合治理的目标、各种措施和政策都是通过政治和行政手段协调推进的。按照环境保护法治思维，以及经过实践检验的京津冀污染治理的成功做法，应当通过顶层设计和各项协商形成区域立法。实际上，制定京津冀区域环境法规是有先例的，1984年三地政府就曾发布过《官厅水系水源保护管理办法》，至今有效。

建议重点在以下体制机制方面开展法律规范创新研究，如对排放标准体系和规划进行部署；产业禁止、限制新增目录和退出目录、能源优化、交通运输综合体系、机动车等污染控制技术路径；资金投入模式、科技产业支撑、信息共享和公开、监测预警与应急响应、任务考核等。着手制订《京津冀区域清洁空气条例》，或者在京津冀协同发展框架下出台《京津冀区域环境保护条例》，通过法律制度切实保障京津冀三地协同治理不间断、不走偏。

以上六点对策建议，也是六个子体系，即为数据体系、投入体系、交通体系、移动源体系、标准体系、法治体系。数据体系是基础，加大政府投入是保障也是难点，交通行业是重点领域，机动车排放监督是短板，实施区域逐步统一的排放标准体系是基本制度，法治是长效机制，这六个子体系相互联系、相互支撑，需要以改革的精神协同推进。

（作者：周扬胜、刘宪、张国宁、宋旭。发表于《环境保护》2015 年第 13 期，p：35-37）

构建交通运输污染减排新体制新机制的思考

摘要：本文初步调查汇总估算了我国交通运输行业大气污染物排放量，分析表明行业大气污染物排放环境影响呈上升趋势。提出了应当像为控制烟煤型污染而控制电力热力行业排放那样，将交通运输整体作为控制细颗粒物和臭氧污染的重点行业的观点。对当前污染减排体制机制的不适应性分析认为，污染减排的理念“重控源轻结构”、体制不明确、部署整体化与系统化不够、环境管理基础性工作薄弱。由此提出了由管理重点、管理思路、体制原则、职责分工组成的污染减排新管理体制建议；同时，提出了加强科技支撑、制定减排规划、制定政策和技术标准规范、开展立法调研四项措施构成的新机制建议。另外，交通运输行业的水、噪声和固体废物的污染防治也适用这种新体制和新机制。

一、交通运输污染排放评估

（一）行业能耗

以公路、水运、铁路、民航为主要方式（行业分类还包括管道运输）的交通运输、仓储邮政业（以下简称“交通运输”）在国民经济行业中具有基础性重要地位。行业增加值在2005—2014年的10年间持续增长（图1），累计共增长了167%，平均年增长16.7%，高于我国GDP增速，2014年达到28500.9亿元，占全国GDP的4.42%。行业能耗在2010—2014年的5年间累计增长39.4%，平均年增长7.88%（图2），2014年达到36336.47万吨标准煤，占全国总能耗42亿吨标准煤的8.6%。作者分析，交通运输主管部门公布的行业能源消耗数据并没有包括非经营性的小汽车、摩托车的汽油消费量，根据《2016年统计年鉴》，2014年每天平均汽油消费量26.8万吨，全年汽油消费量为9782万吨，扣除交通运输业消费的2118万吨，其他的7664万吨汽油基本是非营运性小汽车、摩托车消费的。因此，各种类型的交通运输行为的整体能源消耗应该加上非营运性的小汽车、摩托车的汽油消费量的7664万吨（折标煤为11276万吨），这样占比就超过11.3%。

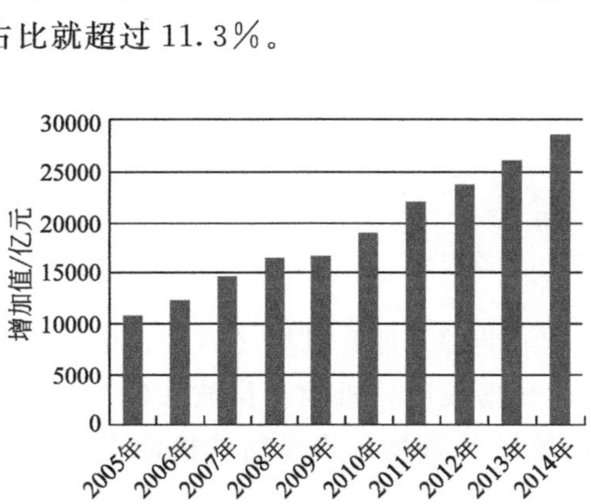

图1 2005～2014年交通运输、仓储和邮政业增加值

图2 2005～2014年交通运输、仓储和邮政业耗能

（二）行业污染排放和环境影响分析

由于交通运输工具装备，如：汽车（商用车以柴油车为主）、船舶、飞机（滑行起降）及地面支持车辆设备、铁路内燃机车等，以燃油发动机为动力，交通运输行业排放了大量的污染物。

更加详细和准确的污染排放对环境质量的影响研究，需要专门科研课题支持，本文从文献资料和分析角度对污染影响作出判断。

第一，公路、城市道路交通运输。机动车作为公路和城市道路交通运输的基本工具，是排放 NO_x 比例最高的交通运输行业污染源，在各类污染源中排放占比逐年上升。环保部公布的环境统计年度报告表明，自 2011 年以来，全国 NO_x 排放量逐年降低，机动车排放 NO_x 在各类污染源 NO_x 排放总量中的占比逐年提高（见表 1）。机动车 NO_x 排放占比从 2011 年的 26.5%上升到 2015 年的 31.6%。

表 1　全国及机动车的 NO_x 排放量

年份	全国总排放/万吨	机动车排放/万吨	机动车占比/%
2011	2404.3	637.6	26.5
2012	2337.8	640.0	27.4
2013	2227.4	640.6	28.8
2014	2078.0	627.8	30.2
2015	1851.8	584.9	31.6

北京市机动车排放 NO_x 占比也呈上升趋势，根据《北京市环境统计手册》，2010—2015 年机动车 NO_x 排放占比总体升高，从 2010 年的 45.8%上升到 2015 年的 48.5%，见图 3。

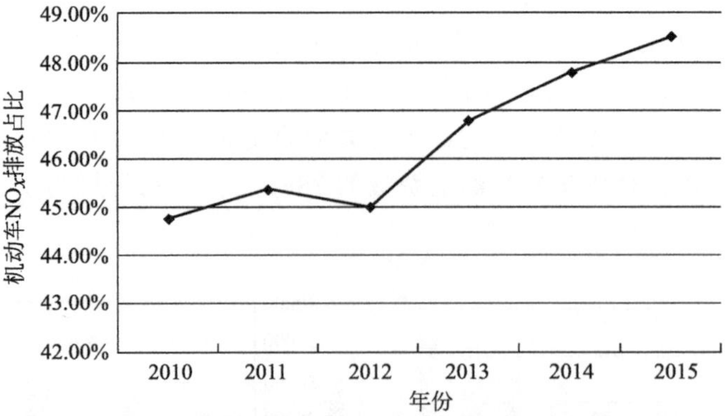

图 3　北京市机动车 NO_x 排放占比

另外，作为 $PM_{2.5}$ 和 O_3 的前体物，机动车排放的挥发性有机物（VOC）也占有相当的比例，北京市参与环保部排放清单编制试点数据表明，机动车排放 VOC 占比为 33.3%。全国尚缺少关于污染源 VOC 公认的环境统计数据，难以估算机动车排放的占比。

机动车行驶在公路、城市道路，集中在城市及周边地区，具有对城市市区污染重、对公路两侧及城市群污染范围广的特点。在京津冀地区，2013 年机动车排放 NO_x 占到 31%，是最大行业贡献源。由于近地面排放特点，同等排放量情况下，相对固定源，机动车对大气环境污染物浓度贡献率更高。北京市 2012 年 9 月—2013 年 8 月开展的 $PM_{2.5}$ 来源解析研究结果表明，在本地污染源中机动车的贡献率为 31%。天津市、石家庄市机动车对 $PM_{2.5}$ 的贡献率也分别占到本地源的 20%、15%。

第二，水路运输。水运大气污染由两个方面构成：船舶航行、停靠，以及港口装卸作业（尤其是沿海港口装卸作业）。2013 年全国运输船舶 NO_x 排放量约为 81 万吨（见表 2），位居交通运输污染源的第二位。船舶污染具有局地影响的特点，受船舶污染影响最大的是沿海港口城市，其次是江河沿岸城市。据香港环保署的数据，2012 年船舶是全市可吸入颗粒物（PM_{10}）、NO_x 和 SO_2 的最大排放源，在香港全市排放总量中分别占 37%、32%和 50%。根据颗粒物源解析研究的初步结果，深圳市远洋船的 SO_2 排放量占全市排放总量的 67%，NO_x 占 14%，颗粒物占 6%，这与香港的研究结果基本相符。根据上海市环境监测中心编制的最新排放清单，排名世界第一的上海港 2010 年船舶和港口活动（包括港口拖车和货物装卸设备）的 SO_2、NO_x 和 $PM_{2.5}$ 排放量分别占上海污染物排放总量的 12.4%、11.6%和 5.6%。

表 2　近年交通运输业 NO_x 排放量

行业分类	公路城市道路机动车(2015 年)	水运船舶(2013 年)	铁路内燃机车(2014 年)	民航机场(2014 年)	小计
排放量/万吨	584.9	81	15.8	7.0	688.7

注：1. 除机动车为环保部官方年报公布的 2015 年数据，其余数据均为不同研究课题的成果，不是统一年份的数据，考虑到水运、民航和铁路没有实施减排并在增加排放，2015 年排放数据为行业保守估算量。

2. 机动车排放数据来源：《中国机动车环境管理年报（2016 年）》。

3. 船舶污染物排放量来源：《船舶发动机排气污染物排放限值及测量方法（中国第一、二阶段）》标准编制说明。

4. 内燃机车：通过排放因子与燃料消耗量估算。

5. 机场：根据 2006 年排放量通过旅客吞吐量的比例估算。

第三，民用航空运输。由于飞机巡航高度 9～10 千米，民航运输排放污染影响主要集中在机场，飞机滑行、起降过程和地面服务的车辆设备排放大量污染物。相对其他污染源，全国机场污染物排放量占比并不高，但对机场作业区域造成严重污染，对周边地区造成一定程度污染，对所在城市的污染影响也不可忽视。

北京新机场项目环境影响报告书中，设置了可能受新机场影响较为严重的 30 个敏感点（住宅、学校、医院、居民区等），并模拟了机场运营期间可能带来的大气污染。研究表明，新机场运行后，各个敏感点中，NO_2 小时浓度最高的将增加 $49.68\mu g/m^3$，而我国标准中规定的小时浓度最大值仅为 $200\mu g/m^3$。对距新机场 46 千米的天安门地区，小时浓度也将增加 $10.01\mu g/m^3$。机场建成后，全市 $PM_{2.5}$ 整体增加 $3\mu g/m^3$。

第四，铁路运输。2015 年交通运输部统计表明，铁路运输中尚有近 1 万台（占总数 2.1 万台的 43.2%）内燃机车行驶在 39.2%里程的铁路线上。内燃机车虽然排放占比较低，但对火车站环境空气污染相当明显，直观感受是车站柴油气味明显，显然火车站比城市街区污染严重。对枢纽城市大气影响也不可忽视，樊守彬 2005 年研究认为北京市内燃机车排放相当于移动源的 5%左右。

二、交通运输排放污染控制的战略地位和挑战

（一）行业污染减排的重要性

从全国范围来看，在燃煤、工业等固定源污染源逐步得到深度治理，排放总量下降，交通运输在能耗不断增长的趋势下，如不对其采取系统性的污染减排措施，其污染排放问题将更加凸显，甚至可能出现排放量上升问题，对大气环境质量尤其是对交通设施场所及附近、通行区域的环境影响程度将呈现上升趋势。机动车更是超大城市、大型城市的重点大气污染源。港口已经成为深圳市、上海市重点污染行业。

为控制煤烟型污染和减排主要污染物 SO_2 和 NO_x，国家把电力、热力生产和供应业当作战略重点并实行了一系列措施政策，全国主要污染物不断下降，其中电力、热力业污染减排发挥了重要作用。根据《第一次全国污染源普查公报》和《2014 年环境数据手册》，该行业 SO_2、NO_x、烟（粉）尘排放量占比从 2007 年的 46.1%、40.8%、27.0%下降到 2014 年的 34.6%、37.7%、13.5%，分别累计下降了 11.5、3.1、13.5 个百分点。要控制细颗粒物和臭氧污染，就应当像控制电力、热力行业排放那样，把各种交通运输方式作为一个整体行业，将推进行业整体污染减排放到更加突出的地位。唯有如此，对固定源和移动源的排放控制才不至于顾此失彼。因此，对交通运输行业实施系统性、长期性减排措施，是一项需要与固定源控制同步推进的战略任务。

（二）存在的主要问题

国家有关主管部门在新《大气污染防治法》的指引下，积极作为，已经出台一系列管控措施，正逐步取得减排效果。然而，面对新形势、新任务，我国长期针对固定源形成的环境保护体制机制，对于交通运输污染减排有很大的不适应性，主要问题是：

第一，污染减排理念“重控源轻结构”。重视交通工具本身作为污染源的污染控制和客运铁路建设，但对综合交通运输结构优化重视不够，缺乏源头控污的总战略。没有将机动车、船舶等本身污染控制与综合交通网络体系建设、优化交通运输结构结合起来。新《大气污染防治法》重点规范机动车、船等污染防治制度，没有从交通运输结构角度提出发展综合交通运输体系促进污染减排的理念和措施，缺乏对机场、铁路内燃机车污染减排的要求。

第二，污染减排体制不明确。交通部门环保职能还不够明确、环保部门与交通部门之间职能界限不够明晰。新《大气污染防治》只原则性规定环保部门“统一监督管理”，模糊规定有关部门“各自职责范围”实施监督管理，但交通运输部的“三定”仍限于指导公路、水路环境保护，其归口管理的国家铁路局、中国民航局等机构的“三定”，对环境保护职责不明确。

第三，污染减排部署关联度不高。环保部门提出《大气污染防治行动计划》（以下简称《大气十条》），把机动车污染减排作为重点，严格新生产车排放标准，淘汰黄标车和老旧车，控制对象还很传统；交通部门发布《船舶与港口污染防治专项行动实施方案》，但约束力不强；民航运输机场污染减排处于行业起步示范阶段；铁路内燃机车污染减排尚“无标可依”。交通运输污染减排部署还不够系统化。

第四，污染减排基础性工作薄弱。交通运输污染减排科技支撑不强，缺少我国自行监测的排放因子和环境影响数据，大多引用国外数据。总体来看，交通运输污染排放底数不清、情况不明。第一次全国污染源普查，没有将交通运输作为一个整体大行业进行普查，即使普查了机动车的污染排放，也被不恰当地纳入了“生活源”。因此，加快系统性地构建交通运输行业污染减排新体制和新机制，正当其时。

三、构建交通运输行业减排新体制的思考

体制是国家机关、企事业单位在机构设置、领导隶属关系和管理权限划分等方面的体系、制度、方法、形式等的总称。按照新《环境保护法》的规定，我国环境保护工作采取由国务院环境保护主管部门统一监督管理并由有关部门分工负责监督管理、排污者担责、地方人民政府对当地环境质量负责的体制。构建交通运输污染减排、环境保护的体制，就是为完成行业环境保护工作、实现环境目标而对于机构及其职责做出的规定。可以从以下四个方面确立交通运输行业减排体制。

（一）管理重点——交通结构、交通工具、交通能源

交通设施建设和运行、交通工具污染控制、交通能源燃油燃气是污染减排工作重点。在交通网络设施方面，当前要大力发展货运铁路，解决“公高铁低”运输结构问题，从根本上减少公路柴油大货车排放污染。在交通运输装备和工具方面，基本形成机动车排放标准控制制度，但是产品生产企业主体责任难以落实问题比较突出，一度出现“假国三、假国四”事件就是一个有力的例证；船舶发动机污染排放标准新近发布，标准实施任重而道远；港口污染控制才刚刚起步；机场及其地面支持车辆设备减排还处在示范阶段；火车内燃机车排放尚“无标可依”等。交通能源要向清洁化方向发展，燃油低硫化、燃气（LNG）电能替代燃油是下一步发展方向。以上三个领域都是交通运输行业的污染控制管理的重点，应实行交通设施建设和运行绿色化、交通工具绿色化、交通能源绿色化“三箭齐发”污染减排策略。

（二）管理思路——“全国一盘棋”

纵向上要处理好中央和地方在管理权限方面的关系。交通运输具有跨行政区、跨区域特点，决定着其污染控制不同于固定源，应有全国一盘棋思想，以“大交通、大环保”为管理理念，防止地方各自为政、人为造成交通运输“肠梗阻”。因此，要充分发挥国家有关部门的作用，让其承担起从源头减排的应有职责。在城市层面，城市人民政府及有关部门应着力推进城市道路交通运输污染减排、港口和机场减排。

（三）体制原则——“管行业、管发展，必管环保”

在横向上处理好部门职责和管理权限。按照《中央办公厅关于省以下环境保护机构监测监察执法垂直管理改革的实施意见》的规定，落实行业主管部门应尽职责，落实环境保护部门统一监督管理和行业主管部门分工管理相结合的法律体制。美国环保已经将“移动源办公室”改为“运输和空气质量办公室”，这反映了整体控制交通运输污染的理念，并与运输部建立良好的合作关系，这种整体控制交通运输污染的新理念对我国有借鉴意义。国家发展和改革委在推进节能减排工作中，将任务分解到八大高能耗行业，充分发挥了行业主管部门的作用，这个分工科学合理。

（四）职责分工——依法落实

（1）环境保护部职责。建议统筹全国固定源、移动源减排需要，研究交通运输行业的排放总量和环境影响，确定交通运输行业的污染减排目标和任务并检查监督；制定包括机动车（船）在内的交通工具、设施、场所等污染物排放标准并对标准的实施情况进行监督，履行机动车和非道路移动机械的大气污染物排放监督管理职责；组织区域交通运输污染联防联控机制。

（2）行业主管部门职责。建议中央编办通过修订完善“三定”规定，明确交通运输部行业牵头职能以及海事局（负责船舶和港口）、铁路局（负责内燃机车）、民航局（负责机场）的组织实施污染减排职责。当前要强化交通运输部对交通运输行业环境保护工作管理职责。

（3）国家发展和改革委职责。建议负责规划建设安全快捷、绿色低碳的综合交通体系。

（4）能源局职责。建议负责交通工具油品质量升级、清洁燃料供给。

（5）工业和信息化部职责。建议组织新建造船舶、新生产机动车企业执行国家排放标准，并将其落实到产品市场准入许可程序中。

（6）科技部职责。建议安排交通运输污染减排科学技术研究项目，协同有关部门和城市开展污染减排技术和工程示范。

（7）企业职责。建议铁路总公司、各航运公司和港口、各地机场和各民用航空公司承担本企业的减排主体责任。

（8）城市人民政府职责。建议大力发展公共交通，特别是轨道交通体系，为绿色出行创造必要条件，采取经济、法律和必要行政手段抑制机动车需求和使用，落实鼓励绿色出行政策。根据环境质量目标，统筹固定源和移动源污染减排需要，不断调整优化交通运输体系和车辆结构，降低交通运输排放。推进港口和机场电能替代，实现污染减排。

另外，大气污染防治重点区域，有关人民政府应当顾全大局、局部利益服从整体利益，城市减排与区域减排统一，协调运行好统一的综合交通运输体系，防止以环保之名、以违反交通运输畅通原则等，人为地制造不必要的“肠梗阻”。

四、构建交通运输行业减排新机制的几项工作

交通运输减排机制关系到减排工作有序稳步推进和成效，建议从以下几个方面推进减排机制建设。

（一）加强科技支撑、建立工作基础

开展交通行业污染排放状况研究、编制排放清单、分析减排措施任务数据和环境目标相关性，开展减排技术开发、示范和推广。开展污染减排监测和验证技术方法研究。在第二次全国污染源普查中，应将交通运输单独作为一类，对其大气、水、固体废物等污染物的产生量和排放量进行全面普查。

（二）制定减排规划、落实减排责任

可考虑由环保、规划与各行业共同编制发布交通运输行业专项减排规划。考虑尚未

系统启动这项工作，规划期限可与“十三五”时期不完全相同，例如可与下届政府任期大体一致（2018—2022 年）。根据“十三五”时期全国大气环境质量目标和减排任务以及重点区域大气环境质量达标期限原则要求，统筹固定源和移动源，提出交通运输行业的几项主要污染物 NO_x、VOC、SO_2、颗粒物的减排目标、主要任务和技术措施、保障措施清单。

当前，交通部门的减排行动计划已经先行一步，但还存在不足，减排要求能否满足对移动源排放的削减要求，还需要与环保主管部门对接共同确定。

交通运输行业减排分担原则：减排比例等于或略高于固定源相关行业，可考虑 2020 年比 2015 年减排 20%。交通行业排放底数高，减排潜力大，但目前尚缺乏系统性技术和成熟经验。实施部门、地方、企业污染减排绩效考核、信息公开、奖惩制度。

（三）制定行业性减排政策标准、提供配套措施

研究制定调整有利于污染减排的经济政策和公共管理政策、国家排放标准以及与其衔接的行业污染防治技术标准和规范。

（四）开展立法调研、建立长效机制

建议制定“交通运输环境保护条例”，形成长效机制和法律保障。当前，单行的大气、水、环境噪声污染防治法律对交通行业中的部分交通工具均有涉及，但限于立法习惯仍不够系统而被分割，难免顾此失彼，造成污染物跨介质转移。《城市排水和污水处理条例》是一部治理专门行业污染的很好法例。出台一部综合性的治理交通行业污染的专门环境保护行政性法规，以法律规范确定体制、制度和措施，这对于推动行业持续减排不可或缺。

（作者：周扬胜、李刚、纪亮、袁盈。本文发表于《环境保护》2017 年第 5 期）

米兰、巴黎交通与环境管理调查报告

一、米兰交通与环境管理

米兰位于意大利北部，伦巴第大区境内，是著名的国际大都市之一，意大利最发达的城市和欧洲四大经济中心之一。米兰市区面积 180 平方公里，人口超过 200 万人，其中常驻居民 130 万人，机动车拥有率[1]达 51.8%，位居欧洲第一位（第二位为马德里，47%；巴黎位列第八位，25%）。机动车污染排放是米兰城市空气污染的主要来源之一，截至 2016 年 11 月，米兰市 PM 日均值超标[2]天数达 43 天。

（一）可持续城市交通管理战略

为实现可持续发展目标，米兰市制定了城市管理总体规划（General Plan of Territorial Government），于 2012 年起正式实施，规划针对土地开发、城市绿色空间建设、保障性住房、提升能源使用效率以及城市公共服务提出了相应的规划目标和措施。交通服务作为城市公共服务的重要方面，是城市管理总体规划的重要组成部分。为此，米兰市启动可持续城市交通规划（Sustainble Urban Mobility Plan，SUMP）编制工作，以重塑米兰市交通系统，进一步扩大公共交通服务覆盖范围，提升公共交通服务水平为规划目标。该规划针对中长距交通服务、城市行车环境及绿色出行环境改善以及城市停车位服务与管理等提出了相应的目标及管控措施。其中，中长距交通服务以区域铁路、地铁、有轨电车、快速公交等为主要发展方向，如规划建设并运营了全自动地铁线 M5 线。城市行车环境及绿色出行环境改善主要以现有机动车行道系统、交通接驳、步行及自行车道路系统、限速（30km/h）区建设等为主，如规划步行及自行车道，设置相应的交通标识等。城市停车位管控则以城市停车位使用精细化管理为目标，在构建停车位实时监控系统的基础上，对停车位使用收费、违规处罚等规定予以明确，并将停车位管控措施与相关政策如汽车共享服务、低排放车辆等措施结合，提升交通管控政策体系的一致性。

随着米兰市城市管理总体规划的实施，米兰市交通服务水平显著提高。目前，米兰市已建成包含 4 条城区地铁（194 公里）、12 条市郊铁路（599 公里）、117 条公交线（2106 公里）和 18 条有轨电车线（323 公里）、4 条无轨电车线（77 公里）在内的公共交通系统，中心城区以公共交通出行为主，占 57%，小汽车出行占 30%，摩托车和自行车出行分别占 7%和 6%。全市限速区面积已由 2011 年的 31.78 万平方米增加至 2015 年的 75.60 万平方米；步行区面积由 2011 年的 33.46 万平方米增加至 2015 年的 61.28 万平方米；自行车道路由 2011 年的 128km 延长至 2015 年的 200km。此外，全市 30 万个道路停车位实现实时监控，其中受管制停车位占 42%，包括 54%的免费车位、24%的付费车位、18%的居住配套车位、2%的私人管理车位、1%的残障车位以及 1%的货

[1] 机动车拥有率为每千人注册机动车数量。

[2] 欧盟规定 PM（包括 $PM_{2.5}$ 和 PM_{10}）浓度日均值标准为 $40\mu g/m^3$。

运车辆停车位。与此同时，米兰市机动车拥有率明显降低，2013 年米兰市每千人机动车注册数量比例为 51.8%，较 2003 年下降 17%。米兰城市公交服务系统已覆盖包括米兰市中心在内的 657 平方公里范围，覆盖人口达 240 万人。全市年人均公交出行里程仅次于位列欧洲第一位的巴黎（307km/人），为 83km/人，月人均公交出行费用 35 欧元/(人·月)，是伦敦的五分之一，巴黎的二分之一。已实施的低排放区（C 区域）等交通污染控制政策，实现了区域 PM_{10} 减排 18%，氨减排 42%，NO_x 减排 18%，CO_2 减排 35%的环境改善目标。

（二）交通运输业污染控制措施

1. 低排放区/交通禁限区（C 区域）

C 区域是 2012 年米兰市政厅启动的一项拥堵费方案，其目的是为了减少市中心车流量，提高公共交通网络效率，改善沿街停车现象和减少交通污染。C 区域是位于米兰市历史中心的一块区域，包含 8.2km^2 的土地（占全市总面积的 4.5%）和 77950 名居民（42300 个家庭）。C 区域在工作日的生效时段为周一、周二、周三、周五的 7:30—19:30，周四的 7:30—18:00，周末和节假日不生效。该区域对特定类型车辆的通行作出了限制如下：

免费通行车辆：公交车，摩托车和三轮车，电动车，公共团体车辆，应急车辆，9 座以下出租车和全混合动力车（NCC），残疾人专用车辆，急救车；至 2016 年 12 月 31 日，混合动力车、双燃料车和天然气驱动汽车可以免费通行。

禁止通行车辆：欧 0 标准汽油车，欧 0、欧Ⅰ、欧Ⅱ、欧Ⅲ标准柴油车，超过 7.5 米长的车辆。

其他所有车辆：需要收费通行，通行票费用为 5 欧元/日，车辆凭有效通行票可在当日多次出入 C 区域。但下述情况有优惠措施：对居民来说，每年前 40 次可免费通行，之后收费 2 欧元/日；对服务车辆来说，通行费为 3 欧元/日。

C 区域共有 43 个出入口，其中 7 个为公共交通专用出入口，所有出入口均安装监控摄像头（见图 1），控制中心将对数据进行细致分析，识别车辆类型，读取其车牌，从而获取与系统管理及监控有关的一切必要信息。对于不符合要求的车辆进出，单次罚款 90 欧元。

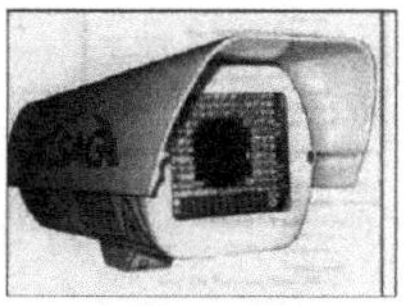
集成红外照明器

(CTX)摄像机

图 1　C 区域监控摄像头

2. 分时租赁电动车/汽车共享系统（Car Sharing System）

汽车共享系统（见图 2）是 2001 年米兰市启动的自助租车系统，其目的是为了减少污染和能源浪费，提高汽车的可获得性。目前，米兰主要有两大运营商分别以 GuidaMi 和 Evai 模式推进汽车共享服务，GuidaMi 是 2004 年由米兰市政厅发起，2007 年由 ATM（米兰市公共交通运营商）负责运营，覆盖了从小汽车到商用货车等不同类型的汽车；Evai 则是 2010 年由伦巴第地区开始推进实施，将地区铁路服务和私人运输结合起来，推进低排放车辆（包括电动汽车和双燃料系统汽车）。另外，Car2Go、Enjoy、Share′ngo 等私人运营商，提供不同种类汽车的公共租赁服务。

其中，Share′ngo 是米兰一家纯电动车租赁公司，自 2015 年 6 月开始运营。截至 2016 年，车队共有 800 辆纯电动车，拥有超过 100km 的自助行驶里程和 35000 用户量，用户基础费率为 0.28 欧元/分钟。该公司的纯电动车租赁通过数字岛（Digital Islands）工程得以实现。数字岛是向居民和游客开放的户外高科技产品，提供动态出行信息。每一个数字岛均配备有无线网络（WiFi）、多媒体和多功能触屏提示（提供机动出行、出租车、旅游预订等信息）、个人用户充电系统（计算机和手机充电）等，且每个数字岛配备有电动车充电桩。通过数字岛工程，米兰市已配备 29 个充电站，每个站点设有 12 个充电桩，满足纯电动车充电需求。

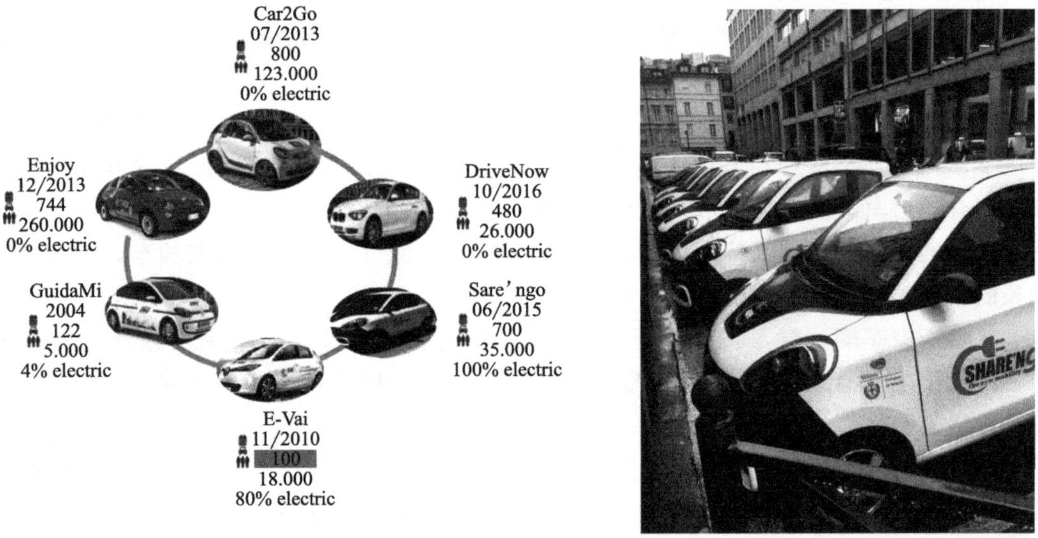

图 2　汽车共享系统

3. 分时租赁自行车/自行车共享计划（Bike Sharing）

BikeMi 自行车共享计划启动于 2008 年 11 月，由 ATM 和米兰市政厅共同推动，其目的是为了减少汽车拥堵，整合包括地铁、巴士和有轨电车网络在内的公共交通网络（见图 3）。截止到 2016 年 10 月，共有 280 个公共自行车站点分布在公交换乘站、旅游景点、大学院校等重要地段，提供 3650 辆普通自行车和 1000 辆电动自行车，注册用户达 54000 人。电动自行车和普通自行车共用一个站点，由政府投资建设，电动自行车电池的充电及更换由机构工作人员负责，共有 1000 个在用电池及 500 个备用电池。

该项服务运营时间为周日至周四的早 7 点至第二天凌晨 2 点，周五和周六则全天运营。注册该项服务需使用信用卡，年订用户将收到一张磁条卡，周订用户和日订用户将收到用户名和密码用于在站点输入以取用自行车。首个 30 分钟的使用是免费的，此后每 30 分钟增加 0.50 欧元，上限为 2 小时。如果超过 2 小时的上限，用户将被收取每小时 2 欧元的罚款。超时三次以上的用户将被自动暂停服务。此外，取用车辆后 24 小时内未归还的，将被处以 150 欧元的罚款。

2016 年 4 月 30 日，在米兰城堡广场正式启动了“BikeMi 少儿”计划，该计划设置 11 个站点，共提供 60 辆适合少儿的迷你自行车，分别停放在米兰 5 大公园，将成人普通自行车站点设计改造成迷你自行车站点。

图 3　自行车共享系统

（三）城市无/低排放交通系统构建

Systematica 公司是一家从事城市建筑和交通规划设计的工程咨询公司，业务范围涵盖各个层面，大到国家交通总体规划，小到单个建筑物设计。在交通规划方面涉及轨道、公交、自行车、步行道等各种交通类型的规划。

在步行道建设方面，Systematica 公司提出步行道的设计应与公共设施相连接，采用 Walking Score（步行指数）进行评价。Walking Score 是一种城市地图技术，可显示区域步行条件。评估方案会考虑教育、零售、餐饮、休闲、娱乐等 5 种类型的区域基础设施布设，评价步行可达性和区域环境，最后与区域单位面积房价相关联。该指数介于 0 到 100 之间，分数越高，说明这个地点附近的基础设施越完善，表示生活机能越佳。步行指数评分见表 1。

表 1　步行评分机制

步行指数	描述
90～100	步行者天堂：日常出行完全可以通过步行解决
70～89	非常适合步行：大多数日常出行可以步行达到
50～69	步行性一般：有一部分的设施在步行范围内

续表

步行指数	描述
25～49	步行性较差：步行范围内设施较少
0～24	小汽车依赖：几乎所有出行都依赖小汽车

在道路连接规划方面，可通过道路交通状况模拟，根据交通流量适当增加路口环岛分流，替代红绿灯设置，减少车辆起步、刹车频率，加快疏导交通拥堵，节约市民的出行时间，同时降低燃油消耗，减少车辆因刹车、怠速及起动时产生的污染物排放。另外，环岛还具有美观、绿化城市的功效。

二、巴黎交通与环境管理

巴黎市位于法国北部法兰西岛（L'Ile-de-France，俗称巴黎大区）的中部，面积为105km^2，仅占巴黎大区总面积的0.87%，但居住人口达216万人，占巴黎大区总人口的18.9%。作为发展较早的世界级城市，巴黎市在漫长的城市开发建设过程中，也曾面临严重的空气污染问题，尤其是20世纪30年代后，汽车大量涌入导致交通污染排放贡献日益加大，逐步成为空气污染的主要来源。据统计，法国29.6%的CO_2、60%的NO_2、17%的PM_{10}来自于交通运输业，其中95%来自于道路交通。在法国《国家空气污染物减排规划》《清洁交通战略》等国家政策文件的指导下，巴黎大区实施了一系列针对交通和空气质量的管控措施，包括建立交通管制区，实施公共电动车、自行车租赁等政策鼓励绿色出行，完善电动车充电终端建设等，有效地控制了交通污染。目前，巴黎市公共交通（公交车、轨道交通）、步行和自行车出行率分别为31.8%、52.3%和3%，小汽车出行率仅为10%。2015年，巴黎市实现所有监测点$PM_{2.5}$年均值[1]全部达到欧盟标准25$\mu g/m^3$。

（一）法国空气污染物总量与交通运输

法国能源气候总局按照欧盟2001/81/EC指令（国家污染物限量控制指令，简称NEC指令）的有关要求，制定了法国《国家空气污染物减排规划》。第一版规划于2003年7月28日制定并实施，旨在根据包括SO_2、NO_x、VOC、NH_3等大气污染物国家排放总量控制目标（见表2），提出国家层面空气污染控制政策框架，2008年，该规划进行了第一次修订。2003版《国家空气污染物减排规划》实施后，法国主要空气污染物排放量大幅降低，环境空气质量得到较大程度改善。

图4、图5分别显示法国主要空气污染物年排放量指数化及其年均浓度指数化变化情况。从图中可以看出，除NH_3外，主要污染物年排放量均呈下降趋势；与此同时，污染物年均浓度变化基本相同，除O_3外，空气中SO_2、NO_x和PM_{10}年均浓度亦呈下降趋势，其中SO_2下降趋势最为明显。

考虑到当初规划制定过程中基础数据不完整以及模拟技术改进等问题，法国能源气候总局于2016年全面启动规划修改工作。新版《国家空气污染物减排规划》与之前相

[1] 数据来源：巴黎大气2015年空气质量报告。

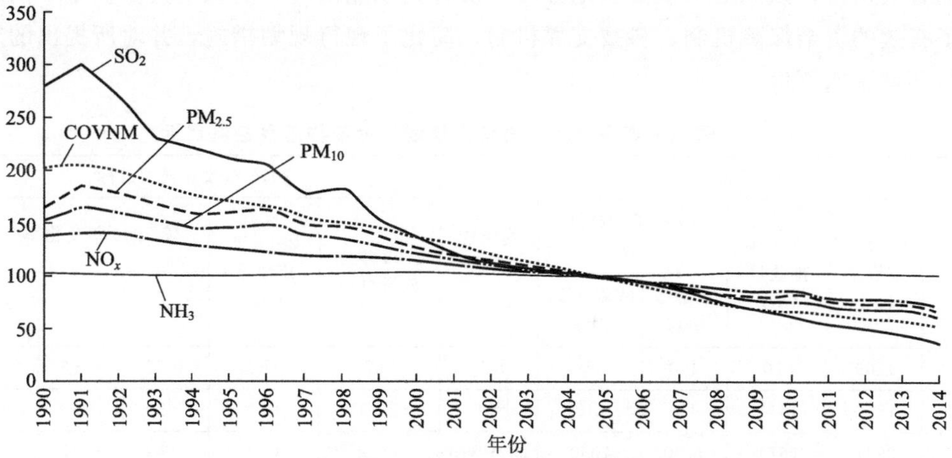

图 4　1990—2014 年法国主要空气污染物年排放量指数化变化趋势

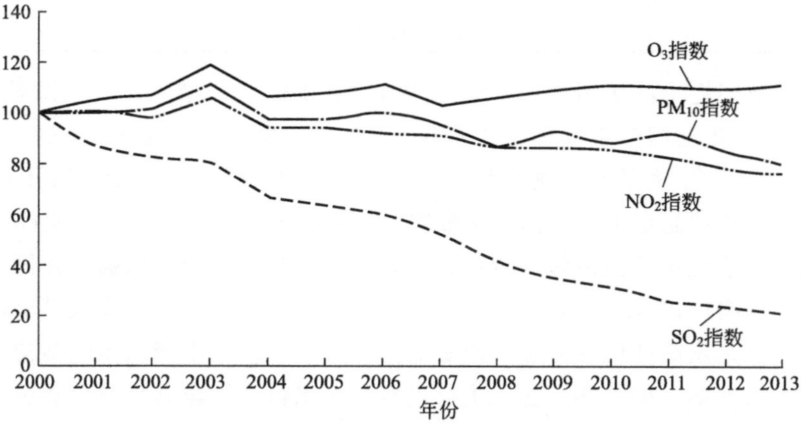

图 5　2000—2013 年法国空气污染物年均浓度指数化比较结果

比，在规划目标方面，一是修改了挥发性有机物总量控制项目，补充了颗粒物总量控制指标；二是规划期限延长了近一倍，规划目标年设定为 2030 年。另外，分析 2014 年法国各项污染物实际排放量还发现，一是 2003 版规划确定的四项污染物中，仅 NO_x 未实现 2010 年总量控制目标；二是修改版规划确定的六项污染物中，2014 年 NH_3 年排放量较 2005 年略有上升，未来减排有一定压力；三是对于 SO_2 和 COVNM 而言，由于前期减排量较大，后期减排边际成本将增加，减排目标实现存在一定难度。

修改版《国家空气污染物减排规划》提出的规划措施和政策主要集中在工业、交通运输、建筑、农业四大领域。举例来看：(1) 工业领域，拟加强对重污染工业源的排放控制，完善工业源排污费政策，提高收费标准；(2) 交通运输领域，拟缩小柴油、汽油税收区别（提高柴油税收标准），降低公众对柴油车的选择意愿，同时，为各地方政府实施交通管制区政策提供技术和资金支持；(3) 建筑领域，则通过补贴等政策鼓励公众使用低排放采暖技术，禁止销售家用园林废弃物焚烧炉；(4) 农业领域，评估农药对空气质量的影响，降低农药使用量，同时，对氨减排技术提供财政支持。为推进各项政策措施的有效执行，该规划不仅要求地方政府及有关职能部门负责规划具体实施，同时还建立了有效的资金保障机制、科技支撑机制，简化了现行规划措施，并对所提出的新措施进行环境影响评价。

表 2 法国《国家空气污染物减排规划》污染物总量控制目标

污染物项目	2003 版规划目标				污染物项目	2016 修改版规划目标				
	1990 年排放量（kt）	2001 年排放量（kt）	2010 年排放量（kt）			2005 年排放量（kt）	2014 年排放量（kt）	较 2005 年变化率（%）		
			哥德堡协议	欧盟 NEC 指令				2020	2025	2030
SO_2	1269	610	400	375	SO_2	467	169	−55	−66	−77
NO_x	1882	1411	860	810	NO_x	1429	886	−50	−60	−69
VOC	2957	1674	1100	1050	COVNM	1189	639	−43	−47	−52
NH_3	814	779	780	780	NH_3	686	708	−4	−8	−13
—	—	—	—	—	$PM_{2.5}$	255	169	−27	−42	−57
—	—	—	—	—	PM_{10}	378	276	—		

法国针对欧盟提出的碳减排目标，于 2015 年颁布了《绿色发展能源替代》法案，其中提出了 2030 年法国温室气体排放量较 1990 年减少 40%的目标，同时，化石能源较 2012 年减少 30%，可再生能源使用比例达 32%。为此，法国 MEEM 下属的基础设施、交通与海洋总司制定了《清洁交通战略》。该战略主要是实施交通低排放策略，不仅确定了现有清洁交通管控措施的清单、论证了主要政策措施的依据，并提出了优先采取的交通管控方案。该战略明确了 6 大目标：一是控制客运、货运交通需求；二是发展低排放车辆；三是发展替代性能源；四是优化现有交通运输系统及车辆结构；五是为公众提供绿色出行方案，如公共交通、步行或自行车出行、汽车共享或租赁服务等；六是对于货运行业，支持铁路、水运系统进行货运以优化卡车货运荷载水平。

（二）巴黎交通运输污染控制措施

为落实国家空气质量管理要求，2015 年 3 月，巴黎市长颁布了巴黎市《2015—2020 年空气质量行动计划》，该计划以改善公共空间、促进巴黎市民选择清洁交通方式和建立巴黎低排放区为目标。

1. 交通低排放区政策

巴黎交通低排放区政策是法国首个实施的低排放区政策，政策的实施获得了国家政府部门的大力支持。2015 年 8 月，法国通过的《绿色发展能源替代》法案，允许政府为改善空气质量对机动车设立禁行或限制通行区，即低排放区。并明确了基于排放标准的机动车分类原则，为低排放区政策的实施提供了基础支撑。

巴黎机动车分类标识共分为 6 类（见图 6）：

一类为零排放车，即纯电动车；

二类为 2011 年 1 月 1 日以后注册的欧Ⅴ、欧Ⅵ汽油车；

三类为 2006 年 1 月 1 日至 2010 年 12 月 31 日注册的欧Ⅳ汽油车，2011 年 1 月 1 日以后注册的欧Ⅴ、欧Ⅵ柴油车；

四类为 1997 年 1 月 1 日至 2005 年 12 月 31 日注册的欧Ⅱ、欧Ⅲ汽油车，2006 年 1 月 1 日至 2010 年 12 月 31 日注册的欧Ⅳ车；

五类为 2001 年 1 月 1 日至 2005 年 12 月 31 日注册的欧Ⅲ柴油车；

六类为 1997 年 1 月 1 日至 2000 年 12 月 31 日注册的欧Ⅱ、欧Ⅲ柴油车。

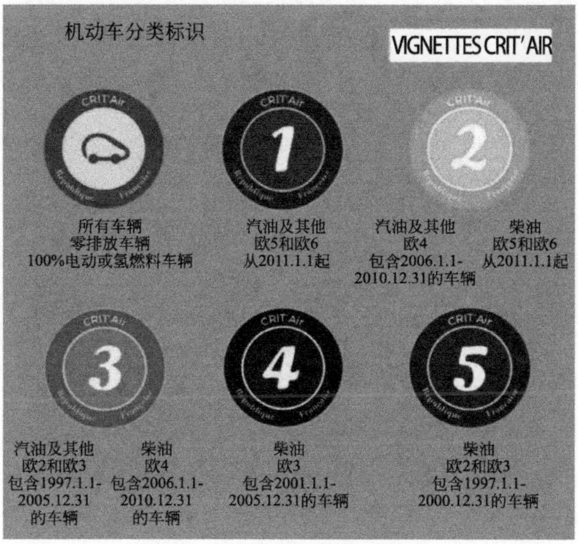

图 6 巴黎机动车分类标识

巴黎市低排放区政策采用了逐步推进的实施路径，对不同类型机动车限制进入低排放区的时间进行了差别规定，见表 3。

表 3 巴黎市第一阶段低排放区实施时间表

实施限行时间	机动车分类及排放标准要求		
	重型货车，巴士	轻型车和小汽车	摩托车
2015 年 9 月 1 日	＜欧Ⅲ	—	—
2016 年 7 月 1 日	＜欧Ⅲ	＜欧Ⅱ	1999 年 6 月 1 日前注册的
2017 年 7 月 1 日	第六类	第六类	—
时间	一周 7 天 8:00～20:00	周一至周五（不包括公共节假日） 8:00～20:00	
限行区域	巴黎市内（不包括树林和环路）		

为促进政策实施，对于受到该政策限制的欧Ⅰ、欧Ⅱ车辆车主或运营商，巴黎市实施了补贴政策。对于主动淘汰车辆的私人车主给予 400 欧元的一次性补贴，用于车主购买电动车租赁服务、自行车或公共交通费用；对于运营商，则根据淘汰车辆的情况给予补贴，2.5 吨以下的补贴 3000 欧元，2.5～3.5 吨的补贴 6000 欧元，3.5 吨以上的补贴 9000 欧元，补贴用于购置电动车或天然气汽车。

巴黎市第一阶段低排放区政策的实施将对控制机动车尤其是柴油车污染排放起到积极作用，可减少 2%的机动车出行，实现 NO_x 减排 5%、PM_{10} 减排 3%、$PM_{2.5}$ 减排 4%。为促进区域空气质量的整体改善，巴黎市周边其他地区也开始推行低排放区政策，目前，实施低排放区政策的地区已覆盖巴黎大区 670 万人口。巴黎市也在进一步推进低排放区政策的实施，计划将低排放区面积扩大到二道环路范围。

2. 电动车充电终端网络

为推广电动车辆，巴黎投资逾千万欧元用于电动车充电终端建设项目。截至 2016 年 5 月，巴黎市已经建成运行 1064 个充电站、每个充电站平均设置 4 个充电桩，成为欧洲密度最大的充电终端网络之一。这些可供专业车辆和私家车使用的充电终端分布在 Autolib′站点、Boulevard Périphérique 上的服务站附近，以及运输区中（见图 7）。

图 7　巴黎 Autolib′电动车充电站（3kW）

Autolib′作为欧洲首个大规模电动汽车共享项目，于 2011 年 12 月启动，项目车辆全部为纯电动车。该项目在推进电动车租赁政策中起着非常重要的作用。该公司也为私人电动车主提供了 250 个 Autolib′充电终端设备，私人电动车主可通过注册 Autolib′付费享受自动充电服务。

从充电桩收费标准来看，Autolib′项目更鼓励长期用户。该项目收费标准设为两类，一类是单次充电收费标准，一类是多次充电收费标准。无论对于哪种用户，注册都是免费的。对于单次充电的用户，充电收费标准为 9 欧元/半小时，预约车收费为 1 欧元/次；对于月租用户，需缴纳 10 欧元月租费，充电收费标准为 6 欧元/半小时，预约车免费。由于 Autolib′项目同时面向租车用户和私车用户，对于注册使用该项目充电桩的私车用户，可免费使用充电桩配套停车位，这对使用者来说也是一项非常有利的激励。

Autolib′项目还设计了专门的手机服务软件，以方便用户使用项目车辆。软件将根据用户所在位置自动定位，显示用户周围区域空闲电动车、停车位、充电桩等数量和分布信息。

3. 公共自行车分时租赁项目（Vélib′项目）

为鼓励骑行，巴黎市自行车道的覆盖长度不断扩展，截止到 2013 年，已达近 1200 英里。此外，巴黎市还为骑车人设立新路标，并配套在限速 30 英里/小时的道路和单行路上设双向自行车道（见图 8）。

Vélib′项目是巴黎市实施的自行车租赁项目。该项目于 2007 年 7 月启动，6 年之后，此项自行车共享服务已经积累了 26 万用户，以及每天平均将近九万五千次的登记出行记录。截至 2014 年，巴黎市通过该项目共设置了 1750 个自行车租赁站点，每个站点间距不超过 300 米，共购置运行 23600 辆自行车。目前，这项服务已被扩展至巴黎地区的周边城市。

图 8　巴黎市公共自行车租赁站点及自行车道标识

Vélib′项目采用限时免费梯级收费政策。对于用户，前 30 分钟免费使用，计费从 30 分钟以后开始（持有 Velib′ passion 卡的用户可享受前 45 分钟免费骑行的优惠）。首次收费半小时按 1 欧元计费，每增加半小时，收费标准翻倍，如第二个收费半小时收费标准为 2 欧元，第三个收费半小时收费标准为 4 欧元。实施依使用时间加倍收费的政策有利于提高自行车的使用效率。该项目提供日卡、7 日卡、年卡服务，日卡售价 1.7 欧元，7 日卡售价 8 欧元，可在相应时间内多次租用自行车。年卡则针对不同客户群售价有所不同，且有不同程度的优惠。如普通年卡（前 30 分钟免费）售价 29 欧元；Passion 卡（前 45 分钟免费）售价 39 欧元；Solidarity 卡（前 45 分钟免费）针对失业人员，售价 19 欧元；对于不同年龄段的年轻人，Passion 卡（前 45 分钟免费）提供了不同程度的优惠额度，其中，14～26 岁用户优惠 10 欧元，14～26 岁学生优惠 20 欧元，16～25 岁学生优惠 20 欧元。2014 年，该项目推出了儿童自行车服务项目，在巴黎市内公园增加了 5 个儿童自行车租赁点，便于 2～8 岁的儿童学习骑行。

由此可以看出，巴黎 Vélib′项目实施的收费体系对年轻人群更具激励作用，从长期来看，这对于提高社会绿色出行意识具有积极的示范作用和引导作用。

三、体会与建议

（一）以问题为导向，科学构建符合本地实际的绿色交通体系

交通运输作为城市生活的重要组成部分，在空间上与城市布局有着密切联系。要解决北京市交通污染问题，改善环境空气质量，首先要建立精确、可靠的道路交通数据库及信息系统，为管理提供决策基础；其次要分析城市现有道路系统及构筑物布局、交通节点分布，以及各区域功能定位、分布及相互联系，尤其要从“住-职-商-学-游”角度对居民出行需求进行系统、定量分析，为优化交通管控方案提供依据。

米兰和巴黎在解决上述问题方面有着较为成熟的技术方法。一是，长期开展大气污染物排放清单研究，对掌握本地交通污染排放情况，制定清洁交通战略等规划积累了非常翔实的基础数据。二是，两座城市均制定了专门的交通污染控制规划，而且，在规划制定、实施过程中，规划制定部门针对相关利益者开展了深入调查，详细分析了普通居民、机动车车主、运输企业等的行为动机，尤其是各相关利益者对拟定规划方案的态度及可能采取的行动，还针对不同的措施方案进行成本效益分析及规划目标可达性分析，为最终确定切实可行的交通运输管控措施，实现污染物减排和环境空气质量改善目标提供了良好的技术支撑。比较米兰和巴黎，由于米兰市域面积较小，中心城区为商业、办公集中区域，居住区则主要分布在城市外围，属于功能分散型城市，所以，米兰市市内公交系统网络分布不如巴黎市密集。但米兰市为解决市郊区域通行，大力发展区域间快速通勤路线，有效地保障了公交通勤需求；与此同时，在自行车租赁方面，也提供了一定数量的电动自行车辆，为较远距离骑行提供服务。而巴黎则由于市域面积相对较大，商业、办公、居住等多种区域都集合在城市区域，属于功能混合型城市，因此，巴黎市地铁、公交系统十分发达，为满足区域内公交通勤需求提供了保障。

对北京市而言，在城市规模上虽与米兰、巴黎有着较大差异，但从城市布局来看，北京市可视为米兰和巴黎的集合体。北京中心城区的结构类似于巴黎，中短距离交通需求量大；从大范围来看，北京则类似于米兰，中心城外分布着诸多密集型居住区，在早晚高峰时间有着较大的长距离交通需求量。因此，要科学构建北京市绿色交通体系，一是要建立排放清单研究、公布、更新工作机制，为政策制定提供依据。二是要因地制宜，科学分析交通与城市布局、交通条件、居民出行习惯等的相互关系，提出符合本地实际的交通管控措施及规划方案。三是应针对不同的措施方案或政策组合进行成本效益分析，在对实施成本、预期效果、居民支付意愿等方面综合进行分析的基础上，构建科学绿色的城市交通体系。

（二）因地制宜，实施交通污染管控措施

在具体的交通污染控制措施方面，米兰、巴黎现行政策框架具有较多的共同点。从两座城市实施的各项措施来看，措施之间紧密联系，相互呼应、相互促进。为减少高污染车辆排放而实行的交通限制措施为例，两座城市都通过划定交通限制区或低排放区，对未达到污染排放标准的车辆如高排放柴油车进行区域管制，管制区域范围的划定并不复杂，进出区域的车辆监管也都依靠已有的交通视频监控系统及机动车注册信息系统。而且，两地都对限制车辆的违规行为制定了较高的处罚标准，从经济的角度激励车辆使用者改变策略。

但空间上的管制并不会降低实际的交通需求，为满足实际的交通需求，米兰和巴黎在提高绿色出行交通条件、改善绿色出行交通环境、增加交通服务等方面出台了许多配套政策。第一，为提高绿色出行交通条件，不断完善地铁、公交等公共交通网络；第二，为改善绿色出行交通环境，所有步行道、自行车道都有明确的标识和特定的交通指示牌，尤其是米兰，在自行车道与机动车道之间布置施划标识隔离线，还铺设了 10 厘米高度隔离带，以保障自行车安全行驶；第三，为提高交通服务水平，通过建设充电终端和开发各种实用软件的便民措施，使电动车租赁和公共自行车租赁服务在米兰和巴黎得到了广泛的应用。此外，对于受管制车辆的车主或运营商，政府通过实施有条件的补贴政策，鼓励车主或运营商淘汰柴油车或其他不符合标准的汽油车，更换电动车或使用公共交通工具。如巴黎为解决城市货运，在利用铁路、河道等交通工具的基础上，重新启动了城市有轨货运电车项目。

对于北京市而言，交通污染问题不能仅仅依靠某一项政策或措施解决，要厘清现行管控措施之间的关系，因地制宜，设计政策与目标一致、限制措施与服务条件衔接、政策激励与违规处罚并重的综合性交通污染管控措施。

（作者：周扬胜、郑希伟、王军玲、钱文涛、俞珊。本文摘自北京市环保局《赴意大利、法国环境总体规划编制国际经验技术交流总结报告》，2016 年 11 月）

第四部分

相关建议提案办理

2015年

环境保护部关于政协十二届全国委员会第三次会议第 4802 号（资源环境类 243 号）提案答复函的主要精神

（附：提案原文）

农工党中央提出的“关于进一步完善京津冀地区大气污染联合防治体系的提案”，环境保护部会同交通运输部、北京市政府、发展改革委于 2015 年 7 月 22 日予以答复，主要精神如下：

一、关于建立财政协同投入机制、实施“京津援冀治污工程”的建议

环境保护部说，根据《大气污染防治行动计划》（以下简称《大气十条》）要求，经国务院同意，由环境保护部牵头建立了全国大气污染防治部际协调机制，统筹指导全国大气污染防治工作。同时为推动京津冀区域大气污染防治工作，由北京市牵头建立了京津冀及周边地区大气污染防治协作机制，协调解决区域突出的大气环境问题，推进落实区域大气环境信息共享、预报预警、应急联动、联合执法和科研合作等工作。2015 年 5 月 19 日，京津冀及周边地区大气污染防治协作机制召开第四次会议。会议研究决定，为深化区域协作，建立由北京、天津分别对口联系河北省廊坊、保定、唐山、沧州的帮扶机制，研究协商统一排放标准、重污染天气协同应对和相应的环境监管制度，开展资金、技术、培训等多种形式的对口支持。

环境保护部按照国务院统一部署，积极配合发展改革委编制《京津冀协同发展生态环境保护规划》（以下简称《环保规划》），解决京津冀地区生态环境突出问题。支持区域大气污染治理和生态环境建设，设立京津冀区域生态环境保护基金也在考虑之中。

二、关于严格排放标准，建立“依标治污”新模式的建议

（一）关于完善区域排放标准限值体系

环境保护部介绍说，先后制（修）定了火电、钢铁、水泥、有色、石化、化工等 25 项配套排放标准，并设定了特别排放限值，适用重点区域，2013 年发布了《关于执行大气污染物特别排放限值的公告》，规定了京津冀地区新建火电、钢铁等六大行业及燃煤锅炉项目执行大气污染物特别排放限值的行政区域范围和具体执行时间。现行的大气污染物排放标准达到 32 项，且均达到国内领先水平，多数达到或领先国际先进水平。

关于推动京津冀区域统一标准问题，环境保护部说，北京市、天津市已全面供应符合国五标准车用汽、柴油，河北省部分城市已供应符合国五标准车用汽、柴油，其他城市将于今年年底前全面供应符合国五标准车用汽、柴油；北京市汽、柴油车均已执行国五排放标准，天津市汽油车已执行国五排放标准，其他区域也在大力推进国五标准的执行。

（二）关于严格落实排放标准实施制度

2013 年至 2015 年期间，环境保护部多次组织全国各级环保部门开展大气污染防治专项检查，对各类工业园区、工业集中区以及火电、钢铁、水泥、石化、有色等重点行业工业企业污染物排放及治污设施运行情况等进行检查；派出督查组对京津冀及周边地区大气污染防治情况进行定期督查，发现问题并督促整改落实，同时将发现的突出问题向社会公开；2014 年，对京津冀部分城市（区）开展了污染减排暨大气污染治理综合督查，重点对当地政府执行环保法律法规、工业企业达标排放、大气污染防治工作进展等方面进行督查，向地方政府指出问题，并督促整改解决。

（三）关于积极发展标准的技术和产业支撑体系

为推动工业企业污染治理设施升级改造，环境保护部会同发展改革委、国家能源局共同制定《煤电节能减排升级改造行动计划（2014—2020 年）》，控制新建燃煤机组耗煤量并提高污染排放水平，加快实施现役煤电机组超低排放升级改造。目前，天津市……；河北省……；同时，科技部按照国务院印发《关于深化中央财政科技计划（专项、基金等）管理改革方案的通知》，把大气污染防治专项列入国家科技计划改革的第一批试点专项，力求引领大气环保产业发展，形成可复制可推广的污染治理技术方案，全面提升大气污染综合防治水平。

三、关于建立完善铁路网络体系，有效降低公路运输污染的建议

复函说，交通运输部积极推动京津冀交通一体化工作，根据京津冀交通一体化有关方案和工作方案，有关部门正在组织制定相应规划，进一步细化和深化京津冀交通一体化发展目标、任务和措施，以近期实现率先突破，中期构建网格和制度体系、远期形成长效机制为导向，加快推进京津冀交通一体化发展。

四、关于构建区域机动车环保监管体制的建议

环境保护部说，积极会同有关部门，不断完善区域机动车环保监管体质。一是推动成立机动车专门监管机构。京津冀三地环保部门均成立了机动车污染防治处，专门负责机动车排放监管工作。二是推动区域协同控制。成立京津冀及周边地区机动车排放控制协作小组，共同研究区域机动车排放污染物控制措施，逐步实现机动车排放业务监管数据共享及区域机动车排放污染联防联控。三是研究加强机动车排放实验室建设。北京市进一步完善实验室相关基础设施建设，力争建成服务区域的机动车排放监管技术支撑平台，满足开展区域内新车环保一致性及在用车符合性抽查工作的需求。

（编　者）

附：

关于进一步完善京津冀地区大气污染联合防治体系的提案

中国农工民主党中央委员会

2015 年 3 月

近年来京津冀地区大气污染治理工作受到高度重视，启动了区域大气污染联防联控工作。经过调研，并在充分考量京津冀地区空气污染治理进展成效和环境质量目标的基础上，重点从完善区域大气污染联合治理体系的角度，分析存在的主要问题，并提出对策建议。

一、京津冀地区大气污染联合防治存在的主要问题

依靠中央支持力度不断加大，以及京津冀区域大气污染防治“联动”机制逐步完善，大气污染联合防治工作得到有效推进。当前存在的主要问题是：

（一）三地污染程度不同，执行排放标准差距大

天津、河北的主要污染物不仅排放总量高于北京，而且万元 GDP 排放强度也高出北京很多倍。除了三地产业和能源结构存在较大差别外，一个重要原因是执行排放标准差距大：北京执行的排放标准基本严于国家特别排放限值，而一系列国家特别排放限值中只有少数已经明确在天津、河北的规定城市需要执行，多数尚未得到贯彻执行。

（二）机动车排放污染严重，成为最难治理的区域污染源

机动车保有量大，已成为重点污染源。三地污染物排放数据显示，2013 年京津冀三地机动车排放的污染物总量共计 482 万吨。在 NO_x 排放总量中，机动车排放占比合计 31%，已成为区域重点污染源。主要原因是，三地机动车排放标准不统　，公路承担了过多的客货运输量；中心城区机动车使用过度。由于机动车具有所有者分散、移动使用的特性，其治污难度远超过固定污染源，成为最难而又必须治理的区域污染源。

（三）经济发展不平衡，河北治理投入难保障

北京、天津已经跨入中等发达地区，河北仍属于欠发达地区，京津两市人均财政收入是河北的 5～6 倍，人均 GDP 也是 2 倍以上。无论是污染物排放总量还是空气中污染物浓度，河北均远高于北京、天津。但由于经济发展水平和自身财力所限，仅依靠河北本省能力难以实现同京津同步治理，进而将会延缓区域环境质量改善的进程。

二、主要对策建议

（一）建立财政协同投入机制、实施“京津援冀治污工程”

建议参照对口援藏、援疆模式，实施“京津援冀治污工程”。按照共同而又公平分担的原则，由中央财政资金引导，京津冀共同出资设立共同基金，采取资金、技术、人力、项目等不同方式重点援冀，努力确保三地特别是河北省污染物治理任务如期完成、区域环境质量同步改善。

（二）严格排放标准制度，建立“依标治污”新模式

1. 完善区域排放标准限值体系。建议北京补充个别污染物排放限值，继续加严有关标准限值，适当增加相关行业 VOCs 排放标准，成为全国先进标准的示范区。建议环保部加快发布炼油与石化、化工等行业国家排放标准，并联合津冀两地明确六大行业和燃煤锅炉现有源执行国家特别排放限值的日期。着眼长远可考虑统一京津冀区域排放标准限值。可在机动车油品标准和排放标准率先统一。

2. 严格落实排放标准实施制度。从新建项目环境准入审批、现有污染源监督性监测、环境监察、超标处罚等环境管理环节，对国家标准一般限值、特别排放限值执行情况，建议由环保部每年统一组织三地环保部门开展专项检查和评估，改变目前排放标准“重制订、轻执行”的状况，使排放标准产生应有的法律约束力和污染减排效益。

3. 积极发展标准的技术和产业支撑体系。坚持把现有污染源治理设施改造升级放到与削减过剩产能同等重要的地位，坚持工程治理和产业结构调整两手抓，建议统一规划启动一批环保设施改造升级项目，以标治污，促进清洁生产、环保新技术应用和产业升级发展。建议有关主管部门，规划搭建环保技术、服务交易平台、部署装备制造基地、重点支持一批支撑污染治理服务的环保企业。

（三）建设完善铁路网络体系，有效降低公路运输污染

1. 建议从战略高度将建设区域交通一体化的综合交通运输体系与治理机动车污染协调推进。重点建设完善高效节能、低排放的综合交通体系。

2. 建议把建设完善铁路网放在京津冀交通一体化优先领域，而不是建设过多的高速公路。公路的单位货物运输能耗是铁路的 10 倍多，运输价格是铁路的 3 倍左右，电气化铁路基本是零排放。建议建设北京、天津和石家庄等大城市的郊区铁路，以及连接大城市的城际客运快速铁路。

3. 建立完善的区域铁路网络。目前京津冀的条条公路、铁路经过北京，形成了“单中心加放射型”格局，应当变为“环环相扣、纵横相交”网状交通格局，建议打通“三西”大宗货物下海铁路通道，建设完善石家庄、保定通向东北方向区域铁路网络，绕过北京。

（四）实行“车油同步”机制，构建区域机动车监管体制

建议加大力度推进天津、河北尽早将车用燃油质量和入市新车提升到第五阶段标准，既减少天津、河北新增机动车的排放量，又能减少在用机动车的排放量。

同时建议构建区域机动车监管体制。一是天津、河北首先参考北京，建立监管队伍；二是可利用北京现有机动车排放监控信息系统，扩大建立区域统一监管调度管理系统平台，实现全面的协调管理；三是加强北京机动车排放实验室能力建设，将该实验室建成具备为京津冀三地机动车排放监管服务的、能力齐全的专业化机动车排放实验室。

2016 年

交通运输部关于政协十二届全国委员会第四次会议第 460 号（工交邮电类 023 号）提案答复函的主要精神

（附：提案原文）

农工党中央提出关于加快建设京津冀货运铁路体系减少公路货车排放污染的提案，2016 年 7 月交通运输部予以答复，主要精神如下：

交通运输部说，大气污染已经成为当前京津冀协同发展中的突出问题，其中交通运输领域的排放控制已引起政府和社会各界的高度重视，交通运输部和国家发展改革委、环境保护部等相关部门就此开展了大量工作。提案中所提加快建设货运铁路体系、减少公路货车排放的建议对于促进交通运输结构性节能减排，促进京津冀地区环境质量改善具有积极意义，交通运输部将在已开展工作基础上，认真研究并积极采纳。

一、关于强化协调推动事宜

交通运输部说，在《交通运输节能环保“十三五”发展规划》中，将优化交通基础设施布局、改善运输组织结构作为节能减排的首要工作任务，予以重点推进。同时，明确提出了交通运输行业能源和碳排放强度下降、行业污染物排放下降等具体量化指标，针对京津冀等重点区域，提出了船舶硫氧化物排放下降等具体量化指标。

二、关于加强排放管控事宜

交通部介绍说，目前，京津冀地区已经有针对性地实行了高排放机动车限行禁行管制措施。北京市每日 6 时至 24 时禁止载货汽车和专项作业车进入六环路（不含）以内道路行驶，全天全市域禁止黄标车行驶；天津市全市域限行黄标车，无通行证的外埠车辆禁止黄标车行驶；河北省建制镇以上城区道路及高速公路禁止黄标车通行. 除此以外，北京市各区依托“三道防线”（市界综合检查站、五环路沿线货车卡控岗、城区主干道）开展重型柴油车执法检查，每日 21 时至次日 1 时，各区至少安排一组执法人员在辖区大货车卡控岗进行大货车排放夜查工作，对本市及外埠排放超标车辆依法处罚。

三、关于加快规划建设天津—承德、“晋煤经冀下海”通道铁路等项目的问题

交通运输对此部予以回应。

四、关于前瞻性政策制定事宜

关于适当降低铁路煤炭运输价格，交通部说，中国铁路总公司正积极推进铁路货运改革，于 2016 年初已对货物运价进行了适当降价调整，以吸引货流，促进交通结构优化。下一步，交通运输部将会同国家发展改革委、中国铁路总公司，大力推进海铁联运等多式联运发展，研究出台优化交通组织的相关支持保障措施，充分发挥铁路在大宗物

资中长距离运输中的重要作用。

关于加大对坑口发电的支持力度、变运煤为输电，国家发展和改革委在参与办理提案中同意这一思路：根据煤炭基地、坑口电厂建设相关条件，通过深入的技术经济比较，选择合理的能源输送方式。

（编　者）

附：

关于加快建设京津冀货运铁路体系减少公路货车排放污染的提案

中国农工党中央委员会

2016 年 3 月

货物运输总量中公路比重过高、铁路比重过低是造成京津冀大气污染的重要原因。京津冀是全国大气污染最严重地区，这不仅是由于产业结构中重化工业过重、能源结构中煤炭消费过多所引起的，也与交通结构性不合理、公路过多地承担了煤炭等大宗货物运输有关。特别是从“三西”（蒙西、陕西北部、山西）通过公路运输煤炭等大宗货物到天津等沿海港口“下海”，造成大量机动车排放污染。不合理的交通结构给区域的空气质量、公路交通安全乃至城市形象等多方面都造成不利影响。环保部数据表明，2014 年京津冀地区机动车 NO_x 排放量为 61.8 万吨，大约占各类污染源 NO_x 排放总量的 1/3。其中货车排放 NO_x 量占 63%，河北牌照货车的排放就占 85%，为其客车排放量的 4 倍。交通部门运输数据与环保部门机动车排放数据相互印证，在京津冀货物运输总量中，公路分担率高达 90%左右，铁路运输比重不足 10%，不仅造成全社会物流总费用畸高，而且加剧了大气污染。

京津冀地区不合理的交通运输结构加大了北京大气污染治理难度。当前京津冀区域交通发展呈现以北京为中心向四周延伸的单中心放射状，更使北京承担了大量周边城市的过境运输，北京空气受到额外的污染。延庆环保局调查数据表明，2014 从北京市北部延庆进入北京的货车每天大约 5500 至 6000 辆，其中 90%是过境（经北六环、东六环 50%驶向天津港方向、40%驶向唐山方向，运煤占 85%），只有 10%进入城区或西六环驶向石家庄方向。初步估算，这些货车在北京境内行驶 150 公里、NO_x 排放量相当于 208 万辆国四小汽车日常的排放量，相当于北京每天额外增加了 43%小汽车的 NO_x 排放量，换句话说，即使北京全境每天按照红色预警实行小汽车单双号限行措施，也仅能抵消过境大货车在北京的 NO_x 排放量。这还不包括其他方向过境大货车造成的污染。即使北京采取更加严格的查处超标车、扩大禁行范围等本地措施，也于事无补。北京市依靠自身无法解决外地大货车过境污染问题，必须将控制过境大货车污染作为一项十分急迫的任务摆到京津冀综合交通体系建设工作中去。

为此，国家有关部门正在规划、建设一批铁路项目，打造轨道上的京津冀。但是，最新发布的京津冀交通一体化规划主要是关于城际铁路客运项目建设，对货运铁路体系规划建设和运营组织重视不够，例如，“三西”能源“下海”铁路大通道项目建设尚不明确，这不仅会妨碍建成交通综合运输体系，也将制约《京津冀生态环境保护规划》提出的区域 2020 年空气中细颗粒物浓度比 2013 年下降 40%左右、2030 年空气质量达到国家标准目标的实现。

因此，应当从源头治理入手，统筹考虑区域综合交通运输体系建设与改善空气质量的密切和重大关系，加快谋划、加大投入、抓紧开工建设有关铁路项目，尽早形成“三西”煤炭“下海”铁路通道，从而使构建节能绿色安全综合交通体系、减少公路交通运输排放污染的战略布局得以尽早实施。

为此建议：

一是协调推动。加强区域交通运输体系、大气污染治理、节能降碳等三大领域的工作统筹协调。应在国家有关规划中提出“十三五”时期京津冀地区乃至全国的交通运输行业污染物减排任务，倒逼交通运输行业结构尽快转型。可效仿电力行业减排的做法。

二是短期“治标”。在京津冀运煤车辆出发地或者三地边界设立公安、交通、环保检查站，加强协同排放管控。要求未达国Ⅲ排放标准的黄标柴油车（以绿色环保标志判断）一律不得在京津冀行驶；未达国Ⅳ标准的柴油车，无论何地牌照，均不得在北京市域行驶。

三是中长期“治本”。张唐铁路投运后，驶向唐山方向的煤炭大货车将大为减少，但是，由延庆经六环向天津港的运煤大货车交通量依旧。应加快规划建设天津—承德铁路项目，与张唐铁路相衔接，可进一步减少京津冀北部地区大货车交通量，这对于保障冬奥会空气质量和交通安全秩序意义重大。同时加快规划建设“晋煤经冀下海”通道铁路项目。尽管这些项目投资巨大，但是铁路的单位货物运输能耗是公路的 1/10、运输价格是公路的 1/3，电气化铁路基本是零排放，这些项目不仅能带来长期的节能降碳效益，对于加快区域公路运输减排、改善大气环境质量，更是一项稳定可靠、持久长远、不可或缺的战略性举措。铁路货运项目投资符合中央经济会议精神。

最后，在国家战略层面，应考虑两个前瞻性的政策方案。一是适当降低铁路煤炭运输价格，释放运能，真正实现铁路承担煤炭等大宗货物的运输战略意图，公路货运主要保障城市生活运行。二是加大对坑口发电的支持力度，变运煤为输电。双管齐下，减少运煤大货车需求。

关于对切实加强我国船舶大气污染防治的提案的答复

×××委员：

您提出的关于切实加强我国船舶大气污染防治的提案（政协提案第0346号）收悉。现答复如下：

一、关于加强立法和标准制定的建议

目前，在船舶空气污染排放控制方面主要执行《国际防止船舶造成污染公约》附则Ⅵ——《防止船舶造成空气污染规则》和《中华人民共和国海洋环境保护法》《中华人民共和国大气污染防治法》（以下简称《大气污染防治法》）、《防治船舶污染海洋环境管理条例》《船舶法定检验技术规则》等国际公约、国内法律、法规和规范，上述法律文件对船舶硫氧化物、氮氧化物、颗粒物、挥发性有机化合物、消耗臭氧物质等空气污染物的排放控制要求、船舶的检验发证、监督检查要求均做出了明确的规定，船舶污染防治的立法较为健全。

2015年第十二届全国人民代表大会常务委员会第十六次会议审议通过新修订的《大气污染防治法》，对船舶大气污染物排放控制提出更高的要求，规定“内河和江海直达船舶应当使用符合标准的普通柴油”“船舶靠港后应当优先使用岸电”“国务院交通运输主管部门可以在沿海海域划定船舶大气污染物排放控制区”等。

我部作为船舶和港口的污染防治主管部门，高度重视船舶和港口的污染防治工作，积极履行职责，按照《大气污染防治法》《大气污染防治行动方案》等要求，于2015年发布了《船舶与港口污染防治专项行动实施方案（2015—2020）》，提出船舶和港口污染防治11个方面72项重点任务，指导我国船舶与港口大气污染、水污染等有效防控和科学治理工作。

船舶污染防治的标准体系也将进一步健全，《船舶燃料油》（GB 17411—2015）已经正式发布，目前，我部正配合环保部组织制定《船舶污染物排放标准》《船舶发动机排气污染物排放限值及测量方法（中国第一、二阶段）》等国家标准。发动机排放限值的标准将于近期出台，根据环保部测算，排除燃料升级的影响，实施中国第一阶段标准，单机削减20%以上的氮氧化物、70%以上的颗粒物；实施中国第二阶段标准，将在中国第一阶段标准基础上，单机继续削减40%～60%的氮氧化物、20%以上的颗粒物。

二、关于尽快启动船舶排放控制区划定工作的建议

根据国际法的基本原则，停靠港口的船舶需要严格执行该港口国的国内相关法规，因此停靠我国港口的外籍远洋船舶已经并将一直执行我国相关法规和相关大气污染排放标准。

为有效降低船舶大气污染物排放，我部大力推进船舶减排试点工作，根据《大气污染防治法》第六十四条的授权，我部于2015年12月印发了《珠三角、长三角、环渤海

（京津冀）水域船舶排放控制区实施方案》，2016 年 1 月 1 日起实施，设立珠三角、长三角、环渤海（京津冀）水域船舶排放控制区，有计划、有步骤地逐步推进船舶排放控制工作。

2016 年 4 月 1 日起，上海、江苏、浙江两省一市地方政府在长三角水域率先实施了船舶空气排放控制区政策。据统计，4—5 月上海、江苏、浙江海事局共开展船舶排放控制区相关检查 1858 艘次，开展燃油取样送检 366 次，发现靠岸停泊期间未按规定使用低硫油行为 55 起，并按规定进行了处理，对违规使用燃油等违法行为予以了有力打击和震慑。

根据《珠三角、长三角、环渤海（京津冀）水域船舶排放控制区实施方案》的要求，我部将及时评估排放控制区实施效果，研究确定是否扩大船舶排放控制区、向国际海事组织提交申请等措施。

三、关于研究制定港口岸电、低硫油使用的鼓励政策措施的建议

经报国务院批准，财政部和我部安排了 2016—2018 年度交通运输节能减排专项资金，以奖励方式补助支持港口岸电设备设施和船舶受电设施设备建设或改造项目。目前，我部正会同财政部结合实际情况统筹研究具体实施政策。

四、关于加快开展船舶大气污染防治的科研工作的建议

我部将继续开展船舶大气污染防治相关科研工作，已经下达了 2016—2017 年跨年度研究项目“船舶大气污染排放清单研究”“船舶排放监测技术与装备研究”等，着力开展船舶大气污染物尾气排放监测的研究，并将在研究的基础上在上海、天津、深圳等核心港口率先开展监测试点，积累一定经验后逐步推广，为控制措施的实施和监管提供科技支撑。

下一步，我部将会同相关部委、地方政府继续推动船舶和港口污染防治工作，持续推进船舶排放控制区工作；加快船舶大气污染物排放标准制定，做好标准实施工作；推动试点示范工程和技术研究；加强船舶污染排放控制、船用燃油质量等监督管理，实现船舶和港口绿色发展。

交通部海事局

2016 年 11 月 2 日

关于对加强长江水运管理减少流域污染的提案的答复

×××委员：

您提出的关于加强长江水运管理、减少流域污染的提案（政协提案第 3069 号）收悉。现答复如下：

一、关于船舶排放标准制定和年检的建议

目前，在船舶内河污染排放控制方面主要执行《大气污染防治法》《水污染防治法》《防治船舶污染内河水域管理规定》《船舶法定检验技术规则》等法律、法规和规范，上述法律文件对船舶大气污染物、生活污水、油污水、垃圾等污染物的排放控制有明确的规定，船舶污染防治的立法较为健全。船舶污染防治的标准体系也不断健全，经修订的《船舶燃料油》（GB 17411—2015）国家标准已经正式发布。我部正配合环保部组织制定《船舶污染物排放标准》《船舶发动机排气污染物排放限值及测量方法（中国第一、二阶段）》等国家标准。

我部作为船舶污染防治工作的主管部门，根据法律规定，建立了较为完善的船舶法定检验、船旗国和港口国监督检查、防污染检查等监督管理工作机制。船舶废气、生活污水等污染排放控制的检验由我部授权的船舶检验机构按照法律法规、规范的要求，实施年度检验、期间检验和换证检验，检验合格的方可投入运营。

二、LNG 燃料动力船舶推广应用

我部于 2012 年和国家能源局联合成立了 LNG 燃料动力船舶应用安全性研究项目领导小组，组织开展了 LNG 燃料船舶安全应用研究工作；2013 年，我部印发了《关于推进水运行业应用液化天然气的指导意见》，推进 LNG 在水运行业的推广应用。目前，已陆续颁布了《内河天然气燃料动力船舶法定检验暂行规定》《LNG 燃料动力船规范》等一系列规范标准，组织编制《船舶液化天然气加注站设计规范》《液化天然气加注码头设计规范》等标准。

“十二五”期间，我部通过国家资金补贴政策，积极推进内河 LNG 燃料动力船舶试点改造工作，全国已新建 LNG 燃料动力船舶 50 艘，还有 300 艘正在建造。

目前，我部正积极协商财政部研究今后一段时间内河船型标准化补贴政策，争取将采取动力系统整体更新方式改建为 LNG 动力船纳入补贴范围。

三、实施内河船舶强制生活污水处理的建议

近年来，内河船舶生活污水的污染防治工作越来越得到重视。根据法律法规和《内河船舶法定检验技术规则》等规范的要求，船舶生活污水应排至接收设施或经生活污水处理装置处理达到排放标准后才能排放；餐饮趸船（餐饮供给船）的餐饮污水不应向水域排放，应排放至污水贮存舱（柜），由船/岸有关部门予以接收；京杭运河等敏感水域流域实施禁排管理。

“十二五”期间，我部开展了内河船型标准化工作，对船舶加装生活污水处理装置或者收集装置给予一定的补贴，政策实施以来，全国完成防污染改造的内河船舶达 1 万余艘。

2015 年，我部发布《船舶与港口污染防治专项行动实施方案（2015—2020 年）》，把港口污染物接收处置能力建设、提高生活污水接收转运能力等均被作为重点任务纳入我部今后的船舶污染防治工作中。

下一步，我部将会同相关部委、地方政府继续推动船舶和港口污染防治相关工作，不断完善标准，推动试点示范工程和技术研究，加强监督管理，进一步推进船舶和港口污染防治工作，实现绿色发展。

交通运输部海事局

2016 年 11 月 2 日

2017 年

对十二届全国人大五次会议第3851号建议的答复（节选）

刘××代表：

您提出的“关于进一步加强京津冀区域大气治理的建议”，由我部会同发展改革委、能源局办理。经认真研究，答复如下。

一、关于加大宣传力度（略）

二、关于完善体制机制（略）

三、关于着力调整结构（略）

四、关于推进长效机制

（一）机动车污染控制。为进一步强化机动车污染治理，减轻交通领域大气污染对人口集中城市和地区的影响，我部会同各相关部门按照《大气十条》《2017年工作方案》等要求积极推进油品质量升级、机动车排污监管等工作。

在油品质量升级方面。《大气十条》发布实施以来，相关部门、行业加快了油品升级步伐。按照国务院部署，国家能源局会同发展改革委、财政部等制定《加快成品油质量升级工作方案》，印发《关于组织报送加快成品油质量升级项目的通知》和《关于建立加快成品油质量升级工作机制的通知》，加强项目监管、建立成品油质量升级项目台账系统，研究制定成品油质量升级财政贴息补贴办法并组织开展资金申报工作。针对成品油市场存在的“低油品退市难”等问题，2017年2月，国家能源局会同相关部门印发《关于进一步推进成品油质量升级及加强市场管理的通知》，对规范成品油市场、加强生产和流通监管提出明确要求。出台第六阶段车用汽、柴油国家强制性标准，推动部分重点地区提前实施，进一步减少机动车污染物排放。按照《2017年工作方案》，“2+26”城市率先完成城市车用柴油和普通柴油并轨，9月底前，全部供应符合国六标准的车用汽、柴油，禁止销售普通柴油。

在机动车排污监管能力方面。组织成立京津冀及周边地区机动车排放控制工作协作小组，完善机动车执法监管机制，推进跨地区机动车排放超标处罚、机动车排放监管数据共享、新车环保一致性区域联合抽查等监管模式，加大外埠排放超标车辆执法力度。按照《2017年工作方案》，建设国家、省、市三级机动车环境执法监管专业队伍，提高现场执法能力水平。建立机动车环保违法信息平台，与公安交管、交通运输、发展改革、保监等部门共享。2017年9月底前，将机动车环保违法信息纳入企业征信系统，支持保险公司提高超标排放车辆保险费率，实现超标排放车辆异地处罚。

在机动车应急管理方面。近期，我部组织编制了《重污染天气预警分级标准和应急减排措施修订工作方案》（以下简称《工作方案》），重点指导“2+26”城市修订重污染天气应急预案，针对机动车污染，主要采取限制高排放车辆使用、实施过境重型载货车绕行疏导等措施。根据《工作方案》要求，高排放车辆限行范围不应局限在主城区和建成区；黄标车限行已纳入常规管理工作的城市，不应纳入应急措施管控范畴。重污染天气橙色、红色预警时，可采取特定区域禁行柴油车辆的措施；谨慎使用单双号限行的强制措施，倡导公共交通出行。

下一步，我部将积极协调配合有关部门，严格实施车用油品标准，做好车用油品质量跟踪调查，有效推动车用油品和机动车污染排放标准同步提高，强化机动车减排措施。

（二）建立联合监督检查机制。（略）

环境保护部

2017年7月29日

对十二届全国人大五次会议第3574号建议的答复

张×代表：

您提出的“关于加强三峡坝区船舶大气污染管控的建议”，由我部会同发展改革委、财政部、交通运输部和国家电网公司办理。经认真研究，答复如下：

一、关于国家尽快出台船用柴油机大气污染物排放标准

2016年8月，我部和质检总局联合发布《船舶发动机排气污染物排放限值和测量方法（中国第一、二阶段）》（GB 15097—2016），对内河船、沿海船、江海直达船和海峡（渡）船规定了出厂检验和耐久性控制要求。其中，中国第一阶段标准于2018年7月起实施，其要求与欧盟第一阶段、美国第二阶段要求基本一致；中国第二阶段于2021年7月1日起实施，其要求与美国第三阶段要求基本一致，比国际海事组织（IMO）第三阶段限值稍显宽松。据统计，实施中国第一阶段标准，单机分别削减22％的氮氧化物、73％的颗粒物；实施中国第二阶段标准，将在中国第一阶段标准基础上，单机分别继续削减23％的氮氧化物、40％的颗粒物。

下一步，我部将积极推动有关部门和企业按期严格实施第一阶段和第二阶段船舶发动机排气污染物排放标准。同时，继续开展船舶发动机排放研究，学习借鉴欧美先进标准，根据我国船舶排放实际情况，研究制定更严格的船舶发动机排气污染物排放标准。

二、关于对排放不达标船舶实施达标改造或报废给予财政补贴

2013年8月，交通运输部联合财政部和十八省（市）人民政府实施了全国内河船型标准化补助政策，加快淘汰安全、环保性能差的船舶、小吨位过闸船舶和老旧运输船舶，鼓励新建三峡型船、液化天然气（LNG）动力船和高能效示范船等。截至2017年5月底，全国共完成拆解改造内河船舶30857艘，其中拆解小吨位过闸船舶6154艘，拆解老旧运输船舶7941艘，完成新建示范船舶141艘，其中新建三峡型船67艘，LNG动力船73艘，高能效示范船1艘。通过鼓励LNG动力和高能效示范船建设，提高了船舶环保技术性能，减少了船舶大气污染物排放。

下一步，我部将积极配合财政部、交通运输部等主管部门，研究推动设立排放不达标船舶达标改造或报废财政补贴项目，或将其纳入已有财政补贴范围。

三、关于对三峡坝区推广使用岸电给予政策支持

经财政部和交通运输部报请国务院同意，2016—2018年中央继续安排车辆购置税资金以奖励方式支持加快港口岸电设备设施建设和船舶受电设施设备改造项目。2017年1月，交通运输部印发《靠港船舶使用岸电2016—2018年度项目奖励资金申请指南》（以下简称《指南》），对2016年1月1日至2018年3月31日期间完成交工验收的靠港船舶使用岸电项目，包括沿海和内河港口岸电设备设施建设、船舶受电设施改造的给予财政奖励，2016—2018年采用的奖励标准分别为不超过项目设备购置费的60％、

50%、40%。三峡坝区符合条件的企事业单位可根据《指南》要求，申请资金补贴。

另外，交通运输部积极推进三峡坝区待闸锚地船舶岸电设施建设，已建成7处，在建7处，正在开展前期工作的2处。已建和在建的14处中，沙湾、平善坝、新杉木溪、银杏沱4处锚地采用趸船靠泊，可提供岸电服务。正在开展前期工作的2处锚地均规划同步建设岸电设施。

针对三峡坝区岸电应用需求，国网湖北宜昌供电公司主动联系三峡通航管理局、三峡海事局和地方港航监督管理局，做好供电服务。公司共投资392万元，新增变压器5台、容量2205千伏安，线路3.16公里，已建成夷陵区新世纪游轮码头、夷陵区桃花村游轮码头、秭归县茅坪镇沙湾锚地三处示范基地，接电桩83个。同时，建立岸电服务微信群和专业服务电话，在锚地库岸设立营业厅，安排员工实行7×24小时值班服务。

下一步，交通运输部将按照《指南》要求，指导省级交通运输部门做好靠港船舶使用岸电申请资金补贴项目的初审工作，并在严格做好审查、公示等工作后，申请安排资金。同时，交通运输部将统筹研究通过架设岸电专线、设置供电端口等方式解决坝区锚地岸电设施问题。国家电网公司将密切跟踪三峡坝区待闸锚地和港口的岸电推广情况，做好供电服务。一是开辟绿色通道，主动做好配套电网建设，确保应用岸电引起的扩容用电需求。二是完善岸电运营服务平台等技术服务手段，为岸电客户提供统一、规范、便捷、高效的服务。

四、关于出台港口岸电用电政策和岸电服务价格政策

根据我国现行电价政策，电价分为农业生产、居民、大工业和一般工商业电价类别。按照港口岸电用电特性，其用电变压器容量一般为315千伏安及以上，适用大工业用电价格。符合峰谷电价政策规定的企业，在此基础上再执行峰谷电价。2015年3月，中共中央、国务院印发《关于进一步深化电力体制改革的若干意见》，把市场化改革作为深化电力体制改革的主要目标，规定输配环节以外的上网电价和销售电价将逐步由市场形成，不再实行政府定价。发展改革委鼓励和支持港口船舶岸电通过响应峰谷需求侧管理或参与电力用户直接交易等市场化方式降低企业用电成本。

环境保护部

2017年7月29日

对十二届全国人大五次会议第 2443 号建议的答复

唐××代表：

您提出的“关于减少机动车燃油蒸发 VOCs 排放污染，为‘坚决打好蓝天保卫战’助力的建议”，由我部会同发展改革委、财政部、质检总局和中国石油化工集团公司办理。经认真研究，答复如下：

据统计，2016 年我国汽车产销量双双超过 2800 万辆，已经连续八年稳居世界首位，机动车保有量由 2015 年的 2.79 亿辆增加至 3 亿辆，增长 7.5%；汽车保有量由 2015 年的 1.72 亿辆快速增加至 2 亿辆，增长 16.2%。据估算，全国机动车污染物排放量（按一氧化碳、碳氢化合物、氮氧化物和颗粒物四项污染物计算）达 4472.5 万吨，是我国空气污染物的主要来源之一。2017 年 1～6 月，全国臭氧（O_3）日最大 8 小时平均第 90 百分位数平均浓度 152$\mu g/m^3$，同比上升 12.6%。您提出的一系列建议非常具体、有针对性，对进一步加强机动车燃油蒸发 VOCs 排放监管具有重要指导意义。

一、关于加强加油蒸发排放管理

为强化新生产机动车环境管理，降低机动车燃油蒸发 VOCs 排放，我部于 2016 年发布《轻型汽车污染物排放限值及测量方法（中国第六阶段）》（GB 18352.6—2017，以下简称《国六标准》）。《国六标准》充分考虑机动车加油蒸发排放，参考美国排放标准体系，首次增加了加油污染物排放试验（Ⅶ型试验），即车载加油油气回收系统（ORVR）要求，对加油过程排放的 VOCs 进行控制。同时，《国六标准》对加油速率、加油枪等也提出技术要求，规定加油速率为 37L/min±1L/min，加油枪出油端外径不大于 2.15cm。

二、关于加强日间蒸发排放管理

为降低机动车日间燃油蒸发排放，在 2000 年实施的轻型汽车中国第一阶段排放标准中就提出燃油蒸发试验（Ⅳ型试验）要求。在国一至国五阶段标准中，汽油车燃油蒸发试验采用的是 24 小时昼夜排放测试，并且试验温度相对较低，对高温运行蒸发控制效果不明显。在《国六标准》制定中，充分考虑汽油车日间蒸发排放问题，对原有 24h 昼夜排放测试规程进行修订，将 24h 昼夜排放测试延长为 48 小时昼夜排放测试，增加了 38℃高温浸车 12～36h 和 38℃高温行驶测试循环两个环节的要求。通过与美国环保局相关专家沟通，经过大量试验测试，表明《国六标准》燃油蒸发试验与美国 72 小时燃油蒸发测试控制效果相当，并且有效缩短了测试时间。

三、关于提高我国炭罐吸附剂技术水平

我国一直高度重视新技术、新材料和新装备的研发推广工作，鼓励和支持高吸附材料、挥发性有机物回收综合利用设备的研发、推广和应用。为推动新材料产业发展，

2016年3月，发展改革委编制印发《新材料关键技术产业化实施方案》（以下简称《实施方案》），并运用各类资金推动《实施方案》贯彻落实，鼓励新材料产业发展，有力提升了炭罐吸附剂等先进复合材料的生产技术水平。下一步，发展改革委将继续做好《实施方案》的贯彻落实工作，紧紧围绕经济社会发展和环境空气质量改善需求，进一步提升我国炭罐吸附剂等新材料的技术水平。

四、关于修订优化燃油蒸汽压控制标准

为推动车用油品质量升级，2016年12月，质检总局、国家标准委批准发布《车用汽油》（GB 17930—2016）强制性国家标准，该标准按照冬夏两季分别规定蒸汽压指标，广东、海南全年执行夏季蒸汽压限值。《车用汽油》（GB 17930—2016）对容易引发蒸发排放污染的烯烃组分含量进行严格控制，并分阶段实施，当前烯烃限值为不大于24％；2019年1月1日起调整为不大于18％，与欧盟现阶段的油品标准要求一致；2023年1月1日起调整为不大于15％，将严于欧盟现阶段的油品标准要求。

目前，国家标准委正组织标准起草单位开展车油匹配试验，对我国各省（区、市）近年来的气候数据，以及我国炼厂分布和成品油物流情况进行统计研究，并计划在两年内出台《车用汽油》（GB 17930—2016）修订单，落实蒸汽压分地区、分季节实施方案，降低我国南方高温地区汽油蒸发排放。

我部将继续密切跟踪《车用汽油》（GB 17930—2016）的制修订工作，积极协调有关部门进一步强化汽油标准技术要求，推动我国《车用汽油》标准与世界最先进水平接轨。

环境保护部

2017年7月29日

对十二届全国人大五次会议第3961号建议的答复

张××代表：

您提出的“关于雾霾治理，落实环保法，加快制定排放标准，重点治理挥发性有机物（VOCs）排放的建议”，由我部会同工业和信息化部办理。经认真研究，答复如下：

一、关于普及机动车催化转化器装置

诚如您所述，机动车催化转化器对汽车尾气减排具有关键作用。目前，我国3.5吨以上的重型柴油车基本采用选择性催化还原（SCR）技术路线，3.5吨以下的轻型柴油车主要采用废气再循环（EGR）、颗粒捕集器（DPF）、微粒催化转换器（DOC）技术路线；我国轻型汽油车主要采用TWC（三元催化转化器）技术路线。为确保上路行驶车辆达标排放，我部联合有关部门主要开展了以下几方面工作：一是逐步提高催化转化器技术指标要求。目前，汽车催化转化器耐久性里程要求逐步提高，已从国一、国二和国三阶段的8万公里或5年，提高到国五阶段的16万公里；已经发布的轻型车国六标准中，6a阶段催化转化器耐久性里程要求与国五阶段相同，6b阶段则达到了20万公里。二是启动三元催化器强制性产品认证制度研究。《轻型汽车污染物排放限值及测量方法（中国第六阶段）》等8项汽车污染物排放控制的强制性国家标准及《轻型混合动力电动汽车污染物排放控制要求及测量方法》等涉及新能源汽车污染物排放控制的推荐性国家标准，均已作为强制性产品认证（CCC）依据标准。2014年，发展改革委联合我部、质检总局等12个部门印发《关于印发加强“车油路”统筹加快推进机动车污染综合防治方案的通知》明确提出，2015年底前质检、工业和信息化、环境保护、交通运输、工商等部门建立一体化的生产一致性检查的联合管理机制，适时将尾气处理的关键部件“三元催化器”等列入强制性产品认证（CCC）范围。针对上述要求，质检总局已组织相关机构开展了“三元催化器”强制性认证可行性研究。三是已有部分地区开展三元催化器强制更换工作。我部联合发展改革委、财政部、国家能源局和北京、天津、河北、山西、山东、河南6省（市）人民政府联合印发《京津冀及周边地区2017年大气污染防治工作方案》，明确提出全面加强机动车排污监控能力，要求各地督促在用燃油和燃气出租车定期更换三元催化器。2017年1月，北京市政府工作报告明确提出，两年以上的出租车全部更换三元催化器。2017年上半年，北京市完成8000辆使用两年以上的出租车更换三元催化器的工作。自2016年9月启动该项工作至今，北京市累计为5万辆出租车更换了三元催化器。

下一步，我部将鼓励支持具备条件的地方率先开展营运车辆强制更换汽车催化转化器相关工作，同时积极推进与交通运输部门维修信息联网，对多次维修仍不能满足排放标准要求的车辆予以强制更换催化转化器，保障上路车辆按标准达标排放。

二、关于尽快完善各行业的挥发性有机物 VOCs 排放标准，对其实行有效总量控制（略）

三、关于加大检测处罚力度（略）

环境保护部

2017 年 7 月 31 日

对十二届全国人大五次会议第5441号建议的答复

李×代表：

您提出的“关于综合施策治理雾霾的建议”，由我部会同财政部、交通运输部、农业部、税务总局、国家林业局、国家能源局、中国石油化工集团公司共同办理。经认真研究，现答复如下：

随着当前现代化、工业化和城镇化发展，资源能源消耗急剧上升，大气污染防治压力持续加大。您在分析大气污染问题基础上提出深挖雾霾根源、因情分类施策、区域联动治理的建议，对做好大气污染防治工作具有积极意义。

一、关于深挖雾霾根源（略）

二、关于因情分类施策（略）

（二）控制机动车总量，优先发展城市公交

相关部门出台《加强“车、油、路”统筹加快推进机动车污染综合防治方案》，强化对机动车全过程控制。加快淘汰黄标车和老旧车，2014—2016年累计淘汰1620多万辆。积极推广新能源车辆，2016年全国生产新能源汽车51.7万辆，同比增长51.7%。全面实施第五阶段机动车排放标准和清洁油品标准，发布第六阶段车用油品标准和轻型汽车排放标准。

2016年，交通运输部印发《城市公共交通“十三五”发展纲要》，明确了未来五年我国城市交通发展的总体思路、发展目标和重点任务。2017年3月，发布《城市公共汽车和电车客运管理规定》，按照国家推进简政放权、放管结合、优化服务改革以及推进供给侧结构性改革的总体部署，对城市公共汽电车规划与建设、运营管理、运营服务、运营安全、监督检查等各环节做出了制度安排。

目前，北京、天津、上海、广州、贵阳、深圳等城市已开展机动车总量控制。全国近180个城市划定了黄标车限行区域，有效控制高污染高排放车辆使用。同时，北京等城市也提出研究制定低排放区交通拥堵费政策和智能化车辆电子收费识别系统等措施，减少机动车使用量。

下一步，有关部门将做好以下几方面工作。一是大力推动公共交通，深入实施公交都市建设示范工程，科学设置公交优先车道，提高公交出行比例；二是推动地方政府合理制定城市交通发展规划，推广智能交通管理，通过停车费、拥堵费等市场手段，降低机动车使用强度；三是加快完善“环保取证、公安处罚、交通维修”的在用车环境执法模式，严格实施新生产机动车环保信息公开制度，逐步开展环境保护达标查验。

（三）强化工作措施、推进综合治理（略）

三、关于区域联动治理

近年来，我国以细颗粒物（$PM_{2.5}$）、臭氧（O_3）为主要污染物的区域性复合型大气污染问题日益突出。实践证明，区域联防联控是防治大气污染的有效手段，《大气污染防治行动计划》提出建立区域协作机制，统筹区域大气污染治理。京津冀及周边、长三角、珠三角等重点地区建立大气污染防治区域协作机制，积极探索统一规划、统一标准、统一监测、统一治理等方面的举措，协同推进重污染天气应对、机动车监管等重点任务。2017 年 1 月 9 日，张高丽副总理主持召开京津冀及周边地区大气污染防治第八次（扩大）会议，审议通过《京津冀及周边地区 2017 年大气污染防治工作方案》（以下简称《工作方案》），将京津冀大气污染传输通道城市范围由“2＋18”扩大至“2＋26”城市，明确各城市 2017 年空气质量改善目标，细化散乱污企业整治、清洁取暖、重点行业提标改造、挥发性有机物治理、冬季错峰生产、严控机动车排放、强化重污染天气联合应对等措施。5 月 24 日，中央全面深化改革领导小组第 35 次会议审议通过《跨地区环保机构试点方案》，强调要围绕改善大气环境质量、解决突出大气环境问题，理顺整合大气环境管理职责，探索设置跨地区环保机构，深化京津冀及周边地区污染联防联控机制，推动形成区域环境治理新格局。

下一步，我部将会同有关部门总结前期工作经验，指导各地建立、完善区域协作机制，统筹区域大气污染防治工作，推进环境空气质量持续改善。

环境保护部

2017 年 8 月 2 日

关于政协十二届全国委员会第五次会议第2840号提案答复的函

黄×委员：

您提出的“关于加强石油型 $PM_{2.5}$ 污染治理的提案”，由我部会同工业和信息化部、质检总局、能源局办理。经认真研究，答复如下：

诚如您所言，近年来，随着机动车保有量的快速增长，机动车污染形势日益严峻。据统计，目前我国机动车保有量已经超过3亿辆，排放一氧化碳（CO）、碳氢化合物（HC）、氮氧化物（NO_x）和颗粒物等四项大气污染物约4400万吨，已经成为我国大中型城市大气污染的重要来源，是灰霾等区域性大气污染的重要原因。

为切实解决机动车细颗粒物（$PM_{2.5}$）污染问题，近年来各有关部门不断加大污染治理力度，提升油品和机动车排放标准，加快淘汰高排放黄标车和老旧车，强化新生产和在用机动车执法监管，积极调整货运交通运输结构，已取得一定成效。但目前机动车大气污染形势依然严峻，污染防治任务仍十分艰巨。

您在深入调研基础上提出的关于建立汽油车催化转化器失效强制更换制度、加强对汽油车油气挥发排放治理、取消普通柴油和车用柴油标准“双轨制”、严格环境执法和督察问责等一系列建议，针对性强、具有可操作性，对于加强机动车污染防治具有重要指导意义。

一、关于建立汽油车催化转化器失效强制更换制度

为防治在用车污染，确保汽油车催化转化器正常有效工作，我部积极开展以下工作：一是积极推进机动车排放标准升级，提高新车环保耐久性要求。2016年12月，我部与国家质检总局联合发布《轻型汽车污染物排放限值及测量方法（中国第六阶段）》（GB 18352—2016）。该标准改变了过去等效转化欧洲排放标准的做法，是我国自主制定的首个机动车排放标准。其中6b阶段耐久性里程20万公里，较欧洲六阶段16万公里要求更为严格。二是规范在用车检测，确保上路行驶的车辆达标排放。2016年7月，会同公安部等部门印发《关于进一步规范排放检验加强机动车环境监督管理工作的通知》，提出严格执行机动车排放检验制度、优化机动车排放和安全技术检验流程、加强排放检验信息联网核查、加强排放检验机构监督管理等要求。2016年，与质检总局联合组织机动车检验机构专项监督检查，抽取200家安全技术机构和排放检验机构进行现场检查，对检查发现的问题进行了相应处理。2017年5月，印发《“2＋26”城市机动车遥感监测网络建设方案》，支持在“2＋26”城市安装配置垂直固定式遥感监测设备200台（套）和移动式遥感监测设备30台（套），建设遥感监测信息联网平台，实现超标车辆异地处罚。三是推进建立机动车排放检测与维修制度，提升排放维修水平。2014年9月，与交通运输部等部门联合印发《促进汽车维修业转型升级提升服务质量的指导意见》，提出要由交通运输部牵头建立实施汽车排放检测与维护（I/M）制度，提高全

社会汽车尾气排放治理能力，提升排放维修技术和装备水平，要求维修站严格按照汽车尾气排放维修技术规范、汽车维修保养技术手册及车型维修技术资料进行排放控制关键零部件维修。四是鼓励出租车等营运车辆定期更换催化转化器。《大气污染防治行动计划》提出鼓励出租车每年更换高效尾气净化装置。从 2016 年 9 月起，北京已累计为超过 5 万辆出租车更换三元催化器，每年可减少 NO_x 和挥发性有机物（VOCs）排放约 2300 吨。《上海市清洁空气行动计划（2013—2017）》要求出租车每两年更换尾气净化装置。《深圳市大气环境质量提升计划（2017—2020 年）》要求全市营运时间 2 年以上的燃油出租车全部更换三元催化器。

下一步，我部将继续推进机动车排放标准升级，强化车辆耐久性要求。进一步加大车辆环保监督管理力度，尽快发布机动车遥感检测标准，加快包括新生产机动车环保检验、各地在用车定期检验和遥感监测数据的监管平台建设，推动建立实施汽车排放检测与维护制度，推动并配合公安交管部门依法对超标上路行驶的机动车实施处罚，严格禁止催化转化器失效的不达标车辆上路行驶。鼓励各地出台政策定期更换出租车等营运车辆催化转化器。

二、关于加强汽油车油气挥发排放治理

在用机动车受制于车身大小、发动机油路管线设计等原因，后期加装油气治理设施不易实现。为减少汽油车油气挥发，我部主要开展以下工作：一是强化新车油气挥发要求。《轻型汽车污染物排放限值及测量方法（中国第六阶段）》（GB 18352—2016），将原有 24 小时蒸发排放试验时间延长至 48 小时，增加高温浸车试验要求；增加加油过程 VOCs 排放试验，引导企业采取控制措施，加装车载加油油气回收系统（ORVR）。据估算，加装 ORVR 能减少车辆自身 VOCs 蒸发排放的 90%以上。二是积极推进储油库、油罐车和加油站油气回收治理。出台实施《汽油运输大气污染物排放标准》（GB 20951—2007）、《加油站大气污染物排放标准》（GB 20952—2007），近期，我部联合发展改革委、财政部、国家能源局等有关部门和京津冀及周边地区 6 省（市）人民政府印发《京津冀及周边地区 2017 年大气污染防治工作方案》，要求销售汽油的加油站全部安装油气回收设施，年销售汽油量大于 5000 吨及其他具备条件的加油站，要加快安装油气回收在线监测设备。三是研究在用车挥发性有机污染物检测方法。正在研究修订《点燃式发动机汽车排气污染物排放限值及测量方法（双怠速法及简易工况法）》（GB 18285—2005），增加燃油蒸发排放控制系统检验方法，各省级环保部门可根据臭氧污染状况，对车辆的燃油蒸发排放控制系统进行检测。

下一步，我部将积极推动条件具备的地区依法提前实施轻型车国六排放标准，组织修订《汽油运输大气污染物排放标准》（GB 20951—2007）、《加油站大气污染物排放标准》（GB 20952—2007），加快《点燃式发动机汽车排气污染物排放限值及测量方法（双怠速法及简易工况法）》（GB 18285—2005）修订进度，减少汽油车油气挥发。

三、关于取消普通柴油和车用柴油“双轨制”

实现车用柴油和普通柴油并轨，是我国油品质量升级的重要部分，我部积极协调能

源局等部门推动此项工作。2016 年 12 月，国务院印发《“十三五”节能减排综合工作方案》，要求 2020 年实现车用柴油、普通柴油和部分船舶用油并轨，柴油车、非道路移动机械、内河和江海直达船舶均统一使用相同标准的柴油。《京津冀及周边地区 2017 年大气污染防治工作方案》要求“2＋26”城市率先完成城市车用柴油和普通柴油并轨，9 月底前全部供应符合国六标准的车用汽、柴油，禁止销售普通柴油。另外，有关部门积极开展油品质量监督检查，2016 年 10 月能源局会同我部等部门组织对全国成品油质量升级改造项目和成品油市场进行监督检查。2016 年以来，我部先后四次调查长三角和京津冀油品质量情况，并将调查结果向有关部门和地方反馈。

下一步，我部将积极配合能源局、工商总局、质检总局等有关部门，加快推动车用柴油和普通柴油并轨，完善成品油市场监管体系，在生产、流通、销售环节加大油品质量抽检力度，重点加强对地方炼化企业的监管，严厉打击黑加油站、黑储油罐、黑油罐车等制售假劣油品的违法行为，营造良好的市场环境。

四、关于严格环境执法和督察问责

一是开展柴油车打假行动。我部对两家涉嫌违法生产不达标车辆企业依法进行车辆检测、调查取证、第三方审计。目前，已对两家违法企业送达《行政处罚听证告知书》，并召开了听证会。二是联合工业和信息化部等部门开展新生产机动车环保达标和新能源车检查。2016 年底，督查组抽查天津、河北、辽宁、浙江、上海和重庆六省市，共抽取 22 辆轻型车、2 辆重型车和 1 台重型发动机，委托检测机构进行了排放和油耗项目测试。三是督促北京、天津等地加大对在用车监督检查力度。针对进京机动车污染较为突出的问题，在主要进京路口和物流园等货运车辆集中地，重点对重型柴油车污染控制装置造假、尾气超标排放、柴油车尿素使用等情况开展专项执法检查。北京和天津两市今年 1～4 月份通过路检抽检和遥感监测，共发现超标排放车辆 4037 辆。四是会同交通运输部、国家认监委开展在用机动车排放检验机构监督检查工作，2016 年，对山东、广东等 6 省的 11 个城市进行重点督查，随机现场检查检验机构 23 家、检测线 42 条，并发文对存在问题的 19 家检验机构进行通报，责成省级环保部门对抽查中发现的问题企业进行约谈，情节严重的停业整治、依法处罚，有关情况报国务院。五是推动公安交管部门依法处罚超标车辆上路行驶违法行为。公安部交管局在交通违章处罚系统中增设超标排放处罚全国统一代码（6063），自今年 5 月 1 日起实施。

下一步，我部将依据《中华人民共和国大气污染防治法》，在生产、流通、销售环节加大新生产机动车抽检力度，将在用车排放检验和遥感监测获得的大数据作为筛选超标机动车生产企业的支撑。积极配合有关部门，加大在用车执法力度，强化检验机构监督管理，对上路行驶的超标排放车辆进行处罚。

环境保护部

2017 年 7 月 15 日

关于政协十二届全国委员会第五次会议第 2647 号提案答复的函

九三界：

您们提出的“关于加强汽车尾气排放治理的提案”，由我部会同工业和信息化部、公安部和质检总局办理。经认真研究，答复如下：

据统计，2016 年我国汽车产销量双双超过 2800 万辆，已经连续八年稳居世界首位，机动车保有量由 2015 年的 2.79 亿辆增加至 3 亿辆，增长 7.5%；汽车保有量由 2015 年的 1.61 亿辆快速增加至 1.84 亿辆，增长 14.3%。据估算，全国机动车污染物排放量（按一氧化碳、碳氢化合物、氮氧化物和颗粒物四项污染物计算）达 4472.5 万吨，是我国空气污染物的主要来源之一。加强机动车尾气治理，对于降低 $PM_{2.5}$ 浓度、改善空气质量至关重要。

一、关于加强执法力度，对汽车生产商、检测机构依法监管

加强机动车环境管理执法，是治理机动车排气污染的主要手段之一。《大气污染防治行动计划》（以下简称《大气十条》）和新《中华人民共和国大气污染防治法》（以下简称《新大气法》）先后实施，为加强机动车环境执法提供了有力支持。在用车执法方面，我部正在推动建立“环保取证、公安处罚、交通维修”的在用车环境执法模式，即各级公安机关交通管理部门按照《中华人民共和国道路交通安全法》或地方法律法规，使用处罚代码“6063”，对环境保护部门检验发现的超标上路行驶车辆实施处罚，并录入交通违章管理系统进行布控，超标车辆限期到交通运输部门公示的维修站点进行维修，并通过排放复检后才能上路行驶。同时，各地均已开展机动车路检路查、停放地抽测等工作，重点针对重型柴油车污染控制装置造假、尾气超标排放、柴油车尿素使用等情况开展执法检查。2016 年通过停放地抽测、维修地抽测、路面检测、遥感监测等方式，全国共监督抽测车辆 1500 余万辆次。新生产机动车方面，我部开展柴油车打假行动，对两家涉嫌违法生产不达标车辆企业依法进行车辆检测、调查取证，目前正立案处理中；我部会同工业和信息化部等部门通过现场检查、抽样监测的方式，依法监督新生产机动车大气污染物排放状况检查，对机动车环保达标信息公开情况进行检查。在用车环保检测机构方面，已逐步实行“双随机、一公开”（随机抽取检查对象、随机选派执法检查人员、及时公开查处结果）的监管方式加强检验机构监管，对于排放检验中发现的排放超标数量大、比例偏高的车型和通过控制软件、车载诊断系统（OBD）造假的典型违法案件，各级环境保护部门均已严厉处罚。2017 年上半年各级环保部门开展机动车环保检验机构监督检查累计超过 4500 家次，发现违规检验机构 513 家，对 212 家进行停业整治，累计处罚 722.5 万元。

下一步，我们将会同有关部门严格落实《新大气法》的规定，做好以下工作：一是完善“环保取证、公安处罚、交通维修”的在用车环境执法模式，推进建设实现国家、

省级、市级三级机动车信息联网平台，实现全国机动车环境管理数据共享。二是严格实施新生产机动车环保信息公开制度，逐步开展环境保护达标查验，建立机动车环保召回制度。三是加大在用车环境检测机构管理，加快修订在用车排放标准，改进在用车排放检测方法，采取信息化等方式加大监管力度。

二、关于依托信息化手段，实现尾气排放监测治理全过程实时监控，重拳治理“车审”舞弊行为

诚如您们所述，在用车环保检测弄虚作假问题比较突出。按照《新大气法》规定，省级环保部门不再进行机动车定期检验机构委托，目前主要通过检验机构数据联网和地市环保部门日常检查实施监管。由于经济利益等原因，检测作弊现象较多，主要手段包括控制软件造假、使用非法设备、临时更换三元催化器、向尾气管充气稀释尾气、使用非法燃油添加剂、调节发动机电控电阻、套牌检测、不按规范采样等。根据已联网的在用车一次上线检验大数据分析，我国在用车一次上线定期检验平均合格率为89.5%，其中柴油商用车五年以内合格率仅为80%左右，之后逐步下降，在第八年以后基本稳定在65%左右。

为加强机动车环保检验机构管理，我部会同公安部、国家认监委发布实施《关于进一步规范排放检验加强机动车环境监督管理工作的通知》（国环规大气〔2016〕2号），将环保检验作为安全检验合格标志发放的前置条件，实现“两标”合一；同时，私人小型车辆新登记注册后六年内免于上线检验。推进建设国家、省、市三级联网的机动车排污监控平台。截至目前，京津冀、长三角、珠三角地区和部分省份已实现三级联网。各地已有2409个检测机构、7585条检测线与国家平台联网，今年底其余2435个检测机构也将实现三级联网。新车检验机构定型检验已实现在线视频监控和检测数据传输。监控平台正在发挥积极作用，上海、天津等地通过监控平台实施追溯管理，对弄虚作假的检验机构进行处罚，初步具备对高排放车辆和检测机构实现更加精准监管的能力。2016年，我部会同交通运输部、国家认监委开展在用机动车排放检验机构监督检查工作，对山东、广东等6省的11个城市进行重点督查，随机现场检查检验机构23家、检测线42条，并对存在问题的19家检验机构进行通报，责成省级环保部门对抽查中发现的问题机构进行约谈，情节严重的停业整顿、依法处罚，有关情况报国务院。

下一步，我们将强化在用车环保检验机构监管，充分利用环检机构联网数据，依法严肃查处违法的排放检验机构，推进检验机构规范化运营，对检验结果承担法律责任，接受社会监督和责任倒查。

三、关于油品质量标准与国际接轨，加大油品市场监督力度

自2017年1月1日起，全国已全面供应国五标准车用汽、柴油，硫含量已从2012年国四标准的50ppm下降到目前的10ppm，降低了80%；较2000年油品硫含量的1000ppm，降低了99%。北京市已于2017年3月全面供应第六阶段标准车用燃油；京津冀及周边“2+26”城市可于2017年9月底前全面供应国六汽、柴油；珠三角、长三角地区也在积极筹划提前供应国六汽、柴油。加大打击售卖不达标车用燃油行为，质量

监督部门开展了“质检利剑”汽、柴油执法打假行动，对汽、柴油生产企业开展执法检查，查处不符合国家标准、掺杂掺假、虚标标号和无证生产的行为，严厉查处普通柴油冒充车用柴油的违法行为；环境保护部门配合相关部门做好市售燃油质量监管工作，在长三角、京津冀等地区开展燃油质量抽查。河南省 2016 年共出动执法车辆 22481 次，排查加油站点 1.86 万家，临时查封黑加油站（点）11690 家。

下一步，我部将联合相关部门，推进燃油质量升级，加强市售油品质量抽查监管，严厉打击生产、销售假劣车用油品行为，协调有关部门加强对车用尿素生产和销售环节的监管，严厉打击生产、销售假劣车用尿素行为。

四、关于加大宣传力度，倡导广大民众选择绿色出行（略）

环境保护部

2017 年 7 月 15 日

关于政协十二届全国委员会第五次会议第0742号提案答复的函

王×委员：

您提出的“关于推广以尾气遥感检测为核心的机动车尾气监管体系加快相关法治建设的提案”，由我部会同公安部和质检总局办理。经认真研究，答复如下：

据统计，2016年我国汽车产销量双双超过2800万辆，已经连续八年稳居世界首位，机动车保有量由2015年的2.79亿辆增加至3亿辆，增长7.5%；汽车保有量由2015年的1.61亿辆快速增加至1.84亿辆，增长14.3%。据估算，全国机动车污染物排放量（按一氧化碳、碳氢化合物、氮氧化物和颗粒物四项污染物计算）达4472.5万吨，是我国空气污染的主要来源之一。加强机动车尾气治理，对于减少灰霾、改善空气质量具有重要意义。

一、关于建立三位一体的机动车尾气监管体系

诚如您所言，控制高排放的汽油车和柴油车是机动车环境管理工作的重点，同时，免检车辆免检期内是否达标排放也是机动车环境管理工作的重要内容。为有效解决高排放的汽油车和柴油车问题，我部在《京津冀及周边地区2017年大气污染防治工作方案》中明确提出：“12月底前，‘2+26’城市均要安装10台（套）左右固定垂直式遥感监测设备、2台（套）移动式遥感监测设备，覆盖高排放车辆通行的主要道口，重点筛查柴油货车和高排放汽油车。北京市进京主要道口安装遥感监测设备。加快推进京津冀地区电子标识试点，加快遥感监测设备国家、省、市三级联网，12月底前完成。”为进一步细化机动车遥感监测网络建设工作要求，我部于2017年5月印发《“2+26”城市机动车遥感监测网络建设方案》，明确各地机动车遥感监测网络的建设内容、时间进度等，并要求“2017年8月底前，完成设备（含各地以前自行建设安装的机动车遥感监测设备）调试及联网运行，并完成验收”。此外，我们在加紧编制机动车遥感检测标准，将于近期发布。

为确保车辆在实际行驶过程中达标排放，我们在轻型车和重型车第六阶段排放标准中增加了实际行驶排放测试（RDE试验），将车载尾气检测设备（PEMS设备）安装到新车上，对车辆实际行驶时的排放进行检测。通过RDE试验将有效防止企业在新车排放检验中恶意作弊现象的发生。我们还制定了《重型柴油车、气体燃料车排气污染物车载测量方法及技术要求》，该标准规定了国四、国五机动车的车载测量方法和限值，为国四、国五机动车采用车载测量方法进行生产一致性监督检测提供了依据。目前，标准已完成专家审议工作，将于近期发布。

为加强在用车环保定期检验工作，2016年，我部会同公安部、国家认监委发布实施《关于进一步规范排放检验加强机动车环境监督管理工作的通知》，进一步明确在用车环保定期检验工作相关要求。

下一步，我们将从以下几个方面建立以遥感检测为核心的遥感检测、车载尾气检测、尾气年检三位一体的机动车尾气监管体系：一是进一步加快推动机动车遥感监测网络建设工作，尽快发布机动车遥感检测标准，并完成机动车遥感监测联网工作；二是加快重型车国六阶段排放标准和《重型柴油车、气体燃料车排气污染物车载测量方法及技术要求》的制修订工作，明确机动车车载尾气检测的方法和限值，并开展机动车生产一致性监督检查；三是加强在用车环保定期检验工作，督促各地按照要求，对在用车环保定期检验信息联网，通过大数据评估，对超标车辆集中的在用车环保检验机构进行重点监管。

二、关于利用大数据监管高污染车辆和超标车辆

我部十分重视机动车排放监管平台建设工作。《大气污染防治行动计划》提出建设国家、省、市三级机动车排污监管平台，我部在《通知》中进一步明确提出，加快推进全国机动车环保信息联网，推进建设国家、省、市三级联网的机动车排污监控平台。同时，我部发布《关于加快推进机动车排污监控平台建设和联网工作的通知》（环办大气函〔2016〕2101号），进一步明确联网的技术规范，要求京津冀及周边地区、长三角、珠三角等重点区域应在2016年底前完成联网，其他地区应在2017年底前完成联网。截至目前，京津冀、长三角、珠三角地区和部分省份已实现三级联网。各地已有2409个检测机构7585条检测线与国家平台联网，今年底其余2435个检测机构也将实现三级联网。

另外，《“2＋26”城市机动车遥感监测网络建设方案》明确提出，机动车遥感监测数据需要联网，并要求建设国家、省、市三级机动车遥感监测信息联网平台。为配合机动车遥感监测网络建设，我们也编制了《遥感监测信息系统联网规范（试行）》，要求各地环保部门充分开发机动车遥感监测网络的相关数据，对柴油车和高排放汽油车进行筛选，同时将超标情况突出的车型、生产企业和超标车辆集中的年检机构列为重点监管对象，加大对其监管力度和频次。

下一步，我们将从以下几个方面建立机动车排放监管大数据平台，利用大数据监管高污染车辆和超标车辆：一是加快在用车检验机构联网工作，2017年底前完成全国机动车环保信息联网，建成国家、省、市三级联网的机动车排放监控平台；二是加快机动车遥感监测网络建设，按照《“2＋26”城市机动车遥感监测网络建设方案》要求，加快机动车遥感监测网络和三级机动车遥感监测信息联网平台建设，实现机动车遥感监测联网；三是利用大数据统计分析，筛选超标情况突出的车型、生产企业和超标车辆集中的年检机构，为机动车环境监管提供数据支撑。

三、关于推动在用机动车超标排放处罚相关立法

2016年新实施的《大气污染防治法》进一步明确在用车超标排放处罚的相关要求。第53条规定，机动车排放未经检验合格的，公安机关交通管理部门不得核发安全技术检验合格标志。第113条规定，驾驶排放检验不合格的机动车上道路行驶的，由公安机关交通管理部门依法予以处罚。根据我部和公安部联合印发的《通知》要求，目前已经

实现安全检验合格标志和环保检验合格标志的两标合一，经过环保检验合格的车辆方可发放安全检验合格标志。《道路交通安全法》第95条规定，上道路行驶的机动车未放置检验合格标志的，公安机关交通管理部门应当扣留机动车并予以处罚。公安部交管局已下发通知，自今年5月1日起在交通违章处罚系统中增设超标排放处罚全国统一代码(6063)。

《大气污染防治法》第五十八条规定，国家建立机动车环境保护召回制度。目前，质检总局正会同我部研究制定机动车环保召回管理规定，明确和细化排放缺陷机动车的召回实施程序、监管手段、法律责任等。

《大气污染防治法》对机动车排放检验机构应具备的资质和违反法律规定应承担的责任做出明确规定。2016年，我部会同交通运输部、国家认监委开展在用机动车排放检验机构监督检查工作，对山东、广东等6省的11个城市进行重点督查，随机现场检查检验机构23家、检测线42条，并发文对存在问题的19家检验机构进行通报，责成省级环保部门对抽查中发现的问题机构进行约谈，情节严重的停业整顿、依法处罚，有关情况报国务院。

下一步，我们将从以下几个方面继续加强在用车监管工作：一是通过机动车排放监管平台和机动车遥感监测网络建设工作，及时将机动车环保不达标车辆信息与交管部门共享，配合交管部门对不达标车辆上路行驶行为依法进行处罚；二是配合质检部门研究制定机动车环保召回管理规定，推进机动车环保召回工作；三是强化在用车环保检验机构监管，联合质检部门加强排放检验机构资质认定，充分利用环检机构联网数据，依法严肃查处违法的排放检验机构，推进检验机构规范化运营，接受社会监督和责任倒查。

环境保护部

2017年7月15日

关于政协十二届全国委员会第五次会议第 3160 号提案答复的函

刘××等 37 位委员：

您们提出的“关于精准治霾　科学施策　确保实现‘气十条’阶段性目标的提案”，由我部会同农业部、交通运输部、国家能源局办理。经认真研究，答复如下：

您们在分析大气污染问题中科技因素的重要性、多种污染物协同减排等问题的基础上，提出了建立区域性大气环境管理机构、完善联防联控工作机制、强化区域和部门协调等建议，对我们做好相关工作具有积极意义。

一、关于发挥科技支撑作用，加强多种污染物协同减排（略）

二、关于大力防控农村和城乡结合部散煤和秸秆燃烧导致的季节性霾污染（略）

三、关于把机动车尾气污染防治放在更加突出位置

出台《加强“车、油、路”统筹加快推进机动车污染综合防治方案》，强化对机动车全过程控制。加快淘汰黄标车和老旧车，2014—2016 年累计淘汰 1620 多万辆。全面实施第五阶段机动车排放标准和清洁油品标准，发布第六阶段车用油品标准和轻型汽车排放标准。开展车用汽、柴油产品质量监督抽查，严厉查处生产销售不合格油品行为。开展船舶与港口污染控制，推进长三角、珠三角、环渤海船舶排放控制区建设，区域内船舶靠岸停泊期间使用含硫量低于 5000ppm 的燃油。从 2017 年 4 月底开始，天津港不再接收公路运输集港煤炭，大幅降低长途柴油车辆尾气和扬尘污染。实施重型柴油车在北京市六环路（含）管控措施，引导外埠过境重型柴油车绕行，组织京津冀周边地区开展重型柴油车专项执法检查；督促各地在用燃油和燃气出租车定期更换三元催化器。目前，重点区域机动车排污监控三级平台已联网，其他省份将于 2017 年底完成联网工作。《“2＋26”城市机动车遥感监测网络建设方案》已印发，推进“2＋26”城市安装配置 200 余套垂直固定式遥感监测设备和 40 余台移动式遥感监测车辆。《汽车污染物排放限值及测量方法（遥感检测法）》和《汽车遥感监测系统及联网规范》已完成征求意见，近期即将发布。

下一步，我部将会同有关部门严格落实大气污染防治法有关规定，加快完善“环保取证、公安处罚、交通维修”的在用车环境执法模式，推进建设国家、省、市三级机动车信息联网；严格实施新生产机动车环保信息公开制度，逐步开展环保达标查验；加大在用车环保检测机构管理，采取信息化等方式加大监管力度，严厉打击生产、销售假劣油品行为。

环境保护部

2017 年 7 月 15 日

2018 年

对十三届全国人大一次会议第 6433 号建议的答复

何××代表：

您提出的“关于从全国顶层设计出发建立实施汽车检测与维护（I/M）制度的建议”由我部、中宣部、交通运输部、公安部、财政部和原质检总局分别办理。经认真研究，就涉及我部职能部分答复如下：

大气污染防治法明确要求在用机动车排放大气污染物超过标准的，应当进行维修。建立汽车排放检测与强制维护（I/M）制度，能够对确保车辆达标排放、减少尾气污染、改善环境空气质量发挥重要作用。我部配合交通运输部等部门大力推进检验信息和维修信息联网，积极推进汽车排放检测与强制维护（I/M）的有效衔接。主要开展了以下工作：

一是加快修订在用车污染物排放标准。积极组织修订《点燃式发动机汽车排气污染物排放限值及测量方法（双怠速法及简易工况法）》（GB 18285—2005）和《车用压燃式发动机和压燃式发动机汽车排气烟度排放限值及测量方法》（GB 3847—2005）等两项国家在用机动车污染物排放标准，标准编制和相关技术论证工作现已全部完成，目前正在履行标准发布程序。新修订的国家标准在检测方法、排放限值、检测内容、数据及设备要求等方面进行了补充和修改完善，以满足当前机动车环境管理实际需要。

二是加快机动车排放检验信息三级联网。为确保排放检测与强制维护（I/M）制度有效建立，我部组织编制《在用机动车排放检验信息系统及联网规范（试行）》，印发《关于加快推进机动车排污监控平台建设和联网工作的通知》，加快推进机动车排污监控平台建设。截至 2017 年底，基本建成国家、省、市三级联网的机动车定期排放检验机构监控平台，为排放检测与强制维护（I/M）制度建立奠定了良好的网络信息基础。

三是强化对机动车排放检验机构监管执法。我部与国家认监委联合开展机动车检验机构专项监督检查，2017 年对 200 家机动车检验机构进行现场监督检查，对存在问题的进行通报，责成省级环保部门进行处理，情节严重的停业整顿、依法处罚。积极推行生态环境部门检测取证、公安交管部门实施处罚、交通运输部门监督维修的联合监管执法模式。2017 年，各级环保部门检查机动车排放检验机构 2.43 万次，开展高排放车专项整治，路检路查车辆 4090.9 万辆次。

四是研究出台排放检测与强制维护管理要求。2014 年 9 月，我部联合交通运输部等有关部门印发《关于促进汽车维修业转型升级提升服务质量的指导意见》，明确提出交通运输部门要会同环境保护部门，建立实施汽车检测与维护（I/M）制度，建立健全汽车检测与维护政策标准体系。2018 年 6 月，国务院印发《打赢蓝天保卫战三年行动计划》，明确提出实施在用汽车排放检测与强制维护（I/M）制度。同时，我部和交通运输部、公安部、市场监管总局正在起草《机动车排放检验与强制维修管理办法》，争取尽快发布。

您提出的从全国顶层设计出发建立实施汽车检测与维护（I/M）制度的建议，具有很强的针对性，对于深入推进机动车污染防治、打赢蓝天保卫战具有重要意义。下一步，我部将联合交通运输、公安、市场监管等有关部门，积极推进、全面建立在用汽车排放检测与强制维护（I/M）制度。

一是尽快修订发布在用车污染物排放国家标准。目前，在用车排放相关标准已经通过专家技术审查。我们将按照标准制修订发布程序，积极协调国家市场监管总局，加快标准发布进程，力争尽快发布实施，确保及时发现查处超标排放车辆，促进其进行维修治理，对于维修治理无法达标的车辆依法进行强制报废。

二是加大机动车和检验机构监管工作力度。推进建设全国互联互通的“天地车人”一体化的机动车排放监控平台，利用遥感监测数据、环保检验机构三级联网、重型柴油车 OBD 远程监控系统，以及现场路检路查和停放地监督抽测，通过大数据分析筛查超标严重车型。强化机动车环保检验机构监管执法，对监督检查发现的问题，依法进行严肃查处，建立定期检查、暗访暗查的长效监管机制，严厉打击机动车排放检验机构弄虚作假等违法行为。

三是尽快发布柴油货车污染治理攻坚战行动方案。为贯彻落实党中央、国务院坚决打好污染防治攻坚战、打赢蓝天保卫战战略部署，我部会同有关部门编制了《柴油货车污染治理攻坚战行动计划》，采取综合措施全面统筹“油、路、车”治理，坚持源头防范、综合治理，坚持标本兼治、严管重罚，以柴油车（机）达标排放为主线，实施清洁柴油车、清洁柴油机、清洁运输、清洁油品四大行动。我部将配合相关部门加快推进落实在用车排放检测与强制维护制度，逐步提高柴油车达标排放水平。

生态环境部

2018 年 7 月 31 日

对十三届全国人大一次会议第 5862 号建议的答复

谭××等 8 位代表：

你们提出的“关于加快推进实施道路国Ⅵ阶段排放标准的建议”由我部办理。经认真研究，答复如下：

近年来我国机动车保有量快速增长，产销量已连续九年保持世界第一。2017 年产、销量分别达到 2901.5 万辆、2887.9 万辆，均占全世界的 30%左右。全国机动车保有量已达到 3.10 亿辆，其中汽车 2.17 亿辆。汽车保有量仍在以每年 2000 多万辆的速度增加，预计将在 2020 年位居世界第一。由此带来的机动车污染物排放量居高不下，四项污染物排放量达到 4000 多万吨，已成为大气污染的重要来源。细颗粒物源解析表明，北京、上海、广州、深圳等特大型城市的移动源排放已成为细颗粒物的首要来源，占比分别为 45%、29.2%、21.7%和 52.1%。

新生产机动车环境管理是源头防控污染排放的重要措施。我国主要通过制定和实施国家机动车污染物排放标准，从设计、定型、批量生产、销售等环节加强环境监管，保证机动车能够稳定达到排放标准要求。2001 年，机动车国一排放标准开始实施，经过 17 年的发展，目前已经全面实施国五排放标准，单车污染物排放降低 90%以上，有效促进了汽车行业技术升级。制定和实施国家机动车污染物排放标准，能有效降低机动车排放污染、治理城市雾霾、改善空气质量。你们提出的关于加快发布机动车国六排放标准、鼓励地方提前实施机动车国六排放标准、强化新生产机动车环境执法监管的建议与我们工作思路一致。

一、关于加快发布机动车国六排放标准

为进一步强化机动车污染防治工作，从源头减少排放，落实《国民经济和社会发展第十三个五年规划纲要》有关“实施国Ⅵ排放标准和相应油品标准”的要求，2016 年 12 月 23 日我部、原国家质检总局联合发布《轻型汽车污染物排放限值及测量方法（中国第六阶段）》（GB 18352.6—2016），2018 年 6 月 22 日我部、市场监管总局联合发布《重型柴油车污染物排放限值及测量方法（中国第六阶段）》（GB 17691—2018）。上述标准改变了以往等效转化国际标准的方式，根据我国大气环境管理需求，充分考虑行业最先进技术水平，总体要求严格。在标准编制过程中，我部反复与汽车行业沟通协调，取得了汽车行业的认可和支持。

下一步，我部将继续推进完善新生产机动车排放标准体系，加快修订《重型车用汽油发动机与汽车排气污染物排放限值及测量方法（中国Ⅲ、Ⅳ阶段）》（GB 14762—2008）等标准，同时开展下一阶段机动车排放标准研究，从源头防治机动车污染。

二、关于鼓励地方提前实施机动车国六排放标准

为推动具备条件的地区按照《中华人民共和国大气污染防治法》的要求提前实施机动车国六排放标准，国务院《打赢蓝天保卫战三年行动计划》明确提出，2019 年 7 月 1

日起，重点区域、珠三角地区、成渝地区提前实施机动车国六排放标准。在此之前，河北、海南、深圳已明确提前实施国六标准时间表，广东、江苏、河南也宣布将提前实施国六标准。下一步，我部将积极推动重点区域、珠三角地区、成渝地区提前实施国六排放标准情况，并鼓励其他有条件的地区提前实施。

三、关于强化新生产机动车环境执法监管

经过近两年的精心细致工作，按照行政处罚法和《环境行政处罚办法》的处罚程序，经过立案、调查取证、听证告知、召开听证会、法律审查、决定、送达等程序，2017年底我部对山东凯马汽车制造有限公司和山东唐骏欧铃汽车制造有限公司生产销售不达标车辆的违法行为实施行政处罚，罚款金额超过3800万元。这是新大气污染防治法实施后，对汽车生产企业开出的第一单，也是生态环境部门处罚金额最大的一单，体现了生态环境部门对机动车生产企业的严格监管。

下一步，我部将依法采取更积极、更主动的措施，持续加大新生产机动车监管力度，严厉打击新生产销售机动车环保不达标等违法行为。严格新车环保装置检验，在新车销售、检验、登记等场所开展环保装置抽查，保证新车环保装置生产一致性。构建全国机动车超标排放信息数据库，溯源超标排放机动车生产和进口企业、注册登记地、排放检验机构、维修单位、运输企业等，实现全链条监管。

生态环境部

2018年7月31日

对十三届全国人大一次会议第 4192 号建议的答复

李××代表：

您提出的“关于统一实行机动车环保排放标准的建议”由我部会同工业和信息化部办理。经认真研究，答复如下：

近年来我国机动车保有量快速增长，产销量已连续九年保持世界第一。2017 年产、销量分别达到 2901.5 万辆、2887.9 万辆，均占全世界的 30%左右。全国机动车保有量已达到 3.10 亿辆，其中汽车 2.17 亿辆。汽车保有量仍在以每年 2000 多万辆的速度增加，预计将在 2020 年位居世界第一。由此带来的机动车污染物排放量居高不下，四项污染物排放量达到 4000 多万吨，已成为大气污染的重要来源。细颗粒物源解析表明，北京、上海、广州、深圳等特大型城市的移动源排放已成为细颗粒物的首要来源，占比分别为 45%、29.2%、21.7%和 52.1%。中共中央、国务院《关于全面加强生态环境保护坚决打好污染防治攻坚战的意见》和国务院《打赢蓝天保卫战三年行动计划》都提出强化机动车污染防治的相关要求。

新生产机动车环境管理是源头防控污染排放的重要措施。我国对新生产机动车，主要通过制定和实施国家机动车污染物排放标准，从设计、定型、批量生产、销售等环节加强环境监管，保证机动车能够稳定达到排放标准要求。2001 年，机动车国一排放标准开始实施，经过 17 年的发展，目前已经全面实施国五排放标准，单车污染物排放降低 90%以上，有效促进了汽车行业技术升级。制定和实施国家机动车大气污染物排放标准，对于降低机动车排放污染、治理城市雾霾、改善空气质量非常重要。

2015 年 8 月 29 日，第十二届全国人民代表大会常务委员会第十六次会议审议通过修订《中华人民共和国大气污染防治法》。第五十条提出“省、自治区、直辖市人民政府可以在条件具备的地区，提前执行国家机动车大气污染物排放标准中相应阶段排放限值”。因此，提前实施机动车大气污染物排放标准是法律赋予省、自治区、直辖市人民政府的权力。

下一步，我部、工业和信息化部等相关部门将全面贯彻落实《中华人民共和国大气污染防治法》和党中央、国务院关于打赢蓝天保卫战决策部署，加大机动车污染防治工作力度，从机动车设计、生产制造、销售、注册登记、使用、转移、定期检验、维修和报废等各个环节，加强全方位管控。同时，在制定和实施机动车大气污染排放物标准的过程中，加大与企业沟通力度，努力使标准与我国机动车排放技术水平相适应，并通过标准推动行业升级进步。

生态环境部

2018 年 8 月 6 日

对十三届全国人大一次会议第 5856 号建议的答复

贺×等 2 位代表：

你们提出的“关于尽快实施‘清洁柴油机行动计划’的建议”，由我部会同工业和信息化部、交通运输部、农业农村部、市场监管总局办理。经认真研究，答复如下：

当前，我国移动源污染问题日益突出，已成为空气污染的重要来源。特别是北京、上海等特大型城市以及东部人口密集区，移动源对细颗粒物（$PM_{2.5}$）浓度的贡献高达 20%至 50%。在极端不利的气象条件下，贡献率会更高。同时，由于机动车大多行驶在人口密集区域，尾气排放直接威胁群众健康。

您提出的加快实施更严格的柴油机排放标准、建立全覆盖的重型货车在线监控网络、加强市场监管，保证车用柴油和车用尿素质量、加快推进非道路柴油机排放控制等建议，针对性、操作性都很强，对于深入推进机动车污染防治、打好柴油货车污染治理攻坚战具有重要指导意义。近年来，我们加强机动车污染防治，积极推动开展了相关工作。

一是升级非道路移动机械排放标准。发布《非道路移动机械用柴油机排气污染物排放限值及测量方法（中国第三、四阶段）》（GB 20891—2014）国家标准。2015 年 10 月 1 日起，非道路移动机械用柴油机排气污染物实施第三阶段排放要求；2016 年 4 月 1 日起，除农用机械外，其余非道路移动机械不得再装用不符合第三阶段要求的柴油机；2016 年 12 月 1 日起，所有农用机械也必须装用符合第三阶段要求的柴油机。

二是提升在用车环境监控能力。建成国家-省-市三级联网的机动车定期排放检验机构监控平台，对机动车排放检验机构实现实时监控。发布柴油车遥感监测标准，推动各地依法积极开展遥感监测设施建设，对道路行驶高排放车辆进行筛选。目前，全国已建成机动车遥感监测设施 260 多台（套），其中京津冀及周边地区 126 台（套）。

三是加快提升车用燃油品质。2017 年 10 月 1 日起，京津冀大气污染传输通道“2+26”城市提前全面供应国六标准车用汽、柴油。2017 年 11 月 1 日起，全国供应与国Ⅴ标准车用柴油相同硫含量的普通柴油（以下简称国Ⅴ标准普通柴油），停止销售低于国Ⅴ标准普通柴油。各地加大对市售油品和车用尿素质量抽检力度，依法查处生产、销售质量不合格油品和车用尿素违法行为，严厉打击黑加油站点。

四是加大机动车环境监管执法力度。各地加大对机动车排放检验机构的监督检查力度，2017 年全国共检查 2.43 万家（次），处罚违规检验机构 875 家，其中停业整顿 639 家，罚款 1881.02 万元；开展高排放车专项整治，共检查 4090.9 万辆次，发现超标车 188.1 万辆次。对生产排放超标机动车和污染控制装置弄虚作假的山东凯马汽车制造有限公司、山东唐骏欧铃汽车制造有限公司，实施行政处罚 3800 多万元。

下一步，我们将全面贯彻落实党中央、国务院关于打赢蓝天保卫战决策部署，把您提出的重要建议纳入我部正在制定的柴油货车污染治理攻坚战行动方案中，积极开展督查工作，确保落实到位。

一是加快实施更严格的柴油车（机）排放标准。尽快修订发布全国非道路移动机械及柴油机第四阶段排放标准，推动大气污染防治重点地区提前实施机动车国六排放标准。配合相关部门积极推进后处理电控系统研究开发，补齐后处理技术应用短板，做好柴油车排放标准升级技术支撑。采取经济补偿、限制使用、严格超标排放监管等方式，大力推进国三及以下排放标准营运柴油货车提前淘汰更新。

二是加大监管力度，确保油品质量。配合相关部门，加大生产、销售、存储、使用环节车用油品、车用尿素抽检力度，重点加大社会民营加油站、非经营性加油站抽检力度，严厉查处成品油经营者销售假冒伪劣油品、商标侵权等违法违规行为，切实维护良好的成品油市场秩序。市场监管、能源、生态环境、商务等部门加强协作，互通执法信息、开展联合执法，形成标本兼治、惩建并举、综合治理的工作格局。自 2019 年 1 月 1 日起，全国全面供应符合国六标准的车用汽、柴油，禁止销售普通柴油和低于国六标准的车用汽、柴油，实现车用柴油、普通柴油、部分船舶用油“三油并轨”。

三是严格机动车环境监管执法。加强新生产柴油车环保达标监管，在注册登记环节开展环保信息公开情况检查，确保车辆配置达标。构建全国机动车超标排放信息数据库，追溯超标排放机动车生产和进口企业、注册登记地、排放检验机构、维修单位、运输企业等，实现全链条监管。推进老旧柴油车深度治理，具备条件的安装污染控制装置、配备实时排放监控终端，并与生态环境等有关部门联网，协同控制颗粒物和氮氧化物排放。

四是加强非道路移动源监管力度。开展非道路移动机械摸底调查，划定非道路移动机械低排放控制区，严格管控高排放非道路移动机械，重点区域 2019 年底前完成。鼓励优先使用新能源非道路移动机械；严格实施非道路移动机械烟度排放标准，强化在用机械环保达标监督管理，加快老旧机械淘汰。农业农村部门将修订完善《农业机械试验鉴定办法》，加强农机推广鉴定管理，限制高能耗、高污染产品进入农机购置补贴目录。市场监管部门将科学制定内燃机产品实施细则，坚决淘汰落后设备、工艺和产品，提高产品质量稳定性，支持企业实施技术改造、产品升级和兼并重组。

五是减少船舶排放对大气污染的贡献。持续推动港口和船舶大气污染物排放状况研究，制定船舶排放清单编制指南；利用全国第二次污染源普查全面调查船舶大气污染物排放状况；推动扩展船舶排放控制区范围，覆盖沿海主要港口；推动有关部门加大对船舶用燃油质量的监督检查和处罚力度。严格实施船舶发动机第一阶段国家排放标准，提前实施第二阶段排放标准。严禁新建不达标船舶进入运输市场。加快港口岸电设备设施建设和船舶受电设施设备改造，相关改造项目纳入环评审批绿色通道。全国主要港口和船舶排放控制区内的港口，靠港船舶优先使用岸电。

生态环境部

2018 年 8 月 31 日

对十三届全国人大一次会议第 4711 号建议的答复

温×代表：

您提出的“关于精准发力，加快推进绿色发展，坚决打赢蓝天保卫战的建议”，由我部会同发展改革委、工业和信息化部、财政部、住房城乡建设部、交通运输部、农业农村部、能源局办理。经认真研究，答复如下：

正如您在建议中提到的，打赢蓝天保卫战，是党的十九大作出的重大决策部署，事关满足人民日益增长的美好生活需要。近年来，我们认真贯彻党中央、国务院决策部署，推动实施《大气污染防治行动计划》，取得积极成效。2018 年 7 月，国务院印发《打赢蓝天保卫战三年行动计划》，从顶层设计上提出了打赢蓝天保卫战的时间表和路线图，明确了大气污染防治工作的总体思路、基本目标、主要任务和保障措施。下一步，我们将深入落实行动计划要求，大力调整优化产业结构、能源结构、运输结构和用地结构，强化区域联防联控，狠抓秋冬季污染治理，推动大气环境质量持续改善，不断增强人民群众的获得感。

一、关于精准施策，“点、线、面”系统管控

一是积极应对重污染天气。（略）

二是加大臭氧污染防控力度。（略）

三是调整优化产业结构。（略）

四是推动调整交通运输结构。发展改革委会同有关部门研究编制《“十三五”现代综合交通运输体系发展规划》《关于推动交通提质增效提升供给服务能力的实施方案》，明确提出大力推广联程联运，打通进港铁路“最后一公里”。我部会同交通运输部等推进环渤海港口停止接收柴油车运输集疏港煤炭，天津港自 2017 年 5 月 1 日起，山东、河北沿渤海港口自 2017 年 9 月底起不再接收柴油货车运输煤炭。

五是强化城乡环境综合管控。（略）

下一步，我部将会同相关部门继续强化环境空气质量区域预报中心能力建设，一旦预测到可能出现大范围长时间重污染天气过程，及时组织开展区域应急联动，有效应对重污染天气。继续有效推进北方地区清洁取暖。大力削减 NO_x 和 VOCs 排放，协同控制 $PM_{2.5}$ 污染与臭氧污染。配合财政部等部门研究将 VOCs 纳入环境保护税征收范围。充分发挥热点网格监管和公众监督作用，加强环境监管执法，严厉打击违法排污行为。配合有关部门持续推进产业结构调整，加快推进运输结构调整，推进秸秆综合利用和畜禽粪污资源化利用。

二、关于重点突破，加快构建绿色公交体系

2017 年，交通运输部制定《关于全面深入推进绿色交通发展的意见》，提出实施高效清洁运输装备升级工程，在城市公交、出租汽车、汽车租赁、城市物流配送、邮政快递、港口和机场服务等领域优先使用新能源汽车。会同财政部等出台完善城市公交车成

品油价格补助政策，将油价补助数额与新能源公交车推广应用数量挂钩。分三批确定87个城市开展国家公交都市示范工程建设。截至2017年底，交通运输行业新能源汽车推广应用总量超过35万辆，其中，新能源公交车超过25万辆，占全国公共汽车总量的近40%。

下一步，我们将以开展绿色交通行动为契机，推进船舶能源清洁化。推动更好利用轨道交通网络效益、集约绿色、安全准时、快捷高效等优势，提升运输服务水平，支撑绿色公交体系建设。

三、关于源头降耗，全力推进绿色用能体系（略）

生态环境部

2018年9月6日

对十三届全国人大一次会议第5013号建议的答复

徐××等6位代表：

你们提出的“关于控制汽车尾气排放，防治城市大气污染的建议”由我部会同发展改革委、工业和信息化部、交通运输部办理。经认真研究，答复如下：

近年来我国机动车保有量快速增长，产销量已连续九年保持世界第一。2017年产、销量分别达到2901.5万辆、2887.9万辆，均占全世界的30%左右。全国机动车保有量已达到3.1亿辆，其中汽车2.17亿辆。由此带来的机动车污染物排放量居高不下，四项污染物排放量达到4000多万吨，已成为大气污染的重要来源。细颗粒物源解析表明，北京、上海、广州、深圳等特大型城市的移动源排放已成为细颗粒物的首要来源，占比分别为45%、29.2%、21.7%和52.1%。

为切实解决机动车排放污染问题，近年来各有关部门不断加大污染治理力度，提升油品和机动车排放标准，加快淘汰高排放黄标车和老旧车，强化新生产和在用机动车执法监管，大力推进新能源汽车生产使用，积极调整交通运输结构，已取得一定成效。你们提出的关于大力发展新能源汽车、优先发展公共交通、更换催化器的建议，与我们工作思路高度契合。

一、关于大力发展新能源汽车

为支持社会资本和具有技术创新能力的企业参与新能源汽车研发制造，经国务院同意，2015年7月，发展改革委会同工业和信息化部发布实施了《新建纯电动乘用车企业管理规定》，其中新建企业投资项目投资总额和生产规模不受《汽车产业发展政策》有关最低要求限制，由投资主体自行决定。截至目前，发展改革委核准了15家专注于纯电动乘用车研发制造的新建企业投资项目。为适应我国汽车特别是新能源汽车发展新形势，深化投资管理改革，发展改革委正在制定《汽车产业投资管理规定（征求意见稿）》，将进一步完善新能源汽车投资项目准入标准，深入推进“放管服”改革，提高产业整体技术水平。

二、关于优先发展公共交通

在推动公共行业新能源汽车应用方面。交通运输部印发《关于全面深入推进绿色交通发展的意见》，提出实施高效清洁运输装备升级工程，在城市公交、出租汽车、汽车租赁等领域优先使用新能源汽车，开展国家公交都市示范工程建设。交通运输部会同财政等部门完善城市公交车成品油价格补贴政策，将油价补贴数额与新能源公交车推广应用数量挂钩。

在鼓励优化发展城市轨道交通方面。发展改革委会同有关部门支持符合条件的城市发展城市轨道交通，始终坚持“量力而行、有序发展”的方针，按照统筹衔接、经济适用、便捷高效和安全可靠的原则，支持地方推进城市轨道交通与高速铁路、城际铁路、市域（郊）铁路融合发展；加强与铁路客站、机场、汽车客运站等站点无缝衔接，充分运用现代信息技术，推进各种方式信息共享，打造零距离换乘的综合客运枢纽；要求地方强化公共交通接驳，实现城内市外交通无缝化连接，站内站外换乘一体化衔接，形成分工合理、衔接顺畅、绿色高效的城市交通网络。交通运输部印发《城市轨道交通运营管理规定》，从运营基础要求、运营服务、安全支撑保障、应急处置等方面，明确了城市轨道交通运营管理的政策措施。

下一步，我部将积极配合发展改革委、交通运输部等部门优化城市功能和布局规划，实施公交优先战略，提高公共交通出行比例，降低城市机动车大气污染物排放，改善城市环境空气质量。

三、关于更换过期催化器

《大气污染防治行动计划》要求有条件的城市定期更换出租车三元催化装置。据了解，北京、上海等地已经出台更换出租车三元催化装置的相关政策。我部通过提高新车环保耐久性要求、严格在用车排放检验等措施强化机动车污染防治。

一是积极推进机动车排放标准升级，提高新车环保耐久性要求。2016 年 12 月，我部会同原质检总局联合发布《轻型汽车污染物排放限值及测量方法（中国第六阶段）》（以下简称《轻型车国六标准》），规定 6b 阶段耐久性里程 20 万公里，严于欧洲现阶段要求，与美国现阶段要求一致。2018 年 6 月 22 日，我部会同市场监管总局联合发布《重型柴油车污染物排放限值及测量方法（中国第六阶段）》（以下简称《重型车国六标准》），规定根据车重不同耐久性里程为 20 万～70 万公里，严于欧洲、美国现阶段要求。统计分析发现，我国非营运车辆车龄主要分布在 12 年以内，累积行驶里程约 16 万公里；柴油货车等营运车辆车龄 6 年左右，累积行驶里程约 60 万公里，《轻型车国六标准》和《重型车国六标准》耐久性里程要求基本能够覆盖我国车辆行驶里程。

二是严格检验识别后处理装置失效车辆，确保上路行驶的车辆达标排放。2016 年 7 月，我部会同公安等部门印发《关于进一步规范排放检验　加强机动车环境监督管理工作的通知》，提出严格执行机动车排放检验制度、优化机动车排放和安全技术检验流程、加强排放检验信息联网核查、加强排放检验机构监督管理等要求，通过严格排气检验发现后处理装置老化失效车辆，要求超标车辆在更换后处理装置或进行相应维修检验合格后方可上路行驶。2017 年 7 月，我部发布《在用柴油车排气污染物测量方法及技术要求（遥感检测法）》（HJ 845—2017），实时发现在道路上实际行驶柴油车的排放超标问题，督促车辆更换后处理装置或进行相应维修。

下一步，我部将继续加强新车环保达标监管，确保新车达标排放，并符合耐久性要求。加大机动车排放检验机构监督管理，加快建设包括在用车排放检验、遥感监测和路检路查数据的监管平台建设，严格禁止后处理装置老化失效的不达标车辆上路行驶。推动建立机动车排放检验/维修制度（I/M 制度），确保超标车辆在更换后处理装置或进行相应维修检验合格后方可上路行驶。鼓励各地出台政策定期更换出租车等营运车辆催化转化器。

生态环境部

2018 年 9 月 8 日

关于政协十三届全国委员会第一次会议第 2114 号提案答复的函

余××委员：

您提出的关于制定在用机动船舶大气排放标准加强船舶大气污染防治的提案收悉。现答复如下：

一、关于全国统一制定在用船舶大气污染物排放标准的建议

原环境保护部和原质检总局联合发布的《船舶发动机排气污染物排放限值及测量方法（中国第一、二阶段）》（GB 15097—2016），提出了 37kW 以上的船舶发动机排气 CO、HC、NO_x、CH_4、PM 等的排放限值，并通过实施标准，加强型式核准、生产一致性检查、在用符合性检查等措施，强化船舶大气污染物排放管控。我部积极配合标准的实施，进一步加强船舶检验管理和在用船舶排放状况达标监管，督促标准适用船舶安装、使用符合环保要求的发动机，持续提升我国内河船舶排放控制水平。此外，生态环境部已将船舶大气污染物排放纳入第二次全国污染源普查范围，并会同我部开展了船舶和港口大气污染物排放专题研究，将根据我国船舶大气污染物排放实际情况和国际先进经验，研究编制符合我国实际的船舶排放清单，并不断修订船舶排气污染物排放标准。

二、关于建立在用船舶大气污染物检测体系的建议

我部高度重视船舶污染监测体系建设，已委托相关科研机构开展了船舶大气污染物排放的遥测监管技术研究，探索利用嗅探、激光雷达、差分光谱等技术装备建立“水陆空”立体综合船舶污染监管系统的可行性与技术方法，并在部分沿海（上海、宁波）和内河（杭州、嘉兴）水域进行了实地试验。

为摸清船舶污染物排放底数，我部正在组织船舶排放系数测试专题研究项目，开展船舶大气污染物排放因子实船监测工作，测试典型代表船舶的排放系数，该项目将逐步摸清我国船舶污染排放特征，为船舶污染监测体系建设和污染防治工作提供支撑。

三、关于推进在用船舶大气污染治理及淘汰工作的建议

我部高度重视航运转型升级和绿色发展，依法强制报废超过使用年限的船舶，继续落实老旧运输船舶提前报废更新政策。2014 年，我部发布了《内河运输船舶标准化管理规定》，并联合财政部和 18 个省市人民政府，实施了内河船型标准化补助政策，鼓励采用先进适用的水路运输船舶和技术、推动老旧船舶退出市场。截至 2017 年底，全国共完成拆解改造内河船舶 43000 余艘，约占内河船舶总数的 30%，其中拆解老旧运输船舶 13776 艘，拆解小吨位过闸船舶 7199 艘，拆解或改造单壳液货船 798 艘。通过实施内河船型标准补助政策，全国内河运输船舶平均吨位较 2013 年提高 49%，内河运输船舶平均船龄降至 10 年左右，长江干线货船平均吨位较 2013 年提高近 40%。下一步，

我部将继续加强政策引导和监督管理，继续推进内河船型标准化，不断优化船舶运力结构，严禁新建不达标船舶进入运输市场等措施，持续提升内河船舶安全和防污染水平。

同时，我部还开展了船舶与港口污染防控技术方向和技术政策研究专题项目，在对国内外船舶港口污染控制技术现状和发展方向进行科学分析的基础上，已将“船舶大气污染控制技术”列为重点方向，下一步将加大对船舶大气污染物处理技术研发的支持力度，逐步建立有关技术和标准体系。

四、关于综合运用其他船舶大气污染防治手段的建议

（一）加大岸电推广建设力度

国家能源局于 2016 年联合国家发展改革委、财政部、交通运输部等印发了推进电能替代的指导意见，明确在沿海、沿江、沿河港口码头推广靠港船舶使用岸电和电驱动货物装卸，并给予配电网建设、电力直接交易等方面的政策支持。2017 年，我部印发了《港口岸电布局方案》，对内河港口岸电建设提出了明确目标，并积极争取中央财政资金对 2016—2018 年港口岸电设施建设和船舶受电设施改造进行扶持。在财政政策支持下，2017 年我部会同财政部完成了第一批靠港船舶使用岸电项目资金奖励工作，共安排中央车购税补助资金 2 亿元，对 56 个港口和船舶岸电接收设施建设改造项目给予了资金奖励，2017—2018 年将分两批建设完成 245 个岸电项目。上海、江苏、浙江等地也配套出台了地方支持政策，鼓励岸电设施建设和使用。2017 年 9 月，我部与国家能源局、国家电网公司等单位签署了共同推进靠港船舶使用岸电战略合作框架协议，下一步将着力推动岸电电价、电力直接交易、财政补贴及智能化服务等方面的政策支持，进一步增加靠港船舶使用岸电比例。

（二）加快船用油品升级，加大船用油品监管力度

为加强船用燃油供应保障和监管，我部会同国家发展改革委、财政部等十三个部门于 2017 年出台了加强船用低硫燃油供应保障和联合监管的指导意见，就建立船用低硫燃油基本供应保障制度、加大船用燃油监管力度和加强监管部门协作等方面提出了具体要求。目前，各相关部委正在推进建立船用燃油生产、流通和使用环节的多部门联合执法制度和信用惩戒制度，开展联合执法，打击不合规船用燃料油进入流通市场的违法行为。国家能源局按照《加快成品油质量升级工作方案》，于 2017 年印发了做好全国全面供应硫含量不大于 10ppm 普通柴油有关工作的通知，要求各省（区、市）政府组织职能部门适时开展联合监管和执法，加大对重点炼厂、城乡结合部和农村加油站点的监督检查力度，进一步清理整治非法炼油调油窝点、非法柴油销售点和非法流动加油罐车，加大监管和处罚力度，确保油品质量升级取得实效。

为提升对船用燃油的执法监管效能，我部争取财政资金支持，为沿海排放控制区海事管理机构配备了首批船用燃油快速检测设备，目前正组织开展第二期船用燃油快速检测设备的配备工作，将重点满足内河水域船用燃油监管需求。

五、下一步工作

我部将深入贯彻党中央关于加强生态文明建设、推动长江经济带发展等决策部署和

习近平总书记在深入推动长江经济带发展座谈会、全国生态环境保护大会上的重要讲话精神，结合您所提建议，进一步采取有效措施，不断完善船舶大气污染防治体系，扎实推进《船舶与港口污染防治专项行动实施方案（2015—2020年）》《长江经济带船舶污染防治专项治理工作方案》等的实施，全面提升船舶大气污染防治水平，坚决打好蓝天保卫战和污染防治攻坚战。同时，我部将坚持生态优先、绿色发展，积极会同有关部门和单位加快制度创新和供给侧结构性调整，继续全面推进航运绿色、循环、低碳、可持续发展，协同打好生态文明建设持久战，服务国家生态文明建设和长江经济带发展战略稳步推进。

交通运输部海事局

2018年6月26日

关于政协十三届全国委员会第一次会议第0259号提案答复的函

张×委员：

您提出的关于进一步加强内河船舶污染防治的提案收悉。现答复如下：

一、关于建立全国内河船舶基础信息管理系统的建议

为保障船舶航行安全、加强船舶安全和防污染管理工作，我部大力推进船舶自动识别系统（AIS）在国内船舶的普及和应用。截至2017年底，我国内河AIS系统共建成4个水系管理中心、16个省级中心和382座内河岸台，实现了内河四级以上航道的AIS系统全覆盖。2017年，海事管理机构还开展了国内航行船舶AIS设备安装配备和使用专项监督检查，进一步规范船舶AIS安装和使用行为。

我部在会同生态环境部开展船舶排放清单编制研究中，已将船舶AIS数据进行了共享。下一步，我部将根据实际应用情况，继续加强内河船舶AIS系统建设，并研究通过与有关部门和单位的合作机制，共享监管信息，共同加强船舶安全和防污染管理工作。

二、关于加快提升内河船舶排放控制水平的建议

我部于2015年发布了《珠三角、长三角、环渤海（京津冀）水域船舶排放控制区实施方案》，覆盖上述区域部分内河通航水域。从排放控制区政策实施以来的环境监测数据看，施行排放控制的港口空气质量持续向好，部分港区硫氧化物的降幅明显。如上海市2016年4月至2017年底，平均二氧化硫浓度较同期下降26.2%，港区附近下降更为显著。

目前，我部已开展排放控制区实施效果评估，正研究制定排放控制区范围调整方案。我部已充分考虑内河船舶污染防治需求，将在排放控制区范围调整方案中有所体现，并适当提升内河船舶排放控制要求。为提升对内河船用燃油的执法监管效能，我部已争取财政资金支持，组织开展第二期船用燃油快速检测装备的配备工作。我部还积极会同生态环境部、国家能源局等开展了船用燃料油有关国家标准的调整和修订工作，将进一步提升内河船舶排放控制要求。

《船舶发动机排气污染物排放限值及测量方法（中国第一、二阶段）》（GB 15097—2016）主要针对新定型和新生产的船用发动机，其第一、二阶段将分别于2018年7月1日和2021年7月1日起实施。标准实施后有望大幅降低船舶发动机氮氧化物和颗粒物排放水平，提升我国内河船舶排放控制水平。我部将积极配合标准的实施，进一步加强船舶检验管理，督促标准适用船舶安装、使用符合环保要求的发动机。

三、关于强化老旧内河船舶淘汰和治理的建议

我部高度重视内河水运转型升级和绿色发展，依法强制报废超过使用年限的船舶，

继续落实老旧运输船舶和单壳油轮提前报废更新政策。我部于 2014 年发布了《内河运输船舶标准化管理规定》，并联合财政部和 18 个省市人民政府，实施了内河船型标准化补助政策，鼓励采用先进适用的水路运输船舶和技术、推动老旧船舶退出市场。自政策实施以来，截至 2017 年底，全国共完成拆解改造内河船舶 43000 余艘，约占内河船舶总数的 30%，其中拆解小吨位过闸船舶 7199 艘，拆解或改造单壳液货船 798 艘，开展船舶生活污水系统改造 22060 艘，拆解老旧运输船舶 13776 艘。通过实施内河船型标准补助政策，全国内河运输船舶平均吨位较 2013 年提高 49%，内河运输船舶平均船龄降至 10 年左右。

下一步，我部将通过加强政策引导和监督管理，继续推进内河船型标准化，不断优化内河船舶运力结构，严禁新建不达标船舶进入运输市场等措施，持续提升内河船舶安全和防污染水平。

四、关于加强船用油品质量监测监管的建议

为加强船用燃油供应保障和监管，2017 年我部会同国家发展改革委、财政部等十三个部门印发了加强船用低硫燃油供应保障和联合监管的指导意见，就建立船用低硫燃油基本供应保障制度、加大船用燃油监管力度和加强监管部门协作等方面提出了具体要求，目前正在推进建立船用燃油生产、流通和使用环节的多部门联合执法制度和信用惩戒制度，开展联合执法，打击不合规船用燃料油进入流通市场的违法行为。

国家能源局按照《加快成品油质量升级工作方案》，于 2017 年印发了做好全国全面供应硫含量不大于 10ppm 普通柴油有关工作的通知，要求各省（区、市）组织职能部门适时开展联合监管和执法，加大对重点炼厂、城乡结合部和农村加油站点的监督检查力度，进一步清理整治非法炼油调油窝点、非法柴油销售点和非法流动加油罐车，加大监管和处罚力度，确保油品质量升级取得实效。

五、关于加强清洁能源在内河船舶方面推广应用的建议

我部 2013 年发布了推进水运行业应用液化天然气的指导意见，并先后编制发布了《液化天然气码头设计规范》《液化天然气加注码头设计规范（试行）》《液化天然气燃料加注船舶法定检验暂行规则》《天然气燃料动力船舶法定检验暂行规则（2018）》等标准规范，基本建立了水运行业应用液化天然气的标准体系。2017 年，我部制定发布了《长江干线京杭运河西江航运干线液化天然气加注码头布局方案（2017—2025 年）》，指导加强 LNG 加气码头合理布局建设。为加强示范引领作用，我部遴选发布了两批共 24 个水运 LNG 试点应用示范项目，覆盖上海、江苏、安徽、湖北、江西、湖南、重庆等多个长江沿线省市。截至 2017 年底，长江经济带已建成 LNG 动力船舶近 230 艘，内河船用 LNG 加注站 18 座，内河水运绿色发展和液化天然气应用工作有序推进。

国家能源局于 2016 年联合国家发展改革委、财政部、交通运输部等印发了推进电能替代的指导意见，明确在沿海、沿江、沿河港口码头推广靠港船舶使用岸电和电驱动货物装卸，并给予配电网建设、电力直接交易等方面的政策支持。2017 年，我部印发了《港口岸电布局方案》，对内河港口岸电建设提出了明确目标，并积极争取中央财政

资金对2016—2018年港口岸电设施建设和船舶受电设施改造进行扶持。上海、江苏、浙江等地也配套出台了地方支持政策，鼓励岸电设施建设和使用。2017年9月，我部与国家能源局、国家电网公司等单位签署了共同推进靠港船舶使用岸电战略合作框架协议，下一步将着力推动岸电电价、电力直接交易、财政补贴及智能化服务等方面的政策支持，进一步增加靠港船舶使用岸电比例。

六、下一步工作

我部将深入贯彻党中央关于加强生态文明建设、推动长江经济带发展等决策部署和习近平总书记在深入推动长江经济带发展座谈会、全国生态环境保护大会上的重要讲话精神，结合您所提建议，进一步采取有效措施，以减少污染物排放和强化污染物处置为核心，不断完善内河船舶污染防治管理体系，扎实推进《船舶与港口污染防治专项行动实施方案（2015—2020年）》《长江经济带船舶污染防治专项治理工作方案》等的实施，全面提升内河船舶污染防治和风险管控水平，坚决打好污染防治攻坚战。同时，我部将坚持生态优先、绿色发展，积极会同有关部门和单位加快制度创新和供给侧结构性改革，全面推进内河航运绿色、循环、低碳、可持续发展，协同打好生态文明建设持久战，服务国家生态文明建设和长江经济带发展战略稳步推进。

交通运输部海事局

2018年6月26日

关于政协十三届全国委员会第一次会议第 0748 号提案答复的函

台盟中央：

贵单位提出的关于全面加强船舶排放污染防治的提案收悉，现答复如下：

一、关于加强顶层设计，统筹推进实施的建议

为贯彻落实习近平总书记关于生态文明建设的重要指示精神和《中共中央　国务院关于加快推进生态文明建设的意见》《大气污染防治行动计划》《水污染防治行动计划》，全面推进船舶与港口污染防治工作，加快绿色水路交通发展，我部制定发布了《船舶与港口污染防治专项行动实施方案（2015—2020 年）》，以减少污染物排放和强化污染物处置为核心，以完善法规、标准、规范为基础，提出了加快相关法规和标准规范制修订、持续推进船舶结构调整、推进设立船舶大气污染物排放控制区、积极开展港口作业污染专项治理、协同推进船舶污染物接收处置设施建设、积极推进 LNG 燃料应用和靠港船舶使用岸电等 11 项具体任务；设立了到 2020 年，珠三角、长三角、环渤海（京津冀）水域船舶硫氧化物、氮氧化物、颗粒物与 2015 年相比分别下降 65％、20％、30％等具体工作目标。目前，我部正按计划积极推进方案实施，通过港航联动、河海并举、协同推进，努力实现水运绿色、循环、低碳、可持续发展。

二、关于加快政策制定，完善监管体系的建议

（一）制定完善船舶大气污染防治有关政策、法规、标准

根据《大气污染防治法》的有关规定，我部修订出台了《防治船舶污染内河水域环境管理规定》《船舶及其有关作业活动污染海洋环境防治管理规定》，通过源头管控和事中事后监管，对船舶减排提出具体要求。2015 年，我部发布了《珠三角、长三角、环渤海（京津冀）水域船舶排放控制区实施方案》，要求自 2019 年 1 月 1 日起，船舶进入排放控制区应使用硫含量≤0.5％ m/m 的燃油。

原环境保护部和原质检总局联合发布了《船舶发动机排气污染物排放限值及测量方法（中国第一、二阶段）》（GB 15097—2016），提出了 37kW 以上的船舶发动机排气 CO、HC、NO_x、CH_4、PM 等的排放限值，其中第一阶段标准将于 2018 年 7 月 1 日起实施。生态环境部根据我国船舶大气污染物排放实际情况，正在研究制定在用船舶的大气污染物排放标准，以及更严格的新生产船舶发动机排气污染物排放标准。

（二）加强源头控制，不断推进船舶运力结构优化

我部高度重视航运转型升级和绿色发展，依法强制报废超过使用年限的船舶，继续落实老旧运输船舶提前报废更新政策。2014 年，我部发布了《内河运输船舶标准化管理规定》，并联合财政部和 18 个省市人民政府，实施了内河船型标准化补助政策，鼓励采用先进适用的水路运输船舶和技术、推动老旧船舶退出市场。截至 2017 年底，全国

共完成拆解改造内河船舶43000余艘，约占内河船舶总数的30%，其中拆解老旧运输船舶13776艘，拆解小吨位过闸船舶7199艘，拆解或改造单壳液货船798艘。通过实施内河船型标准补助政策，全国内河运输船舶平均吨位较2013年提高49%，内河运输船舶平均船龄降至10年左右，长江干线货船平均吨位较2013年提高近40%。

下一步，我部将继续加强政策引导和监督管理，继续推进内河船型标准化，实施船舶水污染物、大气污染物排放控制等新标准，督促船舶安装使用符合环保要求的发动机和设备，禁止为不符合环保要求的船舶检验发证，禁止新建不达标船舶进入运输市场，多措并举优化船舶运力结构，持续提升船舶安全和防污染水平。

（三）加强船舶防污染执法联合监管

我部会同国家发展改革委、财政部等部门于2017年出台了《交通运输部等十三个部门关于加强船用低硫燃油供应保障和联合监管的指导意见》，就建立船用低硫燃油基本供应保障制度、加大船用燃油监管力度和加强监管部门协作等方面提出了具体要求。目前，各相关部委正在推进建立船用燃油生产、流通和使用环节的多部门联合执法制度和信用惩戒制度，打击不合规船用燃料油进入流通市场的违法行为。其中，商务部在《成品油市场管理办法》修订中，进一步完善了水上加油相关条款，强化环保要求，严格市场准入；在落实国家油品质量升级相关工作中，要求成品油经营企业建立完善的质量、安全和环保管理制度，督促企业经营符合国家标准的油品。国家能源局按照《加快成品油质量升级工作方案》，于2017年印发了《关于做好全国全面供应硫含量不大于10ppm普通柴油有关工作的通知》，要求各省（区、市）政府组织职能部门适时开展联合监管和执法，加大对重点炼厂、城乡结合部和农村加油站点的监督检查力度，进一步清理整治非法炼油调油窝点、非法柴油销售点和非法流动加油罐车，加大监管和处罚力度，确保油品质量升级取得实效。我部争取财政资金支持，为排放控制区有关海事管理机构配备了首批燃油硫含量快速检测设备，加强对船舶燃油供受作业的监管，督促船舶燃油供应单位按规定提供合规燃油；同时，我部还通过船舶安全和防污染检查、现场巡查、动态监控等多种措施，加强对船舶燃油的监督检查，对于检查发现的有关问题和纠正、处罚情况录入信息系统予以跟踪，督促船舶严格遵守排放控制区有关要求。

三、关于制定船舶排放清单的建议

生态环境部在环保公益性行业科研专项中设立了船舶和港口大气污染排放研究专题，开展船舶和港口大气污染物排放特征、来源解析和减排潜力研究，并将船舶大气污染物排放纳入第二次全国污染源普查范围。生态环境部正在会同我部开展船舶和港口大气污染物排放专题研究，下一步将根据我国船舶大气污染物排放实际情况和国际先进经验，研究编制符合我国实际的船舶排放清单，制定船舶大气污染物排放标准。

四、关于开展污染防治研究和能力建设的建议

我部开展了船舶与港口污染防控技术方向和技术政策研究专题项目，在对国内外船舶港口污染控制技术现状和发展方向进行科学分析的基础上，已将“船舶大气污染控制技术”列

为重点方向，下一步将加大对船舶大气污染物处理技术研发的支持力度，逐步建立有关技术和标准体系。为摸清船舶污染物排放底数，我部正在组织船舶排放系数测试专题研究项目，开展船舶大气污染物排放因子实船监测工作，测试典型代表船舶的排放系数，该项目将逐步摸清我国船舶污染排放特征，为船舶污染监测体系建设和污染防治工作提供支撑。

为规范船舶大气污染防治监督管理工作，我部印发了关于规范船舶大气污染防治监督管理工作的通知，要求海事管理机构在开展船用燃油硫含量送样检测时，应选择具有省级以上质量技术监督部门认定或中国合格评定国家认可委员会认可的实验室，目前各地船用燃油硫含量送样检测工作开展顺利。下一步，我部将加强与有关部门的合作，逐步建立完善船舶大气污染物排放和船用燃油检测体系，为船舶大气污染防治工作提供有力支持。

五、关于积极推进新能源船舶应用的建议

我部于 2013 年发布了关于推进水运行业应用液化天然气的指导意见，采取“先示范引领、后推广应用，先内河、再沿海、后远洋，先普通货船、再客船、危险品船”的路径，有序推进 LNG 在水运行业的应用，确保应用安全、供给稳定。目前，我部已编制发布了《液化天然气码头设计规范》《液化天然气加注码头设计规范（试行）》《液化天然气燃料加注船舶法定检验暂行规则》《天然气燃料动力船舶法定检验暂行规则（2018）》等标准规范，基本建立了水运行业应用液化天然气的标准体系。2017 年，我部制定发布了《长江干线京杭运河西江航运干线液化天然气加注码头布局方案（2017—2025年）》，指导加强 LNG 加气码头合理布局建设。为加强示范引领作用，我部遴选发布了两批共 24 个水运 LNG 试点应用示范项目，覆盖上海、江苏、安徽、湖北、江西、湖南、重庆等多个长江沿线省市。截至 2017 年底，长江经济带已建成 LNG 动力船舶近 230 艘，内河船用 LNG 加注站 18 座，内河水运绿色发展和液化天然气应用工作有序推进。

为进一步加强清洁能源在船舶领域的推广应用，工业和信息化部于 2018 年设立了船舶岸电安全操作导则与技术标准研究、船用氢燃料电池、船用电池动力、船用混合动力等系统工程化应用研究支持方向，并组织行业进一步制定相关技术标准。

六、下一步工作

我部将深入贯彻党中央关于加强生态文明建设的决策部署和习近平总书记在深入推动长江经济带发展座谈会、全国生态环境保护大会上的重要讲话精神，结合您所提建议，进一步采取有效措施，不断完善船舶大气污染防治体系，扎实推进《船舶与港口污染防治专项行动实施方案（2015—2020 年）》《长江经济带船舶污染防治专项治理工作方案》等的实施，全面提升船舶大气污染防治水平，坚决打好蓝天保卫战和污染防治攻坚战。同时，我部将坚持生态优先、绿色发展，积极会同有关部门和单位加快制度创新和供给侧结构性调整，继续全面推进航运绿色、循环、低碳、可持续发展，协同打好生态文明建设持久战，服务国家生态文明建设稳步推进。

交通运输部海事局

2018 年 6 月 26 日

关于政协十三届全国委员会第一次会议第4360号提案答复的函

刘×委员：

您提出的关于加快沿海及内河船舶大气污染物排放控制进程的提案收悉，现答复如下：

一、关于加强对船用油品生产和使用的监督管控的建议

根据《中华人民共和国大气污染防治法》有关规定，我部修订出台了《防治船舶污染内河水域环境管理规定》《船舶及其有关作业活动污染海洋环境防治管理规定》，对船舶使用的燃料提出了明确要求；发布了《珠三角、长三角、环渤海（京津冀）水域船舶排放控制区实施方案》，要求自2019年1月1日起，船舶进入排放控制区应使用硫含量≤0.5% m/m的燃油。为实施减少船舶大气污染有关法律法规要求，加强对船用燃油的监管，我部争取财政资金支持，为排放控制区有关海事管理机构配备了首批燃油硫含量快速检测设备，组织开展了船用燃油品质抽查和送检工作，督促船舶使用合规燃油，查处纠正有关违法违规行为，多措并举，督促船舶遵守排放控制区有关要求。下一步，我部将积极开展船舶空气污染物排放监测监管技术研究，不断推进防止船舶大气污染执法监管能力建设，提升监管效能和技术水平。

为加强船用燃油供应保障和生产、流通、使用环节的监管，我部会同国家发展改革委、财政部等十三个部门出台了加强船用低硫燃油供应保障和联合监管的指导意见，就建立船用低硫燃油基本供应保障制度、加大船用燃油监管力度和加强监管部门协作等方面提出了具体要求，旨在通过政策引导、行业自律、强化监管，建立公平、有序、健康的船用燃油市场，助力船舶排放控制区方案的实施，有效控制船舶大气污染物排放。目前，各有关部门正按照指导意见的要求，积极建立船用燃油生产、流通和使用环节的多部门联合执法制度和信用惩戒制度，打击船用燃油有关违法违规行为，进一步加强船舶大气污染源头管控。

国家能源局按照《加快成品油质量升级工作方案》，于2017年印发了做好全国全面供应硫含量不大于10ppm普通柴油有关工作的通知，要求各省（区、市）组织职能部门适时开展联合监管和执法，加大对重点炼厂、城乡结合部和农村加油站点的监督检查力度，进一步清理整治非法炼油调油窝点、非法柴油销售点和非法流动加油罐车，加大监管和处罚力度，确保油品质量升级取得实效。

二、关于尽快制定并执行沿海及内河船舶大气污染物的排放标准的建议

我国于2016年发布了《船舶发动机排气污染物排放限值及测量方法（中国第一、二阶段）》（GB 15097—2016），对37kW以上的船舶发动机排气CO、HC、NO_x、CH_4、PM等提出了排放限值。标准第一、二阶段将分别于2018年7月1日和2021年

7 月 1 日起实施，并规定自执行日期之后 12 个月起，所有销售、进口和投入使用的船机，其排气污染物排放应符合标准要求，不满足相应阶段要求的船机不得销售、进口和投入使用。目前，该标准已成为船舶发动机排放认可管理的重要依据。

我部将积极配合标准的实施，进一步加强船舶检验管理，督促标准适用船舶安装、使用符合环保要求的发动机，不断提升我国船舶大气污染物排放控制水平。

三、关于在重要水系水域建立排放控制区的建议

我部于 2015 年发布了《珠三角、长三角、环渤海（京津冀）水域船舶排放控制区实施方案》，设立了三个排放控制区。从排放控制区制度实施以来的环境监测数据看，施行排放控制的港口空气质量持续向好，部分港区硫氧化物的降幅明显。

目前，我部已组织开展排放控制区实施效果评估，正研究制定排放控制区范围调整，目前已形成了初步方案。在调整方案中，我部充分考虑到内河水域船舶大气污染防治需求，将调整扩大排放控制区地理范围，适当提升内河船舶排放控制要求。为提升对内河船用燃油的执法监管效能，我部已争取财政资金支持，正在组织第二期船用燃油快速检测装备的配备工作。我部还积极会同生态环境部、国家能源局等部门开展了船用燃料油有关国家标准的调整和修订工作，进一步提升内河船舶排放控制要求。

四、关于强化老旧船舶淘汰和改造的建议

我部高度重视内河水运转型升级和绿色发展，依法强制报废超过使用年限的船舶，并贯彻落实老旧运输船舶和单壳油轮提前报废更新政策。2014 年，我部发布了《内河运输船舶标准化管理规定》，并联合财政部和 18 个省市人民政府，实施了内河船型标准化补助政策，鼓励采用先进适用的水路运输船舶和技术、推动老旧船舶改造和退出市场。自政策实施以来，截至 2017 年底，全国共完成拆解改造内河船舶 43000 余艘，约占内河船舶总数的 30%，其中拆解小吨位过闸船舶 7199 艘，拆解或改造单壳液货船 798 艘，开展船舶生活污水系统改造 22060 艘，拆解老旧运输船舶 13776 艘。通过实施内河船型标准补助政策，全国内河运输船舶平均吨位较 2013 年提高 49%，内河运输船舶平均船龄降至 10 年左右。下一步，我部将通过加强政策引导和监督管理，继续推进内河船型标准化，不断优化内河船舶运力结构，严禁新建不达标船舶进入运输市场等措施，持续提升内河船舶安全和防污染水平。

五、关于推广安全、环保、节能的绿色船舶的建议

我部于 2013 年发布了推进水运行业应用液化天然气的指导意见，并先后编制发布了《液化天然气燃料加注船舶法定检验暂行规则》《天然气燃料动力船舶法定检验暂行规则（2018）》《液化天然气加注码头设计规范（试行）》等标准规范，基本建立了水运行业应用液化天然气的标准体系。2017 年，我部制定发布了《长江干线京杭运河西江航运干线液化天然气加注码头布局方案（2017—2025 年）》，指导加强 LNG 加气码头合理布局建设。为加强示范引领作用，我部遴选发布了两批共 24 个水运 LNG 试点应用示范项目。截至 2017 年底，长江经济带已建成 LNG 动力船舶近 230 艘，内河船用

LNG 加注站 18 座，内河水运绿色发展和液化天然气应用工作有序推进。

2017 年，我部印发了《港口岸电布局方案》，对港口岸电建设提出了明确目标，计划到 2020 年底前，全国主要港口和排放控制区内港口专业化布局 493 个具备向船舶供应岸电能力的专业化泊位，实现 50％以上已建的集装箱、客滚、邮轮、3 千吨级以上客运和 5 万吨级以上干散货专业化泊位具备向船舶供应岸电的能力。我部积极争取中央财政资金对 2016—2018 年港口岸电设施建设和船舶受电设施改造进行扶持。上海、江苏、浙江等地也配套出台了地方支持政策，鼓励岸电设施建设和使用。2017 年 9 月，我部与国家能源局、国家电网公司等单位签署了共同推进靠港船舶使用岸电战略合作框架协议，下一步，我部将着力推动岸电电价、电力直接交易、财政补贴及智能化服务等方面的政策支持，提升靠港船舶使用岸电比例，进一步降低船舶大气污染物排放。

六、下一步工作

我部将深入贯彻党中央关于加强生态文明建设、推动长江经济带发展等决策部署和习近平总书记在深入推动长江经济带发展座谈会、全国生态环境保护大会上的重要讲话精神，结合您所提建议，进一步采取有效措施，不断完善内河船舶大气污染物排放管控体系，扎实推进《船舶与港口污染防治专项行动实施方案（2015—2020 年）》《长江经济带船舶污染防治专项治理工作方案》等的实施，全面提升内河船舶污染防治和风险管控水平，坚决打好污染防治攻坚战。同时，我部将坚持生态优先、绿色发展，积极会同有关部门和单位，加快制度创新和供给侧结构性改革，全面推进内河航运绿色、循环、低碳、可持续发展，协同打好生态文明建设持久战，服务国家生态文明建设和长江经济带发展战略稳步推进。

交通运输部海事局

2018 年 6 月 26 日

关于政协十三届全国委员会第一次会议第 0770 号提案答复的函（附：提案原文）

农工党中央：

关于加强交通运输污染综合减排体制机制建设的提案收悉。经商生态环境部、中国铁路总公司等单位，答复如下。

我部非常赞同你们提出的建议。交通运输污染是我国污染防治工作的重点领域之一，近年来，我部会同有关部门在优化调整运输结构、严控运输装备污染排放、推动新能源和清洁能源应用等方面综合施策，交通运输污染防治工作取得了一定成效。

一、关于优化调整运输结构

2017 年 4 月，我部牵头制定了《优化京津冀区域运输结构降低机动车污染排放专项工作方案》，推动有关省份交通运输部门按工作方案实施。2017 年 10 月起，环渤海港口不再接收汽运集疏港煤炭，全部改由铁路集疏港。同时，中国铁路总公司优化列车运行图，货运能力增长了 3.6%，主要货运通道新增货车运行线 220 列。围绕山西、陕西、内蒙古、新疆等煤炭主产区的煤炭外运，加强运输组织，提升西煤东运和北煤南运能力。2017 年，在北京组织了“调整运输结构、增加铁路运量”签约仪式，18 家铁路局集团公司与 1014 家大型企业签订互保协议运量超过 20 亿吨，协议运量同比增长 30%。此外，加大货运设施设备投入力度，安排各类货运新建续建项目 194 个，下达投资计划 3633 亿元，并投资 216 亿元购置大功率货运机车和大载重敞车。2018 年 1—4 月，全国铁路货物发送量累计完成 12.89 亿吨，同比增加 7428 万吨，增长 6.1%。

目前，铁路运输比例提升工作已初见成效。2017 年，全国铁路货运量占比同比提高 0.1%，扭转了全国铁路货运占比自 2005 年以来连续下滑的趋势。环渤海港口煤炭集疏港“公转铁”已取得一定成效，铁路煤炭集港量同比增加 1 亿多吨。北京过境的运煤车辆同比下降 50%以上，日均减少重型柴油车入境近 4000 辆。

二、关于严控运输装备污染排放

加强柴油货车污染治理方面，我部会同财政部、生态环境部制定了《柴油货车尾气治理工作方案》，提出鼓励老旧货车提前报废更新，加强在用货车尾气排放治理等多个方面的工作措施。会同国家发展改革委等部门加快推进车辆运输车治理，联合印发《车辆运输车治理工作方案》，引导汽车整车物流公路运输向铁路、水运转移。2017 年铁路完成乘用车运输量同比增长 58%、水路完成乘用车运输量同比增长 18%、公路完成乘用车运输量同比下降 69%。近期，我部将以第二次全国污染源普查为契机，全面了解移动源数量、结构和分布状况，掌握国家、区域污染物排放情况，针对性地开展数据分析，摸清污染底数。

加快淘汰黄标车和老旧运输车辆方面，根据《大气污染防治行动计划》要求，生态环境部会同有关部门每年将淘汰黄标车和老旧运输车辆任务目标分解落实到各地，建立月调度和督查制度。各地每年制定淘汰计划，层层分解落实，通过采取财政补贴、限行等措施，推动黄标车和老旧车淘汰，每年均超额完成国务院确定的黄标车和老旧车年度淘汰任务。五年来累计淘汰黄标车和老旧车 2000 多万辆，顺利完成《大气十条》确定的基本淘汰全国范围黄标车的任务。

三、关于推动新能源和清洁能源应用

一是加快推进新能源汽车推广应用，会同相关部门研究完善推广实施政策，2017 年更新和新增新能源公交车 5 万多辆；二是我部联合公安部、商务部在全国选择部分城市，组织开展城市绿色货运配送示范工程，推广应用新能源城市配送车辆，优化城市配送车辆便利通行政策，实现城际干线运输和城市末端配送的有机衔接，促进节能减排；三是加快油品质量升级。2017 年 1 月 1 日起，全国全面供应国五标准车用汽、柴油。2017 年 10 月 1 日起，京津冀大气污染传输通道“2＋26”城市开始全面供应国六标准车用汽、柴油。

下一步，我们将积极采纳贵党所提建议，深入学习贯彻习近平总书记重要讲话精神，会同有关部门继续加强交通运输污染治理，推进绿色交通运输发展，坚决打好污染防治攻坚战。

一是在《交通运输节能环保“十三五”发展规划》基础上，研究绿色交通中长期发展纲要（2021—2035 年），明确交通运输节能减排中长期工作目标。二是继续加快运输结构调整，减少公路运输量，增加铁路运输量。会同中国铁路总公司等部门研究制定 2018—2020 年增加铁路货运量三年行动计划，并按“一港一策”“一企一策”方式为主要厂矿企业制定公路转铁路运输方案。同时以环渤海及山东、江苏等沿海港口集疏运为重点，主动承接公路运输的集疏港煤炭和矿石，大力提高沿海港口集装箱铁路集疏港比例。三是会同生态环境部积极推进柴油货车污染排放专项治理。深化车辆运输车治理工作，推动模块化中置轴汽车列车等先进车型广泛应用。推动非道路移动机械和老旧船舶淘汰更新等工作。

交通运输部综合规划司

2018 年 6 月 29 日

附：

关于加强交通运输污染综合减排体制机制建设的提案

中国农工民主党中央委员会

2018年3月

一、交通运输污染排放现状

1.交通运输行业能源消耗量持续增长

以公路、水路、铁路、民航为主要方式的交通运输在国民经济行业中具有基础性重要地位。行业增加值从2005年到2014年的10年间持续增长，累计共增长了167%，平均年增长16.7%，高于我国GDP增速，2014年达到28500.9亿元，占全国GDP的4.42%。行业能耗从2010年到2014年的5年间累计增长39.4%，平均年增长7.88%，2014年达到36336.47万吨标准煤，占全国总能耗42亿吨标准煤的8.6%。

2.交通运输行业污染物排放及其对环境的影响

公路、城市道路交通运输。机动车作为公路和城市道路交通运输的基本工具，是排放NO_x比例最高的交通运输行业污染源，在各类污染源中排放占比逐年上升。环保部公布的环境统计年度报告表明，自2011年以来，全国氮氧化物排放量逐年降低，机动车排放NO_x在各类污染源NO_x排放总量中的占比逐年提高，由2011年的26.5%上升到2014年的30.2%。

水路运输。水运大气污染由两个方面构成：船舶航行、停靠和港口装卸作业。2013年全国运输船舶氮氧化物排放量约为81万吨（表2），位居交通运输污染源的第二位。船舶污染具有局地影响的特点，受船舶污染影响最大的是沿海港口城市，其次是江河沿岸城市。一些港口城市（如：香港、深圳和上海等）船舶排放几乎成为最大污染源，占全市PM（颗粒物）、NO_x和SO_2的排放总量分别达到6%～37%、11%～32%和30%～70%。

民用航空运输。民航运输排放污染影响主要集中在机场，飞机滑行、起降过程，以及地面服务的车辆设备排放大量污染物。由于缺少全国各地机场污染物排放对环境影响的研究数据，仅根据最近北京新机场项目环境影响报告，新机场运行后，周边敏感点的NO_2小时浓度，最高将增加49.68$\mu g/m^3$，即使对距新机场46km的天安门地区，小时浓度也将增加10.01$\mu g/m^3$；同时，全市$PM_{2.5}$整体浓度也将增加3$\mu g/m^3$。

铁路运输。近年来铁路电力机车（高铁、动车）发展迅速，但根据交通部的统计，铁路运输中仍有1万台左右燃用传统柴油的内燃机车（占总数2.1万台的43.2%），行驶在39.2%里程的铁路线上。由于我国内燃机车的污染排放尚未严格控制，虽然数量少，排放占比较低，但仍然对火车站及周边环境空气质量影响明显，对枢纽城市大气影响也不可忽视，有研究认为北京市内燃机车排放相当于移动源排放的5%左右。

交通运输大气污染物排放占比高。有关移动源氮氧化物排放量的研究表明，2015

年公路和城市道路机动车排放516万吨，2013年水运船舶排放81万吨，2014年铁路内燃机车排放16万吨，2014年民航机场排放7万吨。由于难以获得2015年的各类移动源的排放数据，不考虑增长而以2013年、2014年的船舶、内燃机车、机场的排放数据作为2015年排放数据，那么保守估算2015年全国交通运输的氮氧化物排放合计至少为620万吨，占全国氮氧化物排放总量2078万吨的30%。

控制交通运输污染对于保护环境具有重要战略作用。交通运输业排放污染，已经不单单是道路机动车的排放污染，交通运输业应作为一个体系，科学合理规划出行方式和运输方式，从综合交通体系入手，采取综合对策减少能耗、削减污染物排放，达到高效节能和减排的目的。

二、目前存在的主要问题

1.重交通工具减排，轻交通结构优化

重视交通工具本身作为污染源的污染控制，但对交通运输结构优化重视不够。相关法律法规重点规范了机动车船污染防治制度，没有从交通运输结构角度提出发展综合交通运输体系减排的理念，缺乏对机场、铁路内燃机车污染减排的要求。

2.污染减排体制不明确

交通运输主管部门环保职能不明确。相关法律法规只原则性规定环保部门“统一监督管理”和有关部门“各自职责范围实施监督管理”，但是有关交通运输主管部门（包括：铁路局、民航局）“三定”中，并未明确规定其环境保护职责。

3.缺乏对整体交通运输行业污染减排部署

环保部门提出《大气污染防治行动计划》（简称《大气十条》），把机动车污染减排作为重点，严格新生产车排放标准、淘汰黄标车老旧车等均为有效措施，但仅限于机动车污染减排；船舶、铁路和航空污染减排刚刚起步，有的甚至处于尚未起步状态；整个交通运输行业的污染减排尚无规划和部署。

4.污染减排基础性工作薄弱

交通运输行业污染减排科技支撑薄弱，污染排放底数不清、情况不明。第一次全国污染源普查，没有将交通运输作为一个整体大行业进行普查，即使普查了机动车的污染排放，也被纳入了“生活源”。

三、构建交通运输行业减排新体制的建议

1.管理重点——交通结构、交通工具、交通能源

交通设施建设和运行、交通工具污染控制、交通能源利用效率是污染减排工作重点。应实行交通设施建设和运行绿色化、交通工具绿色化、交通能源绿色化，“三箭齐发”污染减排。

2.管理思路——全国一盘棋，中央、地方各负其责

纵向上要处理好中央和地方的管理权限。交通运输具有跨行政区、跨区域特点，应有全国一盘棋思想，要充分发挥国家有关主管部门的作用，承担起源头减排的职责；在城市层面，城市人民政府及有关部门着力推进城市道路交通运输污染减排、港口和机场

减排。

3.体制原则——管行业、管发展，必管环保

在横向上处理好相关部门的职责和管理权限。类似国家发展改革委在推进节能减排工作中，将任务分解到八大高能耗行业，充分发挥了行业主管部门的作用，环境保护主管部门在环保污染减排工作中，统一监督管理，明确交通运输主管部门的环保（减排）职责（任务）。

4.各部门的主要职责建议（见附件，略）

四、构建交通运输行业减排新机制的几项工作

1.加强科技支撑，夯实工作基础

以整体交通运输行业为基础，摸清污染排放家底（二次污普中，交通运输业单独分类）；开展减排技术开发、示范和推广；开展污染减排监测和验证技术方法研究。

2.制定减排规划、落实减排责任

由国家环保、规划、行业主管部门共同编制实施交通运输行业专项减排规划，提出交通运输行业的主要污染物NO_x、VOC、SO_2和PM（颗粒物）的减排目标、主要任务、技术措施和保障措施清单。建议以第二次全国污染源普查确认的2017年排放量为基数，到2022年，5年累计减排不低于20%。

3.制定行业性减排政策标准、提供配套措施

研究制定调整有利于减排的经济政策、公共管理政策、国家排放标准，以及与其衔接的行业污染防治技术标准和规范。

4.制定相关法规，建立长效机制和法律保障

建议制定《交通运输环境保护条例》，以法律规范确定体制、制度和措施，形成长效机制和法律保障。

关于政协十三届全国委员会第一次会议第0530号提案答复的函（节选）

何××委员：

您提出的“关于突破京津冀及周边地区大气污染综合治理难点的提案”，由我部会同发展改革委、工业和信息化部、交通运输部办理。经认真研究，答复如下：

一、关于不断完善大气污染综合治理长效机制，构建京津冀及周边地区共治体系（略）

二、关于优化产业结构和能源生产消费结构，对京津冀及周边地区散乱污企业进行彻底综合治理（略）

三、关于综合措施加强推进机动车减排，源头控制移动源污染

近年来，我部、交通运输部等相关部门从“车、油、路”等方面综合施策，开展移动源污染防治，推进交通运输结构调整优化。一是强化车船及非道路移动机械污染防治。全面实施国五机动车排放标准，推广港口船舶岸电设施建设和改造，开展新车、进口车、非道路移动机械环保达标监督及重型柴油车专项执法检查。二是积极推进油品标准升级。全国全面供应国五标准车用汽、柴油，硫含量不大于10ppm的普通柴油；“2+26”城市全部供应国六标准车用汽、柴油，禁止销售普通柴油，并加大油品质量抽查力度，严厉打击制售假劣油品行为。三是优化调整交通运输结构。推进集疏港货物“公转铁”，环渤海港口不再接收汽运集疏港煤炭。推动绿色低碳交通设施建设和综合客运枢纽内各方式一体衔接及乘客“零距离”换乘。四是加大新能源汽车推广使用。2017年，全国新能源汽车共生产79.4万辆，销售77.7万辆，同比分别增长53.8%和53.3%，连续三年产销量居世界第一，累计推广超过180万辆。

下一步，我们将继续加大移动源污染防治工作力度，统筹车、油、路治理，制定实施柴油货车污染治理专项行动方案，打好柴油货车污染治理攻坚战。同时，大幅提升铁路货运比例，大力推进海铁联运，加快推进城市建成区新增和更新的公交、环卫、邮政、出租、通勤、轻型物流配送车辆使用新能源或清洁能源汽车。

四、关于不断提升大气污染监督管理能力建设，切实增强监测机构执法水平（略）

五、关于抓好重污染天气应对工作，不断改进和加大大气环境政务信息公开工作力度（略）

生态环境部

2018年7月24日

关于政协十三届全国委员会第一次会议第 0260 号提案答复的函（节选）

农工党中央：

你们提出的“关于打赢新一轮蓝天保卫战的提案”，由我部会同发展改革委、科技部办理。经认真研究，答复如下：

一、关于加速推进能源生产和消费革命，构建清洁低碳、安全高效的能源体系（略）

二、关于结合乡村振兴战略，积极稳妥推进煤改气、煤改电等工程（略）

三、关于加大政策扶持力度，加速快充设施建设和推广新能源汽车使用

近年来，国家出台了一系列支持政策，鼓励新能源汽车产业发展，建立了从汽车研发、生产、购买、使用到监管等各方面的政策体系。发展改革委组织实施《新能源（电动）汽车关键技术产业化实施方案》，重点支持了一批行业骨干企业的自主创新项目。交通部印发《交通运输部关于全面深入推进绿色交通发展的意见》，提出实施高效清洁运输装备升级工程，在城市公交、出租汽车、汽车租赁、城市物流配送、邮政快递、港口和机场服务等领域优先使用新能源汽车，开展国家公交都市示范工程建设。

为加快车船结构升级，减少移动源污染排放，《三年行动计划》将推广使用新能源汽车作为打赢蓝天保卫战的重要措施。提出加快推进城市建成区新增和更新的公交、环卫、邮政、出租、通勤、轻型物流配送车辆使用新能源或清洁能源汽车，重点区域使用比例达到 80%；重点区域港口、机场、铁路货物等新增或更换作业车辆主要使用新能源或清洁能源汽车。2020 年底前，重点区域的直辖市、省会城市、计划单列市建成区公交车全部更换为新能源汽车。同时要求在物流园、产业园、工业园、大型商业购物中心、农贸批发市场等物流集散地建设集中充电桩和快速充电桩。下一步，我部将配合相关部门贯彻落实《三年行动计划》，加大政策扶持力度，加快促进我国汽车产业节能减排和转型升级，带动新能源汽车产业发展。

四、关于加严标准、扩大范围，严格控制各类大气污染物排放（略）

五、关于加大油品升级和机动车尾气、船舶废气治理

自 2013 年《大气污染防治行动计划》实施以来，相关部门、行业加快了油品升级步伐。国家能源局会同相关部门印发《关于进一步推进成品油质量升级及加强市场管理的通知》，对规范成品油市场、加强生产和流通监管提出明确要求；出台第六阶段车用汽、柴油国家强制性标准，推动部分重点地区提前实施，减少机动车污染物排放。我部会同相关部门印发《京津冀及周边地区 2017 年大气污染防治工作方案》，要求“2+26”城市率先完成城市车用柴油和普通柴油并轨，全部供应符合国六标准的车用汽、柴油，

禁止销售普通柴油。

下一步，我们将按照《三年行动计划》要求，进一步加大油品质量升级和移动源污染治理。一是自 2019 年 1 月 1 日起，全国全面供应符合国六标准的车用汽、柴油，停止销售低于国六标准的汽、柴油，实现车用柴油、普通柴油、部分船舶用油“三油并轨”，取消普通柴油标准，京津冀及周边地区、长三角地区、汾渭平原、珠三角地区、成渝地区等提前实施。二是严厉打击新生产销售机动车环保不达标等违法行为。构建全国机动车超标排放信息数据库，追溯超标排放机动车生产和进口企业、注册登记地、排放检验机构、维修单位、运输企业等，实现全链条监管。三是开展非道路移动机械摸底调查，划定非道路移动机械低排放控制区，推进排放不达标工程机械、港作机械清洁化改造和淘汰。

六、关于完善环境与健康工作协调配合机制，注重采用科技手段推动大气污染防治（略）

生态环境部

2018 年 7 月 31 日

关于大力推进公交都市建设，进一步完善绿色出行体系的提案

中国农工党北京市委员会
（在2019年1月召开的北京市政协第十三届二次会议上）

近年来，交通问题得到了社会各界的广泛关注，政府也出台一系列措施、手段，治理交通问题。2018年北京市将“北京缓解交通拥堵工作推进小组”调整为“北京市交通综合治理领导小组”，由市长担任领导小组组长，加强了顶层设计和统筹协调，明确了交通综合治理工作的方向，变“以车为本”为“以人为本”，确定了优“供”、强“治”、控“需”的工作思路，以堵点治理为重点，以公交线网优化为基础，以停车管理为着力点，打好“点、线、面”交通治理组合拳，实现全市交通运行总体安全平稳有序。

截至2018年11月底，全市机动车保有量达到606.5万辆，轨道交通运营总里程达到636.8公里。中心城区高峰时段平均交通指数保持在5.5，相比2017年（5.6）下降1.88％。绿色出行比例达到73％，同比增加0.9个百分点，交通拥堵加剧的趋势得到缓解。公共交通完成客运量67.6亿人次，同比下降1.3％，其中，轨道交通客运量35.2亿人次，同比增长1.9％；公共电汽车（含郊区客运）客运量32.4亿人次，同比下降4.78％。公交客运量持续下滑和交通运输等移动源继续保持首要污染源并且占比更大的问题依然存在。

一、北京交通存在的问题及分析

1.公共交通中受到交通拥堵影响，公交运行速度较低，客运量持续减少

根据《2018年北京交通发展年报》，2017年中心城日均出行总量3893万人次（含步行）。其中，步行1128万人次（29.0％），小汽车934万人次（24.0％），地面公交618万人次（15.9％），地铁600万人次（15.4％），自行车462万人次（11.9％）、出租车110万人次（2.8％），绿色出行比例72.1％，同比增长1.1％。

如果扣除以锻炼身体和近距离购物为目的步行（日均只有0.9公里，不是通勤出行），总出行量为2765万人次（见图1），其中：小汽车出行比例实际为33.78％、公交为22.35％、地铁为21.7％、自行车为16.7％，绿色出行66.22％。

从出行目的上看，通勤出行占51.2％：其中上下班45.1％、上下学6.0％、公务外出0.1％；生活类出行占48.8％。

另外，根据高峰平均时速（见表1），小汽车出行速度优于地铁，更大大优于公交，公交速度与自行车相差无几，高峰时段公交慢和乘坐体验差成为绿色出行的短板。

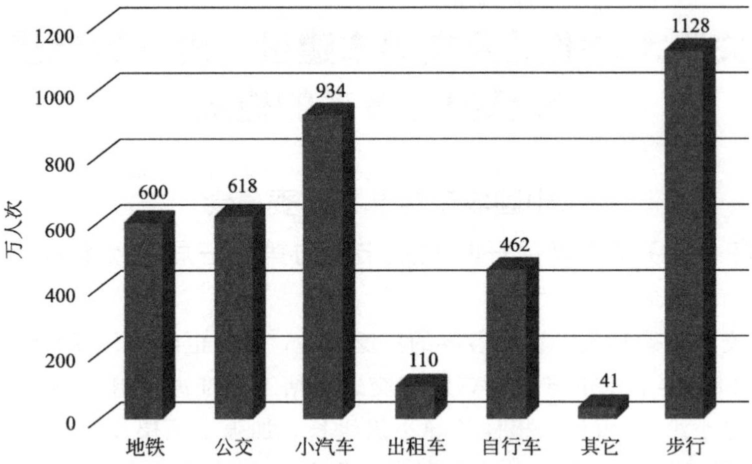

图 1　交通出行量分析

表 1　高峰平均时速

方式	平均出行距离（km）	平均出行时耗（min）		平均行程速度（km/h）	
	全日	早高峰	晚高峰	早高峰	晚高峰
公交汽(电)车	10.9	66.1	67.2	9.9	9.7
轨道交通	17.7	73.2	74.9	15.4	15.1
出租车	9.2	41.4	43.0	11.7	10.1
小汽车	13.9	46.5	47.1	16.0	15.8
自行车	3.0	22.5	23.7	9.2	9.0
步行	0.9	10.8	11.5	5.3	5.2

2. 交通运输移动源作为大气污染首要源头问题将长期存在

北京市地面公交没有发挥应有的作用，北京市人均汽油消费量是全国的 3.4 倍，是名副其实的车轮子上的城市，是一个小汽车享受型出行城市，机动车已经成为北京市货真价实的第一大气污染源。一是从空气质量方面来看，细颗粒物（$PM_{2.5}$）来源解析显示：本市自身污染排放占 2/3，外地占 1/3；本地中，机动车占 45%。二是从排放侧数据来看，氮氧化物排放中，交通运输等移动源占 85%左右，而柴油车又占 7 成；挥发性有机物排放中，机动车占 1/3，而小汽车又占其中 80%。三是从健康效应看，机动车尾气排放是地面污染源，处于呼吸带高度，对人体健康的影响远远大于工业烟囱排放，其汽车尾气的毒性也远远大于扬尘。

交通拥堵和交通污染成为“一对孪生兄弟”。

二、加大力度，全方位推进“公交都市”建设

“公交都市”是为应对小汽车高速增长和交通拥堵所采取的一项城市交通战略，目前，已成为全球大都市的发展方向。它体现了一种以城市公共交通为机动化出行主体、以城市公共交通引导城市发展为导向的城市布局结构，是一种受资源、环境、安全等条

件约束下的最佳城市建设形态，也是一种综合效率和社会环境效益最好的城市发展模式。公交都市倡导城市公共交通主动引导城市发展，强调城市公共交通与城市人居、环境、结构功能、空间布局默契协调、共存共促。公交都市是理论上和实践中探索解决城市与交通问题的认识飞跃。东京、巴黎、伦敦、新加坡、中国香港、首尔、斯德哥尔摩、哥本哈根是世界闻名的八大公交都市。北京市作为国家公交都市建设示范城市，应该全方位推进各项工作，从而努力突破治理公交拥堵和大气污染的瓶颈。具体建议：

1.树立绿色出行理念，确立缓解公交拥堵为目标

建设公交都市、绿色出行是世界城市成功经验，也应成为北京交通治理中应当坚持的科学理念和基本原则。要以人的出行为本，彻底改变过去以车为本的做法，把交通治理“缓解交通拥堵”的笼统目标，调整为“缓解公交拥堵”“小”目标优先目标，使“公交优先”由口号落实到行动上，畅通扩能、快捷舒适、吸引力强、载客量大，以此减少小汽车出行需求，减油、节能、降碳、减污。

2.持续推进绿色交通设施建设

2018年底，北京市地铁轨道运营里程636.8公里，分担的出行比例以旅客周转量指标评价实际已经超过地面公交，当前在建17条轨道项目，地铁与轻轨道网络将不断扩大优化，应长期坚持稳步推进。

2018年地面公交专用道已经达到900公里，但是公交车速度还是“慢慢爬”（例如北四环外环辅路公交，从望京桥到海淀桥13公里，早高峰用时70分钟），运量也只比2017年增0.2个百分点，从近几年数据看，地面公交运量是下降的，主要原因：一是公交专用道尚未形成网络、车速并未相应提升；二是共享经济冲击，部分公交乘客转向网络约车，或者共享单车。外地在京从事市场批发业务人员外迁，也是不可忽视的原因。建议：一是按照公交专用道成网的科学要求，继续增加、完善公交专用道；二是降低空气重污染预警门槛，一年实行几次单双号限行，积累公交提速畅通试验数据。

自行车专用道受到任意施画汽车停车位、乱停车的冲击，既不安全、也没有形成网络，骑行体验较差。建议：一是对自行车专用道采取物理硬隔离、视频监控等技术措施，保障骑行安全；二是严肃城市道路规划的法律约束力，对自行车道被任意改画为机动车道、停车位的，要恢复原来的自行车道规划功能。

3.提升绿色交通工具在交通出行中所占的比例

从技术路线上看，应坚持碳减排与污染物减排协同，尽快实现车辆污染物零排放、近零排放。

纯电动公交车价格过高，虽然行驶零污染，但既不节能降碳、又存在报废动力电池无出路问题。建议将柴油公共汽车的更新路线考虑为：以更多的双源无轨电车、且不宜过多地发展纯电动车替代当前的柴油车公交车。

燃油出租车行驶里程长、排放恶化快，估算当前6万—7万辆燃油出租车的大气污染物排放超过150万辆私家车，如果逐步更新为国六排放标准燃油车，减污微小但能耗微增；纯电动车存在充电焦虑基本不适合北京城区。建议将燃油出租车更新为增程式混合动力汽车，既可以节能更可以减污，成本增加分摊采取三个“一点”：政府补一点促减排，司机掏一点可省油，公司出一点担责任。

污染物总量控制减排应从固定源扩大到移动源，以用车大户为对象，对城市车队单位设定污染物排放总量减排指标，发挥用车单位的主观能动性，调结构严管理促减排，让车辆运行单位承担应有的社会环境责任。

另外，零排放超低排的共享小汽车可作为新型租赁车业态的补充，采取顶层规划、使用规范的政策，从停车位优先和数量适当的角度给予支持，缓解广大市民小汽车摇号焦虑，在一定程度上也可以减少私家车和停车位需求。

4.完善绿色交通政策见行动

建议研究制订四个“有利于绿色出行”的政策：

一是调整目前老人免费公交卡政策，实行“变暗补为明补、乘坐付费、峰平折扣不同、结余归己、超出不补”的政策，减少高峰时段地面公交无谓的拥挤，提高上班族的绿色出行体验水平。

二是制订鼓励转出、淘汰报废小汽车和摇号中签暂不购新车而持有购车资格的便民政策，同时也为中心城落实《停车管理条例》、清理整顿乱停车、给愿意疏解小汽车的居民一条出路，推进中心城区产业、人口、汽车协同疏解。

三是加大鼓励公共交通出行力度，远学巴黎，近学上海，研究乘坐地铁 90 分钟内接续公交或再次乘坐地铁的免费换乘的可行性。

四是构建更加科学的绿色出行评价指标，以人出行为评价目的，不要过分关注小汽车拥堵问题，把不能解决公交拥堵的日均不到一公里的步行出行，从绿色出行指标中分离出来，或者单独设立不包含步行的绿色通勤出行指标，而更要重视公交绿色出行的快速、便捷。

5.设立绿色交通智库

建议在市交通治理领导小组之下，设立独立于有关部门的专家咨询委员会，承担交通诊断、评估、对策等咨询功能。

6.大力推进全民绿色出行行动

加大宣传引导力度，使“绿色出行”“公交都市”的先进理念深入人心，成为全民出行自觉。提高绿色出行公众宣传的阶段性、科学性，不要再简单重弹“少开一天车了”的老调。

大力推进建设“公交都市”，是综合治理交通拥堵、污染等各种问题、提升交通效能的新理念、新文化、新方法。建议对公交都市建设问题加大科学研究力度和深度，开展全民大讨论，形成全民共识，深入推进绿色出行体系建设，并转化为广大市民的绿色出行行动自觉，让北京市早日实现公共交通快速舒适、低碳低污染，让绿色出行成为市民出行的第一选择。

注：该提案被列为北京市政协主席重点督办提案，答复不宜公开。

附录

附录 1　欧盟白皮书——构建一个富有竞争力的、高效节能的交通运输系统

欧盟委员会

2011 年 3 月 28 日于布鲁塞尔

COM（2011）144 最终版

白皮书

《通往单一欧洲交通运输区的发展路线图——构建一个富有竞争力的、高效节能的交通运输系统》

SEC（2011）359 最终版

SEC（2011）358 最终版

SEC（2011）391 最终版

1 着眼未来、筹建欧洲交通运输区

交通运输是经济与社会的基础。流动对于内部市场和公民的生活质量至关重要，这关乎他们是否能够享受旅行自由。交通运输促进了经济增长并创造了就业机会，鉴于我们所面临的新挑战，交通运输必须可持续。交通运输是全球性的，因而有效的行动要求有力的国际合作。

欧洲大陆未来的繁荣将取决于其各个区域是否完全并有竞争力地融入了世界经济。高效的交通运输对于实现这一目标至关重要。

欧洲交通运输正处在一个十字路口。旧的挑战仍然存在，而新的挑战已经到来。

要建成“内部交通运输市场”，还有许多工作要做，因为其中还存在相当大的瓶颈和其他障碍。我们需要重新考虑这些问题：如何更好地满足公民旅行的愿望，以及在面对资源与环境限制时如何满足经济对货物交通运输的需求。欧洲东部和西部的交通运输系统必须联合起来，才能充分反映几乎整个欧洲大陆和我们 5 亿公民的交通运输需求。

未来几十年，石油将变得更加稀缺，来源的不确定性也会大幅增加。正如国际能源署近期所指出的，世界脱碳成功率越低，石油价格上涨的幅度就越大。2010 年，欧盟的石油进口费用约为 2100 亿欧元。如果我们不解决这种石油依赖问题，那么人民的旅行能力、欧盟的经济安全都会受到严重影响，进而影响通货膨胀、贸易平衡和欧盟经济的整体竞争力。

与此同时，欧盟呼吁、国际社会认可大幅减少世界温室气体排放，目的是将气候变化控制在 2℃以下。总体而言，为了实现这一目标，欧盟需要在发达国家作为一个整体进行必要削减的背景下，到 2050 年将排放量在 1990 年的基础上降低 80%～95%。委员会分析❶表明，虽然可以在其他经济部门实现更深层次的削减，但是到 2050 年，交通运输部门仍需在 1990 年的基础上减少至少 60%的温室气体排放❷。而这恰是温室气体的重要来源，且排放量仍在不断增加。到 2030 年，交通运输部门的目标是将温室气体排放量降低到比 2008 年减少 20%左右。鉴于过去二十年来交通运输排放量大幅增加，这将仍然比 1990 年高出 8%。

自 40 年前第一次大规模石油危机以来，尽管我们取得了技术进步，具有了提高成本效益能效的潜力，也在政策上做出了努力——但是交通运输系统并没有从根本改变。交通运输已经变得更加节能，但欧盟 96%的能源需求仍然依赖于石油和石油产品。交通运输也变得更加清洁，但数量上的增加意味着它仍然是噪声和当地空气污染的主要来源。

与世界其他地区一样，车辆和交通运输管理的新技术将成为降低欧盟交通运输排放的关键。可持续流动的竞争是全球性的。对新技术的引进滞后可能导致欧盟交通运输业不可逆转的衰退。面对飞速发展的世界交通运输市场，欧盟的交通运输部门面临着日益激烈的竞争。

---

❶ 参见委员会通讯《2050 年转向有竞争力的低碳经济的路线图》，COM（2011）112。

❷ 这相当于比 2008 年减排约 70%。

许多欧洲公司在基础设施、物流、交通运输管理系统和交通运输设备制造方面处于世界领先地位。但随着世界其他地区竞相启动大型交通运输现代化和基础设施投资项目，为保持欧洲交通运输的竞争地位，继续发展和投资也至关重要。

基础设施影响着流动。没有足够的网络支持和更多的智能，交通运输方面就不会发生重大变化。总体而言，对交通运输基础设施的投资积极地影响着经济增长，创造财富和就业机会，推动贸易、地理可达和人员流动。因此，其规划必须最大化对经济增长的积极影响，并尽可能地减少对环境的负面影响。

拥堵是一个重要问题，特别是在路上和空中，还会影响可达性。此外，欧盟东部和西部地区的交通运输基础设施发展不平衡，需要汇在一起。基础设施投资对公共资源的压力越来越大，因此需要一种新的投资和定价方法。

自 2001 版《交通运输白皮书》以来，我们取得了许多成就。进一步开放了航空、公路和部分铁路交通运输的市场；成功启动了“单一欧洲天空计划”；提高了各种模式下的交通运输安全；采用了新的关于工作条件和乘客权利的新规则；全欧交通运输网络（由全欧交通运输网络、结构和团结基金共同出资）提高了地域凝聚力和加强了高速铁路建设；国际关系与合作得到加强。为了提高交通运输的环保性，我们还做了许多工作。

然而，交通运输系统仍然不可持续。展望未来 40 年，显然交通运输不能沿着同样的道路发展。如果我们坚持常规做法，交通运输对石油的依赖可能略低于 90%[1]，可再生能源仅略微超过 2020 年设定的 10%的目标。到 2050 年，交通运输的二氧化碳排放量将比 1990 年高出三分之一，拥堵成本将增加约 50%。中心和边缘地区之间的可达性差距将持续扩大。事故和噪声的社会成本将继续增加[2]。

在吸取教训的基础上，本路线图全面审视了交通运输部门的发展，其未来将面临的挑战以及需要考虑的政策举措。第二部分详述了委员会关于未来交通运输的愿景，第三部分概述了实现设想的关键举措，附件一则进行了总结。在随附的工作人员文件中可见更详细的描述。

2 愿景：一个富有竞争力的、可持续的交通运输系统

2.1 在实现 60%减排目标的同时，发展交通运输和支持流动

果断的政策行动将带来很大的回报。交通运输业本身就是经济的重要组成部分：在欧盟，交通运输业直接雇用的人数约为 1000 万，约占 GDP 的 5%。

欧盟和各国政府需要明确制造商和行业的未来政策框架（尽可能地依赖市场机制），以便他们能够规划投资。欧盟层面的一致性至关重要。例如，某成员国仅选择电动汽车而另一成员国仅选择生物燃料汽车，这将会破坏欧洲自由旅行的概念。

目前的挑战是要打破交通运输系统对石油的依赖，同时不得影响其效率和流动。根

[1] 即使在这种情况下，与现在相比，生物燃料和电力的使用仍会有所增加。

[2] 如果新政策没有干预改变趋势（参考情景），到 2050 年交通运输将如何演变可参见附件 3《交通运输白皮书影响评估的“参考情景（2010—2050）”》。

据《欧洲2020战略》[1]中提出的“资源高效型欧洲”旗舰计划和新的《2011能源效率计划》[2]，欧洲交通运输政策的首要目标是在更有效地使用资源的同时，建立一个能够支持欧洲经济进步，提高竞争力和提供高水平流动服务的系统。实践中，交通运输必须使用更少、更清洁的能源，更好地利用现代基础设施，并减少其对环境和水、土地和生态系统等关键自然资产的负面影响。不得抑制流动。

必须出现新的交通运输方式，根据这种方式，大量的货物和旅客将通过最有效的（组合）模式联合运送到目的地。个人交通运输工具则最好用于旅程的最后几英里，并且使用清洁能源汽车。信息技术将使得交通运输更为简单可靠。交通运输用户支付全部费用后，得到的将是少拥堵、多信息、优质服务和安全旅程。未来的发展必须依赖于许多方面：

——提高所有模式下车辆的能效表现，开发并部署可持续燃料和推进系统。

——在其他技术创新可能不足（例如长途货运）的情况下，优化多式物流链的性能，包括更多地利用固有的资源效率模式。

——通过采用改良的交通运输管理和信息系统（如智能交通系统、单一欧洲天空空中交通管理研究、欧洲铁路运输管理系统、海运监控系统、河流信息服务），先进的物流和市场措施，如全面发展欧洲综合铁路市场、取消沿海贸易限制、废除短途海运障碍、不失真定价等，更有效地利用交通运输和基础设施。

行动不得拖延。基础设施的规划、修建和配备需要许多年，火车、飞机和轮船的寿命也长达数十年，我们当下做出的选择将会决定2050年的交通运输。我们需要在欧洲层面上采取行动，确保交通运输的转型由合作伙伴共同决定，而不是在世界上其他地方决定的。

要解决上述问题，就意味着到2050年我们要实现非常困难的目标，到2020/2030年的目标也非常具有挑战性，才能保证我们前进的方向是正确的。因交通运输各个部门的技术选项不同，因而在不同的交通运输部门，我们改变其运营方式的程度也有所差异。因此，委员会的愿景中考虑了三个主要的交通运输部门：中途、长途和城市交通运输。这将有赖于诸多参与者：欧盟、各成员国、各地区、各城市，交通运输业、社会伙伴和公民都将在其中发挥作用。

2.2 多式城际旅行和交通运输的高效核心网络

对中途交通运输来说，相比城市交通运输，它的新技术不太成熟，可选择的模式也较少。然而，这也正是欧盟行为可以产生最直接影响的地方（辅助性或国际协议的限制较少）。更多的高能效车辆和更清洁的燃料本身不能实现必要的减排，并且也不能解决拥堵问题。它们还需要大量长途中转的支撑。这就意味着对客运来说，需要使用更多的公共汽车、客车、铁路和航空交通运输，对货运来说，则需要依靠水运和铁路进行长途交通运输的多式解决方案。

更广泛的模式网络整合将造就更好的模式选择：机场、港口、铁路、地铁和公交车

---

[1] COM（2010）2020。

[2] COM（2011）109。

站的联结应更加紧密，为乘客提供多式连接平台。包含所有交通运输工具的在线信息和电子预订和支付系统将为多式旅行提供更大的便利。当集合模式的使用更加广泛，一套完整的乘客权利也必不可少。

中短途（低于约300公里）[1]货运在很大程度上仍然依靠卡车。因此，除了鼓励替代交通运输解决方案（铁路、水运）、开发和采用新型发动机和清洁燃料、使用智能交通运输系统外，进一步采取措施来改善市场机制，提高卡车效率也很重要。

长途货运中，道路脱碳的选择更加有限，因而对托运人来说，多式货运必须具备更大的经济吸引力。这就需要高效的合作方式。欧盟尤其需要成熟的货运走廊，在能源利用和排放方面进行优化，最大限度地减少对环境的影响，同时也因其可靠性、少拥堵、运营和管理成本低而具有吸引力。

铁路交通运输，尤其是铁路货运，有时被认为是一种没有吸引力的模式。但是在一些成员国，铁路交通运输也可以提供优质服务。目前的挑战是，要确保铁路的结构变革，让铁路能够更有效地参与竞争，并在中长途货运中占据更大的比重（包括客运，详见下文）。这就需要大量的投资来扩大或提升铁路网的容量。也应逐步引入具有静音制动器和自动联轴器的新型轨道车辆。

对海运来说，我们需要更多和更有效的进入欧洲市场的入口，避免不必要的交通运输经过欧洲。海港作为物流中心发挥着重要作用，需要有效的腹地连接。它们的发展对于处理欧盟内部以及与世界其他地区的短途海运日益增长的货运量来说至关重要。具有未开发潜力的内河航道也必须发挥越来越大的作用，特别是在货物运往腹地和连接欧洲海域方面。

2.3 长途旅行和洲际货运的全球公平竞争环境

海运和空运在本质上是全球性的。空运部门必须讲究提高飞机和交通运输管理运营的效率，这将在减少排放的基础上确保竞争优势；然而，需要注意避免对欧盟的运营施加过多的负担，这可能会损害欧盟作为“全球航空枢纽”的作用。机场容量需要进行优化，并在必要时进行增加，以满足往返于欧洲之外的第三国和第三地区的不断增长的旅行需求。若联系不佳，则可能导致到2050年欧盟空运活动增加一倍以上。在其他情况下，（高速）铁路应吸收大量中途交通运输。欧盟航空业应成为使用低碳燃料实现2050年目标的领跑者。

在海运方面，同样需要全球的公平竞争环境[2]。欧盟应与国际海事组织以及其他国际组织合作，为着高标准的安全、环保和工作条件的普遍适用和执行，以及消灭海盗而努力；必须通过技术和更好的燃料和运营来改进航运的环境记录。总体来说，到2050年，欧盟的海运二氧化碳排放量应该比2005年减少40%（如果可以的话，减少50%）。

2.4 清洁的城市交通运输与通勤

城市里，由于对车辆可行驶里程要求较低、人口密度较高，因而转向追求更加清洁

---

[1] 根据欧盟统计局的数据计算，公路交通运输中一半以上的货物（按重量计）交通运输距离小于50公里，超过四分之三的货物交通运输距离小于150公里。

[2] 欧盟制定了综合海事政策，将海运纳入更广泛的治理、竞争力和区域战略。参见COM（2009）540。

的交通运输。公共交通运输的选择更广泛，此外还可以选择步行和骑行。城市里最大的问题是拥堵、空气质量差和噪声污染严重。城市交通运输约占所有交通运输二氧化碳排放量的四分之一，69%的道路交通运输事故发生在城市。逐步淘汰城市里的“常规燃料”❶ 车辆对于显著减少石油依赖、温室气体排放和当地空气和噪声污染意义重大。此外，作为补充，还需要为新型车辆开发适当的加油和充电设施。

提高公共交通运输出行比重，同时降低服务责任，将有助于提高服务的密度和频率，从而为公共交通运输方式创造良性循环。需求管理和土地使用规划可以降低交通运输量。在城市流动和基础设施设计中，也应为步行和骑行提供便利。

必须鼓励使用更小、更轻、更专业的公路客车，尤其适合在城市公交车、出租车和送货车中引进替代驱动系统和燃料。这将在降低城市交通运输碳强度的同时，为新技术提供试验台，也为早期市场部署提供机会。此外，道路收费和消除税收扭曲也有助于刺激使用公共交通运输、逐步引进替代驱动系统。

应该更有效地组织长途和最后一英里货运的关系。其目的是将旅行中最“低效”的个人出行距离控制到最短。智能交通运输系统的使用将有助于进行实时交通运输管理、减少最后一英里的出行时间和减少拥堵。我们可以使用低排放的城市卡车。采用电动、氢动和混合动力技术不仅可以减少气体排放，还可以减少噪声，使城市地区的大部分货物交通运输能够在夜间进行。这也将缓解上午和下午高峰时段的道路拥堵问题。

2.5 构建一个竞争力强、高效节能的交通运输系统的十项目标：以实现温室气体减排60%目标为基准

（1）开发并部署新的可持续燃料和动力驱动系统

① 到2030年，城市中“常规燃料”汽车使用需减半；到2050年将它们逐步淘汰；到2030年，主要城市中心的物流交通运输基本实现二氧化碳零排放❷。

② 到2050年，空运中的低碳可持续燃料达到40%；到2050年，欧盟的海运船用燃料的二氧化碳排放量减少40%（如果可行，减少50%❸）。

（2）优化多式物流链的性能，包括更多地使用节能模式

① 到2030年，30%的超过300公里的公路货运应转向其他模式，如铁路或水运，到2050年应超过50%。高效、绿色的货运走廊将为此提供便利。要实现这一目标，还需要开发适当的基础设施。

② 到2050年，建成欧洲高速铁路网。到2030年，将现有高速铁路网的里程增加三倍，在所有成员国建成密集的铁路网。到2050年，大多数中长途客运应通过铁路交通运输完成。

③ 到2030年，建成全功能的、多式全欧交通运输网络的“核心网络”，到2050年；建成高质量和高容量的网络，并附有相应的信息服务。

④ 到2050年，建立所有核心机场与铁路网的连接，最好是与高速铁路网的连接；

---

❶ 术语“常规燃料”是指使用非混合内燃机（ICE）的车辆。

❷ 这也将大大减少其他有害排放。

❸ 参见委员会通讯《2050年转向有竞争力的低碳经济的路线图》，COM（2011）112。

确保所有核心海港都与铁路货运充分连接，并尽可能地与内河航道系统充分连接。

(3) 通过信息系统和基于市场的激励措施提高交通运输和基础设施使用的效率

① 到 2020 年，在整个欧洲部署现代化的空中交通运输管理设施（单一欧洲天空空中交通管理研究[1]）并建成欧洲共同航空区。部署相似的陆地和水上交通运输管理系统（欧洲铁路运输管理系统[2]、智能交通系统[3]、超级天网和船舶远程识别和跟踪公约[4]、河流信息服务[5]）。部署欧洲全球导航卫星系统（伽利略系统）。

② 到 2020 年，建成欧洲多式联运信息框架、管理和支付系统。

③ 到 2050 年，实现公路交通运输的死亡人数趋近于零。根据这一目标，欧盟的目标是到 2020 年将道路伤亡人数减半。确保欧盟在所有交通运输方式的交通运输安全方面处于世界领先地位。

④ 全面采用“谁使用谁付费”和“谁污染谁付费”的原则，私人部门也参与到消除扭曲中来，包括危害性补贴、产生收入并为未来的交通运输投资保障资金支持。

3 战略——需要做些什么

要实现上述愿景，就需要为交通运输用户和运营商建立一个有效的框架，尽早部署新的技术并发展适当的基础设施：

——内部市场顺利运作和有效竞争的障碍仍然存在。未来十年的目标是通过消除模式间和国家制度间的所有剩余障碍，建立一个真正的单一欧洲交通运输区，简化整合过程，推动跨国、跨模式运营商的产生。在所有交通运输模式中严格执行竞争规则，则是对委员会在该领域行动的支持。社会、安全和环境规则在最大程度上的融合与执行，最低服务标准和用户权利都必须是该战略的组成部分，才能避免紧张和扭曲。

——创新对于本战略至关重要[6]。欧盟的研究需要关注到最有前景的技术并将所有参与者集中起来，以综合的方式处理研究、创新和部署的整个周期[7]。创新也可以推动可持续行为。

——建立一个更有竞争力、更加可持续的交通运输系统，需要对交通运输网络所需特征进行反思，并预见到足够的投资：欧盟的交通运输基础设施政策应保持愿景一致，确保资源充足。交通运输成本反映在价格上不应失真。

本通讯附件一中列举了一系列预期举措。另本通讯随附的委员会工作文件中记录了更多细节。

---

[1] 根据欧洲空中交通运输管理总体规划：http：//ec. europa. eu/transport/air/sesar/deployment _ en. htm。

[2] 根据欧洲铁路运输管理系统部署计划：参见委员会决议 C（2009）561。

[3] 根据 EasyWay 2 实施计划：参见委员会决议 C（2010）9675。

[4] 2002/59/EC 指令建立了欧共体船舶交通运输监控和信息系统（OJ L 208 of 5. 8. 2002），并经 2009/17/EC 修订（OJ L 131 of 28. 5. 2009）。

[5] 参见 2005/44/EC 指令。

[6] 参见委员会通讯《创新联盟》，COM（2010）546 和委员会通讯《欧洲数字化议程》，COM（2010）245/2。

[7] 关于清洁和高效车辆，政策将以 2010/0186 通讯为指导，该通讯规定了内燃机、电动和氢燃料电池车辆的替代燃料之间的技术中立方法。

3.1 单一欧洲交通运输区

一个单一欧洲交通运输区应该能够使得公民和货物的交通运输变得更简单，降低成本并提高欧洲交通运输的可持续性。“单一欧洲天空计划”需要按照预期实施，并且到2011年委员会将会解决机场的容量和质量问题。瓶颈最明显的地方仍然是铁路服务的内部市场，为了建成单一欧洲铁路区，必须首先建成这一市场。这就包括废除那些仍然阻碍着进入国家铁路市场的技术、行政和法律障碍。公路货运市场的进一步整合将使得公路交通运输更加高效和更具竞争力。海运方面，欧洲各海域的“蓝带”将会使得航行于欧盟各港口之间的船舶手续进一步简化，此外也必须建立适当的框架来处理欧洲的内河航道运输。港口的市场准入也有待进一步的改善。

市场的开放需要与高质量的工作和工作条件齐头并进，这是因为人力资源是所有高质量交通运输系统的重要组成部分。众所周知，劳动力和技术短缺将在未来成为交通运输方面的一个严重问题。为了防止社会冲突，在社会对话的基础上调整竞争力与社会议程显得尤其重要。在某些交通运输部门，特别是空运方面，这些冲突已经造成了重大经济损失。

欧盟议程中，交通运输安全占据着重要位置。应当通过与主要国际伙伴合作，进一步巩固和加强欧盟对空中和海上交通运输安全的整体政策方向、立法和监测。为了乘客安全，需要改进安检方法，在减少麻烦的同时，确保高级别的安全水平。对来自欧盟以外的货物安全问题，应当考虑采用风险导向办法。在欧盟行动具有附加值的领域，还需要找到欧洲陆路交通运输安全的适当办法。

制定安全交通运输框架对欧洲公民至关重要。首先，将制定欧洲民用航空安全战略，其中包括新技术的采用，当然，也包括与主要合作伙伴的国际合作。其次，在海运方面，需要积极解决客船安全问题。船舶交通监控和信息系统 SafeSeaNet 将成为所有相关海事信息工具的核心，支持海上交通运输安全，同时保护环境免受船源污染影响。因此，它将为建立一个监控欧盟海洋区域[1]的公共信息共享环境和建立一个共同的海洋空间作出重要贡献。再次，对于铁路交通运输，安全认证的协调和监督对于单一欧洲铁路区至关重要。在这三个交通运输部门中，过去十年中建立的欧洲航空、海运和铁路安全机构发挥着不可或缺的作用。

尽管在过去十年中，欧盟的道路交通运输事故死亡人数几乎减半，但在2009年仍有34500人因道路事故死亡。技术、执法、教育方面的举措，以及对弱势道路群体的特别关注将是大幅减少这些生命损失的关键。

未来几年，交通运输服务的质量、可及性和可靠性将变得愈加重要，特别是因为人口老龄化和公共交通运输的推广。服务质量的主要标志在于服务的高频率、舒适性、可及性以及多式联运。有关旅行时间和路线选择的信息可用与否，也同样与保证乘客和货物的“门到门”无缝流动密切相关。

欧盟已经规定了一整套的乘客权利，未来还将进一步巩固。在经过灰烬危机和2010年的极端天气事件之后，很显然我们需要“流动连续性计划”来保护危机状况下

---

[1] COM（2009）538和COM（2010）584。

乘客和货物的流动。这些事件还表明，我们需要通过情景开发和灾害规划来提高交通运输系统的弹性。

3.2 为未来而创新——技术与行为

（1）欧洲交通运输的研究、创新和部署战略

想要"脱离石油"，单单依靠技术解决方案是不可能的。还需要一种新的流动概念，加上一系列新技术和可持续行为的支持。

通过三大要素，技术创新可以更快、更经济地过渡到高效、可持续的欧洲交通运输系统。这三大要素是：通过新的发动机、材料和设计提高车辆效率；通过新燃料和推进系统实现清洁能源的使用；通过信息和通信系统更好地运用网络，实现更安全的运营。再加上其他可持续发展目标如减少石油依赖性，欧洲汽车工业的竞争力以及健康效益，特别是改善后的城市空气质量，都将推动欧盟加快发展并尽早部署清洁车辆。

交通运输研究和创新政策应一致地加大关键技术的开发和部署，将欧盟交通运输系统发展成现代、高效和用户友好型系统。为了提高效率，技术研究需要辅以系统方法，兼顾基础设施和监管要求，协调多个参与者和大型示范项目，鼓励市场占有。委员会将与战略能源技术计划（SET 计划）密切合作，制定交通运输部门的创新和部署战略，确定合适的治理和融资工具，确保研究成果的快速部署。

这还涉及通过欧盟投资研究而开发出的智能流动系统的部署，例如未来空中交通运输管理系统（单一欧洲天空空中交通管理研究）、欧洲铁路运输管理系统和铁路信息系统、海运监控系统、河流信息服务、智能交通系统以及用于下一代多式交通运输管理和信息系统（包括收费）的可互操作的互联解决方案。这还需要一个新的有关导航、交通运输监控和通信服务的投资计划。此外，车辆推进技术和替代燃料领域的研究和创新（绿色汽车倡议、清洁天空）也同样重要。

创新和部署还需要监管框架条件的支持。在广泛使用信息技术工具的同时，隐私和个人数据保护必须同步发展，包括国际层面上的标准化和互操作性要求，避免技术碎片化，从而使得欧洲的企业能够从整个欧洲交通运输市场充分收益，并创造出全球市场机遇。

（2）创新流动模式

不得强加新的流动概念。为了促进行为更加可持续，必须积极鼓励更好的流动规划。有关所有交通运输模式，包括客运和货运，各交通运输模式联合使用的可能性以及对环境的影响的信息，都需要广泛可用。采用符合欧盟竞争规则的欧盟标准的智能多式联票也非常重要。这与客运、货运都密切相关，其中还需要更好的跨模式电子路线规划、适应的法律环境（多式联运货运文件、保险、责任）和小型货物的实时交付信息。信息通信技术也可在不增加额外流动的情况下满足某些可及性需求。

在城市方面，需要采取混合战略，包括土地使用规划、定价方案、有效的公共交通运输服务、非机动模式的基础设施和清洁车辆的充电和加油，来减少拥堵和排放。应当鼓励超过一定规模的城市制定城市流动规划，将所有这些要素结合在一起。城市流动规划应与城市综合发展规划完全一致。此外，还需要一个欧盟框架，确保城市间和城市道路使用者的收费方案具有互通性。

3.3 现代基础设施、智能定价与投资

(1) 欧洲流动网

由于更高效的模式在多式联运中的广泛使用，再加上清洁燃料的先进技术和供应设施的广泛应用，欧洲需要一个“核心网络”走廊，能够高效率、低排放地承载大量的、合并运输的货运和客运量。

尽管欧盟在范围上扩大了，但欧盟东部和西部地区的交通运输基础设施仍存在巨大差异，亟须解决。欧洲大陆也需要在基础设施方面保持统一。

在这一核心网络中，应当广泛部署信息技术工具，简化行政手续，提供货物查询和追踪，并优化调度和交通运输流（电子货运）。要求他们在全欧交通运输网络的基础设施上进行部署并逐步整合模式系统，鼓励采用。

核心网络必须确保在欧盟各国首都与其他主要城市、港口、机场和主要陆地过境点以及其他主要经济中心之间建立有效的多式联系。它的重心应在于完善缺失环节（主要是跨境区域、瓶颈区域/支路），改善现有基础设施，开发海上和内河港口以及城市物流整合中心的多式联运终端。长途旅行方面，必须设计更好的铁路/机场连接。核心网络的海运部分主要是建设海上高速公路。

选择有资格获得欧盟投资的项目时必须考虑到这一愿景，同时要更加注重欧洲的附加值。共同投资的项目也应同样反映出对基础设施的需求，最大限度地减少对环境的影响，适应气候变化的可能影响，并提高用户的安全体验。

建成一个好的交通运输网需要大量的资源。2010 年至 2030 年，与交通运输需求相匹配的欧盟基础设施建设成本预计超过 1.5 万亿欧元。到 2020 年，全欧交通运输网络的建成约需要 5500 亿欧元，其中约 2150 亿欧元用于消除主要瓶颈。这还不包括对车辆、设备和充电基础设施的投资。因而，可能还需要 1 万亿欧元才能实现交通运输系统的减排目标。

需要来自公共和私人的多种资金来源，还需要在综合交通运输政策目标的同时更好地协调团结基金和结构基金；各成员国需要确保在其预算规划中有足够的国家资金，以及充分的项目规划和实施能力。其他需要考虑的资金来源包括外部成本内部化计划和基础设施使用费[1]。这样可能会产生额外的收入来源，使基础设施投资对私人资本更具吸引力。

释放民间金融的潜力也需要改进监管框架和创新金融工具。项目的评估和授权必须有效和透明，控制时间、成本和不确定性。新的融资工具，如欧盟项目债券倡议[2]，可以更大规模地支持公私合作（PPP）融资。

(2) 准确定价、避免失真

价格信号在许多决定中起着至关重要的作用，对交通运输系统产生长期影响。必须在更广泛地应用“谁污染谁付费”和“谁使用谁付费”原则的方向上重新调整交通运输

[1] 在其关于外部成本内部化战略的通讯［SEC（2008）2207 和 COM（2008）435］中，委员会已经制定了一种通用方法来收取整个交通运输部门的所有外部成本。

[2] COM（2010）700。

费用和税收。它们应该支持交通运输在提高欧洲竞争力和凝聚力方面发挥作用，同时该部门的总体负担应该合理反映交通运输的总成本，包括基础设施和外部成本。更广泛的社会经济效益和积极的外部效应证明了需要一定程度的公共资金，但在未来，交通运输用户可能会比今天支付更高比例的成本。向用户、运营商和投资人提供正确、稳定的货币激励措施也非常重要。

因此，外部效应内部化、消除税收扭曲和不合理补贴、自由和不扭曲的竞争都是为市场选择与可持续性需求（并反映“不可持续性”的经济成本）保持一致所做出的努力。要在直接竞争模式之间建立公平竞争环境，它们也不可或缺。

关于温室气体排放，目前主要使用两种市场手段：能源税收和排放交易系统。能源税收目前运用于陆地交通运输燃料，而排放交易系统则运用于电力方面，到 2012 年，将运用于航空方面。修订“能源税收指令”将会确保两种手段保持更高的一致性。与此同时，欧盟将敦促国际海事组织尽快出台适用于海运方面的决定。目前在海运方面，气候变化的成本还尚未内部化[1]。

通过收取基础设施使用费，可以将噪声、空气污染和拥堵等当地外部性成本内部化。欧盟委员会最近提议修改所谓的“欧洲小册子指令”，是将重型货车产生的成本实现更高程度的内部化的第一步。但国家间道路收费政策的差异仍将存在。下一步的行动是对整个城际网络上的商用车逐步引入一个强制性统一内部化系统，结束当前国际承运人需要 1 本“欧洲小册子”、5 本国家“小册子”、8 个不同的牌照和若干收费合同才能在欧洲的收费公路上不受阻碍地行驶的状况。

乘用车方面，越来越多地将道路收费看作产生收益、影响交通运输和旅行行为的一种替代方式。委员会将会制定规则，向所有车辆和所有主要外部因素内部化收费。长期目标是向所有车辆和整个网络的用户收费，至少反映基础设施、拥堵、空气和噪声污染的维护成本。

与此同时，在 2020 年之前，委员会将制定一套通用办法，将整个铁路网的噪声和当地污染成本内部化。

与其他经济部门相比，许多交通运输部门在税收方面享受了良好的待遇：公司汽车的征税方式、国际海运和空运的增值税和能源税豁免等。一般来说，这些方式与提高交通运输系统效率和降低外部成本的激励措施相互冲突。委员会将继续考虑有关提高交通运输税各要素之间一致性和鼓励快速引进清洁车辆的提议。

3.4　外部层面

交通运输从根本上是国际性的。正因如此，路线图中的大多数行动都与欧盟以外的交通运输发展的挑战有关。仍然要高度优先在交通运输服务、产品和投资方面打开第三国市场。因此，在所有的贸易谈判中（世贸组织、区域和双边组织）都包括了交通运输。我们将采取灵活的战略，确保欧盟作为交通运输领域的标准制定者。

为此，委员会的行动将侧重于以下领域：

——通过国际组织（国际民航组织、国际海事组织、国际铁路运输政府间组织、铁

[1] 参见 2009/29/EC 指令，第 3 段。

路合作组织、联合国欧洲经济委员会、国际河流委员会等）的工作推广内部市场规则，并在相关时获得欧盟正式成员资格。通过双边和多边合作在全球范围内推广欧洲的安全、安保、隐私和环境标准。加强与主要合作伙伴的交通运输对话。

——包括在准备流动连续性计划时，将我们的交通运输和基础设施政策推广到周边国家与地区，实现更紧密的市场一体化❶。可以利用类似于西巴尔干交通运输条约的合作框架将欧盟的规则推广到其他邻国。建成覆盖 58 个国家和 10 亿居民的欧洲共同航空区❷。与地中海合作伙伴合作实施地中海海洋战略，加强海上安全、安保和监控❸。促进世界范围内的单一欧洲天空空中交通管理研究、欧洲铁路运输管理系统和智能交通系统技术部署，并在国际层面建立研究和创新伙伴关系。

——在全球范围内推广我们的方法：开放交通运输市场，实现自由和不失真的竞争，找到环境可持续的解决方案。继续致力于在所有相关国际谈判中增加交通运输市场准入。

4 结论

只有通过各级多方面的举措，才能实现欧洲交通运输系统的转型。后续将会对本路线图所指出的各项行动和措施进行进一步详述。委员会将在下一个十年制定适当的立法提案，并在当前任期内提出关键举措。委员会在每项提案之前都将进行彻底的影响评估，并充分考虑欧盟的附加值和辅助性原则。委员会将确保在提高交通运输竞争力的同时，到 2050 年使交通运输排放的温室气体至少减少 60%。委员会将立足十项目标，以十项目标为基准。

委员会提请欧洲议会和理事会批准本“通往单一欧洲交通运输区的发展路线图——构建一个竞争力强、高效节能的交通运输系统”，并随后附上行动清单。

附件一

行动计划清单

1 高效综合的流动系统

1.1 单一欧洲交通运输区

（1）铁路服务的真正内部市场

① 开放国内铁路旅客市场竞争，包括在竞争性招标下强制授予公共服务合同。

② 加强欧洲铁路局的作用，实现单一车型授权和单一铁路安全认证。

③ 制定货运走廊管理的综合方法，包括跟踪访问费用。

---

❶ 参见委员会通讯《欧盟与非洲的合作》，COM（2009）301。

❷ 这包括了欧洲—地中海航空区［参见《与地中海南部合作走向民主与繁荣》，COM（2011）200］，以及其他周边国家。

❸ 参见 COM（2011）200。

④ 特别是通过基础设施管理和服务之间的结构分离，确保公民能够有效、平等地使用铁路基础设施，包括享受铁路相关服务[1]。

(2) 建成单一欧洲天空

① 建成真正无缝的单一欧洲天空，并在约定的时间框架内部署未来的空中交通运输管理系统（单一欧洲天空空中交通管理研究)。

② 建立适当的法律和财务框架，支持单一欧洲天空政策，巩固欧盟与欧洲航空安全组织之间的联系。

(3) 机场的容量和质量

① 修订起飞时间规则，更有效地利用机场容量。

② 明确并改善进入和提供优质服务的条件，包括地面勤务，确保机场系统中的所有参与者都达到最低质量标准。

③ 机场容量：制定一个解决未来容量问题的办法，包括更好地与铁路网络整合。

(4) 海上“蓝带”和港口市场准入

“无障碍欧洲海运区”应进一步发展成为欧洲及其周边地区的海上自由航行“蓝带”，水上交通运输应充分发挥其潜力。

① 整合所有相关部门使用的监测工具，确保各水运部门的信息通信技术系统完全具有互操作性，确保船舶和货物的监测（蓝带)，建设适当的港口设施（“蓝色航线”)。

② 建立在欧盟各港口授予引航员豁免证书的框架。

③ 审查对港口服务供应的限制。

④ 提高港口融资透明度，明确公共资金用于不同港口活动的目的，避免竞争扭曲。

(5) 内河航运的适当框架

建立适当框架，优化内河航道交通运输的内部市场，消除影响其使用的阻碍。在更广泛的欧洲背景下，评估和确定其执行所需的任务和机制。

(6) 公路货运

① 审查公路货运的市场情况以及道路使用者收费、社会和安全立法、成员国立法的转换和执行等方面的趋同程度，进一步开放公路交通运输市场。特别是，继续取消对沿海交通运输的剩余限制。

② 审查行车记录仪的规则，使之更具成本效益；当警察和执法人员在进行路边检查时，向其提供欧盟道路交通运输承诺名册；协调关于违反欧盟专业交通运输规则的制裁；协调对执法人员的培训。

③ 调整关于重量和尺寸的立法，适应新环境、新技术和新需求（如电池重量、更好的气动性能)，并确保其有利于多式联运和整体节能减排。

(7) 货物多式联运：电子货运

建立适当框架以便实时跟踪货物，确保多式联运责任，促进清洁货运：

① 实践“单一窗口”和“一站式管理商店”的概念；通过电子形式（电子运单）创建和部署单个交通运输单据，并为物流跟踪技术（如射频识别等）的部署创建适当的

[1] 分离的首选方案应确保发展竞争、持续投资和提高服务成本的效率。

框架。

② 确保责任制度有利于铁路、水运和多式联运。

1.2 促进高质量的工作和工作条件

(1) 公路交通运输工人的社会准则

鼓励和支持社会伙伴间的对话，就公路交通运输工人的社会准则达成一致，同时解决变相自营的问题。

(2) 海运的社会议程

① 根据欧盟委员会关于欧盟海运政策的战略目标和建议，实施在《海洋社会议程》中确定的行动措施，直至2018年。

② 加强国际劳工组织关于船旗国、港口国和劳务供应国的《海事劳工公约》的执行。

③ 将目前被排除在外的全部或部分海上工作人员纳入若干欧盟劳动法指令的范围，或通过其他方式给予他们同等程度的保护。

④ 在国际海事组织修订关于海员培训和发证的公约（《海员培训、发证和值班标准国际公约》）之后，更新海员培训指令（2008/106/EC)。在港口活动的不同领域建立一个相互认可的港口工人培训框架。

(3) 一个对社会负责的航空部门

① 建立机制，分析监管发展对于航空交通运输部门工作条件的影响。

② 为整个航空价值链（包括空中交通运输管理和地面勤务）的工人建立全欧洲范围的最低服务和质量标准。鼓励社会伙伴在整个航空价值链中解决冲突预防和最低服务干扰的问题。

(4) 评估欧盟对不同交通运输模式的就业和工作条件所采用的方法

① 对各交通运输部门中发生的部门社会对话进程进行评估，改善社会对话并提高其有效性。

② 确保跨国公司的员工的参与度，特别是通过欧洲工作委员会。

③ 提高所有交通运输模式的工作质量，特别是培训、认证、工作条件和职业发展方面，创造高质量的工作，培养必要的技能并增强欧盟交通运输运营商的竞争力。

1.3 安全交通运输

(1) 货物安全

① 实施加强航空货运安全行动计划，必要时制定航空货物安检新规则，加强港口货物安全。

② 建成全欧盟范围的航空货物一站式安全系统。

(2) 减少麻烦，保证乘客安全

推广改良的安检方法，充分尊重基本权利；支持“未来安检点”（如安全走廊）的发展，以最少的麻烦和干扰管控大量的乘客。还应支持其他脆弱地区的安保，如主要的交通运输交汇处。

① 通过资助，推动开发更加有效和隐私友好的技术（扫描仪、新型爆炸物检测器、智能芯片等)，以及在现有技术中探索更加隐私友好的解决方案。

② 定义检测设备的通用检测性能标准和认证程序。

(3) 陆路交通运输安全

与成员国就陆路交通运输安全问题展开合作，第一步成立陆路交通运输安全常设专家组，并在欧盟行动产生能够附加值的地方采取进一步措施。城市安全问题将受到特别关注。

(4) “点对点”安全

① 在不阻碍贸易自由流动的同时，提高供应链的安全水平。应考虑将“点对点”安全认证纳入现有方案。

② 覆盖所有交通运输方式的联合安全评估。

③ 准备流动连续性计划时，综合恐怖主义和犯罪攻击的潜在影响。(参见第 23 条措施)

④ 在打击恐怖主义和其他犯罪活动如海盗方面展开国际合作。外部层面（参见第 40 条措施）至关重要。

1.4 交通运输安全行动：拯救数千人的生命

(1) 通往道路安全的“零视野”

① 协调和部署道路安全技术，如驾驶员辅助系统、(智能) 限速器、安全带提醒器、eCall 智能紧急呼叫系统、合作系统和车辆基础设施接口，以及改良的道路安全性测试，包括替代推进系统。

② 制定关于道路伤亡和紧急救援的综合行动战略，包括伤害和死亡的共同定义和标准分类，以减少伤亡为目标。

③ 注重对所有使用者的培训和教育，推广使用安全设备（安全带、防护服、防篡设备）。

④ 通过更加安全的基础设施和车辆技术，特别关注行人、骑行者和摩托车手等弱势使用者。

(2) 欧洲民用航空安全战略

欧洲航空安全性很高，但并非世界上最高的。我们的目标应该是成为最安全的航空地区。为此，我们将在欧洲航空安全局的工作基础上制定全面的欧洲航空安全战略，其中包括以下几个方面：

① 通过审查民用航空事件报告的立法，改进数据的收集、质量、交换和分析。

② 根据新技术的发展调整监管安全框架（单一欧洲天空空中交通管理研究）。

③ 确保在所有的航空领域始终如一地执行欧盟航空安全战略。

④ 促进与国际民航组织和其他国际航空组织的信息透明和安全信息交流，特别是在全球安全信息交流倡议的框架内；与非欧盟国家，特别是美国，在监管趋同、相互承认和技术援助等安全问题上进行合作。

⑤ 在欧盟层面建立安全管理体系，其中包括安全绩效目标和测量，以确定风险并实现安全水平的持续改进。

(3) 更安全的海运

① 与欧洲海事安全局合作，实现客船安全立法现代化。

② 将海运监控系统发展为所有相关海事信息工具的核心系统，支持海上安全和保护海洋环境免受船源污染影响。

③ 评估为海运和内河航道运输创建欧盟注册和欧盟标志的可行性。从本质上讲，欧盟标志将代表一种质量标签，证明该船舶是一艘配备有高素质专业人员的安全、环保的船舶。

④ 评估欧盟海岸警卫队共享职能的可行性，特别是确保海上安全、安保和环境保护。

(4) 铁路安全

① 逐步找到全铁路部门通用的安全认证方法，以现有的基础设施管理人员和铁路事业为基础，并评估依赖欧洲标准的可能性。

② 加强欧洲铁路局在铁路安全领域的作用，特别在监督国家安全局采取的国家安全措施和双方的逐步协调方面的作用。

③ 加强用于建造铁路车辆和铁路基础设施的安全关键部件的认证和维修流程。

(5) 危险货物的交通运输

简化危险货物多式联运的规则，确保不同模式之间的互操作性。

1.5 服务质量与可靠性

(1) 乘客权利

① 对欧盟乘客权利法进行统一解释，确保其执行标准统一有效，确保行业的公平竞争环境和欧洲公民的保护标准。

② 集中所有交通运输方式中适用于乘客权利的共同原则（基本权利宪章），特别是“知情权”，并进一步明确现有权利。后续考虑采用单一的欧盟框架法规，覆盖所有交通运输方式中的乘客权利（欧盟法典）。

③ 提高老年人、行动不便的乘客和残疾乘客的交通运输质量，让他们更好地使用基础设施。

④ 完善既定的乘客权利立法框架，采取措施覆盖多式联运中购买单一合同下的综合机票的旅客，以及交通运输运营商破产的情况。

⑤ 通过在双边和多边协定中规定所有交通运输方式的服务质量，改善国际公平竞争环境，在国际范围内进一步完善乘客的权利。

(2)“门到门”无缝流动

① 确定进一步整合不同客运方式所需的措施，为乘客提供多式“门到门”无缝旅行。

② 创建框架条件，促进智能系统的开发和使用，实现具有互操作性的多式调度、信息、在线预订系统和智能购票。这可能还包括立法提案，确保私人服务供应商能够获得旅行和实时交通运输信息。

(3) 流动连续性计划

确定流动计划的定义，确保在发生破坏性事件时保持服务连续性。计划应解决工作设施使用的优先次序，基础设施管理者、运营商、国家当局和邻国的合作，以及临时采用或放宽具体规则的问题。

2 为未来而创新：技术与行为

2.1 欧洲交通运输研究与创新政策

（1）技术路线图

分散的欧洲研究和开发工作是最有害的，而欧洲的联合努力将在以下领域产生最大的附加值：

① 适用各种交通运输方式的清洁、安全和静音车辆，从公路车辆到轮船、驳船、轨道车辆和飞机（包括新型材料、新型驱动系统以及用于管理和整合复杂交通运输系统的信息技术和管理工具）。

② 提高交通运输安全性的技术。

③ 潜在的新型或非常规交通运输系统和车辆，如无人驾驶飞机系统、非常规货物配送系统。

④ 可持续的替代燃料战略，包括适当的基础设施。

⑤ 综合交通运输管理和信息系统，促进智能流动服务，改善基础设施和车辆使用的交通运输管理，以及跟踪货运以及管理货运流量的实时信息系统；旅客/旅行信息，预订和支付系统。

⑥ 智能基础设施（陆基和天基的），确保基础设施和车辆之间不同形式的交通运输和通信得到最大程度的监控并具有互操作性。

⑦ 按照 CIVITAS 计划和城市道路收费和访问限制方案，实现可持续城市流动的创新。

（2）创新和部署战略

确定必要的创新战略，包括适当的治理和融资工具，确保研究结果得以快速部署。例如：

① 部署智能流动系统，如未来空中交通运输管理系统（单一欧洲天空空中交通管理研究）、欧洲铁路运输管理系统和铁路信息系统、海运监控系统、河流信息服务、智能交通系统和下一代多式联运交通运输管理和信息系统。

② 定义和部署车载设备的开放式标准电子平台，执行包括道路收费在内的各种功能。

③ 制定新的导航、交通运输监控和通信服务的投资计划，以便根据欧洲综合多式联运信息和管理计划整合信息流、管理系统和流动服务。电子流动（和其他替代燃料）的示范项目，包括充电和加油设施以及智能交通运输系统，特别侧重于那些空气质量经常超标的城市地区。

④ 可持续城市交通运输解决方案的智能流动合作和示范项目（包括道路收费计划的示范项目等）。

⑤ 提高低效率、高污染车辆替换率的措施。

（3）创新交通运输的监管框架

通过规范或规则确定必要的监管框架条件：

① 适用于各种模式车辆的二氧化碳排放标准，必要时补充对能源效率的要求，解

决所有类型的推进系统；

② 噪声排放水平的车辆标准；

③ 最迟在2013年之前提出测量排放的测试周期，确保在实际驾驶条件下减少二氧化碳和污染物排放；

④ 确保快速采用新技术的公共采购战略；

⑤ 清洁车辆充电设施互操作性规则；

⑥ 加油设施的准则和标准；

⑦ 设施与设施之间、车辆与设施之间和车辆与车辆之间通信的接口标准；

⑧ 出于安全考虑，交通运输数据的准入条件；

⑨ 交通运输相关的智能充电和支付系统的规格和条件；

⑩ 更好地执行现有规则和标准。

2.2 促进更加可持续的行为

(1) 旅行信息

提高对个别传统交通运输方式的替代方式的认识（减少驾驶、步行与骑行、共享汽车、停车与驾驶、智能购票等）。

(2) 车辆的二氧化碳排放和燃油效率标签

① 审查标签指令，提高有效性。此外，还将考虑将范围扩大到轻型商用车和L类车辆，并统一所有成员国的标签和车辆燃油效率等级。

② 支持燃油效率高、噪音少、安全、满足型号认可的性能要求的轮胎占领市场[1]。

(3) 碳排放量计算器

鼓励商业基础的温室气体认证计划并制定欧盟公共标准，根据公司和个人等不同用户版本估算每名乘客和每次货运的碳足迹。这将为更清洁的交通运输方案提供更好的选择和营销机会。

(4) 环保驾驶与速度限制

① 在驾驶执照指令未来的修订中写入环保驾驶要求，采取措施加速智能交通系统应用的部署，支持环保驾驶。还应在其他交通运输方式中开发和推广节油技术，如飞机的连续下降。

② 检查限制轻型商用道路车辆最高速度的方法，减少能耗，提高道路安全并确保竞争的公平。

2.3 城市综合流动

(1) 城市流动规划

① 建立欧洲层面的程序和财政支持机制，准备城市流动审计和城市流动规划，建立基于共同目标的欧洲城市流动记分板。根据基于欧盟规则的国家标准，检查对一定规模城市采取强制措施的可能性。

② 对已经提交当前且经过独立验证的城市流动绩效和可持续性审计证书的城市和

[1] 包括采用轮胎标签法规（EC）No 1222/2009的所有实施措施。到2020年，欧盟所有的交通运输工具将节省燃油5%。

地区，提供区域发展和融合资金。

③ 检查建立一个欧洲支持框架，在欧洲城市逐步实施城市流动规划的可能性。

④ 在可能的智慧城市创新合作中实现城市综合流动。

⑤ 鼓励大型雇主制定公司/流动管理计划。

(2) 欧盟城市道路使用者收费框架

制定一个经过验证的、城市道路使用者收费和访问限制方案及其应用的框架；还包括一个合法且经过验证的、覆盖车辆和基础设施应用的操作和技术框架。

(3) 2030年接近"零排放城市物流"战略

① 制定最佳实践规则，更好地监测和管理城市货运流量（如合并中心、旧中心的车辆规模、监管限制、交付窗口、未开发的河流交通运输潜力）。

② 制定走向"零排放城市物流"的战略，将土地规划、铁路和河流通道、商业惯例和信息、收费和车辆技术标准等方面结合起来。

③ 促进低排放商业车（送货车、出租车、公共汽车等）的联合公共采购。

3 现代基础设施和智能资金

3.1 交通运输基础设施：地域凝聚力与经济增长

(1) 欧洲战略基础设施的核心网络——欧洲流动网络

① 在新的全欧交通指南中定义欧洲战略基础设施的核心网络，整合欧盟东西部，塑造单一欧洲交通运输区。预见与周边国家的适当联系。

② 将欧洲行动集中在具有最高欧洲附加值的全欧交通运输网络组件上（跨境缺失环节、多式联运点和关键瓶颈）。

③ 部署大规模智能和可互操作技术（单一欧洲天空空中交通管理研究、欧洲铁路运输管理系统、河流信息服务、智能交通系统等），优化基础设施的容量和使用。

④ 确保欧盟投资的交通运输基础设施充分考虑了能源效率需求和气候变化挑战（整体基础设施的气候适应能力、清洁车辆的加油/充电站、建筑材料的选择……）。

(2) 可持续交通运输网络的多式联运货运走廊

① 在"核心网络"的背景下创建多式联运货运走廊结构，保持投资和基础设施工程同步，支持高效、创新的多式联运服务，包括中长途铁路服务。

② 支持多式联运和单车装载业务，促进内河航道融入交通运输系统，促进货运的生态创新。支持新车辆和船舶的部署和改造。

(3) 事前项目评估标准

① 引入事前项目评估标准，确保基础设施项目适当地展示了欧盟的附加值，或是基于"提供的服务"并产生了足够的收入。

② 简化符合最高欧洲利益的项目的程序，确保：完成整个程序的合理周期；与项目实施相符的沟通框架；综合规划，并在规划程序的早期阶段将环境问题考虑进来。

③ 在事前评估过程中引入PPP检查，确保在提请欧盟投资前已对PPP选项进行仔细分析。

3.2　连贯的投资框架

（1）新的交通运输基础设施投资框架

① 建立一个充分满足条件的基础设施投资框架，为完成全欧交通运输网络核心网络以及其他基础设施项目提供支持，包括全欧交通运输网络项目与团结和结构基金的投资战略，并考虑交通运输活动产生的收入。

② 为开发和部署提高基础设施使用效率和脱碳的技术提供欧盟支持（新的道路网络定价和收费系统、智能交通系统和容量提高计划）。

③ 将全欧交通运输网络资金用于全欧交通运输网络的核心网络建设和汇集走廊沿线国家的资源。

（2）私人部门参与

① 为 PPP 的发展建立一个有利框架：对全欧交通运输网络项目进行正式筛选，确定具有 PPP 潜力的项目；为全欧交通运输网络项目创建标准化和可预测的 PPP 采购流程；以及相应地修订全欧交通运输网络规则，适应 PPP 采购流程和支付机制。

② 在委员会服务和 EPEC 建立的合作框架的背景下，鼓励成员国更多地使用 PPP，同时承认并非所有的项目都适合这种机制，并向成员国提供相关的专业知识。

③ 参与为交通运输部门设计新的融资工具，特别是欧盟项目债券倡议。

3.3　准确定价和避免失真

智能定价与税收分以下两阶段。

（1）第一阶段（截至 2016 年）

应重新调整交通运输费用和税收。费用和税收应该支持交通运输在提高欧洲竞争力方面的作用，同时该部门的总体负担应合理反映出基础设施和外部成本方面的交通运输总成本。

① 明确能源和二氧化碳成分，调整汽车燃油税。

② 逐步向重型车辆强制性征收基础设施费用。该方案将引入一个共同的关税结构和成本组成部分，如磨损的修复、噪声和当地污染成本，以取代现有的用户收费。

③ 评估现有的汽车道路收费方案及其与欧盟条约的兼容性。制定公路车辆内部化收费的执行准则，包括拥堵、二氧化碳（如果不包括在燃油税中）、当地污染、噪声和事故的社会成本。向遵循准则实施方案并启动试点项目的成员国提供奖励。

④ 继续推动所有交通运输方式的外部成本内部化，在遵循共同原则的同时考虑到每种方式的特殊性。

⑤ 建立一个指定交通运输收入的框架，开发综合高效的交通运输系统。

⑥ 公布准则，必要时提供关于不同交通运输方式和交通运输设施的公共资金的说明。

⑦ 必要时重新评估交通运输税，即将车辆税收与环境绩效联系起来，思考可采用的方法，审查当前有关客运的增值税系统，修订公司汽车税收，消除扭曲并促进清洁车辆的部署。

（2）第二阶段（2016—2020 年）

在第一阶段的基础上，继续推动对公路和铁路交通运输进行全面和强制性的外部成本内部化（包括噪声、当地污染、磨损修复成本和最重要的拥堵）。将港口和机场的当地污染和噪声以及海上空气污染的成本内部化，审查对欧盟境内所有内河航道的强制性内部化收费。制定基于市场的措施，进一步减少温室气体排放。

4 外部层面——世界交通运输

交通运输从根本上是国际性的。正因如此，路线图中的大多数行动都与欧盟以外的交通运输发展的挑战有关。仍然要高度优先在交通运输服务、产品和投资方面打开第三国市场。因此，在所有的贸易谈判中（世贸组织、区域和双边组织）都包括了交通运输。我们将采取灵活的战略，确保欧盟作为交通运输领域的标准制定者。为此，委员会将侧重于以下行动领域：

① 通过国际组织（世界贸易组织、国际民航组织、国际海事组织、国际铁路运输政府间组织、铁路合作组织、联合国欧洲经济委员会、国际河流委员会等）的工作推广内部市场规则，并在相关时获得欧盟正式成员资格。在全球范围内推广欧洲的安全、安保、隐私和环境标准。加强与主要合作伙伴的交通运输对话。

② 建成覆盖58个国家和10亿居民的欧洲共同航空区。与主要经济合作伙伴（巴西、中国、印度、俄罗斯、韩国等）签订全面的航空服务协议，取消对第三国的航空交通运输投资限制。推动单一欧洲天空空中交通管理研究技术在全球的部署。

③ 在多边论坛和双边关系中采取行动，推动有利于实现本白皮书关于能效和气候变化目标的政策。

④ 不断利用多边（国际民航组织、国际海事组织和世界海关组织）和双边层面解决恐怖主义问题，设想与战略伙伴签订国际协议并加强安全对话，首先从美国开始。合作进行共同威胁评估、培训第三国官员、联合检查、预防海盗等。确保国际上认可欧盟的“一站式安全”系统的概念。

⑤ 包括在准备流动连续性计划时，制定合作框架，将我们的交通运输和基础设施政策推广到周边国家与地区，改善基础设施连接，实现更紧密的市场一体化。

⑥ 与地中海合作伙伴合作实施地中海海洋战略，加强海上安全、安保和监控。

⑦ 采取适当措施，推动取消欧盟以外的班轮交通运输会议的豁免。

⑧ 在既有的研究和创新伙伴关系基础上，找到共同答案，解决交通运输管理系统、可持续低碳燃料、安保和安全的互操作性有关的问题。

（原文网址：https://eur-lex.europa.eu/legal-content/EN/ALL/?uri=CELEX:52011DC0144）

附录 2　伦敦交通 2025——增长中的世界城市交通愿景（目录、执行摘要）

目　录

市长介绍

专员前言

执行摘要

1　背景

1.1　T 2025 的目的

1.2　T 2025 符合更广泛的政策议程

1.3　目前的工作和方法

1.4　参与人的反馈

2　伦敦计划和交通愿景

3　本文的结构和方法

4　伦敦的机遇

4.1　支持经济发展

4.1.1　人口增长

4.1.2　经济增长

4.1.3　交通和集聚

4.1.4　改善公共交通

4.1.5　管理道路网

4.2　应对气候变化和改善环境

4.2.1　气候变化

4.2.2　空气质量和噪音

4.2.3　改善城市环境

4.3　加强社会包容

4.3.1　运输和可达性

4.3.2　包容性障碍

5　参考案例的结果

5.1　改善公共交通

5.2　公路网的管理

5.3　气候变化与环境

6　交通策略

6.1　策略 1——更新现有制度

6.2　策略 2——确保现有系统高效安全

6.3 策略 3——减少旅行需求
6.4 策略 4——影响旅行行为
6.5 策略 5——减少拥堵和排放
6.6 策略 6——提供新运力
6.6.1 PPP 模式
6.6.2 横贯铁路
6.6.3 铁路 2025
6.6.4 其他关键铁路计划
6.6.5 公交
6.6.6 码头区轻轨
6.6.7 轻轨交通
6.6.8 步行
6.6.9 自行车
6.6.10 网络集成
6.6.11 其他模式
7 T 2025 方案的效益
7.1 T 2025 计划概述
7.2 投资收益
7.2.1 经济
7.2.2 气候变化与环境
7.2.3 社会包容
7.3 对 T 2025 计划的更广泛评价
7.4 不投资的结果
8 实施
8.1 时间和顺序
8.2 成本
8.3 财政收入
8.4 资金
8.5 其他交付限制
8.6 合作途径
8.7 视觉的稳健性和灵活性
8.8 2007 年综合支出审核
9 结论和下一步计划
9.1 结论
9.2 下一步计划
附录 1 建模结果汇总表
附录 2 图表一览表
附录 3 T 2025 传输网络的指示图

执行摘要

本文描述了伦敦的20年交通愿景，以应对伦敦面临的主要人口和就业增长所带来的重大交通挑战。本文得到了广泛的模拟、分析和评估的支持，并在可能的情况下反映了参与者针对6月交通2025文件“交通2025——发展中城市的交通挑战”所作的评论。它建议采取必要的交通政策和投资，按照市长伦敦计划中的设想，支持伦敦的增长和发展，以支持其经济、社会和环境目标。

一、交通挑战与愿景

伦敦在英国经济中扮演着独特的角色。它是该国的金融中心，在经济增长中所占的比例过高，使整个国家受益。该城市将在未来发展和繁荣，预计未来20年将新增800000人，并新增900000个工作岗位。

为了支持这种经济发展，存在两个相互关联的交通挑战。第一个挑战是改善伦敦的公共交通系统以适应就业的增长。这有两个组成部分，一是使人们在可接受的拥挤程度内进行可靠的纵向连接，并适应伦敦外围和郊区住房，就业和休闲旅行的分散发展，确保尽可能多的旅行使用公共交通、步行和骑自行车。第二个挑战是有效管理道路网络，减少交通拥堵并减少二氧化碳（CO_2）排放。

预计到2025年，每天的出行次数将增加400万次。如果考虑到汽车出行方式的转变，则公共交通，步行和骑自行车将需要额外增加500万次出行量。

“交通2025——增长中的世界城市的交通愿景”（T 2025）确定了三个交通运输目标，与市长对伦敦的愿景一致。这些是：

① 支持经济发展——通过改善公共交通和管理道路网络以减少交通拥堵；

② 应对气候变化并改善环境——通过减少二氧化碳排放，改善空气质量，减少噪音和改善城市环境；

③ 改善社会包容性——让市民更容易获得交通和安全。

T 2025的愿景是创建：世界一流的交通运输系统，提供安全、可靠和高效的客运和货运，增强伦敦的经济、环境和社会包容性。

二、 2025参照情形

当前的计划和政策将远远不能应对挑战。供需之间的历史差距不仅会持续，而且还会扩大。伦敦交通局（伦敦交通局）当前投资计划中提供的额外交通运输能力将无法支持伦敦增长带来的潜在公共交通40%的需求增长。这将限制伦敦就业增长的潜力，特别是在中部地区。道路拥堵将增加三分之一以上，而二氧化碳排放量将仅比1990年的水平减少6%，远远低于30%的目标。在改善社会包容性方面将取得有限的进展。

三、交通策略

已经确定了六种交通策略以实现T 2025的目标并克服相关参照情形的局限性。它们如下：

① 更新现有的基础设施——使资产达到良好的状态并保持这种状态；

② 确保现有系统高效、安全——改善了道路网络管理，改善了票务和信息，并提高了安全性；

③ 减少出行需求——使用土地使用规划来减少出行需求和汽车使用；

④ 影响出行行为——提供出行信息和奖励措施，以鼓励人们走路、骑自行车和使用公共交通工具；

⑤ 减少交通拥堵和排放——鼓励汽车行驶方式转变的一揽子措施，并减少交通拥堵和二氧化碳排放；

⑥ 提供新的运力——公共交通的一项重大投资计划。

首先，以现有基础设施的最佳状态，同时进行最优需求管理，以更好地利用可用容量的策略将被耗尽。但是，这些措施不会提供太多额外的运力，也不会影响全网的交通拥塞情况。

就所需的新运力而言，首要任务是通过完成全面的公私合作（PPP 模式）来重建地铁。这将更新现有资产，提高可靠性并增加 25%的运力。下一个优先事项是提供支持伦敦市中心和道格斯岛就业增长所需的能力，并为东西部核心就业走廊提供服务。伦敦地铁新干线是实现这些成果必不可少的公共交通连接。

在充分利用现有交通系统的前四项策略的基础上，T 2025 定义了一系列减少拥堵和排放的措施。一揽子计划包括增强公共交通运力；通过智能交通措施（例如工作场所和学校出行计划）改变出行行为的行动；通过大伦敦政府即将出台的《气候变化行动计划》，采取有针对性的措施来减少二氧化碳的排放；车辆的技术改进；并考虑了伦敦国有道路使用收费计划的实施情况。

公交网络的扩展对于支持伦敦的增长、实现伦敦外围地区汽车出行模式的转变以及对道路使用收费的引入将是至关重要的。

T 2025 计划还包括对现有地铁和国家铁路网（铁路 2025）的强化；港口区轻轨运力的增强和扩展；轻轨交通方案；伦敦步行和自行车的改进以及城市领域的增强。

四、效益

以全面的评估工作以量化 T 2025 计划的收益，其中包括：

从汽车到公共交通，步行和骑车的模式转换比例为 9%；

拥挤和拥堵减少到今天的水平以下；

节省出差时间和提高生产力，在 60 年内为英国 GDP 带来 1800 亿英镑的额外收入；

二氧化碳排放量减少了 22%，为实现市长的减排目标做出了重要贡献。

五、实现愿景

T 2025 计划的成本是巨大的，但应从伦敦对英国经济的贡献来看。据估计，这笔投资将有助于额外产生 1800 亿英镑的 GDP 和集聚收益。随着伦敦人口的增长以及更多人选择使用公共交通工具，T 2025 计划还将使票价收入增加。T 2025 计划的成功实施取决于所有关键参与者的合作。

六、结论

T 2025 愿景确定了确保伦敦在未来繁荣发展所需的综合交通投资和政策，并使人们更广泛地感受到这种增长带来的好处。如果没有持续的交通投资，目前交通网络的局限性将越来越成为伦敦经济发展及其对英国经济贡献的制约因素；此外，在解决与交通有关的社会矛盾原因方面，在解决气候变化造成的全球威胁方面，也不会取得什么进展。

政府的 2007 年综合支出报告（CSR 2007）是获得开始实现 T 2025 愿景所需的额外投资的关键机会。伦敦交通局将以 T 2025 为基础，与政府就 CSR 2007 讨论如何满足伦敦的交通需求。T 2025 还将成为修订市长交通策略的基础，并将定期进行审查。

（原文网址：http：//tfl. gov. uk；Email：enquire@tfl. gov. uk）

附录 3　名词解释：“四个交通”

“四个交通”是交通运输部综合分析形势任务，立足于交通运输发展的阶段性特征，更好地实现交通运输科学发展，服务好“两个百年目标”，由部党组研究提出的当前和今后一个时期的战略任务，即全面深化改革，集中力量加快推进综合交通、智慧交通、绿色交通、平安交通的发展，简称“四个交通”。总之，综合交通是核心，智慧交通是关键，绿色交通是引领，平安交通是基础，“四个交通”相互关联，相辅相成，共同构成了推进交通运输现代化发展的有机体系。

一、基本概念

“四个交通”是交通运输部综合分析形势任务，立足于交通运输发展的阶段性特征，更好地实现交通运输科学发展，服务好“两个百年目标”，由部党组研究提出的当前和今后一个时期的战略任务，即全面深化改革，集中力量加快推进综合交通、智慧交通、绿色交通、平安交通的发展，简称“四个交通”。

二、具体内涵

在 2014 年全国交通运输工作会议上，交通运输部部长杨传堂做了题为《深化改革　务实创新　加快推进“四个交通”发展》的报告。报告中杨传堂对“四个交通”进行了较为深入的解读。

（一）关于综合交通

经过多年的建设，我国交通运输已经进入了各种运输方式融合交汇、统筹发展的新阶段。加快发展综合交通，是适应全面建成小康社会的必然要求，是加快转方式调结构、提质增效升级的重要内容，也是推进交通运输可持续发展的必由之路。加快发展综合交通，要义是坚持适度超前、改革创新，做到量力而行、尽力而为，与区域协调发展和新型城镇化要求相适应，合理布局不同区域、不同层次、不同方式的运输网络，合理配置和优化整合交通运输资源，发挥各种运输方式技术经济优势和交通网络整体效能；核心是从基本国情和国家战略出发，顺应新型工业化、信息化、城镇化、农业现代化同步发展的新需求，统筹规划铁路、公路、水路、民航以及邮政行业发展，建立完善与综合交通相适应的制度体制机制，提升服务水平、物流效率和整体效益；关键是通过综合交通战略规划、政策法规、标准规范促进各种运输方式深度融合，优化交通运输主要通道和主要枢纽节点布局，统筹各种运输方式在区域间、城市间、城乡间、城市内的协调发展，发挥组合效率和整体优势，实现各种运输方式从分散、独立发展转向一体化、集约化发展，加快构建网络设施配套衔接、技术装备先进适用、运输服务安全高效的综合交通系统。

（二）关于智慧交通

信息化智能化水平是衡量交通运输现代化发展水平的重要标志。加快发展智慧交通，是推进交通运输管理创新的重要抓手，是提升交通运输服务水平的有效途径，也是推动交通运输转型发展的重要支撑。加快发展智慧交通，要义是坚持面向发展、开放协同，重点突破、全面提升，以信息化、智能化为牵引，推动现代信息技术与交通运输管理和服务全面融合，实现交通运输设施装备、运输组织的智能化和运营效率、服务质量的提升；核心是以重大科技突破牵引交通运输转型升级，围绕支撑重大工程建设、提高存量资产使用效能和提升运输服务品质，抓好重大科技研发，协调推进原始创新、集成创新和引进消化吸收再创新，推动基础性、前瞻性和共性关键技术突破和工程化产业化发展，加快建设市场导向、企业主体、产学研结合的行业技术创新体系，促进科技成果转化为交通运输生产力；关键是完善全行业开放协同创新机制，注重以信息化智能化引领提升交通运输管理效能，促进现代信息技术在行业监管、运行管理和服务领域的深度应用，全面提升交通运输供给能力、运行效率、安全性能和服务质量，实现交通运输持续创新发展。

（三）关于绿色交通

交通运输是国家节能减排和应对气候变化的重点领域之一。加快发展绿色交通，是建设生态文明的基本要求，是转变交通运输发展方式的重要途径，也是实现交通运输与资源环境和谐发展的应有之义。加快发展绿色交通，要义是坚持政府主导、法规约束，示范引领、制度创新，把绿色循环低碳发展理念贯穿落实到交通运输发展的各个领域和各个环节，在发展中保护、在保护中发展，加快建设资源节约型、环境友好型交通运输行业，实现经济效益、社会效益和环境效益的有机统一；核心是以资源环境承载力为基础，以节约资源、提高能效、控制排放、保护环境为目标，加快推进绿色循环低碳交通基础设施建设、节能环保运输装备应用、集约高效运输组织体系建设，推动交通运输转入集约内涵式的发展轨道；关键是在规划、建设、运营、养护等各个环节集约节约利用资源、保护生态环境，更加注重优化交通基础设施结构、运输装备结构、运输组织结构和能源消费结构，更加注重提升行业监管能力和企业组织管理水平，充分挖掘结构性和管理性绿色循环低碳发展潜力，提高交通运输设施装备节能环保水平，提高土地、岸线等资源利用效率，建成以低消耗、低排放、低污染、高效能、高效率、高效益为主要特征的绿色交通系统。

（四）关于平安交通

防止目前阶段安全事故“不可避免论”，牢固树立加快发展平安交通，是以人为本的本质要求，是服务民生的最大前提，也是实现交通运输科学发展的基础条件。加快发展平安交通，要义是把安全发展理念贯穿于各领域、全过程，特别是基层和一线，坚持底线思维和红线思维并不断拧紧螺丝扣，把保障人民群众出行安全放在首位，坚决守住安全是底线、安全是红线的思想防线和责任防线，强化安全治理体系和治理能力建设，提高交通运输安全发展的防、管、控能力；核心是坚持管行业必须管安全、管业务必须管安全，重心下移、工作下沉，健全完善科学规范、运行有效的安全生产责任体系，焊牢企业主体和行业安全监管的责任链，加强督促检查、严格考核奖惩，对有章不循、有章不依的问题不放过、严查处，切实把安全责任落实到一线、落实到岗位、落实到人头；关键是坚持常、长二字，夯实基础、补强短板，大力提高交通运输安全应急处置能力，推进安全生产长效机制建设，建立隐患排查治理体系和安全预防控制体系，强化重点时段、重点地区、重点领域、重点环节的安全监管，不留死角、不留盲区，不打折扣、不走过场，确保安全监管全覆盖，安全隐患零容忍，有效防范和坚决遏制重特大事故的发生，实现交通运输持续安全发展。

总之，综合交通是核心，智慧交通是关键，绿色交通是引领，平安交通是基础，“四个交通”相互关联，相辅相成，共同构成了推进交通运输现代化发展的有机体系。通过“四个交通”的协调发展，交通运输服务经济社会发展的基础性、先导性作用更加突出，公众出行将更加安全便捷、更加舒适满意，为实现交通运输强国目标打下坚实基础。

加快推进“四个交通”发展，根本还是要通过全面深化改革来实现。各级交通运输部门要按照中央统一部署，抓紧研究制定分类推进改革的实施方案，不断推进交通运输治理体系和治理能力现代化。当前和今后一个时期，要以重点改革带动全面深化改革的顺利推进。

参考资料

[1] 杨传堂.解读“四个交通”.

[2] 搜狗百科. https：//baike. sogou. com/v75709101. htm？ fromTitle＝四个交通.

附录 4　交通运输行业“十三五”发展规划清单

1.《综合运输服务“十三五”发展规划》(交通运输部，2016.7.27)。

2.《水运“十三五”发展规划》(交通运输部，2016.5.31)。

3.《铁路“十三五”发展规划》(发改基础〔2017〕1996 号)(国家发展改革委、交通运输部、国家铁路局、中国铁路总公司，2017.11.20)。

4.《交通运输信息化“十三五”发展规划》(交规划发〔2016〕74 号)(交通运输部，2016.4.19)。

5.《城市公共交通“十三五”发展纲要》(交运发〔2016〕126 号)(交通运输部，2016.7.18)。

6.《中国民用航空发展第十三个五年规划》(民航发〔2016〕138 号)(中国民用航空局、国家发展和改革委、交通运输部，2016.12.30)。

7.《全国公路水路交通运输环境监测网总体规划》(交通运输部，2015.5.28)。

8.《交通运输科技“十三五”发展规划》(交科技发〔2016〕51 号)(交通运输部，2016.3.16)。